面向 21 世纪全国高职高专旅游类规划教材

旅 游 美 学

王冠星 主 编

李正红 杜 蓉
蔡顺根 胡候林 童力新 参编

内 容 简 介

旅游美学是旅游学和美学的一个分支，它是一门研究旅游的审美活动和审美价值的新学科，是一门交叉性、多边缘学科。它所研究的对象和范围非常具体，都是旅游和旅游工作中的实际问题。通过对这些问题的研究，直接为旅游经济和旅游事业服务。

本书作为高等职业旅游院校的教材，编写时主要考虑了三方面的因素：科学性、实用性、系统性。本书着重介绍其他系列教材较少提及的旅游专业知识，同时也兼顾与旅游美学有关联的旁系教材的重要内容。在章节编排上，视实际内容需要而定容量。

本书是高等旅游职业院校学生的专业基础用书。对旅游从业人员、广大旅游爱好者和业余美学爱好者来说，也是有一定实用价值的参考书。

图书在版编目（CIP）数据

旅游美学/王冠星主编．—北京：北京大学出版社，2005.8
（面向 21 世纪全国高职高专旅游类规划教材）
ISBN 978-7-301-09317-7

Ⅰ. 旅… Ⅱ. 王… Ⅲ. 旅游—美学—高等学校：技术学校—教材 Ⅳ. F590

中国版本图书馆 CIP 数据核字（2005）第 069393 号

书　　　名：	旅游美学
著作责任者：	王冠星　主编
责 任 编 辑：	黄庆生　孙宝玉
标 准 书 号：	ISBN 978-7-301-09317-7/G·1557
出　版　者：	北京大学出版社
地　　　址：	北京市海淀区成府路 205 号　100871
电　　　话：	邮购部 62752015　发行部 62750672　编辑部 62765013　出版部 62754962
网　　　址：	http://www.pup.cn
电 子 信 箱：	xxjs@pup.pku.edu.cn
印　刷　者：	三河市博文印刷有限公司
发　行　者：	北京大学出版社
经　销　者：	新华书店
	787 毫米×980 毫米　16 开本　15.25 印张　330 千字
	2005 年 8 月第 1 版　2018 年 2 月第 6 次印刷
定　　　价：	24.00 元

未经许可，不得以任何方式复制或抄袭本书之部分或全部内容。
版权所有，侵权必究
举报电话：010-62752024；电子信箱：fd@pup.pku.edu.cn

前　言

继往开来，与时俱进。随着人们生活水平的提高和生活理念的更新，我国旅游业如喷薄而出的朝阳，方兴未艾。在竞争激烈的21世纪，机遇与挑战并存，为了进一步提高旅游从业人员的总体管理水平，发扬我国旅游资源的潜在优势，加强旅游产品在世界市场的竞争能力，增强整个国民的旅游意识，提高旅游管理人员、服务人员和旅游爱好者的美学情趣，改善旅游环境，完善高等职业院校旅游教育体系，促进我国旅游事业的发展，在浙江旅游职业学院统筹安排下，我们编写了这本《旅游美学》教材。

旅游美学是旅游学和美学的一个分支，它是一门研究旅游的审美活动和审美价值的新学科，是一门交叉性、多边缘学科。它所研究的对象和范围非常具体，都是旅游和旅游工作中的实际问题。通过对这些问题的研究，直接为旅游经济和旅游事业服务。

作为一本高等职业旅游院校的教材，它的编写，主要考虑了3方面的因素：

（1）科学性。本教材的框架结构和内容体系的确定，主要以国内专家学者的众多论述为前提，做到言之有据，言之成理，并吸收媒体最新的相关信息，务求能经受实践的检验。

（2）实用性。本教材的使用对象为高等旅游职业院校学生，和一般旅游管理人员、服务人员及旅游爱好者。从提高他们的美学修养，以解决旅游实践中遇到的相关问题这一根本目的出发，本书着重介绍旅游美学基础理论和有关常识，不开展理论上的深入探讨和阐述。

（3）系统性。旅游美学涵盖面甚广，内容丰富。本教材是高等旅游职业院校专业基础教育内容的有机组成部分，结合学制、生源等特点，借鉴本科院校相关专业的教材，并作了取舍、调整，适当配以图片、照片，做到深入浅出，通俗易懂，而又保持系统的完整性。为避免与旅游管理学、旅游心理学、旅游地理学等相关内容的重复，本教材着重介绍其他系列教材较少提及的旅游专业知识，同时也兼顾与旅游美学有关联的旁系教材的重要内容。在章节编排上，视实际内容需要而定容量。

本教材是高等旅游职业院校学生的专业基础用书。对旅游从业人员、广大旅游爱好者和业余美学爱好者来说，也是有一定实用价值的参考书。

《旅游美学》是由北京大学出版社确定编写原则，由浙江旅游职业学院审定本书的编写大纲，王冠星拟订全书的框架结构并统稿。是李正红、杜蓉、蔡顺根、胡候林、童力新、王冠星等同志通力合作的成果。具体撰稿分工如下：王冠星（绪论、第2章、第8章、第9章），李正红（第1章、第4章、第7章），杜蓉（第3章、第5章），蔡顺根（第6章第1节），胡候林（第6章第2节），童力新（第6章第3节）。

浙江旅游职业学院对本书的写作，自始至终给予具体指导和关怀。本书作为一种教材，广泛吸取了国内众多专家学者的研究成果，编写的主要参考书目附后，书中未及一一注明的，在此对这些作者谨表谢意，并请见谅。由于成书时间仓促，同时限于水平，本书存在着种种不足和缺点，恳切希望得到大家的批评指正。

编　者

2005 年 6 月 18 日于杭州

目 录

绪论 1
    0.1 旅游审美概说 1
    0.2 旅游美学研究的对象和范围 2
        0.2.1 旅游美学研究的主要对象 2
        0.2.2 旅游美学研究的范围 3
    0.3 学习旅游美学的现实意义 4
    0.4 思考题 5

第1章 中国传统审美与旅游 6
    1.1 古代审美意识的产生、形成与特点 6
        1.1.1 审美意识的概念 6
        1.1.2 审美意识的产生与形成 6
        1.1.3 中国古代审美意识的特点 10
    1.2 传统审美的哲学基础 12
        1.2.1 儒家与传统审美 12
        1.2.2 道家与传统审美 16
        1.2.3 禅宗与传统审美 20
    1.3 传统审美与现代审美的关系 24
        1.3.1 天人合一的美学精神 24
        1.3.2 生态环境保护与开发 26
    1.4 思考题 28

第2章 旅游心理与审美 29
    2.1 旅游审美心理要素 29
        2.1.1 审美知觉 29
        2.1.2 审美想像 32
        2.1.3 审美理解 35
        2.1.4 审美情感 36
    2.2 跨文化旅游与审美 37
        2.2.1 国内外对旅游者的定义 37
        2.2.2 跨文化旅游的动机分析 38

2.2.3 跨文化旅游的行为表现 40
　　　2.2.4 跨文化旅游的美学原则 41
　2.3 旅游审美心理的意义 45
　　　2.3.1 有助于了解旅游者审美心理的需求 45
　　　2.3.2 有助于熟悉旅游者的审美个性及其审美感受的层次 49
　2.4 思考题 52

第3章 自然景观与观赏 53
　3.1 自然景观美的形态 53
　　　3.1.1 地貌 54
　　　3.1.2 水体 58
　　　3.1.3 大气与太空 62
　　　3.1.4 生物 64
　3.2 自然景观美的特征 67
　　　3.2.1 形象美 67
　　　3.2.2 色彩美 71
　　　3.2.3 动态美 72
　　　3.2.4 朦胧美 73
　3.3 自然景观美的观赏 74
　　　3.3.1 观赏的方法 74
　　　3.3.2 观赏的距离 75
　　　3.3.3 观赏的角度 76
　　　3.3.4 观赏的时间 77
　3.4 思考题 78

第4章 中国园林景观与观赏 79
　4.1 园林艺术的产生与发展 79
　　　4.1.1 园林艺术的起源 79
　　　4.1.2 园林艺术的发展 80
　　　4.1.3 园林艺术的成熟 81
　　　4.1.4 园林艺术发展的高峰 82
　4.2 园林艺术的特点和分类 83
　　　4.2.1 园林艺术的营造原则 83
　　　4.2.2 园林艺术的特点 85
　　　4.2.3 园林艺术的分类 86
　4.3 园林的要素及其审美 92
　　　4.3.1 山水地形 92

    4.3.2 花草树木 93
    4.3.3 建筑园路 94
    4.3.4 书画匾联 97
    4.3.5 园林艺术中的美学思想 98
  4.4 思考题 104

第5章 中国古建筑与观赏 105
  5.1 中国古建筑浏览 105
    5.1.1 古建筑与旅游 105
    5.1.2 中国重要古建筑 107
  5.2 中国古建筑形式 112
    5.2.1 宫殿建筑 112
    5.2.2 陵寝建筑 114
    5.2.3 寺庙宫观 116

第6章 中国古代造型艺术欣赏 120
  6.1 中国绘画艺术与欣赏 120
    6.1.1 人物画 121
    6.1.2 山水画 124
    6.1.3 花鸟画 125
    6.1.4 中国画的用笔用墨 126
  6.2 中国书法艺术与欣赏 127
    6.2.1 技法 127
    6.2.2 分类 129
  6.3 中国古代雕塑艺术 131
    6.3.1 玉雕 131
    6.3.2 青铜器、铜器 132
    6.3.3 陶俑 134
    6.3.4 石雕 135
    6.3.5 石窟雕塑 137
  6.4 思考题 138

第7章 文物与旅游工艺品及鉴赏 139
  7.1 中国文物品类与鉴赏 139
    7.1.1 文物的概念 139
    7.1.2 文物收藏的历史 140
    7.1.3 文物的品类 143
    7.1.4 文物鉴定的原则与方法 155

         7.1.5 文物的欣赏方法 157
   7.2 中国旅游工艺品欣赏 159
         7.2.1 中国古代工艺美术 159
         7.2.2 特种工艺美术品 161
         7.2.3 民间工艺美术品 162
   7.3 旅游工艺品的开发创新与美学原则 163
         7.3.1 旅游工艺品的开发策略 163
         7.3.2 旅游工艺品的创新依据 165
         7.3.3 旅游工艺品的创意途径 166
   7.4 思考题 167

第 8 章 中国民俗及国际旅游文化与审美 168
   8.1 民俗风情旅游与审美 168
         8.1.1 民俗风情概说 168
         8.1.2 民俗风情旅游的特征与类型 172
         8.1.3 民俗风情旅游与审美 176
   8.2 传统表演艺术与审美 177
         8.2.1 传统表演艺术的民族特色与审美 178
         8.2.2 民俗游乐文化与审美 180
   8.3 国际文化视野与审美 185
         8.3.1 现代国际旅游概说 185
         8.3.2 外国人的审美文化习惯 190
         8.3.3 中外节俗民情审美比较 199
   8.4 思考题 201

第 9 章 旅游管理与审美艺术 202
   9.1 旅游资源与美学原则 202
         9.1.1 旅游景观与审美 202
         9.1.2 旅游资源开发中的美学原则 206
         9.1.3 旅游业可持续发展的审美情景 207
   9.2 宾馆餐厅与审美 208
         9.2.1 环境设施与审美 208
         9.2.2 接待人员的审美修养 212
         9.2.3 提高审美修养的途径 219
         9.2.4 服务艺术 221
   9.3 旅游美食与审美 224
         9.3.1 中国饮食文化概说 225

| 9.3.2 旅游饮食文化与审美 227
| 9.3.3 中国茶文化酒文化与审美 229
| 9.4 思考题 231
参考文献 232

绪　　论

有人说，美是上帝的名字。旅游，民间通俗的说法叫游山玩水。山何以游？水何以玩？因为山清水秀，人杰地灵。置身其间，往往触景生情，情景交融，乐在其中，流连忘返。一言以蔽之，因为景致美而受到旅游者的青睐。旅游美学也是人的感性生活状态的理想化表现形式。旅游美学的最根本意义在于其具有促进和提升旅游实践品位和格调的功能。旅游领域的实践活动，作为人类社会生活的一个有机组成部分，从文化角度看，它将逐渐逼近艺术，向尽善尽美的境界升华，原先作为少数有钱有闲阶级专利品的游山玩水，正在走入寻常百姓家。旅游者越来越追求高雅的情调和舒适的享受。旅游经营管理者则把传播美、创造美轮美奂的旅游大环境，当作提供旅游服务的高文化境界来追求。这在理论上，称之为审美。把旅游活动过程与审美相结合进行研究，这门学科称之为旅游美学。

0.1　旅游审美概说

"山川之美，古来共谈。" 爱美之心人皆有之。诸如泰山日出、黄山松涛、春潮明月、江枫渔火、芳林花甸、小桥流水、石窟壁画、傣家竹楼、塞外驼铃、南国椰林……这里的自然美、艺术美、生活美，异彩纷呈，美不胜收，构成了丰富多彩的审美对象，吸引着人们去旅游。南朝宋诗人谢灵运纵情山水，探奇访胜。唐代山水诗人王维留恋"明月松间照，清泉石上流"的理想境界。诗仙李白"脚著谢公屐，身登青云梯。半壁见海日，空中闻天鸡"，梦游天姥山。明代产生了名垂千古的旅游家徐霞客……当代的旅游热潮，喻之为"黄金周"。人们在旅游中，领略异域风光、名胜古迹、风土民俗，品味美味佳肴，休闲娱乐，开阔眼界，增长见识，愉悦身心，可谓"山光悦鸟性，潭影空人心。"

于光远先生说："旅游是现代社会中居民的一种短暂而特殊的生活方式。这种生活方式的特点是：异地性、业余性和享受性……旅游的基本内容是观光旅游。"娱乐和消遣正是旅游的审美特征。这是一种综合性的审美实践活动，它集自然美、艺术美、社会美与生活美之大成，熔文物、古迹、建筑、园林、绘画、书法篆刻、雕塑、音乐、舞蹈、服饰、陈设、烹饪、民情、风俗……于一炉，涉及审美的一切领域和一切形态。"旅游，从本质上说，就是一种审美活动。离开美，还谈什么旅游？"（叶朗《旅游离不开美学》1988年1月20日《中国旅游报》）。一个人如果"愿意离开那间布满虚浮的、为了社交消遣所安排的漂亮房间而转向大自然的美,以便在这里,在永远发展不尽的络绎中,见到精神的极大的欢快,我们会以高度的尊敬态度来看待他的这一选择,并且肯定他的内心具有一颗优美的灵魂……"(康德《判断力批判》宗白华译,商务印书馆1987年版)。正如孔子所说的:"仁者乐山,智者乐水。"因此,不论是自然景观还是人文景观,不论是风土民俗还是美味佳肴,都是作为审美对象被旅游者所欣赏、领悟和感知的。这一过程就是旅游的审美活动。

旅游美学则是一门研究旅游的审美活动和审美价值的新学科,是一门交叉性、多边缘的学科,既与地理学、景观学、山水文学、审美心理学、社会心理学、园林建筑学、社交礼仪学、民俗风情学、宗教文化学和人类文化学等学科有关,也与绘画、书法、雕塑、音乐、舞蹈、戏剧、工艺等其他门类艺术有关,是美学的一个分支。由于它主要是研究旅游这种具体活动,所以实用性很强,具体表现为,所研究的对象和范围非常具体,都是旅游和旅游工作中的实际问题。通过对这些问题的研究,直接为旅游经济和旅游事业服务。

0.2 旅游美学研究的对象和范围

人们在深入探究中发现:旅游者的观赏对象,并不仅仅局限于包括自然美、艺术美和历史文化在内的风景,人本身也是旅游风景线中的重要组成部分;除了旅游者的审美心理之外,旅游美学有必要对旅游审美心理所诱发的美化人生、升华人性的人生艺术化功能予以必要的关注。"旅游的审美关系"不能单纯地理解为"旅游工作人员与旅游者的一种审美关系",而是涉及到风景资源和旅游从业人员、旅游产业,乃至更为广阔深厚的旅游系统的各个空间层面。

0.2.1 旅游美学研究的主要对象

1. 人与景观的审美关系

泰山、黄山,桂林山水,以及雄伟的万里长城,幽雅的苏州园林,旖旎的西湖景色……,大自然无私地展示着它的美,几千年文化艺术遗产蕴藏着极其丰富的美,放射出灿烂夺目的光辉。如此锦绣山川,风花雪月,为中外旅游者所赞叹、所向往。这是吸引旅游者的客观原因。俄国教育家乌申斯基说:"美丽的城郭,馥郁的山谷,凹凸起伏的原野,蔷薇色的春天和金色的秋天,难道不是我们的教师吗!我深信美丽的风景,对青年心灵的发展具有这样重大教育影响,教育家的影响是很难和它匹敌的。"

人的主观因素是引起旅游的另一个原因。我们知道,爱美,追求美,追求美好的理想生活,是人类独有的本领。人在景观中,往往触景生情,陶醉、共鸣,或心旷神怡,或发思古之幽情。我国近代改良主义政治家梁启超说:"我确信'美'是人类生活一要素,或者还是各种要素中最要者，倘若在生活中把美的成分抽出，恐怕便活得不自在，甚至活不成。"所以，人们总是离不开美，离不开对美的追求。否则，他的生活也就没有意义了。

由此可见，美的客观存在和人的主观审美欲望相结合，是引起旅游的根本原因。

2. 旅游者与旅游从业人员的审美关系

旅游系统最为关键的产品是服务。诸如旅游者乘车游览、吃饭住宿，旅游从业人员要为他们联系车辆、导游景点、准备客房、准备饭菜等，这就同他们发生了接待服务关系；旅游从业人员要向他们收费，于是又发生了经济关系。但是，当代旅游服务，不仅仅是扮演满足旅游者日常生活需求的角色，其更高级的功能，是为旅游者提供与人性升华相联系的精神享受。因此，单纯满足人们充饥解渴的饮食，就变成了讲究色香味形的美食，这就要求提供餐饮娱乐服务的工作人员必须举止文雅，笑容可掬，和蔼亲切，风度翩翩，包括身材容貌、衣冠服饰在内的形象，具有亲和力，让人看了自然协调，与旅游环境氛围相吻合，构成了一幅美妙的人生图画，使旅游者从中得到美的享受。行家说，没有超一流的旅游服务，就没有超一流的旅游享受。哪怕是星级大酒店，倘若酒店服务不到家，你也不会产生好兴致。

因此，在进行旅游从业人员思想品德、业务技能教育的同时，从旅游美学的角度，帮助他们建立符合美的规律的旅游操作课题，设计出一系列让旅游者赏心悦目的行为程式，提高他们的文化素质和审美修养，学会辨别美和丑，鉴别和欣赏美，使旅游服务形象做到尽善尽美，具有十分重要的现实意义。

0.2.2 旅游美学研究的范围

现代旅游以"旅"为手段，以"游"为目的，意味着旅游者空间位置的移动，为了到达旅游目的地去进行和自己的意愿情趣相一致的游览观光、休闲愉悦。景观审美将旅游和通常的旅行区别开来。著名美学家朱光潜教授说："人为什么要追求刺激和消遣呢？都是让生命力畅通无阻，要从不断的活动中得到乐趣。"旅游正是人们现代生活中一种特殊的高层次的消遣活动。在我国，旅游业是一项朝阳产业，方兴未艾。当今，旅游进入了寻常百姓的日常生活空间。而旅游活动通过提供旅游审美对象和旅游服务产品，增进游览情趣，得到更多的精神享受；旅游经营者则可以得到增加营业收入的机缘。因此，旅游美学的研究范围涉及到旅游者和旅游从业人员审美关系的建立。

旅游美学研究的范围是旅游和旅游业。旅游与旅游者的个人利益、切身感受有关；旅游业与旅游企业的实际利益和发展目标有关。具体地说，研究范围极为广泛，涉及行、游、住、食、购、娱等现代旅游业的"六大要素"。系统地研究这一系列活动中所蕴含的审美因素及其规律性，可划分为：第一部分，旅游审美对象分析；第二部分，旅游审美心理过程；第三部分，旅游形象设计与接待艺术；第四部分，旅游审美文化研究。

第一部分主要探讨旅游景观的类别、分布、价值、形态和美学风格等；第二部分侧重研究旅游者的审美心理、旅游审美的动态过程与旅游观赏艺术的原理等；第三部分主要是从实践的角度，重点研究旅游景区与旅游企业的形象设计、旅游审美期待与相应的接待艺术、审美修养等问题；第四部分主要从欣赏、应用和推广的角度，在表述旅游审美文化的构成、特征与基本功能的同时，尽力归纳出规律性的法则或原理，以便运用于旅游景点或区域景观的开发及旅游纪念品的造型设计，促进旅游企业审美文化的建设和提高旅游者与旅游从业人员的鉴赏水平等。

0.3 学习旅游美学的现实意义

学习旅游美学具有十分重要的现实意义。

首先，有助于我们确立"以人为本"的人文思想，促进社会的进步。我们在思考：人们为什么要去旅游？在"游山玩水"的背后，在"潇洒走一回"的轻松愉快的出游动机背后，究竟隐含着怎样的人类深层次的精神追求？旅游业怎样才能适应和诱导旅游者的审美心理、满足其旅游审美需求？

其次，有助于促进人类美化客观世界和主观世界。在旅游过程中，有许多疑惑往往会在人们心里"豁然开朗"，如：为什么陶渊明能面对山水吟咏出"采菊东篱下，悠然见南山"的佳句？为什么同样是反映游历羁旅的诗篇，李白的呈现出"飘逸"的气韵，杜甫的却流露出"沉着"的襟怀？为什么中国传统的哲学智慧渗透于浓郁的自然氛围里，玄妙而深奥，化为巍巍峻岭、潺潺溪流、幽谷鸟啼、巫峡猿鸣、苍天鲲鹏展翅九万里、石潭游鱼戏水逍遥游？当今旅游过程中，还推出一种时尚的特色旅游：回归自然游，住农家屋，吃农家菜，甚至干农家活，男耕女织，做一回"陶渊明"。这无非是通过旅游，净化心灵，返朴归真。

最后，有助于解决旅游业中所存在的某些实际问题。旅游美学本身是一门应用学科，最终在于提高人的生活质量和促进人的全面发展。在密切联系旅游者"行、游、住、食、购、娱"等一系列综合性实践活动中，诸如满足旅游者的审美需求和提高旅游者的审美鉴赏能力；培养旅游接待人员的审美修养，提高他们的服务水平；改善旅游活动过程中的审美环境，协调旅游主客体之间的审美关系；合理开发与充分利用旅游景观资源与设施，增强旅游产品的吸引力与旅游市场的活力。

作为一门独立的课程《旅游美学》教材，它的使用对象主要是旅游高职高专院校的学生，同时也可作为旅游从业人员和广大旅游者进行旅游审美活动的参考书。

0.4 思考题

1. 旅游美学是一门什么样的学科?
2. 旅游美学研究的对象和范围是什么?
3. 学习旅游美学有什么现实意义?

第1章 中国传统审美与旅游

【本章导读】

通过本章学习，要求了解审美意识这一概念的内涵和外延。了解不同哲学派别对其根源和本性的认识，在此基础上，学习马克思主义对古代审美意识的产生和形成过程的观点。掌握古代审美意识的特点。理解中国古代儒家、道家、佛教禅宗的美学思想和中国古代传统审美的哲学基础。理解传统审美和现代审美的关系，在领会中国古代天人合一的美学精神的基础上，了解旅游开发与生态环境保护结合的现实意义。

1.1 古代审美意识的产生、形成与特点

爱美之心，古已有之。在人类长期的生活实践中，这种"爱美心"在形成、发展和不断的演化过程中似乎已经积淀为人的一种本能，在这种本能的内核里蕴涵着审美意识，人们所从事的各种艺术活动和旅行游览活动，无疑和此有着深刻的关系。关于审美意识的产生、形成及其本质特征，是本章所要探讨的问题。

1.1.1 审美意识的概念

审美意识是客观存在的诸审美对象在人们头脑中能动的反映，一般通称之为"美感"。实际上，"美感"也有两种不同的涵义：一是指审美意识，这是广义的"美感"，它包括审美意识活动的各个方面和各种表现形态，如审美趣味、审美能力、审美观念、审美理想、审美感受等等。"美感"的另一个涵义是狭义的，专指审美感受，即人们在欣赏活动或创作活动中的一种特殊的心理现象。审美感受构成审美意识的核心部分。审美意识是社会意识的一种，它是社会存在的反映，并通过积极地影响人的精神世界，反作用于人们改造客观世界的活动。

1.1.2 审美意识的产生与形成

审美意识的产生和发展，离不开人类的社会实践，审美意识的形成，来源于人类劳动中对自身的改造。人类审美意识的产生是一个历史的过程，从根本上说，是与人类的生产

劳动分不开的。在漫长的历史发展过程中,人类终于完成了由实用向审美的过渡。原始审美意识往往与原始巫术礼仪、实际生产劳动结合在一起,体现为对于劳动的惊奇感和喜悦感。

"美"是随着"人"同时出现的历史范畴。在人类产生以前,自然界无所谓美;在人类出现之后,人类以外的其他动物也无法欣赏人类所创造的美。美的创造和美的欣赏都是人类的特权,是社会现象。从这一意义上讲,能否创造美和欣赏美,也是区分人与动物的标志之一。

1. 马克思主义以前的不同认识

关于审美意识的根源和本性,唯物主义与唯心主义有着根本对立的解释。唯心主义从根本上否认哲学反映论的原则,以各种方式歪曲和否定审美意识的客观内容和社会性质。例如,在古希腊还没有专门提出美感问题时,柏拉图就把艺术创作看成是一种神赐的迷狂,把艺术活动中某些有关审美意识的特殊心理现象归结为神秘的力量。以后如18世纪英国新柏拉图主义者舍夫兹别里及其门徒赫契生等人,反对审美爱好是习惯和教育的结果,认为人天生便具有分辨美丑的能力,这种能力是五官之外的所谓"内在感官",否定了美感来源于实践。到19世纪,康德极大地发展了这种唯心主义的看法,把它提到了哲学根本问题的高度,认为关于审美的规定,只可能是主观的,它不涉及对象中的任何东西,只涉及主体如何受到表象的影响而自己有所感受。康德利用审美感受中心理活动的某些特殊现象,在哲学上反对反映论,否认审美与认识的内在联系。

马克思主义以前的旧唯物主义反对唯心主义的上述观点,认为审美意识是对客观对象的认识和反映,是现实生活的产物,并且有生理和心理的物质基础。例如,与柏拉图不同,亚里士多德便认为艺术之所以能给人愉快,原因之一在于对对象的认识。"我们看见那些图像所以感到快感,就因为我们一面在看,一面在求知,断定每一事物是某一事物,比方说,'这就是那个事物'"。以后18世纪英国美学家柏克,用一种实际上是生理学意义上的"社会生活的情欲"(社交与性爱)与保存生命的自卫需要来解释审美意识的本质和根源。19世纪生物学家达尔文更认为审美意识本质上不过是一种生理本能,认为动物与人同样都可以具有这种感觉。他说:"美感——这种感觉也曾经被宣称为人类专有的特点。但是,如果我们记得某些鸟类的雄鸟在雌鸟面前有意地展示自己的羽毛,炫耀鲜艳的色彩……我们就不会怀疑雌鸟是欣赏雄鸟的美丽了"。达尔文比柏克更为片面,他只看到生物学上的人,而不理解人的社会本质。实际上,动物只能在自己所属种类的生物本能需要的范围之内,对一定的颜色、形状、声音起生理反应,由于满足了它们的食欲或繁殖要求而引起官能上的快感,它们不能意识到客观对象的属性具有美的意义,不能对对象产生审美的态度。现代科学已经证明,鸟类对鲜艳羽毛的色彩感觉不同于人对它的色彩感觉。人能够超越生理本能需要来欣赏自然界的种种景象,选择极其多样的羽毛、兽皮、花卉来装饰自己,这是社会生活和历史实践对人培养审美需要的结果。

与达尔文同时代的旧唯物主义者,例如费尔巴哈、车尔尼雪夫斯基,从哲学上肯定了美感是通过感觉器官对客观对象的认识,而这种认识恰恰又是对自己的认识,即人在客观对象上看到人自身,看到了人的情感或生活,于是产生审美的愉快。车尔尼雪夫斯基说:"美感认识的根源无疑是在感性认识里面,但美感认识毕竟与感性认识有本质的区别"。费尔巴哈说:"旧的绝对哲学将感觉排斥到现象的范围、有限的范围内,相反地却将绝对的、神圣的东西规定为艺术的对象,但是艺术的对象乃是——在叙述艺术中间接地是、在造形艺术中则是直接地是——视觉、听觉、触觉的对象。因此不但有限的、现象的东西是感觉的对象,真实的、神圣的实体也是感觉的对象"。费尔巴哈和车尔尼雪夫斯基都坚持了唯物主义的反映论,坚持了审美意识来自感觉经验,客观对象的美只有通过人们的感觉器官才能被反映被认识,这就驳斥了认为美感是主观心理功能的和谐或内在精神器官的产物的种种唯心主义的观点。但是,与一切旧唯物主义一样,他们总是在根本问题上离开了人的社会性,离开了人的具体的生产活动和历史发展,去观察认识问题和美感问题,因此就不能了解美感对社会实践的依存关系,归根到底,是用一种抽象的人的自然本性,实际上也就是生物学生理学的本能要求来解释审美意识的。

现代资产阶级美学总的倾向,是对审美意识中心理活动的一些特殊现象的歪曲与夸大,用各种生物生理的本能或神秘的精神力量来解释审美意识,把作为社会意识现象的人的美感的本质,降低为动物性的情欲或"提高"为上帝的光辉,这样那样地抹煞它所具有的社会的具体内容,否认它是对客观对象的认识,是社会存在的反映。

2. 马克思主义的观点

马克思主义认为,社会存在决定社会意识,社会意识又反作用于社会存在。审美意识与人类一切意识现象一样,"一开始就是社会的产物,而且只要人们还存在着,它就仍然是这种产物"。

从反映内容说,"意识在任何时候都只能是被意识到了的存在",审美意识是对于审美对象的一种能动的反映,它的内容与特性归根结底取决于审美对象的存在和发展,决定于社会存在的发展状况和水平。从反映形式说,"五官感觉的形成是以往全部世界史的产物"。审美意识所特有的把握现实的感性方式,是产生和建立在人类社会实践的漫长历史进程的基础上的。审美意识就其反映内容或感受形式来说,都不是某种动物的本能或天赋能力,而是社会实践的产物。

人的认识,主要依赖于物质的生产活动,是逐渐地了解自然的现象、自然的性质、自然的规律性、人和自然的关系;而且经过生产活动,也在各种不同程度上逐渐地认识了人和人的一定的相互关系。审美意识作为一种特殊的精神活动,它的根源与本质也只能从生产活动这一人类基本实践中探求。

人类的劳动是一种有意识、有目的的引起、调整和控制人与自然之间物质变换的过程。人们通过劳动,一方面固然是改造了作为客体的自然,使自然界事物的形体、色彩、音响等性能、规律为自己所熟习、掌握和运用；同时，另一方面又改造作为主体的自然（人本身），形成和发展着人的各种主观能力，丰富和敏锐着人的感受，不断地"使人之感觉变成人的感觉"。正因为人的感官社会化了，人的感觉具有了社会的性质，这就使人对事物的感知和反映与动物从根本上区别开来。

恩格斯说："鹰比人看得远得多，但是人的眼睛识别东西却远胜于鹰。狗比人具有更锐敏的嗅觉，但是它不能辨别在人看来是各种东西的特定标志气味的百分之一。"

马克思说，人不仅通过思维，而且也通过一切感觉在对象世界中肯定自己。当人能够在客观世界中直观自己本身，感到愉快喜悦即获得审美感受时，审美意识也就开始产生了。

反映着当时审美对象尚未独立的特点，萌芽状态的审美意识与其他意识当时也是未经分化的。例如，在远古，它便经常与欲念满足后的快感（如吃饱后的愉快等）交织在一起。审美感受还不能摆脱对对象的直接的实用关系和欲念要求，还不能通过对象感知较广阔的生活内容和社会意义，还束缚在感觉本身而缺乏想像、理解的自由活动。随着劳动经验的积累，社会生活的进步，特别是随着人的语言、思想的发达，人的审美感受才日益扩展到对社会生活把握的能力，增添理性认识的深刻内容，获得自己特殊的本质，不断从生理快感中区别分化出来。审美意识从此得到进一步的独立和发展。

审美意识的这种发展，与在劳动基础上产生的原始艺术不可分割。在有意识的艺术活动出现以前，原始人在直接的物质生产过程中，在劳动活动、劳动工具和劳动对象以及周围某些事物和生活环境上，感受到现实对社会实践（劳动）的肯定，直观到自己的力量和生活，体验到萌芽状态的审美愉快。这种愉快一经产生，便作为一种社会需要反过来要求创造特殊的对象以专门满足这种需要，如：与模仿劳动活动有关的原始舞蹈，与语言发展有关的原始音乐（歌），与劳动工具创造有关的造型艺术的陆续出现，便以一种物质化的形态更集中地体现着逐渐形成中的原始人们的审美意识。

原始艺术史提供的材料充分证明了人类的审美意识直接产生在生产劳动的基础上，为生产实践所决定和制约。例如，原始狩猎民族在花草极为繁盛的地方却偏偏以动物为其艺术题材，不去理睬这些美丽的植物；他们的审美意识之所以具有这样一种特点，正是由于当时的"生产力状态、狩猎的生活方式使他们恰好有这些而非别的美的趣味和概念"。所以"审美趣味的发展总是与生产力的发展携手并进的"。

除了人的社会生活外，人们对和劳动生产有直接关系的自然事物，如土地、河流、庄稼等，也都发生了兴趣，这些本属于自然领域的客观对象，人们常常把它们作为社会美来欣赏，带有明显和直接的社会功利观念。以后，随着人的社会生活的发展，不但对与人的劳动生产活动有直接联系的对象，而且对与社会生活没有直接联系的自然美的对象（如树木、花鸟等等），也开始作审美的欣赏，产生了对自然美的审美意识。一般说来，自然美的审美意识的出现，晚于对社会美的审美意识，特别是对山水花鸟等自然风景的独立观赏，则更是在社会形态发展到较高阶段时才出现的。在中国封建社会时期，较早便对自然风景进行了把握和反映。六朝的山水诗，五代、宋以来的山水画，就突出表现了这一点。西方对自然风景美的把握和反映,主要是随着资本主义文明而开始的。有独立意义的风景画的出现也比较晚,大约在17世纪左右才可以看到。最初自然风景在艺术中一般是作为人物背景,对它的审美反映与对社会事物的审美反映还没有分家。相反,对前者的反映经常是作为对后者反映的陪衬和补充而出现和发展起来的,只是由于以后社会生活的发展,自然风景才逐渐具有供人独立观赏的意义。至于对荒凉、怪异的自然景物的审美把握,则是更晚的事情。总之,人们对自然美的审美反映,最终是决定于社会现实生活的发展的。"对于17世纪至18世纪的美术家,风景也没有独立的意义。在19世纪,情况急剧地改变了,人们开始为风景而珍视风景……为什么这样呢?因为法国的社会关系改变了,而法国人的心理也跟着它们一起改变了。"

可见,审美意识并不是像唯心主义所宣称的那样,是某种永恒不变的先天能力或"内在感官",恰恰相反,它是对客观对象的一种主观反映,是在生产劳动和社会实践的客观基础上产生出来,并随着时代的发展而发展和变化的。同时,另一方面,审美意识也不像旧唯物主义所认为的那样,是某种自然本能或生理需要,恰恰相反,它是对客观现实的一种特殊的能动反映。

前面关于审美意识起源问题的论述已经表明,在历史上,以有意识的实用观点来看待事物,往往是先于以审美的观点来看待事物的,即实用先于审美;先有社会成员的实用活动,产生人们对待事物的实用观点之后,才从中逐渐分化出人们对待事物的审美观点。这个由实用到审美的过渡,是社会实践和现实生活不断前进发展的结果。审美的社会功利性质的特点,实质上只是这个成果的表现。

1.1.3 中国古代审美意识的特点

审美意识既具有共同性,又具有个别性,是共同性和个别性的统一。美感的共同性即普遍性,美感的个别性即差异性。作为审美意识的美感区别于科学意识和道德意识的重要特征之一,正在于它是在人们感性观中的个别性之中表现出时代、民族、阶级乃至阶层的普遍性,这一普遍的必然的审美趋向通过个别的偶然的审美趣味体现出来。

尽管中国与西方人的审美意识最初都是从"食"、"性"之类的生理快感中升华出来的,但是由于"宗法文化"和"宗教文化"的不同性质,致使二者在相当长的时间内有着不同的依附对象。中国审美意识的特点是以味、触觉作为感知方式的原型,这与西方审美意识以视、听觉作为感知方式的依据形成鲜明的对比,这也可以说是形成中国审美心理结构的民族特色。

我们可从中国人关于"美"字本意的说法谈起。根据后汉许慎的《说文解字》,认为"羊大为美","羊大"之所以为"美",是因为"羊大"好吃之故,《说文解字》解道:"美,甘也,从羊从大。羊在六畜主给膳,与善同意"。"美"的本意是"羊大",意味着"甘";而"甘",《说文解字》解释为:"甘,美也。从口含一","甘"表示味觉的感受，本意为口中品含食物的意思。"美"作为味觉的"甘"，同时由于味觉之"甘"必须将食物含纳在口中品尝，因而"美"字除了表示味觉感受之外，必然也包括触觉在内。因此我们可以说，"美"字的本意应是环绕着甘美肥厚之"羊"的味触感受，而源自味、触感受的"美"字在中国古代又可用于指嗅觉的芳香，如《荀子·王霸》所言："故人之情，口好味而臭（嗅）味莫美焉"，它来自人们品尝食物之美时在嗅觉方面的同时性感受，"味道"中同时包含着"气味"。

除了味、触、嗅三觉之外，"美"字也经常被用于听、视二觉。关于"听觉"，我们从汉语有关听觉的概念"闻"字的双关性（它既指听觉，又指嗅觉，如"微闻芗泽"、"播余香而莫闻"）即知道"美"字可通用于嗅、听二觉，既有"美味"，又有"美音"，如"果有美音"（《后汉书·蔡邕传》）等等。由此可知，"美"字以对食物的味、触感为中心，可普遍使用在味、触、嗅、听四觉之中。至于视觉对象的"色"，"美"字被使用的频率则更高，以至后人以为"美"字主要限于视觉感受方面，把"美色"主要当成视觉的对象。事实上，以味、触为原型的中国审美意识，即使面对纯粹的视觉对象，其感受仍然混合着其他诸觉，尤其是触、味觉。

"色"被当作纯粹的视觉美对象，如《孟子·告子上》中的"目之于色，有同美焉"；还有《道德经》声称"五色令人目盲"之"五色"，即美丽的五彩颜色，以及《荀子·礼论》所谓的"雕琢刻镂黼黻文章"，指工艺、器具和衣饰纹样的绚丽外观，都是"所以养目也"（同上），即满足视觉的快感。然而究"色"字的本义，原指与女性有关的体貌肤色以及种种性欲魅力，是"女色"和"美色"之"色"，甚至是指男女交欢。《荀子·王霸》中的"目好色而文章致繁，妇女莫众焉"，宋玉的《登徒子好色赋》以及白居易《长恨歌》所谓"汉皇重色思倾国"中的"色"，尽管表面看来仅属视觉对象，实质上则包括了两性接触中女性之"美"的全部内容，是以视、触觉为中心而融嗅、味、听诸觉为一体的。

综上所述，以"羊大"作为其本义的"美"字尽管可以普遍用于视、听、嗅、味、触五觉，然而它并没有丧失其以味、触觉为原型的基本特色，我们若把中国审美意识的这一特色与西方审美意识的特色作一比较，便可发现它具有重大的理论意义。西方人的审美意识普遍把视、听二觉作为审美感受的器官，而把嗅、味、触排斥在美感领域之外，这主要是西方人持一种断裂的宇宙观，认为神圣的价值外在于人和世界而存在，视觉、听觉恰好用于感受外在的对象，故而适宜认识外在的神圣价值。易言之，在西方审美意识中，外在的美学价值决定了外在的感受方式，视、听二觉因之超越了味、触、嗅诸觉而被有意识提升，被当作合适的审美感官。西方艺术之所以特别重视"形式"和"色彩"，是因为它们作为事物的外在特征与神圣的价值相关。

与之相反，中国审美意识不但并不特别强调视、听二觉，视、听二觉反而以更基础性的味、触觉为原型。究其原因可知，如果说视、听二觉因为其感受对象和感受方式的外在和断裂的性质，从而预设了某种外在的美学价值的话，那么，中国式的以味、触为原型的审美意识也因为其感知方式与感知对象存在着一种内在的融为一体的关系（否则味、触是不可能的）和状态，故而也预设了某些内在的美学价值和天人合一的宇宙观。正是这种差别导致西方艺术总体上倾向于写实（实是外部的），而中国艺术则在总体上倾向于写意（意来自内部）。此外，以味、触为原型的中国审美意识也决定味和品成为它最重要的基本范畴之一，这一点可从以下现象得以说明：中国美学频繁出现与"味"有关的诸概念，如"淡乎寡味"、"澄怀味象"、"意味"、"韵味"、"情味"、"神味"、"品味"等等，不胜枚举；其次，中国诗学与画学的主要著作经常是以"品"冠名的，比如《诗品》、《古画品录》、《续古画品录》等等。

1.2 传统审美的哲学基础

文化的审美意识与该文化对待宇宙的终极态度密不可分。中国文化的终极宇宙观是由儒、道、禅三家作为精神主干而共同构造的，一方面它在艺术文化中体现为相互差别的美学倾向；另一方面这些美学倾向又共同塑造了中国文化的传统审美意识，从而区别于西方人的美学追求。与人神悬殊的西方文化相比，中国文化总体上持一种"天人合一"的终极宇宙观，它倾向于把自然与社会、心与物、超越与内在视为一个连续的整体。

1.2.1 儒家与传统审美

从对华夏美学的贡献而言，儒家的功能主要在"建构"，即为中国人的审美活动提供某种秩序化、程式化、符号化的规则和习惯。儒家在进行礼乐文化的重建过程中，为铸造中华民族的审美心理习惯做出了特殊的贡献。儒家建构礼乐文化的这种历史性努力，对中华民族审美心理习惯的形成和艺术价值观念的确立产生了影响。我们知道，人与动物的不同，就在于人是一种文化的动物，而文化则是以符号为载体和传媒的。孔子所开辟的儒学事业，通过以"仁"释"礼"的方式，而为外在的行为规范（符号形式）找到内在的伦理准则（价值观念）的支持，从而克服文化符号混乱无序的历史局面，在那个"礼崩乐坏"的时代里，礼乐的复兴本身就标志着人与非人的界限。只有遵循礼乐本身所规范的行为法则和等级制度，才能使人与人之间保持一种和谐而有度的社会秩序，只有掌握了礼乐本身所具备的有意味的符号形式，才能使人与人在温、良、恭、俭、让的社会交往中保持一种高于蒙昧和野蛮色彩的文明形象，即所谓"文质彬彬，然后君子"。正是在这种不断的"建构"过程中，中国古典美学得以健康而持续地发展，创造着人类艺术史上的奇迹。

儒家作为由孔子开创的中国封建文化的正统意识形态，其宇宙观上袭远古文化的正道。夏、商、周三代已经建立了一种以"家"为中心而层层扩展的宇宙观。"家"从"豕"演变而来，原意是部落祭祀男性祖神的宗庙所在地，它是部族的中心，标志着以父权为中心的权利机构。在新石器时代的聚落建筑形式中，它即所谓的"大房子"，以后又发展为以中轴线为中心而平面展开的建筑形式，是为中国政治文化结构的图示。儒家经典《大学》也为人格的修养和完成指定了"修身、齐家、治国、平天下"的扩展程序，以孔子为代表的儒家则在"礼崩乐坏"的新历史时期，以"士"的身份视天下为己任，担当起沟通天人的职责，并把"天地之道"重新引向现实政治，引向以"家"为中心的父权体制，他们的理想即是在社会政治生活中完满地实现"天下一家，中国一人"的天地之道。其主要美学思想有以下4点。

1. "中和"之美

儒家美学的中心概念即是"中和"之美。"中和"的概念最早见于《礼记》。《礼记·中庸》曰："喜怒哀乐之未发，谓之中；发而皆中节，谓之和"。总的说来，所谓"中和"有这样几层意思：首先，它是指那种不偏不倚、无过无不及的状态。其次，它是指人的性情状态、心理状态，就是说，喜怒哀乐之情尚未被激发之时，还只是一种情感倾向尚不明确的本性，不喜也不怒，不哀也不乐，无所偏倚，所以称为"中"；而当这种喜怒哀乐之情被激发出来时，则合乎规矩，有所制约，所以称为"和"。再次，"中和"囊括了人的全部精神发展历程，"中"是"天下之大本"，即人的本性，"和"是"天下之达道"，即人所能达到的最高境界，前者是起点，后者是终点。最后，"中和"也就成为天地万物赖以存在和生长的理由和根据，天地以此而各安其位，万物以此而化育生成。儒家经典《中庸》把"中和"提升到形而上学的高度："中也者，天下之大本也；和也者，天下之达道也。致中和，天地位焉，万物育焉。"可知在孔子看来，"中和"是最高的美德。同时，"中和"也概括了一种极具东方色彩的思维方式，即守持未发之情那种无所偏倚、无所乖戾的状态，达到各种不同事物的协调和整合；在对立两极之间取恰到好处的中点；肯定事物的变化发展，但将其限囿在不失中正的限度之中。而这种执两端而用其中，不偏不倚，无过无不及的中和之境也就是美的境界。

中国古典美学提炼出了"以和为美"的原则大法，将其确立为审美和艺术活动中的普遍准则和最高要求。宇宙是一个以"家"即父权政治体制为中心的结构。儒家的空间意识甚至把天地当作房舍（"天地为庐"），四极作为四根天柱，而中国位居中央。其次，它又强调以父权体制为中心的宇宙间的一切（尤其是人际关系）的普遍和谐，把人与人之间的和谐关系看成比个体的个性发挥更重要。社会的和谐，仁义得到推行，这是第一位的，个体的发展只有得到社会的肯定才有意义，个体个性的充分发展一直被认为是与社会的发展相统一才有真正的价值。在儒家看来，艺术（诗、乐等）作为"仁学"的组成部分，其真正意义在于引导、培养个体的健康发展，使个性的发挥朝着有利于群体和谐的方向发展。"中和"的宇宙是一个以现实政治和人伦社会为中心的整体和谐的宇宙，它作为儒家文化的理想是美的极致。中国的宫殿建筑（比如故宫）以中轴线为中心而向两边对称展开的形式，集中地体现了儒家文化的这种"中和"之美。而对人际关系和谐的重视，也把中国人的审美心理引向"吟咏情性"方面,导致中国诗画的抒情达意倾向。

孔子还依据他的美学基本原则,即美善统一的要求,提出美学批评的"中庸"尺度,以"过犹不及"为准则,强调"乐而不淫,哀而不伤"的艺术心理效果。他认为诗和乐的情感表现应该是适度的,如果超出适度,欢乐的情感表现就成了放肆的享乐,悲哀的情感表现就成了无限的伤痛。艺术情感表现中只有情与理的和谐统一才是最理想的,超度的情感表现不符合"中庸"原则,达不到美善统一的标准。

2. 天人合一

儒家美学还有一个显著的特征,即:注重"天人合一",在"天"(自然、自然规律)与"人"(人的意志情感)的统一中寻找美的本质。儒家美学把自然看成是可以体现人的情感和道德理想的,审美客体与审美主体存在"比德"关系,天人统一,"仁者乐山,智者乐水"(孔子语),以水的源远流长、奔腾不息、盈科而前的动态特征,比喻君子博学深造和不断进取;以山的稳重静穆、参天拔地、滋育万物的静的特征,象征君子沉静刚毅和仁爱友善。孔子山水观的合理性和深刻性,在于它既注意了自然山水的外部形态特征——水的动态和山的静态,又不停留在对自然山水的外部形态的感性直观上,而是进而揭示人与自然异质同构,即道德秩序与自然秩序相互感应的关系。同时,又把情感表现看成必须是符合自然的,是规范的和适中的,"乐而不淫,哀而不伤"(孔子语),人顺应天,天人和谐。因为在儒家看来,只有天人合一才能达到一种"中和"的状态,使情感世界处于和谐,使人心合乎规范,使行为合乎礼义。

要实现自然物的形态和人的精神之间的相互感应,必须要具备相应的审美修养和人格修养。孟子说:"观水有术,必观其澜。日月有明,容光必照焉。流水之为物也,不盈科不行;君子之志于道也,不成章不达"。(《孟子·尽心上》)太阳月亮有光辉方能"照亮"和"唤醒"万物;观水也要借助君子的慧眼,透过水盈科而行的感性现象,领悟到必须不断修养和磨炼才能达于大道的道理。自然形式美的发现,不仅要有能看懂形式美的眼睛,而且要有达于大道的人格修养。这种自然物的形态和人的精神之间的相互感应之说,极大地拓展了自然审美的精神内涵和想像空间。

汉代大思想家董仲舒继承荀子,特别是《周易》的美学基本观点,总结了先秦儒家关于"天"与"人"关系的学说,深入地论述了对中国美学具有重大影响的"天人合一"的观念。他认为天人相应,天人合一,人由天生成,天之美在于"和"与"仁","举天地之道而美于和","仁之美者在于天"。董仲舒赋予"天"以"仁"的特性,将"天"人格化,同时又肯定人"为天下贵",肯定人的主导作用。他正是在这一前提下论述"天人合一"的,他认为"天亦有喜怒之气,哀乐之心,与人相副,以类合之,天人一也"。在他看来,"天人合一"突出地表现于人的情感变化同天(自然)的变化的对应关系:"夫喜怒哀乐之发,与清暖寒暑,其实一贯也。喜气为暖而当春,怒气为清而当秋,乐气为太阳而当夏,哀气为太阴而当冬。"这种"天人感应"、"天人相通"的美学观念,虽有其神秘性,但在中国美学史上常常成为艺术家们所遵循的原则。它影响了中国艺术美学中的文论、画论和书法理论，是中国艺术意境说的理论根据之一。当然，他的"天人合一"说的目的在于把天之"和"与"仁"贯彻于人间，达到政通人和。

3. "雄健"与"充实"

正因为儒家美学价值环绕着现实政治和父权体制展开，它必然要求一种与父权体制的威仪和庄重相应的"雄健"、"充实"之美。君子必须效仿"天行健"和"生生不息"的宇宙生命，以"自强不息"的方式参与宇宙的造化。孟子继承孔子关于人格美的思想，明确把人格精神与审美愉快联系起来。他说，"理义之悦我心，犹当豢之说我口"。在他眼里，人格精神也是审美对象。孟子认为善是人的本性所固有的，个体应自觉努力发挥自己善的本性，以养成一种"浩然之气"，这种"气"，"至大至刚"而"塞于天地之间"，"配义与道"，乃"集义所生"。只要养成这种"气"，就会无所畏惧而能奋发上进。个体人性只要能使这种"浩然之气"得到"充实"，并表现于外在的形体，就具有美的价值。为捍卫自己的信念，"虽万千人，吾往矣"。同时，孟子在理论上把这种力量提炼为"善、信、美、大、圣、神"六大范畴，孟子说："可欲之谓善，有诸己之谓信，充实之谓美，充实而有光辉之谓大，大而化之之谓圣，圣而不可知之之谓神。"孟子对人格美的认识和高扬对中国艺术的发展和中国古代人生境界理论的形成有重要影响，是儒家美学美善统一特征的典型表现。后世称那些无所畏惧、积极进取的仁人志士具有"儒家风范"，在很大程度上是指孟子所述的具有"浩然之气"的人格美。

"充实"之美之所以可能，是因为与"养气"有关，因此儒家美学又特别重视艺术的"气势"、"气概"以及"慷慨以任气"的"风骨"，而"气势"的潜隐与含藏又导致艺术的沉郁、劲健的风格之美。孟子、韩愈的散文，杜甫的诗歌，颜真卿的书法即是上述儒家美学价值影响下的典范作品。《文心雕龙》的作者刘勰站在儒家的立场上，分析和论述"文"之美的各个方面，提出关于艺术的各种新见解。《风骨》篇深刻探索艺术美的构成，认为"文"之美不能脱离"风骨"，离不开内在情感要素与事义、人格、文辞的统一。"辞之待骨，如体之树骸，情之含风，犹形之包气。……风骨不飞，则振采失鲜，负声无力。"这种以情为经而以理为纬的情理关系论是刘勰对儒家美学的创新。

4. "不忍人之心"与"宇宙心灵"

儒家美学的最大贡献是为中国文人和士大夫提供了一种普遍关怀一切存在的宇宙心灵。孔子以恢复和维护"周礼"作为自己追求的理想，把基于氏族血缘关系的亲子之爱看成"仁"的根本。在他看来。只要人人都能按本性欲求唤起亲亲之爱，注重孝，泛爱大众，那么，"礼"即可以恢复，天下可大治，而"仁学"也就可实现。

孟子曾经提到一种"不忍人之心"，作为人类发不容己的良善本性自然流露的例证，意为人类的本心不能容忍别人的苦难和不幸。南宋哲学家陆九渊则进一步把外在宇宙与自己本心的关系提升到本体论的高度，断言"宇宙便是吾心，吾心即是宇宙"，而这一断言的根本目的则在于承担"宇宙内事乃己分内事，己分内事乃宇宙内事"，换言之，吾心与宇宙之间存在一种发不容已、血肉相联的情感关系，因而宇宙间人与万物发生的一切都必将牵动我的心，让我感动、关怀和承担。《礼记·祭义》中有这样的记载："秋，霜露既降，君子覆之，必有悽怆之心，非其寒之谓也；春，雨露既濡，君子覆之，必有怵惕之心，如将见之"。唐代诗人李商隐诗云："荷叶生时春恨生，荷叶枯时秋恨成，深知身在情长在，怅望江头江水声"。人心对于万物的情感关切导致他超越一己之私心而成为"宇宙心灵"，正是这种宇宙心灵决定了中国诗画中的那种"提神太虚"、"散点透视"的空间构造和它的宇宙感、人生感。

总而言之，从孔子直到宋明理学，儒家美学有其完整的逻辑发展过程。儒家美学的思想学说，有其保守的方面，常常过分强调艺术的社会功能而忽视艺术的独立特性，重善轻美，重"理"轻"文"。然而，儒家美学也有刚健、进取的一面，它与道家美学的自然无为的超脱态度成为互补关系，与禅宗美学的顿悟直感观念成为对抗和对立，对中国艺术和人生有巨大影响。中国艺术理论中的"比德说"、"明道说"、"美刺说"、"中和之美说"以及"文以载道说"等，都直接是儒家美学的体现或从根本上受其影响，中国艺术基本上都具有美善统一的风格。中国文人历来在为人处世上追求一种"儒学风范"，这是儒家美学对人格美理想的重要影响。华夏民族的文化风采，有着儒家美学的深刻印记。

1.2.2 道家与传统审美

如果儒家的建构目标是"有"，那么道家的解构目的则是"无"。儒家的"有"在前，道家的"无"在后，二者的逻辑关系是不可易位的，道家的功能主要在"解构"，即以解文饰、解规则、解符号的姿态而对儒家美学在建构过程中所出现的异化现象进行反向的消解，以保持其自由的创造活力。道家文化作为中国本土的文化产物，与正统的儒家文化构成一种互补的关系，这一互补关系深深根植在中国文化的远古时代。随着1979年辽宁喀左县东山嘴红山文化建筑群遗址——圆坛的发现，已经证明中国远古文化确实存在着两种权力中心：庙与坛。庙是供奉男性祖神的场所，它代表父权体制的现实政治，是儒家文化的渊源；坛则为供奉女性社神的场所，它以独特的空间结构（没有屋顶和四壁）向自然开放，与封闭的庙堂建筑结构形成鲜明对比。坛所代表的权力中心便是道家文化的渊源所在，如果说儒家以有屋顶的庙堂、以父权中心的现实政治体制为"家"的话，那么，道家便以没有屋顶的社坛，以母性的自然为理想的"家园"。道家的主要美学思想有以下3点。

1. "自然"之美

对中华民族审美观影响最大的是老庄"道法自然"的哲学美学原则，崇尚自然、含蓄、冲淡、质朴，崇尚不事雕琢的天然之美，排斥镂金错彩的富丽美。与儒家强调人为性的"中和"之美相反，道家提倡的是一种非人工的"自然"的理想美。

老子《道德经》声称："人法地、地法天、天法道、道法自然"。如果说人、地、天中的一切都以道为规则的话，那道则以自然的状态为规则，"自然"即"自己如此"、"自然而然"之意。因此，与儒家以父权体制的现实政治为依据相反，道家所尊崇的是天地万物的一种自然而然的生成之道。老子认为道是万物产生的本源，又有它自身的规律，人不能用主观的人为的力量去改变这种自然规律，而应当无条件地去服从这种自然规律。老子在他的道的审美标准下，认为文艺追求应完全摒弃人为而合乎天然，为此，他提出了："大方无隅，大器晚成，大音希声，大象无形"的著名命题。"大音希声，大象无形"是一切艺术和美的最高境界，达到这种境界实际上已经进入了道的境界。这里没有任何人为痕迹与作用，完全符合于自然。教人"见素抱朴，少私寡欲"，认为"五色令人目盲，五音令人耳聋"，"信言不美，美言不信"，即素朴是最美的，破坏了素朴，人为的雕饰是不美的。

庄子对人为的一切均持否定态度，而对天然的事物，则给予了最大的肯定和赞扬。主张"法天贵真"，赞美"天籁"，说"淡然无极而众美从之"，"素朴而天下莫能与之争美"（《庄子·天道》）。这些反映在他的审美方面便形成了崇尚自然、反对人为的审美标准和艺术创造原则。他认为最高最美的艺术，是完全不依赖于人力的天然的艺术，而人为造作的艺术，不仅不能成为最高最美的艺术，还会妨碍人们去认识和体会天然的艺术之美，对人们任其自然的审美意识会起到一种破坏作用。他还着重论述了人如何在精神上通过心斋和坐忘，而进入"天地与我并生，而万物与我为一"的，与道合一的境界。人的主观精神能达到这种状态，完全与自然同趣，那么，他就能"独与天地精神往来"。庄子对他天然的艺术境界，有过许多生动的描述，庄子对他理想的天然艺术境界论述的"无乐之乐"、"解衣般礴"、"言表之意"成为我国古代音乐、绘画、文学所竭力追求的一种最高的境界。其论美并不绝对排斥雕琢，并不简单地否定人为的艺术，只要能在精神境界上进入任其自然、与道合一的状态，亦即"心斋"和"坐忘"的状态，使"天地与我并生，而万物与我为一"，那么，他所创造的艺术也就可以与"天工"一般无二，即"既雕既琢，复归于朴"了。道家学派认为，人是自然的一部分，完全必要和可能与自然达到统一，即"天和"，"与天和者，谓之天乐"，"天乐"就是人与自然的统一所达到的自然美。庄子认为最美的音乐是"天籁"、"天乐"，特点为"听之不闻其声，视之不见其形，充满天地，包裹六极"，这是老子"大音希声，大象无形"的美学思想的具体发挥。

追求天地之大美、无限之美，把自然朴素看成一种不可比拟的美，雕削取巧犹如"丑女效颦"。老庄这一美学思想深刻地影响了中华民族的审美意识和中国艺术的发展。中国古代的审美思想大多深受老庄的影响，在古代的文人方面表现的尤其明显。《淮南子》重"自然"；王充重"真美"；刘勰"标自然为宗"；钟嵘倡"自然英旨"；皎然推崇"真于性情"、"风流自然"；司空图"冲淡、高古、典雅、自然、含蓄、精神、缜密、疏野、清奇、实境、超诣"诸品中列的审美现象，基本上都可归入素朴之美的范畴。苏轼推崇"天成"、"自得"、"发纤秾于简古，寄至味于淡泊"；汤显祖"一生儿爱好是天然"，这都是明显受到道家思想家的影响。"自然"、"素朴"成为踞于阳刚、阴柔两大审美范畴之上的最高的审美范畴。自魏晋至隋唐，以陶渊明、王维为代表的中国文人诗画，就已经以自然为宗，宋文人画勃兴，自然美成为艺术的主导目标，自此，返璞归真成为中国文人最高的艺术审美境界。欣赏无尘世的喧嚣、朴素而有真趣的自然山水，以能在青山绿水中获得精神自由为快活，以栖丘饮谷为高，一丘一壑自风流。园林以"虽由人作，宛自天开"的"天趣"为最高境界，以区别"俗气"或"匠气"的作品。这正是这一审美理想在艺术实践中的理论概括。

古代文人对于"入世"和"遁世"的态度方面的表现也是受儒家思想和道家思想的影响而作出的两种表现。在两晋时代，士族们的清谈虚玄理主张便是来自于道家思想的影响，两晋时期是士族制度社会，士族是一个非常腐朽的阶级，他们一味的追求享乐，不敢正视充满尖锐阶级矛盾的现实，只是依靠门第，把持高官，却又要"不以物务婴心"。在这种情况下，清谈玄理的风气更为兴盛。士族阶级一方面用老庄的放诞思想支持自己不受任何拘束的纵欲享乐生活；一方面又从老庄的超然物外的思想中寻求苟安生活的恬静心境；同时还以清谈高妙的玄理点缀风雅，炫耀才华，掩饰精神的空虚。到魏晋时期的文人所表现的特有的放诞怪异的思想，便是在老庄无为和回归自然的一些现实的表现。到后来的诸多文人墨客的仕途失意时，他们从对儒家兼济天下的儒家思想中转变为无为回归自然，从而从孔子的"仁"转变为推崇老庄的"道"。这样，他们的审美观念便转移到回归自然。同时，中国古代的田园诗便是在老庄的审美思想指引下发展和进步的。田园诗要求诗人们回归田园，亲近自然，通过个人对自然的沟通和体验写自然风光的美景。好的田园诗人的诗歌大都是在做到个人的"致虚静，守静笃"的心理状态，做到了与自然合一的意境，才能写出具有神韵的田园诗歌。中国古代的审美思想深受老庄的影响，他们的"崇尚自然""反对人为"的思想对于古代那些不得志的知识分子是个很好的心灵安慰和灵魂归宿。而他们的对"道"的论述和探索也得到诸多古代知识分子的认同。

正是通过"自然"这一终极价值，道家美学便把审美对象的领域无限地扩展为存在的一切，它为中国艺术提供了一种超出日常审美的超越标准："毛嫱、丽姬，人之所美也，鱼见之深入，鸟见之高飞……"，"后与西施，……道通为一"，人间的美丑缺乏绝对的根据，当我们用自然之道的绝对标准来看时，美可以转化为丑，丑也可以转化为美。庄子自己也曾描写了大量面貌奇丑的得道之士，如"闉跂支离无脤"（跛脚、驼背、缺唇）和"瓮盎大瘿"（颈长大瘤者），然而他们却是人格美的极致。因此，"在文艺中，诗文中的拗体、书画中的拙笔，园林中的怪石、戏剧中的奇构、各种打破甜腻的人际谐和、平宁的中和标准的奇奇怪怪，拙重生稚、艰涩阻困，以及'谬悠之说、荒唐之言，无端崖之辞'等等，便都可成为审美对象。中国艺术因之而得到巨大的解放。"

2. "虚静"与"空灵"

道家美学另一大贡献是为中国艺术提供了一种审美的境界，它的基本特征是"虚静"和"空灵"。换言之，与儒家思想的人工有为性截然相反，本来只具有负面价值的"虚静"和"空无"，在道家思想中则被赋予了最大限度的形上意义。因为"唯有集虚……虚室生白，吉祥止止"（《庄子•人世间》），"圣人之心静乎！天地之鉴也，万物之镜也"（同上），只有"致虚极，守静笃"（老子《道德经》），才能使心灵一如明镜，映照万物，涵摄万象，观照到"万物并作"、"各复归其根"的宇宙景象。真正体会到这种境界，需要正确的认识无和有、虚和实之间的辨证关系，要明白：有无相生，以无为本。获得这种境界需要作为主体的人必须有"致虚静，守静笃"的心理状态，只有使自己忘掉了周围的一切，也忘掉了自身的存在，这样才能与物同化，而完全顺乎自然规律。这需要客观主体具有涤除玄览的思想。主体的审美心胸只有达到了涤除玄览的境界之后，方能为艺术创造完全合乎自然而具有"大音希声，大象无形"的妙境。

道家美学通过对"虚静"的发现，一方面以此作为"万物之鉴"在人心内部开辟出一个审美的境界，另一方面又影响了中国艺术积极利用虚白和空无而构造有无相生的灵动空间，同时，他们对于"虚静"的论述对于古代创作美学的完善和发展也起到了很大的影响。它是"生而不有、为而不恃、长而不宰"的母性原则，它作为"玄牝之门"，是谓"天地之根"和"天地母"，然而它依据的原则则是顺应万物的自然成长。这种自然的母德甚至也为儒家宗师孔子所称赞（"天何言哉？四时行焉。天言何哉？万物生焉。"），庄子则进一步把它普遍化为"天地有大美而不言"这一美学命题。天地沉默运行的节奏，万物无言生长的繁茂景象，都是自然之道这一"大美"的具体体现。因为虚白恰如虚空，看似无一物，却充满着宇宙灵气。如果说，儒家空间意识的意象为庙堂建筑，甚至可以把宇宙当作房舍（天地为庐）、四极作为四根天柱、中国位居中央的话，道家美学中的空间意识的最佳意象便是四处透空的亭子。正如戴醇士所说："群山郁苍，群木荟蔚，空亭翼然，吐纳云气"。苏轼诗曾有"唯有此亭无一物，坐观万景得天全"的句子；元代画家倪云林每画山水总置空亭，所谓"亭下不逢人，夕阳澹秋影"的荒寒寂寞，总由此亭道出。中国山水画中的留白不是有待填充的背景，而是有意义的空间组织，恰如老子所说："三十辐共一毂，当其无，有车之用；……凿户牖以为室，当其无，有室之用"。中国造园的规则讲究"奴役风月，左右游人"，如何做到这一点依据的仍是利用"空无"这一道家美学原则：挖坑充水即有月，植树置亭则有风，"有长林可风，有空亭可月"。

3. "玄"、"素"与水墨问题

从艺术门类上讲，如果说儒家美学与乐舞之间有着直接的亲缘关系，那么道家美学则对书画艺术产生了更加深远的影响。盛唐大诗人兼大画家王维主张："画道之中，水墨最为上；肇自然之性，成造化之功"。（《山水诀》）这其中显然包含了老子"道法自然"

的思想；晚唐画论家张彦远认为："草木敷荣，不待丹绿之彩；云雪飘飘，不待铅粉而白。山不待空青而翠，凤不待五色而粹。是故运墨而五色具，谓之得意。"（《历代名画记·论画体工用拓写》）这其间无疑渗透着庄子"得意而忘言"的精神。

中国画从唐代起青山绿水渐废而文人水墨山水肇兴，道家美学的影响是一个不容忽视的原因。这是因为，外光、明暗和色彩在中国艺术中始终缺乏如在西方艺术中那样的神圣与本质作用，因而一旦文人（并非匠人）介入绘画创作，他们那深受道家思想影响的意识形态最终便选择了更本质的黑白。黑白色（水墨）作为创作的媒介，其间的理由可追溯到老子的思想，恰恰是他首先认为，色彩不是本质，仅起眩耀眼目（"五色令人目盲"）的作用，故而"圣人为腹不为目"、"是以大丈夫……处其实，不居其华"，"色"和"华"作为表象与"腹"和"实"作为本质形成明确的对立。其次，老子则对于"素"与"玄"两种无彩色高度重视，不断地提到"素"（"见素抱朴"）和"玄"（"玄之又玄，众妙之门"），素是白色，玄为黑色，即后世水墨依据的颜色，它们与宇宙的本质相联。此外，中国人还有一种观念，即认为北极是天顶，而北极为玄色，所谓"天玄地黄"，天之玄色为神圣的颜色。故而托名为王维的《山水诀》中说："夫画道之中，水墨为上；肇自然之性，成造化之功。"张彦远在《历代名画记》中亦说："草木敷荣，不待丹绿之采；云雪飘扬，不待铅粉而白……是故运墨而五色具，谓之得意。意在五色，则物象乖矣。"中国画利用水墨的浓淡干湿，运用勾、皴、染、点来表现水石的阴阳向背，与西洋油画的光色塑造迥异其趣，是与老子道家思想的影响分不开的。

1.2.3 禅宗与传统审美

佛教创始人释迦牟尼圆寂之后500余年，佛教传入中国。中国有着悠久的文化史，早在佛教传入之千百年前，已形成完备的、主导社会的哲理思想体系。这就是《周易》为代表的朴素唯物观和辩证法、孔子的社会伦理观、老庄的形而上的宇宙本源观，以及诸子百家的丰富多彩的思想观念。佛教的传入，只可能使社会意识发生某种程度变化，而不可能由它成为社会意识的主宰。在佛教对中国审美意识的影响关系上，也就出现了由人生观所决定和左右的审美感情在内容和感情色调上的不同。佛教给中国文化带来了崭新的东西，它的本旨是"解脱"，即解脱人世的种种束缚，获得生命的"大自在"、"大解放"。

禅宗是中国佛教史上的一大宗派，它创生于中国，后又流传到朝鲜和日本。禅宗作为一个独立宗派出现，是从唐代开始的。唐高宗时期的僧人慧能是这个宗派的实际创始人。安史之乱以后到唐末五代是禅宗的极盛时期。宋元以后，禅宗仍广泛流传。日僧荣西、道元分别将宋朝的临济宗和曹洞宗的禅法传入日本。宋元时期中日僧人的大量交流，使禅宗在足利时代以后的日本迅速扩大了影响。禅宗作为中国本土的佛教，尽管其思想方法为适应中国需要而大大简化，然而其追求生命解脱和彻悟存在本体的哲理倾向并不曾消失，而是渗透在中国文化和艺术的血脉之中了。

禅宗的主要观点，一是"本性是佛"说。人性即佛性，心中自有佛性；万事万物随心而生灭。"佛在性中作，莫向身外求"（《坛经·般若品》）；"心生种种法生，心灭种种法灭"（《古尊宿语录》卷3）。二是"无念为宗"说。"无念"即心不为外物所牵，"不在境上生心"；还要"无相"，即心中不存任何物象，"外离一切象"。如此，则虽然处身尘世，但心中一尘不染，精神超然而自由。三是"顿悟成佛"说。不须累世修行，不用繁琐仪式，不做财物布施，只凭自己的灵知，刹那间有所领悟，便达到成佛的境地。总之，禅宗认为，人的心性清净空寂，心中灵明的佛性永不泯灭，只要静悟心中佛性就可成佛。这种禅理与艺术思维、审美感悟的共通之处就是感性中的直觉领悟，刹那间见千古，平凡中出奇幻，自然中有妙谛，简易中含深趣。中唐以后，中国的艺术审美观念中，出现了"韵味"、"神韵"、"冲淡"、"妙悟"等审美意识；其共同之处就是都受到禅理的影响，颇具禅意。而讲求韵味与余情，表现空灵冲淡与闲寂清幽，展示直觉顿悟之妙，正是禅趣所赋予这些审美意识的特色。

1. 存在的追问

与儒家立足于日常人伦、"六合之外存而不论"的现实态度不同，也区别于道家执著于"乘云气，骑日月"的理想人格，佛学在中国文化中第一次强化了一个一般性的存在问题：生命和存在的意义究竟是什么？什么是我们的"本来面目"？在万物的普遍的成住坏灭的背后是否有一个常住不灭的本体佛性？无论儒、道，中国文化本质上是肯定和赞赏生命的，佛学则在中国人的生命哲学中第一次注入了否定性因素，让我们意识到死亡和寂灭，意识到生命是一个问题，这一意义在中国文化中便导致了它的哲理追求。

本来"伤时感物"就是中国文艺一种悠久的传统。《诗经》以"昔我往矣，杨柳依依；今我来归，雨雪霏霏"的诗句揭示出中国人心灵中情感与景色的一种同步关系，以后宋玉的《秋赋》又把秋天万物凋零与人心悲凉永恒地连接在一起，庄子曾写到这样一种理想人格："凄然似秋，煖然似春，喜怒通四时，与物有宜而莫知其极"，而钟嵘的《诗品序》则把"春风春鸟，秋月秋蝉，夏云暑雨，冬月祁寒"四季景象当作引发诗情的自然题材。到魏晋之际，这种伤时感物的情怀又发展成为士大夫对于有限人世的无尽喟叹，诸如"人生寄一世，奄忽若飘尘"，"人生不满百，常怀千岁忧"（《古诗十九首》）等等，又如盖世英豪曹操亦有"对酒当歌，人生几何？比如朝露，去日苦多"的悲凉之音。然而这与佛教影响下的人生态度，毕竟有本质的差别。比及唐宋，佛学思辨已广披华夏，苏轼《永遇乐》中感慨的"古今如梦，何曾梦觉，但有旧欢新怨"，早已超出了传统伤时感物、人世有限的情怀，从而转变为对人生、宇宙乃至存在本身意义的怀疑与追问。"人生到处知何以？应似飞鸿踏雪泥；泥上偶然留指爪，鸿飞那复计东西？"那象征着宇宙精神的飞鸿究竟去向何方？又会在哪儿留下踪迹？谁也不知道，这样的存在追问无疑为中国文艺增加了许多哲理意味，中国文学的不朽名著《红楼梦》就是受了这种思想的影响。

2. "冲淡"与"禅味"

禅宗作为中国化的佛教，它为中国艺术提供了"冲淡"和"禅味"这样的美学思想。冲淡的追求起于佛教传入中国后。受佛、道思想影响的陶潜的诗作就有这种意味，但主要体现的还是道家的超然于世的精神。道与禅的区别在于"后者尽管描写的是色（自然），指向的却是空（那虚无的本体）；前者即使描写的是空，指向的仍是实（人格的本体）。'行到水穷处，坐看云起时'（王维），是禅而非道；尽管它似乎很接近道。'平畴交远风，良苗亦怀新'；'采菊东篱下，悠然见南山'（陶潜）却是道而非禅，尽管似乎也有禅意"。在审美表现上，禅以韵味胜，以精巧胜，它追求的不是什么理想人格，而只是某种彻悟心境。所谓"冲淡"作为一种美学思想，它既区别于儒学的"雄健"、"充实"，也区别于道家的"虚静"、"空灵"，它恰恰是选择非常平淡、凡俗的日常生活景象来传达并表现与日常生活感受相对立的具有空幻深意的存在感受这一佛学的主题，王维的"辋川绝句"、倪瓒"逸笔草草"的简笔山水正是这种"冲淡"美学价值的典范，它们是实又虚，是动还静，有中有无，色中即空。而"禅味"既指"冲淡"，又涵盖着一切着力于在极端对立和矛盾的两极彻悟存在本体的人生努力及其透露的人生意蕴。

具有"彻悟心境"的冲淡，是在禅宗兴起的中唐以后产生的。中唐著名诗僧皎然"少而出家"，"及中年，谒诸禅祖"（《宋高僧传》）。他的《诗式》提出了"辨体一十九字"，其中的"静——非如松风不动，林猿未鸣；乃谓意中之静。远——非如渺渺望水，杳杳看山；乃谓意中之远。这里的"静"、"远"，不是一种外在实体的宁静和悠远，而是内心感悟的境界，具有空灵的气息。晚唐司空图与佛门多有往来，尊崇分"佛首而儒其业者"（《送草书僧归越》）的信条，他在《二十四诗品》中特别强调空灵冲淡的风格和意境："遇之匪深，即之愈希。若有形似，脱手已违"（《冲淡》）；"落花无言，人淡如菊"（《典雅》）；"浓者必枯，淡者屡深"（《绮丽》）；"神出古异，淡不可收"（《清奇》），这些影响深远的观点体现出佛学与玄学合一的禅趣。司空图推崇王维、孟浩然、韦应物一派的诗作"澄澹精致"，就因为他们的诗作总带有一种清幽淡远、空灵脱俗的韵致和氛围。如王诗："独坐幽篁里，弹琴复长啸。深林人不知，明月来相照。"（《竹里馆》）韦诗："独怜幽草涧边生，上有黄鹂深树鸣。春潮带雨晚来急，野渡无人舟自横。"（《滁州西涧》）王士禛说王维的"辋川绝句，字字入禅"，这是颇有道理的。此派审美趣味，经南宋严羽的兴趣说、清王士禛的神韵说，贯穿中国的古典美学。

虽受禅风的影响，中国对"韵味"的含蓄美的追求，仍然是在比较注重文艺的形象美的基础上作出的。即：既描绘出较丰富多采的形象画面，又追求"言外之意"的情趣、理趣的含蓄美；既中蕴深意，又外非枯淡。这才符合奠基已久的民族审美传统。禅没有否定儒道共持的感性世界和人的感性存在，没有否定儒家所重视的现实生活的日常世界，仍然是循传统而更新。因此，尽管佛教追求寂灭，然而真正的"禅味"并非产生自与"有情"众生截然相反的"无情"，而是产生自对人生的最大热情、最大执著。一禅宗语录曾记载，一僧问赵州和尚:"'一物不将来时如何?'州曰:'放下着。'师曰:'既是一物不将来,放下个甚么?'州曰:'放不下,担取去'"(《五灯会元》)。既然放不下,那就承担起来。这里面有很深的禅味,和尚参禅是一种承担(释迦六年,达摩九年),入世也是一种承担。王国维论及李煜词时说其"俨然有释迦、耶稣承担人类罪恶"(《人间词话》)之情怀,正是这个意思。曹雪芹在《红楼梦》中写空空道人抄写《石头记》毕,从此"因空见色,由色生情,传情入色,自色悟空",并且改名为"情僧",改《石头记》为"情僧录",这种将极端对立的情与僧两极统一起来的努力,作为一种极高的人生境界蕴含有真正的"禅味"。

3. 韵味与余情

以"味"论诗,本是中国诗论的一个传统。南朝梁文学家钟嵘就说过"文已尽而意有余","五言居文词之要,是众作之有滋味者也"(《诗品序》),但还未形成一个自觉的系统理论。晚唐受禅宗影响很深的诗论家司空图发展了这一理论,要求诗歌有"韵外之致"、"味外之旨","象外之象,景外之景","不着一字,尽得风流"。南宋严羽在《沧浪诗话》中"以禅喻诗",用"羚羊挂角,无迹可求,故其妙处,透彻玲珑,不可凑泊,如空中之音,相中之色,水中之月,镜中之象,言有尽而意无穷"来说明含蓄和韵味,都是把禅家表达禅理的方式化入到文艺审美论中来。因为禅家谈禅,总是运用比喻,曲折表达,点到为止,让听者发挥想像来领悟深意,甚至像他们所津津乐道的"世尊拈花,迦叶微笑",仅以展示一花一物来象征暗示。这十分契合艺术美有限中见无限、形象中蕴深意的特点。

清代"神韵"说的倡导者王士禛举唐人诗句说明诗美与禅意的相通——"如王维辋川绝句,字字入禅。他的'雨中山果落,灯下草虫鸣','明月松间照,清泉石上流',以及太白'却下水晶帘,玲珑望秋月',常建'松际露微月,清光犹为君',浩然'樵子暗相失,草虫不可闻',刘春虚'时有落花至,远随流水香'。妙谛微言,……"(《带经堂诗话》卷三)日本汉学者铃木虎雄也说:"对所描绘的'境'的领悟,也就是禅学与诗学的相通之处。'",日本的定家卿也说,"凡欲作和歌,若先诵'故乡有母秋风泪,旅馆无人暮雨魂';'兰省花时锦帐下,庐山夜雨草庵中'(皆为白诗)之句,则意格自然高妙。"上面两人所举到的诗句,就诗意来说,或以幽小之景见大自然的风采,或以清空寂寥映衬怀乡思友之情,或以对比手法抒写游子之怀、孤臣之心,无不令人体味深思。尺幅千里,一草一木皆有"佛性",正是符合禅趣的诗。

4. 悟与圆满

禅宗美学最终预设了一终极的美学思想,它表现为彻悟存在的本来面目时的圆满,恰如弘一法师(李叔同)所说,是"花枝春满,天心月圆"的境界。王国维也曾借辛弃疾的词句"众里寻他千百度,蓦然回首,那人却在,灯火阑珊处"来描述这一最高境界。这是主体经历了千辛万苦的追求之后对世界的重新肯定。"郁郁黄花,总是般若;青青翠竹,无非法身"(《景德传灯录》卷二十八)。而伴随着这一彻悟的心理状态则是一种独特的感受：欣喜的笑。禅宗传说，禅宗的"涅槃妙心，正法眼藏"，正是通过"释迦拈花，迦叶微笑"的方式传递的。弘一法师临终前以"悲欣交集"的偶语表达自己既悲悯众生又欣喜觉悟的复杂情感。王维在诗中，也透露出"偶然值林叟，笑谈无归期"的最高禅悦。这是中国文化中独有的。

1.3 传统审美与现代审美的关系

当时代的车轮驶入 21 世纪，随着高科技网络信息的快速发展和世界经济全球化格局的形成，中国发生了巨大的变化。应该说是时代变化引起了人们审美意识的变迁。

一定历史时代的艺术，归根结底是一定的现实关系与社会实践决定的。李煜的词之所以能引起人们的遐想、激起人们的情感，是因为他的词那么博大精深地探及了人生的奥妙，那么敏锐细致地捕捉了心灵的变幻，真挚而练达。艺术及艺术群体的发展是必然的，其审美价值和意义的改变也就势在必行。一方面，优秀的艺术历久不衰，其真正的美愈益明显，审美价值以更加纯净的姿态呈现出来；另一方面，由于新生艺术的介入，历史艺术又一次次经受了某种意义上的贬值，其中一些不免趋于消亡。特别是在现代，审美意识正由早先欣赏原始艺术那种狂野不羁、激烈动荡、似醉如狂的方式，变为静思默想。

人的审美意识是流动的、变化的。任何一种为人们陶醉过的审美形态和艺术形成，其生命力的"青春期"总是有一定期限的。人类的审美天性又往往不满足于老一套的东西。长袍马褂、三寸金莲曾经使我们的祖辈们陶醉，如今的人们却还是觉得西装、高跟鞋更气派。事实上，审美恰恰是人原初的追求。杜夫海纳认为审美"处于根源部位上，处于人类在与万物混杂中感受到自己与世界的亲密相关的这一点上"。审美正是一种人性的教化、文明的养成。美是永恒的，而人们的审美意识却是变化的。

当一种时代的审美风尚宣告过时的时候，那便意味着它作为一种风范不再成为令人陶醉的对象。但是，它作为一种历史现象所留下的痕迹，即那大量的美的遗产，将永远对后人具有审美价值和创作时的激发作用；它的某些因素还可能得到进一步的发扬，就像非洲的原始艺术在西方现代化中的作用那样，只是，它不再作为一种时代的审美风尚在后世重新居主宰和独尊的地位。

1.3.1 天人合一的美学精神

中国古代哲学宣扬人与自然的统一与和谐，提出了"天人合一"的理论命题，以天人合一为最高理想，体验自然与人契合无间的一种精神状态，成为中国传统文化精神的核心。

中国历史上各个时期对于"天"的认识并不一致，殷周时期的"天"有时指超自然的至上神（人格神）。春秋战国时期的"天"，已经由至上神过渡到自然之天，即自然界的苍苍天空。宋明时期，唯物主义思想家以"气"讲天，指物质世界之总体；唯心主义思想家以"理"讲天，指最高原理、最高理念。对"天人合一"的内容所指也不同，如汉朝董仲舒的"天人合一"，认为天之美在于"仁"、"和"，提出天人相应、天人相通；宋朝张载的"天人合一"，主要肯定人与自然的统一，认为天地犹如父母，天地与人都是气所构成，天地的本性与人的本性也是统一的，人民都是兄弟，万物是人的朋友；清朝王船山强调"天人合一"并不在于外形和表面的统一，而关键在于一种"道"和"规律"的合一。总之，"天人合一"精神贯穿了我国整个古代文化思想史，制约着人们的思维、言行、人格理论，渗透到中国古代文化的各个领域，包括中国古典园林文化。

中国传统文化中说的"天"有3种涵义：一指最高主宰，二指广大自然，三指最高原理。与此相关，中国的"天人合一"就包含有多种意义：宇宙观上的人与自然的统一，宗教观上的神与人的统一，伦理观上的天道与人道的统一和艺术观上的景与情的统一。中国自然山水园的创作原则是"天人合一"的哲学观念与美学意念在园林艺术中的具体体现，即纯是自然的与天地共融的世界观的反映。历来中国人总是习惯于将天时、地理、政事、伦理、心理、生理等纳入同一结构图式之中，致力于建立其感应相与的整体联系，寻求其同步运行的共同规律，并把这种整体联系和共同规律看得比个别事物还重要，认为个别事物只有置于这种整体联系之中才是合理的、完美的，只有顺应这一共同规律才能得到进一步的发展。

中国人的宇宙观是一种冲虚中和的系统，十分注重调整天人关系、人际关系和各种意识形态的关系，以建立起圆融的、安定的、和谐的生活秩序。中国传统的伦理观和审美观就是在这样一种宇宙观的指导下建立起它们之间的联系的。尽管伦理与审美是两种不同的意识形态，它们之间也存在着矛盾、冲突，但又是和谐的、统一的。

在这种天人合一思想中，存在着两种美学精神。一是以天为主旨，把超越人伦道德、摆脱世间束缚的绝对的纯粹的逍遥自由状态作为理想的审美境界，类似于道家精神中与自然合一的无为的审美关系，这是一种理想的美学精神；二是以人为主体，把美的规律建立在伦理道德、社会政治等方面的象征意义上，美依附于外在对象而存在，与儒家强调艺术和美的社会政治功能及道德教化作用不谋而合，这是一种现实的美学精神。有人称前者为自然美，后者为社会美，康德则把二者称为"纯粹美"和"依存美"。纯粹美就是非功利、无目的和无概念的美。这也是道家所追求的自由的美学境界，对这种纯粹美的欣赏，类似于自然美着眼于人与自然的某种统一，是指自然的某种属性与人的审美心理结构在一定程度上的契合，人与自然之间的天人合一的和谐状态。如黄山的迎客松，泰山之巅的日出，长江三峡的奇峰等等，人们对这些美景的鉴赏判断完全排除了功利和道德因素，其中也没有概念的产生和知觉理性的参与，是一种"采菊东篱下，悠然见南山"的对自然的纯粹的美的直觉，这也就是天人合一思想中理想的美学精神。

我们若从"天人合一"的观点来重新看待作为旅游审美对象的自然山水（天），就不难发现在自然界永恒的寂静中，人们不仅能够悟出自己的本来真知，享受到某种医疗的妙用，而且自然界用某些简单的风云变幻就会使人们产生超凡入圣之感。的确，人以超功利的审美态度观乎于天，天则以怡情悦性的妙用拂照于人。在这种天人的审美互动关系中，人从大自然那随意的风云变幻或构图绘影中见出造化的神秀，天则使人在静观寂照的过程中返朴归真，免于迷失本性。除了自然景观之外，人们也可以从古典园林、寺庙、建筑、石雕和绘画等众多的人文景观中见出"天人合一"的美学精神。譬如游览闻名世界的天坛，你会发现按"天圆地方"的原则而设的回音壁、祈年殿、皇穹宇与圜丘，用"天数"而建的各层栏板望柱与台阶，均以象征的手法和形式表现了"天人合一"的思想。遥想当年，"天子"统率臣民一同祭天的庄严法度与肃穆仪式，那种带有浓厚宗教色彩的"天人合一"氛围与气势是何等的惊心动魄！这些都有赖于导游翻译的生动解说与游客个人的自行体验了。

当然，"天人合一"的美学精神除了与旅游审美活动和审美体验相关外，还会直接或间接地影响到旅游景观的开发与旅游生态环境的保护等方面。就自然景区的旅游景观开发和建设而言，这种美学精神具体地落实在追求自然景观与人文景观和谐统一的审美理想与开发原则上。譬如，在贵州黄果树瀑布附近的天星景区，人造景点"数生步"的原来石阶是方型水泥墩，与周围自然天成的风景很不协调，有碍观瞻，后来仿照自然的石头形态重新加工，结果创造出"虽由人作，宛自天开"的和谐美景，从而大幅度地提高了景观自身的审美价值和来往游客的审美情趣或游兴。另就旅游生态环境而言，真正理解"天人合一"思想的旅游者和开发建设者，都会拥有强烈的环保意识。因为，大自然是一个有机的整体（an organic whole），人是大自然的一部分，任何急功近利地滥用或人为地破坏生态环境，都将是灾难性的。再则，对于自然界的动物以及江海湖泊来讲，人类不需要的垃圾，它们也不需要。因此，人类若想得到大自然各种形式的恩赐（如能源、场所、养生、审美等等），若想维系"可持续发展"的条件，就必须不遗余力地保护好自然生态环境，解决好人与自然的和平共处关系。总之，在旅游成为一种社会时尚的今天，在旅游景观趋于深度开发的现阶段，重估"天人合一"的思想和解决好人文与自然的关系问题，的确具有重大的历史与现实意义。

1.3.2　生态环境保护与开发

中国传统思想长期受"天人合一"哲学观念的影响，人们的生产方式、生活方式和文化方式以适应自然为标准，对待自然的态度是亲近的，人与自然、人与物、人与自身的关系始终是协调发展的。在长期的农耕文明中，我们的祖先懂得了协调人类与自然关系的重要，那就是顺应自然，利用自然，与自然共存，这表现出人文主义与自然主义精神的有机结合，并影响了中国传统审美思想的形成。历史塑造了中国人重人文轻数理的思想，但同时也塑造了一种中国人的人文情怀和人格精神。人类生活需要自然、生态、环境与人类关系的全面协调。优秀的旅游生态环境要与人类共存，并能相互协调发展，相互补充完善，相互依存，共同持续发展。如何总结人类的一切文明成果，把自然、科学与人文整合统一，创造一个旅游开发与自然生态共荣、与文化生态共存的和谐空间是历史赋予我们的责任。

人类追求自身尽善尽美的生存空间，是建立在与大自然和谐共存基础之上的，同时更不能丢掉几千年文明的成果，破坏我们的生态环境。旅游的开发不能以人类创造的科学技术来残害我们的生态环境和人文精神为代价。我们认为，对旅游生态环境的开发与保护，应借鉴国际社会对自然生态保护的经验，提倡"可持续发展"的战略，建立尊重文化的时代风尚，认识开发与生态保护的关系。以城市发展为例，按目前城市发展的速度，如果不保护有代表性的传统建筑，或许再过半个世纪我们的后人将无法了解中国传统的民居或市井风情，只留下如林的冰冷的水泥构造建筑物而已。我们认为，文化生态环境是与自然生态相互依存的，在这里人是沟通两者之间的桥梁并构架相互联通的血脉，应该认识到自然与文化，人造物与自然物都是人类生存的前提条件。所以，我们应该重新审视传统历史文化的价值，应该清醒地认识到保护生态环境的重要意义，让它融入我们的旅游开发。

旅游开发是指为发挥、提高和改善旅游资源对游客的吸引力，使得潜在的旅游资源优势转化成为现实的经济优势，并使旅游活动得以实现的技术经济活动。旅游业被人们称为是"无烟工业"，但并不表示其对周边环境不产生影响，而是影响较小。随着世界环境的不断恶化，人们对可持续发展的认识越来越深入，旅游规划作为指导当地进行旅游开发和发展的纲领性文件更要体现生态化的设计理念。近年来，在旅游的规划和开发中已经开始重视旅游目的地的生态环境（空气、地表水、噪音状况）、污染控制和管理、环保设施建设等方面的内容。保证旅游地在开展旅游活动的同时，注重生态平衡的保持，努力使旅游者的活动及当地居民的生产和生活活动与旅游环境融为一体，以实现保护→利用→增值→保护的良性循环。

我国旅游业正以前所未有的速度迅猛发展，特别是近20年来取得了辉煌的成就。就我国旅游创汇而言，1978年我国居世界第41位，到1998年居世界第7位。旅游以及相关的产业，可以说是从无到有、从小到大地飞跃发展，并将逐步成为世界旅游强国和我国国民经济的支柱产业。世界旅游组织在新世纪展望报告中曾预测，在未来的几年间，全球的旅游业仍将保持较高的增长速度，并对中国旅游业寄予很大的希望。据业内人士预测，到2020年，中国将成为世界最大的旅游目的国第四大客源国。这种预测来自中国经济的持续发展和对旅游事业的投入，因为中国的旅游资源极为丰富，自然及文化遗产丰厚，具有东方文化的典型性和代表性，一些文化旅游项目层出不穷。另外，旅游资源包括旅游文化商品、旅游纪念品等相关产业，这些产业仍处于刚刚起步的阶段，有较大的发掘潜力，但同时也应看到，目前的旅游产业其丰富资源的开发其生态环境的保护未形成同步发展的局面。如何合理地利用自然资源，开发文化资产，促使自然生态保护与文化生态保护同步发展，旅游产业开发与地方经济同步发展，旅游资源的优势与旅游文化资产同步发展，这是时代赋予我们的历史责任，是我们对中国文化的传播与弘扬，也是对人类文明的一种保护与弘扬。

1.4 思考题

1. 你如何看待中国古代审美意识的产生与发展？
2. 简述孔子的美学观点。
3. 试析儒家"中和"为美这一美学思想的基本特征与意义。
4. 简述庄子的美学观点。
5. 试析道家"自然"为美这一美学思想的基本特征与意义。
6. 试析禅宗"空灵"为美这一美学思想的基本特征与意义。
7. 儒道禅美学思想的基本异同是什么？
8. "羊人为美"与"羊大为美"的基本内涵是什么？
9. 你认为传统美学思想与现代审美意识会是一种什么样的关系？
10. 中国美学的基本精神是什么？这种美学精神对现代旅游有何影响？
11. 旅游开发中我们应如何做到旅游开发与生态保护兼顾？

第 2 章 旅游心理与审美

【本章导读】

通过本章学习，要求了解旅游心理与审美的关系。熟知旅游审美心理的 4 大要素，即审美知觉、审美想像、审美理解和审美情感。掌握审美知觉的敏感性、朦胧性和形象性。理解审美想像的知觉想像和创造性想像。通晓审美理解中存在着深浅程度不同的 3 种层次或水平。知晓审美情感中诸如意志、思想、想像等心理要素。了解跨文化交流和审美的关系，掌握旅游者的文化差异及其审美类型，知晓旅游审美心理的现实意义。

2.1 旅游审美心理要素

人为什么要旅游？这是人类对于多样性的需求。旅游显然为寻求摆脱厌倦的人提供了一种最受欢迎的刺激。它使人们得以变换生活的环境和节奏，并且允许人们干一些新鲜的事情，但是新鲜的事情可能过多，使旅游者不得不在单一和复杂性之间寻求平衡，面对可供选择的目的地有多大的旅游吸引力的实际情况，这就涉及到旅游心理与审美这一问题。

旅游心理是从心理学角度研究旅游和旅游业的一个课题。旅游者在现实而具体的观光游览活动中，有一种旅游审美的价值判断过程。该过程通常伴随着复杂微妙但愉悦自由的心理活动，这里，一方面是以旅游消费者为对象，研究旅游者消费行为的一般规律；另一方面，是研究旅游从业人员和旅游者的互动关系。

旅游审美活动涉及审美心理的 4 大要素，即审美知觉、审美想像、审美理解和审美情感。这些要素作为特殊的审美心理功能，在旅游者与旅游从业人员的互动关系中引发出不同程度的审美愉悦或审美快感。对于在异质文化环境中旅游观光的人们来说，这种审美快感还涉及到跨文化交际中的关联性、可理解性和平等对话意识等因素。

2.1.1 审美知觉

所谓审美知觉，泛指审美对象刺激人的感官而引起的各种感觉及与之俱来的知觉综合判断活动。

知觉的主要特点在于，它不只是反映事物的个别特性，而是把感觉到的特征联合为完整的形象。知觉反映事物的完整性，既表现在将同一感官所摄取的许多印象的综合上，又表现为运用多种感觉的联合活动去映现对象多种多样的外观属性。如，旅游者徜徉在内蒙古草原上，一匹马映入眼帘。这匹马的皮毛色泽、身体形状、神情姿态等个别的感觉特征经过综合，就构成了这匹马的视觉形象。由于听觉的参与，使人感觉到马的长嘶、马在奔跑时的马蹄声，这时，对马的知觉就更完整了。

审美知觉有着自己独特的个性，表现在敏感性、朦胧性和形象性等方面。

1. 敏感性

审美知觉具有敏感地觉察外界事物的细微末节及其变化的特长。这些细节变化往往是常人所习焉不察的，诸如春泉叮咚、秋涛澎湃、落英缤纷、暗香浮动等景致，显然是生活中不少人视而不见，听而不闻的。即使在观察，也往往显得蜻蜓点水、粗枝大叶。相反，那些具有敏感的审美感知力的人，却会从中感觉到蕴含其中的某种特殊轻微的色彩、线条、形态、动势，通过综合而产生富有审美趣味的知觉印象。而艺术家的审美知觉更是敏感到神奇的地步。据说法国印象派绘画大师莫奈，年轻时有一次在田间漫步，突然发现眼前的一切与往日所见大不相同。他眼前的田野，不再是覆盖着青草、作物和树丛的坚硬地面，而是一幅由光影色彩交织而成的画面。这个与往常经验不同的发现，促使他日后倾向于印象派，创造出诸如《布日瓦的塞纳河》、《阿尔让特之秋》、《清晨的鲁昂大教堂》等风景画。这些作品凝聚着他对光与色的敏锐的感知印象。同样，音乐家对曲调、节奏、旋律和声音的变化感受特别灵敏。文学家也不例外。唐代诗人王勃在赣江边的滕王阁，吟咏"落霞与孤鹜齐飞，秋水共长天一色。渔舟唱晚，响穷彭蠡之滨，雁镇阵惊寒，声断衡阳之浦。"可见，敏锐的感觉应当被当作诗情画意的心理源泉。

对于有审美修养的旅游者来说，诗化的眼睛和耳朵格外倾心于大千世界的形式美细节，并且很容易为此所深深感动。他们从岩石缝隙野草的苗长中，看出坚忍不拔的生命力；从巍峨参天的香樟树上，看出中华文明的古老庄重；在黎明，感受青春生命犹如喷薄而出的朝阳；在黄昏，从原野上闪亮的灯火觉察到家的温暖。

2. 朦胧性

朦胧，意即模糊，不清楚。审美知觉就具有这种特性。俗话说，雾里看花，好神秘。苏东坡看西湖山水，却道"水光潋滟晴方好，山色空蒙雨亦奇。"这里的"空蒙"，形容云雾迷茫，山色显得很奇妙了。旅游者参加长江三峡游，看到的神女峰披着一层扑朔迷离的轻纱，恍恍惚惚，若隐若现，宛如情意缠绵的思妇，伫立在岸边等待打鱼未归的丈夫，倘若从这个角度用望远镜去感知神女峰，那么，所看到的只不过是一块粗糙的巨大岩石而已无美的情趣可言。

3. 形象性

人们对于大千世界不经意的游览中，蓦然发现某一事物的审美价值，并随即进入探测求索的审美历程。为了探索其内在价值，审美感官有意识地选择与此有关的大量感知对象，细节的库存在有意识的知觉过程中不断得到充实，对事物的感受也变得生机勃勃。旅游者在旅游过程中，那些善于审美的有心人，会常常从对事物总体概貌的无意知觉，通过努力选择知觉对象的观察方式，迅速过渡到对事物细节的有意识的知觉。例如，旅游者在冬天游览杭州西湖孤山时，闻到了腊梅的清香，看到了枝头金黄色的花瓣、花蕾，联想到宋代林和靖先生的诗句："疏影横斜水清浅，暗箱浮动月黄昏。"于是，在脑海里呈现出一幅月下赏梅的幽美图画。

审美知觉建立在五官感觉积极性整体调动的基础上，多种知觉的共同参与，为知觉的形象生动、丰富多彩奠定感性基础。多层次、多角度、多侧面的知觉感受，有助于旅游审美从整体上把握景观世界之美。在一定条件下，五官感觉可以产生联系，形成通感。如朱自清先生在散文《荷塘月色》的描写中运用了通感手法："微风过处，送来缕缕清香，仿佛远处高楼上渺茫的歌声似的。"这里，用听觉（歌声）来形容嗅觉（荷花的清香），显得很有审美趣味。在一些旅游景点，将石灰岩溶洞里千奇百怪的景观，配以灯光，丰富了景观的层次，立体感；配以音乐，渲染了景观的氛围，从而调动了旅游者的视觉、听觉，丰富了旅游者的审美情趣。

知觉是一个人选择、组织和解释信息、创造一个有意义的世界图景的过程。人的五官、身体和大脑神经系统集合起来组成了视、听、嗅、味、触等主要感觉分析官能，以此辨别、接受和传达外界的各种信息。然而，丰富多彩的审美实践活动中，官能的作用是有一定差别的。视觉和听觉一般被当作主要的或高级的审美器官，视觉和听觉产生的快感，高于饮食色欲之类的快感。与审美密切相关的是视觉和听觉。因为美的因素在于整一、均匀和色彩鲜明，而这些皆诉诸于视觉。

但是我们不能因此而忽视其他感觉系统在旅游审美实践中的积极作用。例如在享用美食的综合性审美活动中，一方面对宴乐歌舞和环境装饰的审美知觉离不开视觉听觉，另一方面对美酒佳肴的色、香、味、形等的整体性审美知觉，就离不开味觉的辅助功能。当旅游者在欣赏大自然的风光胜景时，嗅觉对于草木花香和清新空气的感受，对旅游美感的生成与深化就具有不可或缺的独特作用。当旅游者在选购中国丝绸、刺绣或瓷器等旅游工艺品时，视觉对于其色彩图案的鉴赏尽管重要，但触觉对强化其美感和刺激起购买欲也具有一种推波助澜的实际功效。

人的感官在审美知觉过程中的作用，不单纯是生理效应，而是在很大程度上折射出社会历史的内容。这是因为人和一般动物不同，动物的感官完全是以生理需要为导向的，仅仅是为了物种的生存；而人的感官一开始也受生理欲望的支配，但经过长期的改造自然、利用和保护自然或社会实践活动（包括审美实践活动），积淀和凝聚着世代传承的文化历史等因素，因此逐渐摆脱了早先那种狭隘的只是为了维系生存的动物性，演化为具有社会性和审美敏感性的感受器官。

审美知觉有直接和间接之分。前者是指审美感官与审美对象发生接触时所获得的审美知觉感受，这在亲临其境的旅游审美活动中表现得尤为突出，而且最易导致审美的动态感和立体感；后者一般是针对文学作品和音乐艺术的欣赏。它不直接与审美试题接触，而是通过文字符号或声音等媒介的刺激诱导，来间接地领略语言艺术与音乐艺术的审美价值，如小说、诗歌、交响乐、小夜曲等等。

审美知觉是一个复杂的过程，不同的人对同一事物有不同的审美知觉，因此会作出不同的反应。例如旅游动机是多方面的，有社交旅游动机、文化旅游动机、商务旅游动机、享乐旅游动机、保健旅游动机、宗教旅游动机、蜜月旅游动机、休闲旅游动机、探险旅游动机。而较为普遍的则是观光（审美）旅游动机。因为一个旅游地的历史文化、名胜古迹和风土人情，往往具有丰富的审美价值和强烈的吸引力，能最大限度地激起人们的观赏欲望与猎奇心理。例如中国的万里长城、西安兵马俑、法国的罗浮宫、意大利的比萨斜塔、水城威尼斯、希腊雅典的卫城、埃及的金字塔等等，通常是这类游客的首选目的地。有同样需要和动机的旅游者也会选择不同的方式来得到满足。例如同样出于审美目的的游客，有的偏好观赏自然美，有的侧重体察社会美，有的希望享受艺术美，有的则追求文化生活美。为旅游者提供服务的旅游企业如果能够对旅游者的审美知觉施加影响，就能使他们的惠顾行为发生对自己有利的变化。

2.1.2　审美想像

人们一般把想像分为初级和高级两种形式。初级形式指简单联想。高级形式则指与审美密切相关的知觉想像和创造性想像。

1. 知觉想像

在审美活动中，知觉想像是面对着风光旖旎的自然景色或优秀感人的艺术作品而展开的。"当人的全部心理功能都活跃起来与拥抱自然或感受艺术品时，当人们的心境、爱情、痛苦、欢乐与大自然完全合拍时，热闹的想像活动便被激发起来了。"（滕守尧《审美心理描述》中国生活科学出版社 1985 年版第 61 页）凡到过云南昆明游过石林的旅游者，大都亲身体验过这种想像活动，即从眼前那座被称为"阿诗玛"的天然石柱上，回想起电影《阿诗玛》所描写的那一动人传说，随着人们从现实心境进入到审美心境，阿诗玛的楚楚动人、如怨如诉的美丽形象便从那块坚硬而无生命的石头中显现了出来。不消说，这种形象并非那石块原有的形象，而是观赏者通过想像赋予对方的一种"虚无的"但却是审美的形象。这种形象说到底是观赏者带有情感色彩的记忆形象在石柱上的一种折射罢了。在旅游观光中，这种审美想像活动是经常发生的。无论是安徽黄山的"老僧打钟"、"梦笔生花"，还是浙江雁荡山的"犀牛望月"、"雄鹰敛翅",……这些山石的空间构景和形状与我们似曾相识的的某些形象有着似像非像之处。"这种模糊的原始材料经过想像加工之后,便成了发乎自然而又不同于自然的东西。外部自然只是一种死的物质,而想像却赋予它们以生命;自然好比一块未经冶炼的矿石,而心灵却是一座熔炉。在内在情感燃起的炉火中,原有的矿石溶解了,其分子又重新组合,使它的关系发生了变化,最后终于成为一种崭新的形象在眼前闪现出来。"(同上)

知觉想像在审美心理中有一种审美错觉,它不同于一般生活中的错觉。其表现形式,第一,在对比或过去的经验影响下的错觉。在日常生活中,如两个相等的圆,一个在诸大圆中,一个在诸小圆中,看起来前者小,后者大;又如,看白云,把它当作过去曾经见到的苍狗。第二,在一定心理状态影响下产生的错觉。如惊慌时的"草木皆兵"、"杯弓蛇影";又如"情人眼里出西施"等。总之,这两种错觉都与审美有关。浙江桐庐的瑶林仙境石洞,林林总总的奇峦怪石,看上去有的像"天鼠",有的像"灵猫",有的像"瀑布",有的像"石笋"……这类错觉性意象就是在生活经验的启发下产生的。人们分别用一个拟人化的动词来描述"五岳":东岳泰山如"坐",西岳华山如"立",南岳衡山如"飞",北岳恒山如"行",中岳嵩山如"卧"。其奥妙之处在于调动旅游审美者的生活经验,在朦胧中分别将"五岳"幻化为五位神态各异的神州巨人。这时,在旅游者心中所荡漾的美感显得格外馥郁醇厚,意味隽永。

俗话说,在一千个游客中,就有一千个西湖,一千个桂林,一千座黄山,一千个鼓浪屿,一千个九寨沟……在旅游审美活动中,对景观的命名只要比较贴切,跟景观的空间形象趋于吻合,就会在不同程度上激发旅游者观赏的审美想像。但在现场导游中,要以生动直观的描述作为一种渲染手段,以激发旅游者观赏的审美想像,切忌信口开河,牵强附会,影响旅游者的观赏兴趣。

2. 创造性想像

创造性想像类似形象思维,是一种能够揭示和表现事物内在本质的艺术想像力,通常脱离开眼前的事物,凭借这种创造性的想像力,在内在情感的驱动下对许多记忆表象进行剖析和综合,从中抽象和创造出一种从未存在过的崭新的形象,即艺术的典型形象。换言之,即通过实践由感性认识阶段上升到理性认识阶段,达到对事物本质的认识。它始终离不开感性材料,是把体现共同本质的个别、特殊的现象集中起来,造成艺术形象。想像、联想、幻想使得塑造的形象更加丰富多彩,生动感人。它总是伴随着强烈的感情活动。正如英国著名艺术批评家罗斯金所说:"富有艺术想像力的感官把握材料的方式总是这样:它从不停滞在事物的表象或外形上……它会深入内部,追根寻底,汲取对象的精髓。一旦亲临其里,它会随心所欲地拨弄对象身上的鲜枝嫩叶,这样一来,真理的汁液就不致外溢;其后它随意加以整枝修剪,使其结出丰硕的果实,而不是衰变成老树上的枯枝秃丫……总之,艺术想像力不是单凭视觉、声音和外部特征来观察、判断和描绘对象,而是从对象的内部实质出发，对其进行陈述、判断和描绘。"（赫伯特·里德《艺术的真谛》辽宁人民出版社，1987年版第129页）比如，欣赏罗丹的著名雕塑《思》，整个形象外观只是安在未经雕琢的像座上的一个女性头像，她年轻、俊美、秀逸、聪慧，仿佛沉浸在深刻的内心活动之中。她在"思"什么呢？完全留待游客来领略了。倘若有谁不善于领会体察，根本不能了解她在"思"什么，那个杰作只不过是个冷冰冰的大理石，而不是包含着深刻意蕴的艺术形象。相反，具有高度艺术修养的审美者，感知力比较敏锐，经验力比较开展，想像力比较丰富，因此由表及里体味内在意蕴的能力也比较发达。他们往往不满足于纷纭的知觉印象和浮于表面的经验感受，深入领略对象内在的悲哀与欢娱、冤枯与思慕、豪放与婉约、坚贞与柔绵……从而使审美对象的内容更完善、更丰盛，也使审美主体的美感更充实、更深刻。

古人说，想像可以使人"思接千里，视通万里"。意思是说，想像能够突破时空的限制，突破经验的局限性。"想像是经验向未知之出发；想像是此岸向彼岸的张帆远举，是经验的重新组织；想像是思维织成的锦彩。"（艾青《诗论》人民文学出版社 1980 年 8 月版第 200 页）审美创造是依赖于想像来实现的。如今的旅游项目非常注意调动游客的积极性，使其在踊跃参与的过程中得到精神焕发的美感享受。在旅游审美活动中，创造性想像的主要效用在于从诗情画意的视界出发，依据个人的审美趣味与审美理想，在静观周围景观之时，以联想、取舍或组合等方式，在脑海里重新创造出一幅新的图景来。例如，来到扬州瘦西湖观光的游客，站在观音山上俯视水景、五亭桥、凫庄，再由近及远眺望小金山、莲性寺白塔、大虹桥，有时会在想像中将这些景致有机地联接或组合，从而构成一幅有远有近的园林风情画，使自己的审美情趣得到进一步的满足。

审美实践说明，审美创造活动通过感知基础上的取舍提炼和联想基础上的组合融汇。人们通过直接感知，吸取审美对象那些能够显示内在本质的形象特征，扬弃偶然的形象枝节，从而形成更为完整的旅游审美感。例如，浙江海宁观潮，流传着"一潮三看"的观赏方式。意思是说，钱塘秋潮的壮观景象有三种表现形式：交叉潮、一线潮、回头潮。凶猛的交叉潮"划然分奔吼余怒，霆击雷轰碎天鼓"；宏阔的一线潮"涛头汹汹雪山倾，讲六却作镜面平"；激情的回头潮"头高数丈触山回，卷起沙堆似雪堆"。由于这三种秋潮景象的最佳观赏点并不在一个地方，观潮的人们往往顾此失彼，难以纵览潮流全过程。因此，从审美创造的角度出发，可以选择审美对象最能够显示内在本质的内在特征，在特定观潮点目睹其中的一种大潮景观后，再借助于导游介绍或文字资料的阅览，产生对于其他诸种秋潮景象的想像。

审美创造对于旅游资源的开发有着重要的启示性。旅游规划者出于专业的敏感，往往会将彼时彼地漫游于神州大地所捕捉的诸多景观局部和形象细节作为表象记忆在大脑中。这些表象经验在需要时会被激活，成为新的项目设计时的经验基础，其中部分表象被提取出来，在酝酿过程中被综合性地融汇到新的景观项目设计之中。

2.1.3 审美理解

审美理解作为一种心理活动,是美感中不可缺少的要素。因为感觉到了的东西,我们不能立即理解它,理解了的东西才能深刻地感觉它。但由于理解的深浅程度不同,往往会形成不同的层次或水平。

A 层次理解是区分现实状态与虚幻状态的理解,即把现实生活中的事件、情节和感情与审美或艺术中的事件、情节和感情区别开来。也就是说,在观赏海市蜃楼时,不要把幻景当作实景;在欣赏戏剧时,不要把剧情当作直接现实意义上的真情。总之,只有清楚地意识到艺术世界之"虚"与现实世界之"实"的分别,才能在热情中保持冷静,以一种凝神静思的审美态度,在旅游过程中从容而自由地进行审美欣赏。例如,浙江桐庐的"瑶林仙境",主洞长约 1 千米,面积 27 000 余平方米。洞内有 6 个大厅,最大的洞厅面积约 9 000 平方米。洞内遍布石钟乳,或峰峦起伏,犹如"山舞银蛇,原驰蜡象",或玉宇琼楼生辉,瑶池涟漪凝碧,宛若"青冥浩荡,日月照耀"……绚丽的灯光将石灰岩溶洞里的石柱、石笋幻化成天上仙境。旅游者来到洞厅,仿佛进入神仙洞府、瑶台天宫。显然,旅游者所见的景观,属于一种虚幻状态,并非天上仙境。面对深邃神秘、千姿百态的溶洞,当我们凝眸沉思时,便会惊叹大自然跨越时空所创造的奇迹,何等巧夺天工!

B 层次理解是对审美对象(特别是艺术对象)之内容的理解,即对审美对象的题材、人物、典故、背景、故事情节、符号意义等项目的理解。这是构成审美欣赏的必要条件。旅游者凭借过去生活中积累的直接或间接经验,特别是有关象形石头命名所提示的历史人物形象的印象,会不知不觉地强化对于石头造型的感觉,使之幻化为栩栩如生的审美对象,过去生活中形成的意向经验则会帮助理解特定审美对象内涵的道德文化涵义。于是,外在形式与内在表象相对应,客观存在的形式意味和形象内涵则与内在意向相对应,主客体的两相对应关系因此得到建立。例如,在鉴赏黄山的"四绝"之一奇石时,作为奇石的基本形式要素色泽、线条和形体的有机组合,构成一个个在似与不似之间的象形造型,特定的石头形态在华夏文化土壤的滋润下,被赋予特定的命名,构成几乎完整体现传统道德观念的景观系统:容成朝轩辕——礼、文王访贤——仁、孔明借东风——智、苏武牧羊——节、武松打虎——勇……这时,幻觉中的象形石头几乎获得了意味深长的文化生命。

C 层次理解是对融合在形式中的意味的直观性把握。这是一种深层次的理解,是审美心理活动中最重要的因素。它积理性于感性之中,融思索于想像和情感之中,常常能够在暗中发生效用,使美感不断得以深化。例如去泰山旅游,其表面给人的感性认识只是审美的初级阶段。要想获得深层次的美感,就得对它的内涵(神韵雄姿、地理环境、历史风貌、相关典故、民间传说等)作深入的理性思索。杜甫在《望岳》一诗中发出了"会当凌绝顶,一览众山小"的赞叹,不仅描绘了泰山雄奇崔嵬,而且抒发了自己的伟大抱负。可见,对审美对象的这种不同寻常的审美理解,无疑是一种交融着诗人情感、想像和意志的高级心理活动。

2.1.4 审美情感

审美情感是指审美经验中所涉及的知觉情感。这种情感通常表现为主体在审美活动中对客观事物的一种主观情绪反映，是伴随着知觉活动直接产生的。

人的情感生活实际上是各种心理要素，诸如意志、思想、想像等充分活动之后达到的一种兴奋状态。"本来，自然有昼夜交替季节循环，人体有心脏节奏生老病死，心灵有喜怒哀乐七情六欲，难道她们之间……就没有某种相应对相呼应的形式、结构、秩序、规律、活力、生命吗？……孔子曰，仁者乐山，智者乐水，智者动，仁者静。山、静，坚实稳定的情操；水、动，川流不息的智慧，这不是形式感上的同构而相通一致？……欢快愉悦的心情与宽厚柔和的蓝叶，激愤强劲的情绪与直硬折角的树节，树木葱茏、一片生意的春山与你欢快的情绪，落叶飘零的秋山与你萧瑟的心境，你站在一泻千丈的瀑布前的那种痛快感，你停在潺潺的小溪旁的闲适温情，你观赏暴风雨时获得的气势，你在柳条迎风时感到的轻盈，你在挑选春装时喜爱的活泼生意，你在布置会场时要求的庄严端庄……这里边不都有对象与情感相对应的形式感么？八大山人的枯枝秃笔，使你感染的不也正是那满腔的悲痛激愤？你看那画面上纵横交错的色彩、线条，你听那激荡或轻柔的音乐、旋律，它们之所以使你愉快，使你得到审美享受，不正是由于它们恰好与你的情感结构一致？"（《李泽厚哲学美学文选》第443页）

例如赏花。李白在长安供奉翰林时，唐明皇和杨贵妃月夜赏牡丹，奉诏而作《清平调词三首》，把牡丹跟贵妃交互在一起写，花即是人，人即是花，将花容人面融会一体，如蒙唐玄宗恩泽。吟咏"云想衣裳花想容，春风拂槛露华浓……一枝红艳露凝香，云雨巫山枉断肠……名花倾国两相欢，长得君王带笑看"。这里，将贵妃的服饰写成霓裳羽衣一般，簇拥着她那娇媚的玉容。在这春风拂面、露华晶莹的夜晚，贵妃如天仙下凡。彩云见到贵妃花团锦簇，想到了华丽的服饰；牡丹花见到贵妃的天生丽质，想到了姣美的容貌……贵妃不仅有着天然的美，而且有着含露的美，散发出一阵阵的清香。楚襄王为梦中的神女而断肠，可是，梦中的神女，哪里及得上眼前花容月貌的贵妃？……如此倾国倾城的美人，"回眸一笑百媚生，六宫粉黛无颜色"，道出了唐玄宗"承欢侍宴无闲暇，春从春游夜专夜。后宫佳丽三千人，三千宠爱在一身"而"带笑看"的缘由。这三首诗当时就为唐玄宗所赞赏。诗仙李白之所以在赏花中如觉春光无限，人面迷离，不能不说诗人的心已经为美人的"羞花"之色深深打动。欧阳修在《蝶恋花》一词中，咏叹"泪眼问花花不语，乱红飞过秋千去。"如此动容，也有类似的情感因素。

总之，形式感、形式美与社会生活仍然直接或间接地相联系，仍然有其社会历史的因素和成果。

2.2 跨文化旅游与审美

跨文化旅游是旅游活动中的普遍现象。无论是出国旅游，还是在国内不同民族、不同地域的文化环境中旅游，都必然涉及跨文化交际活动。在异质文化环境中旅游，人们通常因为文化差异、社会距离、陌生环境诸因素而表现出不同程度的紧张感或忐忑不安的心理状态。与此同时，也会对异质文化环境中的自然景观和人文景观表现出异乎寻常的新奇感与敏感性。从审美角度看，后两种心理反应是旅游审美的重要契机。

2.2.1 国内外对旅游者的定义

1. 国际旅游者的定义

1937 年由临时国际联盟统计专家委员会把国际旅游者定义为"离开定居国到其他国家访问旅行超过 24 小时的人"。1950 年国际官方旅游组织对上述定义做了修改，包括将以休学的形式旅游的学生视为旅游者。1976 年，联合国统计委员会进一步明确了国际旅游者的定义，即在目的地国家的接待设施中度过至少 1 夜的游客。而少于 1 夜者为国际短途旅游者，包括那些居留在巡游船上仅上岸游览的乘客。1991 年 6 月，世界旅游组织在加拿大召开的旅游统计国际大会，对旅游的概念重新统一了认识，即指一个人旅行到自己通常环境以外的地方，时间少于一段指定的时段，主要目的不是为了在所访问的国家或地区获得经济效益的活动。"通常环境"排除了那些在居住地以内的旅行和日常休闲。"少于一段指定时段"则排除了长久的居留行为。总之，把人们离开居住地，在所访问地停留时间超过 24 小时的旅行、游览行为称为**旅游活动**，从事该活动的人被称为**旅游者**。

自 1978 年以来，中国国家旅游局则定义为：**游客**，指任何一个因为休闲、娱乐、观光、度假、探亲访友、就医疗养、购物、参加会议或从事经济、文化、体育、宗教活动，离开常住国（常住地）到其他国家（或地方），连续停留时间不超过 12 个月，并且在其他国家（或地方）的主要目的不是通过所从事的活动获得报酬的人。**国际旅游者（海外游客）**指来华旅游入境、在我国旅游住宿设施内至少停留 1 夜的外国人、华侨、港澳台同胞。

2. 国内旅游者的定义

世界旅游组织认为，**国内旅游者**是指在本国某一目的地的旅行超过 24 小时而少于 1 年的人，其目的是休闲、度假、运动、商务、会议、学习、探亲访友、健康或宗教。

而各国针对本国情况又分别给出了自己的定义。北美的美国和加拿大，是以出行距离为标准来区别是否属于国内旅游者的。如美国国家旅游资源评价委员会用至少 80 千米（单程）作为衡量是否为国内旅游者的临界尺度，而美国旅游数据资料中心和美国人口普查局则坚持用至少 160 千米的标准。加拿大统计局和加拿大旅游局使用了最小距离为 80 千米的标准。而这些定义多数只强调旅游距离的远近而不考虑逗留时间的长短。以英国、法国为代表的一些欧洲国家则采用在异地逗留的时间长度。例如，英格兰旅游局将国内旅游者定义为：基于上下班以外的任何原因、离开居住地外出旅行过夜至少一次的人。而法国旅游总署的定义是：凡因消遣（周末度假或假期）、健康（温泉浴或海水浴治疗）、出差或参加各种形式的会议（体育比赛活动、讨论会、朝圣或代表大会）、商务旅行、改变课堂教学的休学旅行（如海上课程或滑雪课程）等原因离开自己的主要居所、外出旅行超过 24 小时、但不超过 4 个月的人均可视为国内旅游者。

我国国家旅游局对国内游客的定义是：指我国大陆居民离开常住地在境内其他地方的旅游住宿设施内至少停留 1 夜，最长不超过 6 个月的国内游客。国内游客包括在我国境内常住 1 年以上的外国人、华侨、港澳台同胞，但不包括到各地巡视工作的部级以上领导、驻外地办事机构的临时工作人员、调遣的武装人员、到外地学习的学生、到基层锻炼的干部、到境内其他地区定居的人员和无固定居住地的无业游民。国内 1 日游的游客，指我国大陆居民离开常住地 10 千米以上、出游时间超过 6 小时、不足 24 小时、并未在境内其他地方的旅游设施内过夜的国内游客。

2.2.2 跨文化旅游的动机分析

旅游动机产生于旅游需要。从审美心理的角度看，如果通过跨文化交际活动予以积极引导，将会有效地调动审美知觉、审美想像、审美理解和审美情感等心理要素的交互作用，进而满足旅游者的审美需求。

1. 旅游是一种特殊的需要

旅游者的旅游需要具有 3 大特点，即旅游需要的多样性、旅游需要的层次性和旅游需要的发展性。

（1）旅游需要的多样性，是指旅游者为获得身心的愉快和满足而外出旅游，在旅游中表现出的需求是多方面的、复杂的。具体表现在以下几个方面。

① 天然性需要：生理需要（如衣食住行）、安全需要（对生命、财产、和心理安全感）。

② 社会性需要：即尊重和交往的需求，希望所到之处都受欢迎，受到热情友好的接待，尊重他们的习惯，真诚地对待他们。希望与知心朋友共享旅游的乐趣，结识新朋友。

③ 精神性需要：对新鲜事物的好奇、对异地文化的探求、对美好艺术的追求、对宗教的寄托等方面。

（2）旅游需要的层次性，是指旅游者为解除紧张、避开压力、寻求舒适的环境、宜人的气候，为友好交往，为提高声望、获得尊重，为好奇和求知，为追求美好事物，为施展才华显示自己价值而外出旅游。不同的旅游者由于经济文化基础不同，主导需要也有层次的差别。有的旅游者讲究生理享受，有的讲究美的享受，有的看中名誉，有的则通过旅游实现自己的人生价值。

（3）旅游需要的发展性，是指人们的需要不会因获得满足而终止。一些需要，如饮食、睡眠等周期性发展；一些需要，如对知识、道德和美的追求有无限的发展性。正是永无止境的需要，推动了人类社会的发展。旅游需要也是不断发展的。一种需要满足了，另一种需要就会出现；低层次的需要得到一定程度满足时，高层次的需要就会产生。

2. 旅游动机分析

动机是推动和维持个体行为，并将此行为导向某一目标，以满足个体一定需要的意图、愿望。它是人们从事某种行为活动的内部驱动力，是人的行为的内在直接原因。

旅游动机是推动人进行旅游活动的内部驱动力。这种驱动力经常表现在有机体内部紧张解除和需要满足的过程中。当心理世界处于不平衡状态，就要产生恢复以前状态的平衡力。现代社会生活节奏加快，人们精神紧张，心理压力大，造成内心不平衡，于是就试图使之平衡。旅游作为有效地调整人们心理状态的一种活动，自然成为人们选择的对象。在这种内部驱动力的作用下做出旅游决策。由于人与人之间的差异性，即使同一个人处于不同时期，其做出旅游决策的动机也不相同（承前"旅游需要的三大特点"所述）。

3. 旅游动机的影响因素

在影响旅游动机的个人方面因素中，一个人的个性心理因素起着首要的作用。

人格类型属于安乐小康型的人，其特点是思想谨小慎微，优柔寡断，不爱冒险。他们喜欢熟悉的旅游地；喜欢老一套的旅游活动，喜欢阳光明媚的活动场所，活动量小；喜欢乘车（最好是乘火车）前往旅游地；喜欢设备齐全、家庭式饭店、旅游商店；全部日程都要事先安排好；喜欢熟悉的气候、熟悉的娱乐活动项目，异国情调要少。

而属于追新猎奇型的人，他们思想开朗，兴趣广泛多样。行为上表现为喜新奇，好冒险，活动量大；不愿随大流，喜欢与不同文化背景的人相处。这类人喜欢人迹罕至的旅游地，喜欢获得新鲜经历和享受新的喜悦，喜欢新奇的不寻常的旅游场所，喜欢坐飞机前往旅游地；只求一般饭店，不一定要现代化大饭店和专门吸引游客的商店；要求有基本的安排，要留有较大的自主性、灵活性；喜欢与不同文化背景的人会晤、交谈。

此外，还有一些中间型，属于表现特点不明显的混合型。

除了个人心理类型之外，影响旅游动机的个人方面因素中还包括性别、年龄、职业和文化修养等。

从性别来看，男子外出旅游多是出于探索求知和体验新奇事物的动机，而女子多以购物、娱乐为目的。

从年龄来看，青年人心理正在发展成熟过程中，可变性强，乐于接受新思想、新事物，希望能够全身心地体验丰富多彩的世界，对任何类型的旅游都充满渴望。人到中年，往往具有较高的社会地位，稳定的经济收入，丰富的人生阅历，对舒适安定的要求日益强烈，希望能利用旅游巩固社会地位,彻底放松自己,增进身体健康。人到暮年,心理逐渐衰老,加上健康原因,旅游动机相对减少,一般不愿远游,喜爱清静而又交通方便的旅游胜地,或在旅游中怀古访友。

从受教育的程度来看,文化程度较高者往往喜欢变换环境,乐于探险猎奇,具有挑战性;文化程度较低者,则喜欢到较熟悉的旅游点,对远行常会有顾虑,易产生不安全感。

此外,某些客观条件因素,诸如社会历史条件、个人周围人际环境、经济状况、余暇时间、家庭结构等,对旅游动机的形成也有一定影响。

2.2.3 跨文化旅游的行为表现

跨文化旅游,指的是作为荷载着至少一种文化的人们暂时离开长期居住地到另一种文化区域去观光游览度假休闲。

在旅游活动中涉及跨文化交际的种种问题,诸如历史传统、文化背景、社会制度、民族特点等方面的差异,不同国家和民族的旅游者往往具有不同的旅游行为。主要表现在 3 个方面:旅游动机的差异、旅游目的地选择上的差异、旅游组织形式上的差异。

1. 旅游动机的差异

长期以来,中国旅游者对于单一性的需求(寻求平衡、和谐、相同、无冲突和可遇见性)倾向比较明显。中国传统文化的特点,决定了中国旅游者缺乏冒险的旅游动机。正如当年林语堂先生所说的,"我们对探险南极、攀登喜马拉雅山实在毫无兴趣。一旦西方人这样做,我们会问:你们这样干的目的何在?你非得到南极寻找幸福吗?"如今,开放的年代里,许多方面正在跟国际接轨,中国旅游者的观念在更新,旅游动机就不尽然了。西方民族强烈的探索意识是有历史传统的,在旅游需求中表现为登山、滑翔、跳伞、潜水、冲浪、驾舢板航海等浪漫和刺激的活动,以此来满足自己的好奇心。

2. 旅游目的地选择上的差异

过去,中国旅游者信奉天人合一,喜欢小桥流水、田园风光、波澜不惊的平和景观。苏州、杭州、西安、桂林游人如织,长城、故宫、黄山、泰山等景点常常人满为患。如今,一部分年轻人开始欣赏诸如内蒙草原、戈壁沙漠等地的探险旅游了。西方旅游者信奉天主教的人的自然价值观,富有探险精神,因而可能选择非旅游区或人迹罕至的旅游地,喜欢新奇、不同寻常旅游场所,喜欢率先来到某个地区享受新奇的体验,喜欢接触不熟悉的文化和民族。总之,凡是个性突出的目的地或景观,西方旅游者一般颇感兴趣。

在选择旅游目的地的决策方式上,中国旅游者具有较强的重视群体的传统观念,从众心理较普遍,容易听从他人的意见和融入社会流行风尚的潮流中。如今,这种决策方式正在更新,一些时尚的旅游通过电脑查询有关旅游的资料,选择自己感兴趣的旅游目的地。

西方旅游者在选择目的地时较少受他人的支配和影响。在信息化时代，他们甚至连旅游商的建议也不愿听取，而是往往通过电脑查询来选择自己倍感兴趣的旅游目的地。

3. 旅游组织形式上的差异

中国旅游者在出境游和国内长距离旅游中，往往习惯于组团的形式，认为这样便于互相照顾，有安全感。近距离旅游，则往往跟家人或亲友结伴同行。个人单独外出旅游的现象比较少见。西方人正好相反，在他们看来，似乎与人结伴或与家人同游会降低自己旅游的效益。例如：英国乡村一个三口之家，假期内竟然各奔东西，男主人扛着球杆去了一个乡村高尔夫俱乐部，女主人赴东欧购物观光，他们的孩子则独自去希腊寻找古典与浪漫。很富有个性特点。

2.2.4 跨文化旅游的美学原则

跨文化旅游由来已久。一部人类文明发展史，包括着许多智慧和勇敢的人们不畏艰险、进行跨文化沟通的踪迹。从马可·波罗周游世界，到哥伦布发现新大陆；从孔子周游列国，王维、孟浩然、李白、杜甫、徐霞客们游览神州大好河山，到鉴真法师东渡日本、郑和下西洋……很难说诸位先哲的东奔西闯就是在进行以观赏风景为目的的旅游活动，但毕竟可以被认为是风行于当代的跨文化旅游的先驱者。

旅游者外出旅游的重要目的之一，就是要体验异乡风情，了解他国文化，甚至不论其出于何种动机外出旅游，不论其属于何种类型的旅游者，都不可避免地接触东道社会包括民族历史、生活方式、风俗习惯、文学艺术、服饰和饮食在内的文化。旅游者自觉不自觉地都会耳闻目睹异样的文化场景；同样也会以自己表现出来的本土文化影响东道社会的居民。从审美活动的角度来看，在一般旅游者中间，新奇为美可以说是一个最为普遍的审美观念。

在当代，先进的交通工具、发达的通信设备和舒适的宾馆居住餐饮设施，为不同文化地区的旅游者提供了极为便利的条件。人们背起行囊，走向跨文化旅游的征程。

从美学原则出发，现代跨文化旅游具有 3 个特点：跨文化旅游的特殊性、跨文化旅游的多样性和跨文化旅游的融合性。

1. 跨文化旅游的特殊性

这一美学原则的意义，在于其对旅游产品特殊性所显现的美学魅力的强调。破除种族中心主义，坚持文化价值相对性。任何一种民族文化都有其特殊性，这是其赖以生存发展乃至于吸引世人注目的重要前提。它在旅游实践中的具体表现为，越是具有民族性、地方性的，越有可能对其他文化区域的人们构成旅游吸引力。

中国旅游资源具有人文地理的特殊性。有着分布区域极其广阔、文化传统源远流长的综合优势。就地域而言,美国与中国一样,也是幅员辽阔,但其大熔炉文化自建国至今只有200多年历史,其内容的丰富程度难以跟中国的5 000年文明相比拟。就文化传统而言,埃及、印度也是历史悠久的国家,但这两个国度因所处的自然地理位置关系,其旅游条件远不及我国优越。我们的国土,东西南北,纵横逾5 000千米,因此就造成地形地貌、植被动物种群等自然景观的绚丽多姿。我们的历史,从炎黄算起,迄今已有5 000多年。因此,促成景观人文的深厚积淀。这种旅游资源和文化传统的独到组合,就是中国旅游经济文化的特殊性,也是足以赢得国外游客关注的根本条件。

旅游资源的特殊性还表现在,那些交通不便、物质匮乏、生活条件艰苦的穷乡僻壤蕴含着非常独特的民族(地区)文化宝藏。它对热衷于跨文化旅游的人们形成很大的心理诱惑,诸如浙江缙云的河阳古民居村落、安徽歙县的古牌坊群、湘西凤凰古城……乃至大西北、大西南的少数民族地区,具有相当的旅游审美魅力。因为经济的富足与贫困,跟文化价值判断上的高贵与低劣,那是两码事。

2. 跨文化旅游的多样性

跨文化旅游的多样性,就是破除文化一统论,坚持文化多样性,注意发掘主导文化群落中的亚文化内涵,并精心保护某些有价值的"反主流"文化。这对于形成旅游产品系列多姿多彩的审美格局具有重要意义。

文化群落的结构方式恰如拼图,是个多样与统一的结合体。任何一种主导型文化,在整体属性上总是显示出带有压倒性优势的主要特征。例如,华夏文化的主导性特征一般被认为是和谐、推崇中和之美。但是,这一根本特征在分属于不同地域环境的亚文化体系中,具有不同的表现形式,诸如满汉文化场面的宏阔、南粤文化气势的旷达、藏文化内蕴沉郁、吴越文化秀雅、齐鲁文化敦厚、楚文化绚烂、商周文化朴实、西南西北少数民族区域亚文化的异彩纷呈……于是形成中华民族文化旅游圈内体现各地本土文化精髓的特色旅游区。

风格即美。包含着个性文化风格的旅游区由于具备高度"垄断性"的产品支撑,最能可持续地显现旅游业的发展潜能。异地性的旅游,在其本源的意义上要求旅游产品风格样式的独特性。倘若诸多景点景区大同小异,跟风模仿,彼此雷同,牵强附会,缺乏个性,最终会造成扼杀跨文化旅游的恶果。

美在个性。旅游者在周游于不同民族或区域文化精神特色的景点景区时,有的跨上自行车单骑走天涯,亲身感受体验各地的奇风异俗、名胜古迹。有的民俗文化村将诸多民族建筑、工艺品、仿制的风景名胜和表演的民间习俗,汇聚于一体,构成别出心裁的跨文化旅游。如杭州的"宋城"主题公园,有这样一句广告词:"给我一天,还你千年。"如每年4月1日至12月1日举行的宋城夜游,是杭州旅游的经典节目。每当夜幕降临华灯初上,宋城古街上人声鼎沸,各类杂技表演和民俗表演此起彼伏,交织成一曲热情洋溢的古宋市井欢歌,由宋城艺术团数百名演职人员参演的大型舞剧《宋城千古情》,更将整个夜游活动推向了高潮。

以跨文化为核心，消除了不同文化之间空间地理位置上的客观障碍，给意欲于经济、省时、轻松地遍览异域风情的游客提供极大的便利。

同时，旅游者的旅程，与其说是在空间位置上不断推移转换，不如说是沿着时间长河溯流而上或顺流而下。例如，欧洲的袖珍小国安道尔，面积只有 468 平方千米，人口 6 万余，坐落在嶙峋起伏的比利牛斯山脉中心。但却聚集着最现代化的高楼大厦建筑和最古老的斜屋顶农舍，既存有青铜时代的见证物，如布鲁希斯岩石、新石器时代人类祖先存放工具的玛金尼达洞穴，又矗立着 60 多座古罗马式大教堂和被当作现代法庭的用红赫石砌垒而成的古堡。诚如一位安道尔作家所说："在安道尔旅行，不是在空间里活动，而是在时间里漫游。安道尔人似乎同时生活在几个时代，即从中世纪一直到 20 世纪的整个漫长岁月。"（《世界游记精选2》花城出版社 1983 年 6 月版第 346 页）据说这个弹丸小国每年入境的游客多达 400 余万。我国江苏无锡的唐城、三国城、水浒城、欧洲城、太空城亦组合在过去、现代、未来的时间跨越上，满足了现代旅游者对于跨文化旅游的独特审美情趣。

至于非主流文化景观旅游，也具有一定的旅游观赏价值。所谓"非主流文化"，这是一种对主流文化的价值、观点、信仰、理念等提出挑战的文化形态。它们的文化形态虽然弱小，但却没有丧失存在的合理性，甚至潜藏着未来发展的无限可能性，有可能对喜爱探奇览胜的旅游者构成旅游吸引力。例如，在现代文明进程中，出现了回归自然的趋向，也有的喻之为"绿色旅游"。长期居住在大都市的居民希望田园牧歌式的风光情调。这种农耕文化样式的"非主流文化"似乎显现出不合时宜的落伍，但又散发出难以抵御的诱惑魅力。同样，大城市中那些现代化的高楼大厦是主流文化，而那些饱经沧桑的老房子是非主流文化，如坐落在杭州河坊街大井巷、由清代"红顶商人"胡雪岩创办的胡庆馀堂国药号古建筑，上海外滩的近代古建筑等，具有无可替代的历史文物价值，仍然显现出独特的风采和诱人的魅力。

3. 跨文化旅游的融合性

跨文化旅游的融合性，就是破除文化分离论，坚持文化融合的必然性。研究表明，"任何国家和民族的文化，都在纵向上与自己的历史传统处于前后连续之中，同时又在横向上与其他国家和民族的文学处于相互交往之中。"（钱念孙《文学横向发展论》上海文艺出版社 2001 年 1 月版第 2 页）旅游文化也不例外。"跨文化"本身，含有不同文化间的异质整合的意思。

所谓异质"整合"，是指特定文化往往通过外来文化的"移入"而活跃，产生"革新"，最后达到新的"适应"境界。因为每一样式的文化，只有在与其他文化的交流中吸收新质，耗散旧质，才能获得趋向日臻完美发展的可能性。倘若认为只有与广阔世界相隔绝才能维护自身文化的纯洁性，那是荒唐愚昧的。在信息交流高度频繁便捷的当代，不同特质的文化圈之间，同一文化圈中不同的亚文化种属之间，相互影响已经策划能够为不可阻挡的趋势。跨文化旅游势必导致文化变迁。跨文化交流的过程就是特定文化样式及其特质的动态生成过程。文化的固有特征不是一成不变的，而是历史地生成的。这种生成，既依赖于文化革新，又依赖于文化移入和适应。在通常情况下，一个与外界割断了文化交流和联系的封闭型文化，势必会因缺乏新陈代谢的刺激性而渐趋死寂。

跨文化旅游能够产生促使特定文化在异质整合中生成发展，从而使世界文化的融合成为历史的必然。经验告诉我们，同类异质具有一种天然的吸引力，就像磁石与铁、土地和植物、太阳月亮与地球、男人与女人。归于同一种属的人类，当人与人分属于作为异质的不同文化时，就会产生彼此吸引的可能性美。按照一般的注意心理，"似曾相识"和"人生而不熟"是引起注意的两个基本点。人类所注意的，既是自己所熟悉的东西，又是稀奇、见所未见、闻所未闻的但十分感兴趣的东西。而恰恰是后者，构成跨文化旅游的心理动力。特定的本土文化塑造了每个人的文化属性。携带某种本土文化的人，基于求异心理的驱使，自觉不自觉地会对某种异样文化发生兴趣，进而孕育出跨文化旅游的动机。跨文化旅游总是把旅游者推入"外地人"的角色，于是便产生了作为外地人的旅游者和当地文化及当地民众的暂时性信息汇聚和交融。

跨文化旅游中异质文化的融会，基本上是按照两种原则进行的。

（1）互补原则

这是个"你影响我、我影响你"的极其平等原则。在跨文化旅游中，人们无疑会受到旅游目的地的异样文化氛围的影响。来自西方国家的游客，在中国文化情景里不能不触景生情，在感同身受的旅游体验中，耳濡目染，受到深刻的心理濡染。他们坐在中餐馆里学着拿筷子夹菜，就是在体验不同于西餐的一种内聚式饮食传统，从而领略些许异质文化的原汁原味。作为东道社会本地人的中国民众，外国人的异样穿着打扮、口语体语，又会直接构成文化景观的有机组成部分，有时会长期为当地人模仿的对象。又如，在中国杭州举办的西湖博览会，其中展出和出售各地富有民族特色的工艺品和食品，以及博览会期间的狂欢节，邀请一些国外艺术团体表现异国风情。这类活动自然就成为按照互补原则进行的独特的跨文化沟通。

（2）强度原则

一般而言，高度发展的文化往往影响低度发展的文化。而低度发展的文化处于被影响的地位。我国著名学者任继愈先生认为："文化是一定社会经济的产物，文化水平有高有低。古人说'水性趋下'。水性趋下，由高趋下造成势差，这是由于重力的原故。文化传播，也有'势差'，文化势差现象也有由高趋下的现象。"（《任继愈学术论著自选集》北京师范学院出版社1991年11月版第267页）这种文化传播中的"势差"，在跨文化旅游中有着比较特殊的表现形式。来自异国他乡的旅游者，总会受到旅游目的地主流文化的强烈影响。据说，有位中国留学生用600美元买下一辆旧车，利用暑假，千里迢迢，驾车穿越加拿大，到阿拉斯加去打工。此举显然留下了深受美国青年冒险精神影响的某些印记。某些旅游者也许来自文化势能较强的国家和地区，但是在特定的旅游空间范围内，他们作为外地人，在当地本土文化的"汪洋大海"面前，不能不暂时"俯首称臣"，呈现某种意义上"低强度"

状态。因而接受了相对强度"较高"的异质文化的影响。一些来自西方发达国家的旅游者来华旅游，一时"乐不思蜀"地沉浸在中国本土民俗文化氛围中，品尝北京颐和园宫廷膳食、包北方饺子、吃四川火锅、放山东潍坊风筝、在浙江嘉兴吃"五芳斋"粽子、踩农家水车、喝绍兴黄酒、坐乌蓬船、摇杭州王星记折扇、撑西湖绸伞……参与性的活动之后，仍兴犹未尽，以致产生对中国传统文化的浓厚兴趣和情结。

无论是互补原则还是强度原则，只要漫游在跨文化旅游的长河中，就会在心理上产生异质整合时所特有的征象：耗散旧质，吸收新质，即所谓"吐故纳新"，因而导致人格精神以及文化心理结构的调整和重塑。在当代，例如，从穿套鞋演变为穿旅游鞋，西服从两个纽扣改为三个纽扣，用传统饮食的同时增添了一种吃"肯德基"之类的快餐，外出休闲时搭一个旅行小帐篷……基于新奇为美的审美观，不能不说这是跨文化旅游过程中，一些新鲜别致的服饰文化、餐饮文化的异质整合在人们中间产生审美心理的影响。

2.3 旅游审美心理的意义

旅游作为一项集自然美、社会美和艺术美之大成的综合性审美活动，其内容五光十色。旅游者作为观赏主体，其审美反应也必然是丰富多彩的。就旅游审美活动全过程来看，其实是一种复杂微妙而又愉悦性异常突出的心理现象。它不仅涉及民族文化的深层次结构与审美意识的积淀形式，而且关系到个人阅历素养、理想追求以及审美层次。因而，要探寻旅游审美活动的一般规律，就务必从分析旅游者的审美心理入手。

2.3.1 有助于了解旅游者审美心理的需求

旅游审美是一个由表及里的抽象思维过程。从旅游目的地的美妙景观，到旅游酒店所提供的美的环境和美的服务，作为审美对象，诱发了游客内心的美感。爱美之心，人皆有之。人们向往美、追求美，选择旅游，其深层次的缘由，是一种对精神家园的梦寐以求。因此，旅游是人生的美学散步，是人与环境亲密无间的契合，是人际间沟通方寸隔膜的天造地设的绝佳机缘，是人类消除焦虑感、抑郁感，恢复心气平和之天然良方。

1. 游者心理和谐的需求

人们外出旅游，主要是为了获得慰藉。也许有些旅游项目充满震撼人心的刺激，例如到上海锦江乐园去玩"疯狂爬山车"、赴浙江海宁盐官去看八月十八"钱江潮"、到黄河源头乘橡皮艇在急流中漂流……但是，总体而言，旅游者的出游动机却是为了在和谐的审美关系中，得到人性的抚慰和心灵的小憩。

优美的抚慰和壮美的激励,是人类精神追求的两极。形象地说,工业革命时代所孕育的充满着英雄主义豪情的贝多芬理想主义色彩极浓的陨越,那与命运抗争的人类主题不屈不挠的拼搏竞争是永放光芒的。但是,与此几乎同时产生的西方浪漫派音乐,与莫扎特等音乐家的名字联系在一起的幽默、宁静、喜悦和欢乐的情感旋律,将有助于平抑当代人无可回避的浮躁和焦虑,有助于建构人与环境相和谐的文明,有助于使人成为真正意义上的人。有位学者曾就西方19世纪浪漫派音乐对未来的文化意义做过十分精彩的论述:"在广泛使用微型电脑和机器人的现时代,为什么西方浪漫派音乐反而更令我们陶醉,使我们从中得到美的享受呢?原因之一,是它在你我心中唤起一种家园感。当地球生态环境(人类最重要的家园和真正故乡)受到严重威胁,'远道人心思归'的情怀便会在我们心中油然而生,与日俱增。这时,舒伯特的《春天的信息》和门德尔松的春之歌于我们就会像一汪清泉,蓦地注入沙漠似的心田,给我们以安慰与温存。"(赵鑫珊《哲学与人类文化》上海人民出版社1988年1月版第123页)

我们当代旅游,应当肩负起促使创造和谐世界的重任。劳作之余的闲暇时间,人们需要休息,于是,人们选择了旅游。应运而生的春秋两季"黄金周",旅游业所要奉献给大家的,正是一种修身养性、陶冶情操的旅游环境。旅游行业中的许多令人愉快的游乐设施、宾馆接待、清山秀水,以及休闲装、沙滩鞋、轻音乐……构成一种优美的格局,其所指向的便是情景交融的浪漫韵致。当旅游者陶醉在旅游环境的曼妙氛围中而流连忘返、心绪畅达时,这心理感受便渗透着令人亲切的家园感。换言之,旅游活动所蕴含的审美文化精神,是和西方古典浪漫派音乐精神息息相通的。

当今,工业文明的优越性伴随着"三态危机"出现在人们面前,即人口膨胀、资源枯竭、环境污染造成的生态危机,由于社会竞争而造成的人际关系上的信任危机,由于快节奏的生活和高强度的工作而造成的心态危机。因此,也就迫使人们进行与危机相抗衡的拯救自身的努力。这种努力,归根到底是为了达到三大和谐,即人与自然的和谐、人际关系的和谐以及人自身的和谐。

20世纪70年代,美国著名未来学家阿尔温·托夫勒提出颇具影响的"三次浪潮"的理论,即第一次浪潮的农耕文明、第二次浪潮的工业文明和第三次浪潮的后工业文明。这三次浪潮分别体现了人与自然的不同关系。在农耕文明阶段,人与自然的关系呈现出一种原生态的淳朴与协调。但这种和谐是建立在人被动地适应自然的基础之上的,它所包孕的是不事雕饰的自然风韵。在工业文明阶段,人类充分发挥自身的主观能动性,积极征服自然、改造自然,创造了无比崇高伟大的工业文明成就,同时也酿就了人与自然的尖锐冲突,制造出本来亲密无间的人与自然关系上的巨大鸿沟。理想和憧憬中的后工业文明,则是农耕文明的优美朴实和工业文明的崇高恢弘的完美结合,它意味着人与自然在更高层面上重新回归和谐。

西方发达国家自20世纪60年代以来,开始向旨在重建人与自然和谐的后工业文明迈进。跟西方的三次浪潮依次更迭不同,中国的三次浪潮文明的更替颇具特殊性,它不是依次更迭，而是3种文明并存，3次浪潮重叠。中国是农业国，五分之三的人口是农民，如今不少地方仍用牲畜作为动力，与此同时，中国的工业化方兴未艾，正在为实现工业文明成就的世纪之梦而努力。例如中国的上海和一些特区已经先行一步，与国际社会接轨，后工业文明因素萌生。

旅游的发生发展是与人类文明程度、生活整体水准成正比的。在生存条件低劣的境遇中，旅游无从谈起，劳作者整天疲于奔命，难得温饱，没有足够的经济能力，也没有闲情逸致去游山玩水。由于受经济条件限制，普通老百姓所梦寐以求的是超越农耕文明，摆脱田园生活的封闭、粗陋、繁琐等落后面，尽快成为工业文明的受惠者。如今，中国越来越多的普通大众介入旅游热潮，在游览名山大川的过程中，增进知识、丰富生活、活跃体魄、充实内心，积极而饶有诗意地消费闲暇时间。从审美意义上看，其蕴含着人与自然的和谐状态的重建。

中华民族的山水意识是根深蒂固的，在农耕文化形态中生活的时间相当长久。只是因为工业化、都市化，使我们告别了乡村、田野，逐渐地削弱了人与自然的高度相关性。旅游意味着人类重新回归大自然，那灵山秀水、名胜古迹，吸引着旅游者进入赏玩境界。参与旅游，便是与山峦、河流、奇石、洞穴沟通，与动植物世界对话，彼此交融，和平共处。回归自然的心态，有助于旅游者在情景交融、融于自然中增进生态保护意识。人在美景中，人类之爱亦成为自然的一个有机组成部分。如此"天人合一"的境界当然是美不可言的。

旅游活动本身应该是惬意无比的。花的艳丽、月的皎洁、幽谷的情逸、碧潭的恬静，乃至蕴含着温馨舒适情韵的优质旅游服务，如甜美的微笑、娴雅的举止、宾至如归的关心照顾……这些外界审美刺激物，将无形地引导着旅游者以无限爱意进行人际间的沟通。它不知不觉地以潜移默化的方式引导着美感的萌发。谁都能够体验，在美妙景致的影响下，喜悦欢快的情感是如何难以抑制地腾涌于心胸，情不自禁，不能自已。这就是旅游审美的情景交融所具有的升华人性、激扬亲情、和睦关系的功能。它使得旅游者接受了审美环境的良好影响，从而滋长出高雅纯洁的情思。从人类本体追求上说，旅游审美的最终效应，是导向于人类内心的和谐。19世纪的德国哲学家费尔巴赫曾大声疾呼：只有回到大自然才是幸福的源泉。当代人面对激情与命运的抗争，创造事业的辉煌与精神压力而产生的疲惫渴望"疗救"。其方法之一，便是进入旅游审美的佳境，获得人生的温馨抚慰，诸如观赏苏州园林景致、徜徉西湖苏堤六桥、泛舟桂林漓江、聆听厦门鼓浪屿琴声、扬帆海天佛国普陀山进香、拜谒山东曲阜孔庙、荡桨颐和园昆明湖、跋涉九寨沟原始丛林、品味湘西凤凰古城情韵、领略海南椰林风光……旅游者陶醉在秀美恬淡的湖光山色、沉迷于访古神游探幽猎奇之中，原本缠绕心间的郁闷苦恼不翼而飞，仿佛自己成了尘世间的宁馨儿，从而开阔了人们的眼界，拓宽了因生活重负而显得狭隘的心胸。

2. 游者故乡情结的需求

旅游对于人们之所以具有无穷的美学魅力，在于其与旅游者萦绕于内心的故乡情结有着千丝万缕的联系，所谓"羁鸟恋旧林，池鱼思古渊"的情怀。

故乡情结首先表现为一种久久地漂泊他乡之后的一种亟欲回家的归巢意识。那些远离故乡、长年在外的人，无论是李白的"举头望明月，低头思故乡"，还是贺知章的"少小离家老大回"，乃至唐代诗人张若虚所吟诵的"谁家今夜扁舟子，何处相思明月楼"，宋代诗人范仲淹所感喟的"浊酒一杯家万里"……四方游子往往会萌生出想回家的念头。家的亲和温馨具有抚慰人性的作用。难怪海外游子回国省亲旅游的趋势不减。只要心里埋藏着故乡情结，必将不断踏上故乡的土地，旅游业也将替海外华裔游客起到宾至如归的"家园感"。

从旅游审美的角度看，当今世界奉行的度假休闲旅游，其实质就是为了满足人们某种故乡情结发散的需求。旅游的异地性满足了游客必须要离开长期居住的社区，涉足某个较为陌生的旅游目的地。一般而言，陌生的事物容易造成疏远的心理障碍，这与旅游所追求的适情顺性的和谐本意相违背。而度假休闲的旅游方式以及相配套的系列"软件"，诸如彬彬有礼的"微笑服务"之类所包容的宽松、温馨、悠然自得的审美文化氛围，则使得身居异域的旅游者油然而生一种宽泛意义上的"家园感"，觉得无比的舒畅惬意。而现代人的生活方式，通常是与狭隘的家密不可分的。尽管白天上班，晚上总得回自己的家。如此"上班—回家—上班"的机械轮回，仿佛让人觉得少了些什么。往深处探究，其实缺少的正是广义上的"家"所应有的诗化情韵。于是，便想起了度假休闲旅游。这番出游，虽然离别了自己的小家，却可以暂时性地来到洋溢着温馨气息的休憩之所，在充满着诗情画意的旅游氛围中，领略作为人类社会化之根的大"家"所蕴藏的人生韵味。

故乡的价值，往往在远离故乡的异域，在漂泊流浪的时候，在科举他乡的时候，才会得到格外明显的凸现。故乡与异域的空间距离越是遥远，无尽的思念之情就愈加炽烈。这种审美文化叫作"远距离崇拜"。

哲学家说，距离产生美。平时人们蛰居家中，之所以觉得周围的一切都显得平淡无奇，究其原因，正如苏东坡所说的："不识庐山真面目，只缘身在此山中。"而那些远隔千山万水的景观，就被蒙上了一层神秘的色彩，生发出丝丝缕缕的朦胧美。只要消除经济能力上的障碍，只要消除交通阻隔造成的鞍马劳顿，那么，与旅游者的故乡情结得到感应和沟通，距离越远，越有可能因距离而产生神秘的诱惑力，其激发出旅游动机的可能性就越大。当代旅游热中的"围城"现象也说明了这一点。都市的人们意向山村乡野，回归大自然的清纯；乡村的农民则希望进城"朝拜"大都市的壮观。前者是寻"根"究"底"，寻觅为都市化所疏远了的往日亲情，重温平和朴实、悠闲淡泊的农耕田园文化旧梦；后者则是探"奇"览"胜"，探求见所未见、闻所未闻的外面精彩的世界。从城市到农村，从高楼大厦到青山绿水，彼此间的空间距离孕育出耐人寻味的旅游吸引力。显然，距离感是旅游审美形成的基本要素，也是人们萌发出游动机的心理前提。

从审美文化的某个角度看，中国古代历史文明遗留着我们这个民族童年时代的天真印迹，自有一番别开生面的纯真风韵。那龙飞凤舞的远古壁画、那朴实生动的彩陶文饰、那流畅精湛的书法线条，以及故宫、长城、十三陵、兵马俑、大运河、都江堰、乐山大佛、杜甫草堂……诸如此类的文化创造，正是我们中华民族文化的真正故乡，它令当代旅游者莫大欣喜。

2.3.2 有助于熟悉旅游者的审美个性及其审美感受的层次

从审美心理学的角度看，在旅游审美过程中，同游某一景区的旅游者会有相同的感受，也有不同的体验。前者通常被认为是美感的共同性或共同感所致。相形之下，后者在很大程度上与审美个性和审美体验相关。另外，无论是相同的还是不同的审美感受或审美体验，也在很多情况下表现出程度上的深浅或层次上的差异。

1. 游者审美个性与类型

个性是一个社会范畴，是许多人文学科研究的对象。从社会学角度看，个性受到现实环境和社会环境的制约，是不断学习、实践、积累、充实和丰富的过程，其表征为具体的、活生生的、行动着的人。国外研究者海德格尔称之为"存在于世界之中"。这个特指的"世界"一般呈现为3种基本形式，即：环境、共境和我境。"环境"指周围环境或生活环境，"共境"指由人或他人所构成的外界，"我境"指一个人自己的意识。因此，存在于这个"世界"之中的人是有意识的"存在"，其个性"具有选择的自由"。它涉及个人的遗传、气质、能力、性格、社会、心理诸因素。个性差异直接影响到人的意志、判断、趣味、谚语、外貌和审美意识及实践活动。

就人的审美个性而论，它在很大程度上也是一个社会范畴，其形成与发展是一个极为复杂的动态过程，不仅涉及先天因素，而且涉及后天训练。先天因素是构成审美个性的自然条件，主要包括身体素质（如视觉听觉等感官能力）、气质禀赋（如血型）、神经类型（如人的高级神经类型）。后天训练是审美个性形成与发展的根本动力，涉及因素更为复杂，诸如生活实践、个人阅历、教育背景、职业训练、文化氛围，特别是审美活动或艺术创造等等。（参阅王柯平《旅游美学纲要》旅游教育出版社 1997 年版）旅游审美活动是一项身心或所有感官都介入的立体审美活动。除了视觉和听觉之外，其他感官（如嗅觉之于花香、味觉之于美味）也具有不可或缺的功能，否则，审美效果就会受到影响。从后者看，广义上的社会实践（特别是与其相关的审美活动）所引起的审美意识的积淀，会构成群体性的审美心理结构。同时，再经过具体多样的艺术和审美教育途径，便落实在个体身上，从而构成个体性的审美心理结构。这种结构与先天条件一旦在个人的生活、职业与活动中与其审美观念、趣味和理想互动融合起来，便创生为人的审美个性。

审美个性的差异性导致其类型多样性。瑞士美学家布劳根把审美个性分为客观类、生理类、联想类和性格类。属于客观类型的人通常能以一种非个人的态度去观照审美对象，比较注重色彩是否鲜明、饱满、纯粹，态度呈理智优势。属于生理类型的人往往以个人情感和机体的变化为基础，起调节他与审美对象的距离关系，偏于生理效应，例如专注色彩的冷暖价值。属于联想类型的人一般强调个人已经经历所形成的记忆表象所唤起的联想，突出对色彩的感应，例如见蓝色就联想到天空，见绿色就联想到树木，见红色就联想到火焰等等。而属于性格类型的人，则惯于从拟人化的角度来观照审美对象，惯于把审美主体的一些性格和情绪特征假托于审美客体或对象之上，例如从对色彩的静观中见出善、勇、狡等不同性格特征。

类型的划分有其参考价值，但难免失之偏颇。总的来看，审美个性作为一个开放的动态心理结构，既有相对稳定的一面，又有不断变异的一面。所谓"相对稳定"，是指一定时期内具有一定倾向性的审美能力、兴趣和理想；所谓"不断变异"，是指上述因素经常会随着个人阅历的增多、修养的提高、生理的变化和社会的影响而发展和重构。审美个性这种开放性的动态心理结构，也易受偶然因素影响，会由于一时的内在情趣与心境或外在氛围与情况的变化而变化，结果使审美行为或审美感受形成强烈的反差。换而言之，即人们的审美判断有时会因注重分析而趋于客观型的理智化；有时会以注重移情而趋于主观型的情绪化、有时因偏重审美直观而对事物的感性形象发生兴趣；有时会因偏重审美理解而对内在的价值观表现情有独钟；有时会喜好豪放或阳刚型的审美对象；有时会偏爱婉秀或阴柔型的审美对象……从旅游者的基本要求和观光活动等具体情况看，旅游者的审美个性大体上可以分为以下3种类型。

阳刚型：一般年富力强，血气方刚，具有冒险精神，喜欢攀悬崖、登绝壁、探洞穴、潜海底、漂江河……追慕险峰绝处的无限风光，偏爱宏大崇高的阳刚之美。

阴柔型：一般步入中年，平和沉稳，安全意识强烈，趋于观日出、赏明月、听流泉、荡平湖、游园林……偏爱和谐安逸的清幽雅境，热衷婉秀妩媚的阴柔之美。

中间型：一般受生理状况或偶然因素（如情趣和安全系数等）的影响，外出旅游惯于审时度势，量力而为，信奉"当行则行，当止则止，其道光明"的哲学或游道。一旦拿定主意，也能涉险则尽其兴，入幽则尽其情，表现出一种灵活机动、随遇而安的旅游行为倾向。

2. 审美感受的层次

审美感受是旅游审美过程中导致审美情感的成果阶段。一般来说，旅游主体的文化修养和鉴赏能力是因人而异的。在审美个性、审美敏感与历史文化心理结构等多种因素的交互影响下，旅游者在对景物做出能动反映和评价的旅游审美活动中，其审美感受往往会呈现出一种多层次现象或个体差异性。西汉经学家、文学家刘向在《修文》中指出："衣服容貌者，所以悦目也；声音应对者，所以悦耳者；食欲好恶者，所以悦心也。君子衣服中，容貌得，则民之目悦矣；言语顺，应对给，则民之耳悦矣；就仁去不仁，则民之心悦矣；三者存乎心，畅乎体，形乎动静。"（转引自王柯平主编《旅游美学新编》旅游教育出版社2000年3月第一版）当代美学大师李厚泽发展此说，认为"审美有不同层次，最普遍的是悦耳悦目，其上是悦心悦意，最上是悦志悦神。悦耳悦目并不等于快感，悦志悦神也并不

等于宗教神秘经验。"（转引同上）

所谓悦耳悦目的审美感受，一般指旅游者以视觉听觉为主的全部感官（包括嗅觉、触觉、味觉等）在审美活动中所体验到的愉快感受。这种审美感受通常以生理快适与心理舒畅的交融为基本特征，属于直觉性初级审美判断范围，好像观赏者在与观赏对象的直接交流中，不假思索便于瞬间感受到对象的外在形态美，同时得到感官的满足并唤起心理的喜悦。诚如英国美学家夏夫兹博里所言："我们一睁开眼睛去看一个形象或一张开耳朵去听声音，认出秀雅与和谐。我们一看到一些行动，觉察到一些情感，我们内在的眼睛也就马上辨认出每个形象的、形状完善的和可欣羡的。"（转引同上）

一般说来，"悦耳悦目"是广大旅游者最普遍的审美感受形态。这种审美感受，除了以生理快适为基准，还融合着一定的理性或社会性因素，积淀和凝结着历史文化心理等方面的内容，能够自然地分辨或本能地趋附美的对象。但人的感官毕竟是生理性的东西，仍在一定程度上暴露其生理特点，从而对人的审美活动具有既辅助又制约的双向作用。例如，人若被迫久视一种对象（如苏州拙政园里的假山、水榭）而无变化，即使再美，长期下去也会逐渐不感其美了。听歌、赏画也是如此，重复过多就难以唤起人的审美激情了。因为这种做法违背了"美在新奇"的基本审美原则。在旅游活动日程安排上，如让同一旅游团在北京与苏州等地都去观赏五百罗汉堂，这种时空变换而观赏内容大体相类似的情况，就会使游客感到重复而厌烦，更谈不上有什么新奇的审美享受了。

所谓悦心悦意的审美感受，是指透过眼前或耳边具有审美价值的感性形象，领悟到对方某些较为深刻的意韵，基本超越了生理快感阶段，净化为相对纯净的精神愉悦体验。一般来说，在这种审美感受中，审美知觉、审美想像、审美理解和审美情感等心理功能交相引动，逐渐展开，其结果将会使观赏者从有限的、偶然的、具体的形象中，领悟到无限的、必然的、本质的意味。例如，你听壮族姑娘对歌，尽管不知歌词的具体内容，还是能从其音色和旋律的形式美，感受到一种充满青春美的心声和甜蜜而淳朴的爱情信息。

在感受自然景观的过程中，旅游者置身于奇峰飞瀑、幽林鸣泉、绿色田园或名月平湖的景象之中，随着步移景异或船过景变，游客渐入佳境，周围景物的诗情画意令人心绪豁然开朗，喜不自胜，或赞美宇宙之神奇，或忘却人间之忧愁，或清静慕远而"悠然见南山"，或"浩浩乎如冯虚御风，而不知其所止"……我们游庐山、武夷山、张家界，那充满鸟语花香、满目清凉幽静的自然生态环境，常常会唤起一种"遗世独立，羽化而登仙"的出世情怀。在悦心悦意的体验中，由于想像和理解等心理活动加强，其美感享受与悦耳悦目的初级审美阶段相比，具有相对的持续性和稳定性，不容易随着时间的推移而淡忘，它将会在你脑海里留下相当深刻而牢固的印象，产生比较久远的影响，甚至伴随你度过漫长的一生。

所谓悦志悦神的审美感受，这是美感的最高层次，泛指人们在凝神默照那秀美、崇高、静态和动态的审美对象时，经由审美知觉、想像、理解和情感等心理功能的交互作用，与审美愉悦中进而唤起高昂向上的意志和精神，激起追求道德超越与完美的动力。

这种审美感受之所以高级而深刻，是因为它体现了观赏者大彻大悟的情怀，体现了从"小我"进入"大我"、从瞬间求得永恒、从有限达到无限的自我超越意识或精神境界，同时也体现了审美主体与审美客体（即自然的、社会的和艺术的对象）的高度和谐统一。例如，在游览黄河、长江、泰山时，往往在惊叹其壮丽的自然景观时，也令人发思古之幽情，胸怀坦荡，萌生超凡入圣之感，如李白所曰："黄河之水天上来，奔流到海不复回"，如苏东坡所云："大江东去，浪淘尽千古风流人物"，如杜甫所吟："会当凌绝顶，一览众山小"……一般来讲，这种美感形式，常常表现一种"天人合一"的精神，追求"天行健，君子以自强不息"的、在现实时空或社会背景中的、以大自然为永恒标志的感性时空中的超越与不朽。所谓的"超道德"，并非无须道德，而是一种有规律而不受规律束缚、有道德而不受道德强制的自由感受。或者说，这是一种个体不再为了一般的生存目的或功利需求而忍辱屈从或虐杀尊严，而是让神志伴随着愉快的心境在时空中来去无碍、纵横驰骋的特殊体验，人们的理性世界与情感世界最起码暂时达到了高度和谐的阶段。这种感受会培养和造就一种博大的情怀、奋进的精神与坚忍不拔的意志力量，从而使人自发地投入到人类创造美的这项永无止境的事业之中。

旅游审美心理贯穿于旅游审美活动的全过程。它是指向未来，可望达到完善人性、升华精神、实现人的全面发展的"高贵目的"。

2.4 思考题

1. 旅游审美活动中一般涉及哪几种心理要素？
2. 审美知觉的基本特征是什么？举例说明它在旅游审美活动中的作用。
3. 审美想像的基本特征是什么？举例说明它在旅游审美活动中的作用。
4. 审美理解的基本特征是什么？举例说明它在旅游审美活动中的作用。
5. 审美情感的基本特征是什么？举例说明它在旅游审美活动中的作用。
6. 跨文化旅游的动机是什么？试举例说明。
7. 跨文化旅游的行为表现在哪几个方面？试举例说明。
8. 跨文化旅游中异质文化的融会，基本上是按照哪几种原则进行的？
9. 旅游者的审美个性大体可分为那几种类型？试举例说明。
10. 了解旅游审美心理对搞好旅游业有何现实意义？试举例说明。

第 3 章　自然景观与观赏

【本章导读】

通过本章学习，需要掌握自然景观的形态特征和观赏途径的一般知识和技能。了解自然景观形成的条件，明了它们既是自然的产物，也是人类智慧的结晶。能基本判断自然景观的构成要素，是地貌、水体、还是大气和太空、动植物，或者是综合体。明确掌握自然景观主要的美的特征，即形象美、色彩美、动态美和朦胧美。在实际旅游中学习使用自然景观的观赏方式和手段。

3.1　自然景观美的形态

"自然"就是天然的，非人为的；"景观"在景观学中是指特定的区域概念，专指自然地理区划中起始的或基本的区域单位，是发生在相对一致和形态结构同一的区域，即自然地理区。自然景观是指人类很少直接影响或未受人类影响的景观，又称原始景观。是自然环境原来的地理事物，是一种自然综合体，如高山、河流、彩云、瀑布、草原、沙漠等。

自然景观首先是自然的产物，本身就应该具有美的因素，并不是任何自然山水、自然环境都可以称为景观的。

再次，自然景观中也渗透了人们在文化上的理解。它是人在面对自然、征服自然的时候感受到的自然美，所领略和把握的不是单纯的客观对象，而是人和自然共同形成的第二自然。如杭州西湖不仅是客观存在的一片泻湖，更是凝聚了历代劳动人民的汗水和智慧、几多文人骚客的诗文逸事，才使得它成为历代称道的游览胜地。对自然景观的欣赏，游者不仅受到自然山水客观存在的制约，还要受到社会思潮、个人因素的影响。面对同样的自然，可能是"仁者乐山"、"智者乐水"；面对同一山水，可能今天你是"我见青山多妩媚，料青山见我应如是"（辛弃疾《贺新郎》），但改天又可能成了"数峰清苦，商略黄昏雨"（姜夔《点绛唇》）。

那么，我们怎样来欣赏自然景观呢？自然环境中蕴藏着各种各样的美，他们首先通过极其丰富的形式表现出来。如山川湖泊、日月星辰、烟岚云霞、花草树木、江河湖海、雪山大漠等等。我们欣赏自然景观时，大都是这些美的形式引起了我们的审美感受。正如车尔尼雪夫斯基说的："水由于它的形状而显现出美，辽阔的、一平如镜的、宁静的水在我们心理产生宏伟的形象。奔腾的瀑布,它的气势是令人震惊的,它的奇怪特殊的形象也是令人神往的。水,还由于它的灿烂透明,它的淡青色光辉而令人迷恋,水把四周的一切如画地反映出来,把这一切屈曲地摇曳着,我们看到的水是第一流的写生画家。"(《车尔尼雪夫斯基论文学》中卷,上海译文出版社1979年版,第103页)他还将山水概念扩充成整个自然界,说那晶莹的河水、淡绿的草地、金黄色的田野,还有笼罩着森林的山峰、磨坊、教堂、落日的金色光华……是非常之美的。它首先"包括了许多多样性,而多样性是生活的魅力。""没有村落和田地,没有畜群和牧童,我们的生活就不完全。"(《生活与美学》北大哲学系美学教研室编《西方美学家论美和美感》,商务印书馆1981年5月版,第244页)

所以,自然景观的美,基本属于形式美的范畴,我们欣赏自然景观,首要的是领略它们美的形式,也就是美的形态。

自然景观美的形态首先在于客观的自然资源的多样性,是不同旅游资源综合作用的结果。

3.1.1 地貌

地貌也叫地形,是地表(包括陆地和海底表面)各种形态和形态组合的总称。地貌的发育是各种内力(包括地壳运动、火山活动、地震等)和外力(包括流水、冰川、风、波浪、海流等)在地表相互作用的结果。岩石是其形成的物质基础。内力作用的总趋势是增加地面的起伏;外力作用的总趋势是削高填低,减少地面的起伏。因此,内力的隆起和外力的剥蚀,内力的下沉和外力的堆积,彼此是相互联系相互制约的,在一定程度上是协调发展的。但是,在不同地区、不同时间和不同的时空结构层次中,各种内力和外力的组合、配合形式各不相同,因而地貌形成发育的过程、方向、规模和表现形式等也不一样。这便导致了地貌类型的多样性和地貌区域的差异性。

地貌类型是根据一定原则对地表起伏形态划分的类型。一般认为,普通地貌类型应按形态与成因相结合的原则划分,但由于多种原因目前尚没有一个完全统一的分类方案,一般采用形态分类和成因分类相结合的分类方法。

比较完整的地貌分类系统,常常是既考虑外营力和内营力,又考虑形态及其规模的多级的混合分类系统。另外,根据实际需要,还可以进行专门的地貌分类,如有喀斯特地貌分类、风沙地貌分类,以及直接为生产服务的应用地貌分类等。

下面我们主要选择对自然景观形态影响比较大的地貌类型进行介绍。

1. 山岳景观

在我国,山地面积约占国土面积的2/3以上,依托于山岳或者以山岳为主的自然景观占了旅游资源的极大比重。

首先山岳具有多样性的旅游功能。由于山岳景观垂直变化大,气候多样,景色丰富,植被各异，能提供诸如探幽、避暑、攀登、览胜等功用。在不同的时间，山岳也给人不同的视觉效果，所谓春见山容，夏见山气，秋见山情，冬见山骨，"夜山低，晴山近，晓山高"（元许古《行香子》）。在美学角度看，山岳可以体现出雄、奇、秀、幽等特点，能使人获得多种美感。再则，从健康角度看：山岳多数远离城市和工业区，空气清新；高山森林充沛的负离子还能调节精神、强身健体；人们在登山中，生理会发生一系列相应变化，增强了心肺功能。此外。山岳也是科考的重要场所和文化传承的重要载体。

山岳景观的主要类型有以下几种。

（1）登山山地：主要用于体育登山活动。一般海拔高、常年积雪。世界上著名的登山山地有欧洲的阿尔卑斯山、南美洲的安第斯山等。我国的登山山地主要分布在西部，尤其是青藏高原及其周围，如珠穆朗玛峰、乔戈里峰、博格达峰、四姑娘山、梅里雪山等等。

（2）观赏山地：用于观赏的山地一般以中低高度的山为主，它们具有许多大自然鬼斧神工的痕迹，又分布着诸多的人文景观内容，旅游内容丰富。这些山体多数分布在我国的东部和中部，距离客源近，构成了我国山岳旅游的主体。著名的五岳、井冈山等属于历史文化名山，湖北武当山、河南少室山、浙江普陀山、江西龙虎山等属于宗教名山，湖南张家界、四川九寨沟、浙江雁荡山等属于风景名山，它们都属于这一类型的山地。

（3）休养山地：许多山地具备优越的气候条件和生态环境，气候宜人、植被繁茂、风光优美，成为著名的疗养度假休闲地。如江西庐山、浙江莫干山和多数新兴的城市近郊的山地都属于修养山地。

2. 喀斯特地貌

喀斯特地貌指可溶岩（主要是分布广泛的石灰岩）经以溶蚀为先导的喀斯特作用，形成地面坎坷嶙峋，地下洞穴发育的特殊地貌。喀斯特一词取自前南斯拉夫西北部喀尔斯高原地名，19世纪中叶被引进为喀斯特区一系列作用与现象的总称，现已成为国际通用术语。喀斯特作用是以地下水为主、地表水为辅，以化学过程（溶解和沉淀）为主、机械过程（流水侵蚀与沉积、重力崩塌与堆积）为辅，对可溶性岩石的破坏和改造作用。

中国是世界上喀斯特分布最广、类型最全的国家。大量的风景都和喀斯特地貌有关，如九寨沟-黄龙景区、黄果树瀑布等。喀斯特地貌可以分为地表喀斯特和地下喀斯特两大类。

地表喀斯特：主要表现为石芽、漏斗、峰丛、孤峰等。

石林就是一种典型的石芽地貌形态，它是地表水沿着岩石坡面的节理和裂隙，经过散流溶蚀和雨水淋溶作用形成，凸出的就成

图 3.1 昆明石林

为芽。如果石芽排列成林，就成了石林。我国著名的云南昆明石林（如图 3.1 所示），堪称"石林喀斯特博物馆"，低矮的石牙与高大的石柱成簇成片广布于山岭、沟谷、洼地等各种地形，并且与喀斯特洞穴、湖泊、瀑布等相共生，组成一副喀斯特地貌全景图。特别是这里连片出现高达 20～50 米的石柱群，远望如树林，石林术语即源于此。

此外，桂林是典型的峰林、峰丛发育地区，而桂林的独秀峰就是孤峰。

地下喀斯特：主要表现为溶洞、地下河、化学沉积物。旅游价值最大的是地下溶洞。

溶洞是地下水沿可溶岩层层面、节理或者裂隙进行溶蚀扩大而成的空洞。有些溶洞内还经常有水，形成地下河、地下湖和地下瀑布。浙江桐庐瑶林仙境就是典型的溶洞。瑶林仙境位于桐庐县瑶琳镇，距杭州市区 115 千米，距桐庐县城 23 千米，洞内面积有 28 000 平方米。置身溶洞中，可观赏到姿态各异、千奇百怪的钟乳石、石笋等，被誉为"全国诸洞之冠"。

3. 雅丹是地理学名词，是维吾尔语"险峻的土丘"的意思

雅丹专指干燥地区的一种特殊地貌。一开始在沙漠里有一座基岩构成的平台形高地，高地内有节理或裂隙发育，暴雨的冲刷使得节理或裂隙加宽扩大。一旦有了可乘之机，风的吹蚀就开始起作用了，由于大风不断剥蚀，风蚀沟谷和洼地逐渐分开了孤岛状的平台小山，后者演变为石柱或石墩。旅游者到了这样一个地方，就像到了一个颓废了的古城（如图 3.2 所示），纵横交错的风蚀沟谷似街道，石柱和石墩是沿街而建的楼群，地面形成似条条龙脊，座座城堡的景状。这样的"城"称魔鬼城，古书中又称为"龙城"。在柴达木盆地、准噶尔盆地内部有魔鬼城。

图 3.2　魔鬼城

4. 丹霞地貌

丹霞地貌是世界上由红色砂砾构成的、以赤丹崖为特色的一类地貌。它因广东省仁化县的丹霞山命名。形成丹霞地貌的岩层是一种在内陆盆地沉积的红色屑岩，后来地壳抬升，岩石被流水切割侵蚀，山坡以崩塌过程为主而后退，保留下来的岩层就构成了红色山块（如图 3.3 所示）。

5. 冰川地貌

冰川地貌是由冰川作用形成的地表形态。在高纬度地区和高山地区由于冰川的侵蚀和堆积作用形成的地貌。在冰川流动过程中，巨大的压力将底部的岩石压碎、掘起，冰川携带的基岩碎块对沿途床底和两侧景象磨挫；当冰川融化时，所携带的碎屑又可能发生堆积，所以形成了多种多样的冰川地貌。我国西部许多高山都有冰川地貌遗迹和发育中的现代冰川。新疆天山的冰川、四川贡嘎山海螺沟冰川（如图 3.4 所示）的景观都非常壮观而奇特。东部地区也有冰川地貌的遗迹，如江西庐山、安徽黄山、浙江天目山等。

图 3.3　广东丹霞山　　　　　　　　　图 3.4　海螺沟冰川

6. 海岸地貌

海岸地貌是海岸在构造运动、海水动力、生物作用和气候因素等共同作用下所形成的各种地貌的总称。在海岸地貌的塑造过程中，构造运动奠定了基础。在这基础上，波浪作用、潮汐作用、生物作用及气候因素等塑造出众多复杂的海岸形态。

根据海岸地貌的基本特征，可分为海岸侵蚀地貌和海岸堆积地貌两大类。侵蚀地貌是岩石海岸在波浪、潮流等不断侵蚀下所形成的各种地貌，主要有海蚀洞、海蚀崖、海蚀平台、海蚀柱等。堆积地貌是近岸物质在波浪、潮流和风的搬运下，沉积形成的各种地貌。按海岸的物质组成及其形态，可分为沙砾质海岸、淤泥质海岸、三角洲海岸、生物海岸等。

海南三亚天涯海角的"南天一柱"是著名的海蚀地貌。天涯海角原是下马岭山脉的余脉，由花岗岩构成，呈岬角伸入大海。岬角受海浪冲击后退，残留在海滩上形成海蚀柱。它好似擎天玉柱，屹立在潮间带上。而海南文昌一带红树林属于生物海岸，红树植物是一类生长于潮间带的乔灌木的通称。潮间带是指高潮位和低潮位之间的地带。在红树林游玩，可以驾一叶扁舟，舟下是海水，两旁是绿林，千百条水道，在绿林中交错纵横，随着扁舟驶过，白色的海鸥掠起一片，这是一副十分惬意的画卷。

3.1.2 水体

地球上的水，存在形式多样，有海洋水、河流水、湖沼和水库水、冰川水、地下水等。它是自然资源的重要组成部分，是人类生活和生产的重要物质条件，是大自然具有普遍塑形作用的工具，对其他自然景观有深刻的影响力。

水体是各类景区的重要构景要素，任何风景名胜都离不开水，海洋的涨落包容，河流的平和安宁，湖泊的轻柔幽静，瀑布的奔放勇猛，泉水的秀美清丽，都具有形、色、声、光、影的动态组合，表现出变化的多样性美感，形成独特的审美意趣。水体最能满足游客参与要求的旅游资源。现代旅游产品的开发，旅游项目的设计，都已越来越多地注重游客参与的心理需求。由于水体的特殊性质，最适合开发各种参与度高的项目。游泳、划船、舢板、帆船、冲浪、漂流、潜水、滑水、垂钓等活动，都是不同形式的玩水，都是一种充满刺激和愉悦的享受。

水体资源按照水体性质、基本形态的不同，可以分为以下几种类型。

1. 江河景观

江河是最主要的地表水流。是以一定流域的地表水、地下水或冰雪融水为补给来源，并沿着狭长的谷槽流动的水体。小的称为溪涧，大的称为江河。它可以是天然河流，也可以是人工河流。我国是一个多河川的国家，也开凿了著名的京杭大运河等人工河流，水体旅游资源十分丰富。江河景观的特点主要受所处的地理环境特点和社会历史背景的影响。

江河景观的形成需要多个不同因素的共同作用。首先是水质的不同。水质的好坏主要表现在含沙量和含有机质的多少，以及受污染的程度。水质直接影响到江河的品性。桂林漓江水，清澈碧透，泛舟漓江，即可一睹"群峰倒影山浮水"的秀美景象。三门峡市旁的黄河段，每年凌讯之前的两个月，因水流速度减缓，泥沙沉积，河水变清，成为"黄河水清，千古奇观"，吸引着国内外大批游客。

其次是两岸的风景。它包括两岸的山石、植被、名胜古迹等方面。湖南张家界的金鞭溪是武陵源景区的一段精华。沿金鞭溪步行，可以看见丰富的植物、壮观的峰林地貌，还能看见猴群在树林里穿行，非常自得其乐。人与自然关系亲善。浙江永嘉楠溪江是瓯江下游的最大支流，它蜿蜒于浙江永嘉县境内，江流曲折，水绿如蓝，江底卵石可数，36湾、72滩，风光四时晨昏变幻多姿。两岸3万亩滩林郁郁葱葱，其间散落有石桅岩、百丈瀑、陶公洞、狮子岩等景点，以及宋、明、清代建筑和众多的古村落，保持着原始的自然生态环境。享有"天下第一江"的美誉。这一溪一江，如果只有水流而去除周边风景，也不成其为景观。

再次是流速与安全度。湍急的水流能引发"惊涛拍岸"的震撼，平静的水流能倒映夹岸的群山。"滩多浪急有惊无险"的溪流适合作漂流，清澈寒冰的高原溪流最适合点缀风景。

江河景观形态丰富，变化多端，十分适合开发旅游。在我国众多河流中，目前已列入国家级重点风景名胜区的河流有十多条。被列为地方级风景名胜区的河流就更多。

世界上许多著名的河流情况与国内相似，河流自身富于特色，两岸风光宜人，也往往是传统文化的一脉。尼罗河是世界最长的河流，每年都要定期泛滥。早在3 000年以前，当地人民就在岩石上刻下了这样的赞颂："尼罗河赋予两岸土地以生命，只有尼罗河泛滥以后，才能够有粮食和生命，大家都依靠它生存。"埃及2/3的人口集中在尼罗河三角洲。尼罗河两岸和三角洲向来是世界上主要的长绒棉产区。在尼罗河西岸，开罗西郊的沙漠上，矗立着三座被称为"古代奇观"的宏伟的金字塔。其中最高大的一座就是最为著名的胡夫金字塔，即大金字塔。随着国人旅游脚步的迈进，船行尼罗河浏览北非风光已成为很多人的旅游新计划。

2. 湖泊景观

湖泊，是大陆上较为封闭的集水洼地，包括天然湖泊和人工湖泊，人工湖泊主要是水库。

与其他自然现象一样，湖泊也有它的产生、发展直至消亡的过程。由入源河流携带的泥沙不断堆积，湖泊就日益变浅；湖岸植物的生长繁盛，残体堆积，也导致湖泊面积的逐步缩小。当湖泊面积缩小，植物长满了原来的湖泊时，湖泊就转化成了沼泽。

把湖泊按湖盆的成因分类，可以分为以下几类。

构造湖：湖盆是由地壳构造运动所产生的凹陷而形成，这类湖泊的特点是：湖岸平直、岸坡陡峻、湖形狭长，深度较大。例如，俄罗斯的贝加尔湖，我国云南的洱海。

火口湖：当火山喷发停止后火山通道被阻塞，火山口封闭形成的湖。其特点是湖泊外形近圆形或马蹄形，深度也较大。位于吉林省长白山主峰白头山顶的天池，是一火山口湖。最深达373米，是我国最深的湖泊。湖水黛碧，景色十分秀丽。

堰塞湖：由外来物质急剧堆积阻塞河流而形成的湖泊，称堰塞湖。黑龙江的五大连池，是16世纪初火山喷发的玄武岩流，堵塞白河河道，形成五个串珠般的湖泊而得名。

河迹湖：由于河流的变迁，蛇曲形河道自行截弯取直后，遗留下来的旧河道，形成湖泊，称河迹湖。这类湖泊多呈弯月形或牛轭形，水深较小。例如湖北江汉平原地区，大小湖泊星罗棋布。

海迹湖：由于沿岸沙嘴、沙洲等的不断向外伸展，最后封闭海湾，形成湖泊，称海迹湖。如杭州西湖。

风蚀湖：在干旱和半干旱地区，由于风蚀作用所形成的洼地积水形成的湖泊，称风蚀湖。风蚀湖的面积大小不一，且湖水较浅。如敦煌的月牙泉。

冰蚀湖：是由冰川的刨蚀作用或冰碛作用形成的洼地，后来气候转暖，洼地积水形成冰蚀湖。新疆阿尔泰山区的喀纳斯湖，周边地区至今还留下了各种冰蚀地形和终碛垅。

溶蚀湖：湖盆是由地下水或地表水对石灰岩等可溶性岩石进行溶蚀而成的湖泊。一般呈圆形或椭圆形。例如贵州西部乌蒙山区的威宁草海，是贵州省的最大湖泊。

湖泊的自然景观形成要素与江河有相似的地方，如周围风光、人文要素等，但在自然风光的形成与呈现出显著的差异。大湖泊旷远，小湖泊清秀。高山湖泊幽静神秘，平原湖泊湖岛相拥。平原地区的湖泊多数成为地区经济文化密集地，人文要素高度彰显，在现代旅游开发中时间早、形式多。

3. 瀑布景观

瀑布是指河床纵断面上陡坎悬崖处倾泻下来的水流。它千姿百态，充分体现声、色、形之美，是别具风格的水体旅游形式。我国国土辽阔，地形多样，地势起伏强烈，各地河流众多，形成了种类繁多、规模不一、形态各异的瀑布群（带）。

瀑布景观的构成有 4 大要素。一是造瀑层，即河谷中形成的陡然降落的岩层；二是有从造瀑层倾泻的水流，即瀑布；三是瀑下深潭；四是瀑前峡谷，这是造瀑层侵蚀后退的产物。

观赏瀑布，最重要的是形态，也就是瀑布的空间状态和水流状态。当瀑布高度和宽度均较大时，即使水流量不大，也可显示出它雄伟的气势。若高度、宽度、水量都比较大，瀑布的观赏价值也就更高。黄果树上游的陡坡塘瀑布，是我国瀑面宽度最大的瀑布，宽达 105 米，高度仅 21 米。当水流量较小时，它显得十分清秀妩媚；当洪水来临，又变得异常雄壮。

观赏瀑布，其次看幽秀程度。这主要取决于瀑布水流的清浊度和瀑布周边草木的深秀程度。

观赏瀑布，还要看奇特程度。瀑布奇特程度取决于瀑布独特景观的品位。如浙江诸暨五泄，一道清澈的山泉从悬崖峭壁间奔流而下，形成五级瀑布，所以名为五泄。这五级瀑布，一泄隽永奇巧，二泄珠帘飘动，三泄姿态备出，四泄烈马奔腾，五泄蛟龙出海。吴中四才子之一的徐祯卿赋诗赞叹"此来不枉登攀苦，踏遍五泉无一同"。

观赏瀑布，也要看文化内涵。瀑布，历来是游客文人的吟颂对象，瀑前峡谷又往往成为摩崖石刻的场所。唐代诗人李白咏庐山瀑布"飞流直下三千尺,疑是银河落九天",带给庐山瀑布极高的知名度,也牵引出了无数后人的遐思。位于浙江温州一隅的梅雨瀑因为朱自清一篇《梅雨潭》名闻天下。

4. 泉水景观

泉是地下水的天然露头。只有达到一定规模、有一定美态的泉水,才能被开发为泉水景观。泉水常掩映于植被下或者躲避于山区中,给人带来幽雅、秀丽的景致。

泉水由于成因不同,作为景观的功效也不同。

首先,泉水具有观赏功能。泉水和瀑布相似,也具有形、声、色的诸种美的形态,但从审美重心来细分,瀑布的审美讲究势,而泉水的审美讲究质。有的泉水经常连同气体一起溢出,好似串串珍珠。有的来势迅猛,喷涌而出,形成高出水平面的涌泉,还拌和着咕噜咕噜的水声。有的因为周围情形的变化而有不同的溢水形态。有的温泉带着水气滚滚而出,雾气蒸腾,别有动态。凡此等等,不一而足。山东济南市,有泉城的美称。城内共有108个泉头,形成"家家泉水,户户垂杨"的奇景。

其次,泉水具有保健功能。泉水从地底涌出,带来比较多的矿物质和微量元素,对身体有直接保健功效,我国很多地方都有类似的"药泉"。一些温泉水温较高,适合开发休闲医疗产品。因杨贵妃而闻名的陕西临潼华清池,就是著名的温泉;黑龙江五大连池泉水是著名的药泉。

最后,泉水也有品茗酿造功能。名泉、名水、名茶总是能引起游人的兴致。被奉为"西湖双绝"的,就是被人称为天下第三泉的杭州虎跑水泡西湖龙井茶。茶色翠绿,茶汤清冽甘醇,成为吸引游客的珍品。"地有名泉,必有佳酿",山东青岛崂山泉水众多,青岛啤酒也名闻遐迩。

5. 海洋景观

海洋是指地球上广大而连续的咸水水体的总体,其总面积约为3.6亿平方千米,约占地球表面积的70%。海洋的中心部分叫"洋",海洋的边缘部分叫海。作为旅游资源主要局限于海,而通常用于旅游的海洋自然景观包括海岸景观、海岛景观、海滨山岳景观、海洋生态景观、海底景观等。

我国海岸线曲折绵长,岸外岛屿众多,海岸地貌类型齐全,海岸带南北纵跨3个气候带,自然风光各异,海洋文化积淀丰厚,海岸带人文景观也非常丰富。这些都是不可多得的旅游资源。海洋旅游具有鲜明的康乐价值和观光价值。

海岸景观:海岸是地球上陆地和海洋两大自然体系的衔接地带,这是海洋旅游中最基本也是最有魅力的景观。浩瀚的大海和各式各样的海岸地貌,构成一幅幅壮丽的图画,让人流连忘返。我国东部多山地丘陵,它的延伸入海,边缘处顺理成章地便成了基岩海岸。基岩海岸主要分布在杭州湾以南的华东、华南沿海,在杭州湾以北,则主要集中在山东半岛和辽东半岛沿岸。砂砾质海岸边则满目都是黄灿灿或白茫茫的砾石沙粒，砂砾质海岸的物质来源主要有三：其一是从山地流出的河流带来大量较粗的砾石和沙入海；其二是从基岩海岸侵蚀和崩塌下来的物质；其三是由于海流波浪的纵横向作用，把邻近海岸或陆架上的粗粒物质携带而来。淤泥海岸一般分布在大平原的外缘，海岸修直，岸滩平缓微斜，潮滩极为宽广。在沿岸附近、河口区经常可见古河道、泻湖或湿地等淤泥质海岸所特有的地貌景观。生物海岸分为珊瑚礁海岸和红树林海岸两类。中国的珊瑚礁海岸主要分布在南海诸岛、海南岛沿海、雷州半岛南部沿海、澎湖列岛和台湾南部及其邻近岛屿。中国的红树林海岸主要分布在广东、广西、海南沿海，福建和台湾南部沿海也有分布。

我国海岸景观发育形态多样。大连金石滩是一种海上喀斯特地貌，千姿百态的礁石被誉为"海上石林""神力雕塑公园"。沙质海岸，又往往沙软滩平，海水清澈，是进行日光浴、游泳和各种海上文体活动的好地方。南方的北海银滩，雪白的沙滩别具特色，其规模之大堪称亚洲第一。平原淤泥质海岸如辽东湾、渤海湾和苏北海岸。退潮时，可到潮坪上挖贝壳、捉蟹，观看各种海鸟，进行泥浆浴，参观盐场等。

海岛景观：海岛旅游，可以体会到更浓的海洋情调。众多海岛耸立海面，风光绚丽，宛若仙山。海岛地貌、生物、渔村对游客都极富吸引力。我国海岛成因多样，但多数是大陆岛。如北方的庙岛列岛，南方的舟山群岛、台湾岛、海南岛等；也有泥沙淤积的沙岛，如长江口的崇明岛；而南海的西沙群岛、南沙群岛是珊瑚岛；如澎湖列岛是我国数量较少的火山岛，黑色岩礁和玄武岩石柱十分可观。

海滨山岳景观、海洋生态景观、海底景观我国也很丰富。青岛崂山兼有奇峰、异洞、怪石、茂林、飞瀑、流云之美，更以"山海奇观"著称天下，素有"泰山虽云高，不如东海崂"之说。南方的红树林又是典型的海洋生态景观。三亚玳瑁洲等海域海水清澈透明，各种各样的鱼群翔游嬉戏，五光十色的贝类静卧海底，千姿百态的藻类随波荡漾，婀娜多姿的珊瑚笑靥生花，构成色彩斑斓的海底世界，适合开展潜水旅游。

3.1.3 大气与太空

各种气象景观、天气现象及不同地区的气候资源与岩石圈、水圈、生物圈的旅游景观相结合，再加上人文景观旅游资源的点缀，就构成了大气旅游资源。它包括气象旅游资源和气候旅游资源。

1. 气象旅游

气象旅游资源具有多变性、速变性、背景性和借景性、地域性、时间性和季节性的特点。

多变性是指气象瞬息万变；速变性指气象要素变化迅速，如日出、佛光、蜃景等气象景观。背景性和借景性指气象景观的出现常常要与其他一些旅游资源相配合，借助于其他景观为背景。如高山云海、海上日出、沙漠蜃景、名山佛光等。地域性指各种气象景观的出现都有一定的地域性，一些特殊景象必须在特定的地点才可显现，如吉林雾凇、峨眉佛光、江南烟雨等。时间性和季节性指气象景观有明显的季节变化和时间变化，如冰雪景观只出现于冬季，而日出一定要在清晨。

大气旅游资源根据功能的不同，可以分为观光和康乐两大类。

气象因素是最活跃、最富于变化的旅游资源，在大气的各种动力、热力因素作用下，我国的气象景观形态多样。

云、雾、雨景观：这类气象因素构成的景观以湿润的南方以及东部沿海地区常见，尤其山区表现突出。由于空气上升运动的原因和规模不同，所形成的云状、云高、云厚各不相同。庐山的瀑布云、苍山的玉带云都是云中奇景。有很多景点也用云、雾、雨命名，如山东蓬莱的"狮洞烟云"、四川的"巴山夜雨"等，山城重庆更有"雾中城，城中雾，人在雾海中"的情趣。

冰雪、雾凇、雨凇景观：冰雪、雾凇景观以冬季的东北地区为常见。赏飞雪的名景有湖南长沙湘江中的橘子洲"江天暮雪"。雾凇又称为"树挂"，是在潮湿低温条件下，过冷却雾气滴在低于 0℃ 的附着物上凝结而成的白色松絮状冰粒，漫挂树林，好比遍开银花，是真正的"千树万树梨花开"。雨凇是由于冷雨滴落到 0℃ 以下的地物上，迅速冻结而成的均匀透明的冰层，冬季常见于南方山区。四川峨眉山、安徽九华山等地都是雨凇的多发地。漫山常绿树林因为雨凇而成了琉璃冰世界，分外炫目。

佛光与蜃景：这是与大气对太阳光的折射现象有关的气象景观。最著名的如四川峨眉山金顶佛光，山东蓬莱的海市蜃景。

日出日落和明月景观：旭日东升，结合山间云海则气象万千、变化多端；结合万顷海面则流光喷薄、壮观无匹。诸多名山、滨海都有观日出日落的地点，如黄山翠屏楼，浙江温岭石塘镇。月相变化规律，清辉柔和细腻，也可增景不少。中秋赏月是中华民族的传统。以月景结合其他景物著称于世的景点有湖南岳阳的"洞庭秋月"、浙江杭州的"三潭映月"等。

极光：是在高纬度地区的晴夜天空见到七彩辉煌的光弧或光幕现象。它是由于太阳发射出的带电离子流，在地球磁场吸引下，与高层稀薄的大气相碰撞所产生的气体放光现象。在我国的北极村——漠河能观赏到这一自然的瑰丽景象。

一定的大气环境能为一些专门的户外活动提供特殊条件，而宜人的大气环境还能显著作用于人的生理和心理，这都为康乐大气旅游提供了可能性。康乐大气旅游包括休养性康乐气候旅游和活动性康乐气候旅游。

休养性康乐气候旅游需要舒适而有益健康的气候条件。一般要求温度在 18~23℃，相对湿度在 65%~85%，空气洁净，每立方厘米空气中负离子含量在 1 000~1 500 个。有"春城"之称的云南昆明是传统的休养旅游地，海南三亚是上世纪末开发的休养性旅游地。

活动性康乐气候旅游需要特殊的气候条件，如冰雪运动、雪雕冰雕需要严寒的气候和丰富的降雪。目前世界上滑雪场地规模最大、分布最集中的是欧洲南部的阿尔卑斯山脉地区和北欧的斯堪的纳维亚山地。东北地区是我国最适宜开展"白色旅游"的地区,哈尔滨和齐齐哈尔的"冰雪节"蜚声海内外,它与加拿大的魁北克、日本的札幌并称为世界三大著名的以冰雪雕刻艺术为主的冬季旅游胜地。在内蒙古自治区的海拉尔也有著名的滑雪场。

2. 太空旅游

目前的太空旅游主要是指非宇航界的普通人进行的旅游活动。由于客观条件的限制,太空遨游和星体旅游尚在研究开发中。近年,有个别人罔顾高昂的费用,将乘宇宙飞船探访科考空间站作太空遨游。

普通旅游者能参与的太空旅游活动是天文观测旅游和陨石旅游。英国的格林威治天文台是世界闻名的旅游名胜,我国的北京观象台、南京紫金山天文台也吸引了众多的天文爱好者和旅游者。未烧尽的流星体降落到地面叫做陨星,其中石质陨星叫陨石,铁质陨星叫陨铁。我国现有吉林陨石雨陈列馆和新疆陨石博物馆。吉林1号陨石是世界上最大的陨石,新疆大陨铁在世界陨铁中居第3位。

3.1.4 生物

生物是自然界中有生命的物体,包括植物、动物和微生物3大类。用于旅游开发的主要是植物资源和动物资源,生物旅游资源是自然旅游资源和旅游环境的重要组成部分。它们有蓬勃的生机、丰富的色彩、纷繁的形态、诸多的气味、奇异的现象、特殊的寓意,成为自然旅游资源中最有生命力、最特殊的类型。

生物资源能美化环境、装饰山水,增加自然景观的魅力。动植物形态和生命过程的美丽、奇异和罕见也能直接地产生审美愉悦。无论是大环境还是小环境,生物都有突出的环保功能。因植被丰茂而山清水秀,因鸟语花香而山幽情怡,因夏繁秋实而体味生命,因驯养培植而造景增胜,因满目青翠而令人神往。这都是自然界的生物对人类作出的贡献。

虽然生物的生生不息提供了多样性的观赏和冶情功能,但是生物资源依然是脆弱的。人类无休止地开发利用,生态环境的恶化,使许多生物濒于绝灭,如大熊猫、华南虎、白鳍豚、丹顶鹤、褐马鸡、王莲等。所以我们需要更为合理地开发和利用生物资源。

1. 植物资源

在植物旅游资源中,有不少的植物被用于观赏、科考,也有很多植物成为人类精神品性的象征。"松"、"竹"、"梅"之所以被称为岁寒三友,恰恰就是包含了人类对高尚操守的追求。莽莽原始森林、苍苍无边草原具有多种审美功能。

(1)观赏植物:根据观赏植物中最具美学价值的器官和特征,将其划分为观花植物、观果植物、观叶植物和观枝冠植物。花是植物中最美、最具观赏价值的器官。花色、花姿、花香和花韵为观赏花卉的四大美学特性。牡丹、梅花、兰花、荷花等是我国的传统名花。观赏果实也是参看果色、果形、果味。榴莲、葡萄、菠萝蜜等水果各有风格。不少植物叶形奇异、叶色斑斓或者随季节变化，呈现出很高的观赏价值，如龟背竹、罗思斑竹芋、红叶等。树木的枝冠之美主要由树冠外形和棱序角决定。树冠就是树木外围线所包围的部分，有塔形、球形、波形等。棱序角就是树干和树枝的夹角。棱序角90°的雪松和棱序角90°~180°度的垂柳，都具有很高的观赏价值。

（2）奇特植物：奇特植物往往以其独特或地球上绝无仅有的某一特征而闻名。长于澳大利亚草原上的杏叶桉，一般高百米，是世界上最高的植物。其他如结"面包"的树——面包树、最大的花——大王花、独木成林的树——榕树等。

（3）珍稀植物：珍稀濒危植物是人类保护的主要对象，同时具有极高的景观价值。世界八大珍稀植物：王莲——世界上最大的莲；古老的活化石——水杉；热带雨林巨树——望天树；蕨类植物之冠——桫椤；奇异的长命叶——百岁兰；中国的鸽子树——珙桐；最重量级椰子——海椰子；稀世山茶之宝——金花茶。

（4）风韵植物：风韵植物因其物种以及生长环境不同，而产生各自特殊的风韵，使之成为人类社会文化中某一种事物或精神的象征。"国花"和"市花"是一个国家和城市的象征。英国的玫瑰、泰国的睡莲、荷兰的郁金香都是闻名遐迩的国花；长春的君子兰、洛阳的牡丹、福州的水仙都是我国知名的市花。

（5）古树名木：有些树木以树龄长、规模大、形姿美、社会环境特殊，称为古树名木。它标志着一个民族、一个地区的文明历史，有着深远的历史意义和突出的观赏价值。如黄山的迎客松挺立于玉屏峰东侧文殊洞上，破石而生，树龄超过800年。树高10米，树干中部伸出长达7米多长的两大侧枝展向前方，恰似一位好客的主人，挥展双臂，热情欢迎海内外宾客来黄山游览。它被称为黄山松的代表，也成了中国人民热情好客的象征，1994年人民大会堂东大厅也悬挂了国画《迎客松》。

（6）草原：是一个气候带的相应植被，也是一种综合性的旅游景观。我国内蒙古的呼伦贝尔草原地处温带内陆，以丛生草为主，草原开阔坦荡，牛羊成群，令人心旷神怡。每年夏天举行的那达慕大会也是草原人民的盛会。每逢此时，牧民们穿着崭新的民族服装，骑着马、赶着勒勒车，从四面八方汇集而来。在绿茵草地上搭起毡帐，熬茶煮肉。整个草原炊烟袅袅，人欢马叫，一片欢腾。"那达慕"的主要项目是进行射箭、摔跤、赛马比赛。如今的"那达慕"已增加了物资交流、文艺演出等许多新内容。

2. 动物资源

与植物相比，动物能运动、会发声、通人性，它们的体态、色彩、发声都具有相当的审美价值。根据动物资源的美学特征、珍稀程度、表演能力的差异，可以分为观赏动物、珍稀动物、表演动物。

（1）观赏动物：动物的体形千奇百怪、各具特色，蕴藏着一种气质美。如虎，体形魁伟,颇有王者气度,难怪被誉为"百兽之王";长颈鹿四肢修长、头颈高昂、步履从容,华贵典雅;"四不像"麋鹿尾巴似马非马、犄角似鹿非鹿、四蹄似牛非牛、脖颈似骆驼非骆驼,富有意趣,具有很高的观赏价值。动物的毛发有的纯色一体,有的五彩斑斓,有的斑纹律动,有的点色均匀,既保护自己、吸引异性,也增加了人们观赏的美感。北极熊、斑马、金钱豹等都是以色彩吸引旅游者的动物。有的动物长途迁徙或周期繁衍,形成空中和栖息地规模化的胜景。冬天的墨西哥山谷里聚集着的数以亿计的帝王金斑蝶,整个山林被染成一片橙褐色,宛若一张硕大而美丽的巨毯。天气晴好时,山谷里漫天飞舞的蝶群就像一片橙色的云霞。每年它们要经过两三个月的长途跋涉从北美来到这里越冬。其他如大雁的南飞北迁给我国留下了"鸿雁传书"的美丽联想。

(2)珍稀动物:珍稀动物指野生动物中具有较高社会价值、现存数量又非常稀少的珍贵稀有动物。我国一类保护动物中的大熊猫、金丝猴、白鳍豚、白唇鹿被称为中国四大国宝。大洋州相对独立的环境,也使得它拥有独特的动物,如鸭嘴兽、考拉、袋鼠等。

(3)表演动物:动物不仅有自身的生态习性,也有比较高的智慧。在人工驯养下,某些动物表现出鲜明的模拟特点,在人们指挥下做出某些技艺表演,对旅游者形成强烈的吸引力。如大象、猴、海豚、狗、黑熊等。

3. 自然保护区

自然保护区是指国家为了保护自然环境和自然资源,对具有代表性的不同自然地带的环境和生态系统、珍贵稀有动物自然栖息地、珍稀植物群落、具有特殊意义的自然历史遗迹地区和重要的水源地等,划出界线,并加以特殊保护的地域。

由于人类活动对自然环境的影响越来越广泛而深刻,也给人类赖以生存的自然环境带来破坏。建立自然保护区的根本目的是保护生态系统,保护自然文化遗产,并最终保护人类自己。针对旅游而言,自然保护区内一般都有特殊的地理景观,是旅游者向往的地方。

(1)按照自然保护区级别分类

① 世界级自然保护区,如列入世界遗产目录的有黄山、泰山、九寨沟、长城、苏州古典园林、皖南古村落等29处;列入人与生物圈保护区的有广东鼎湖山自然保护区、四川卧龙自然保护区、内蒙古锡林郭勒自然保护区、江苏盐城自然保护区等24个。

② 国家级自然保护区,由国家直接管理的自然保护区。省、地、县级自然保护区。

(2)按照自然保护区对象及保护目的分类

① 以保护完整的综合自然生态系统为目的的自然保护区。如西双版纳自然保护区以保护热带自然生态系统为主等。

② 以保护某些珍贵动物资源为主的自然保护区。如四川卧龙自然保护区以保护大熊猫、金丝猴以及连香树等珍稀动植物及自然生态系统为主等。

③ 以保护珍稀及特有植被类型为目的的自然保护区。如广西花坪和重庆金佛山自然保护区以保护孑遗植物银杉等珍贵树种为主。

④ 以保护自然风景为主的自然保护区和国家公园。如江西庐山自然保护区、湖南省武陵源国家森林公园。

⑤ 以保护特有的地质剖面及特殊的地貌景观为主的自然保护区。如黑龙江的五大连池自然保护区等。

⑥ 以保护近期火山喷发形成的火山遗迹和自然风景为主等。以保护沿海环境及自然资源为主的自然保护区，如海南东寨港以保护岛上特有的红树林为主。

自然保护区不仅保护了生态环境，也保护了自然景观的精华，不仅留给后人更多生存空间，也带来了不可估量的社会经济效应和文化效应。对自然保护区进行旅游开发，更要正确处理保护和开发的关系，加强管理，实行可持续发展。九寨沟在开发规划的时候，一个基本原则总规划就叫做沟内游，沟外住，这样就可以把它功能分区，使得沟内把可能的干扰降到最低点。在沟内修了完整的步行道，在不适宜设置步行道的地方，就用栈道，使人不直接踩在钙华上面，这样就很好地保护了钙华。

3.2 自然景观美的特征

自然景观的美首先诉诸于人的感知器官，才能借由审美能力和经验进行进一步的升华。不同景观的客观条件是不同的，不同景观人的感知也是有区别的。自然物的存在是不依赖人的，是按自然规律发生、变化和发展的。作为自然景观，它们更具有美的多样性和自然性。比起其他景观，它的美也更侧重于形式美。

3.2.1 形象美

自然景观中最显著的特征就是形象的美。风景之美，总是以一定的形式和形象表现出来。黑格尔说："美是理念的感性显现。"自然风景只有以其形象显现出来，审美主体才能感受到它的美。依照中国自然景观审美传统，形象美大体有雄美、秀美、险美、奇美、幽美、旷美等类型。

1. 雄美

雄伟是一种壮观、壮美，崇高的形象，雄美一般是就形体与气势而言的。凡形体高大雄伟、气势豪壮磅礴的景观，都可以称为雄美。它具体可以表现为宏大的形状，巨大的体积，宽阔的面积，沉重的深度，滚滚的气势。雄伟的高山、喷薄的日出、参天的古树、凌云的雄鹰、无不给人雄壮的美感。雄伟所引起的审美感受特征是：赞叹、震惊、崇敬、愉悦。

泰山是五岳之首，它的主峰玉皇顶海拔 1 545 米，在五岳中海拔的高度仅居第三位，但还是被誉为"泰山天下雄"。这主要是它位于辽阔的华北大平原，突起于齐鲁丘陵之上，在高低大小的对比下，有如鹤立鸡群，方显出一种"拨地通天"的气势。泰山山势累叠，主峰高耸，从中天门到南天门，山势愈见陡峭，形成一种由抑到扬的鼓舞性节奏感。这种强烈的节奏感蕴含着一种活力，这对攀登泰山的游人会在心理上产生重要影响。另外泰山形体巨大而集中，山石的质地也加强了这种厚重感。种种因素的结合才形成"其体磅礴，其势穹窿"的气势，使人有"重如泰山"、"稳如泰山"之感。汉武帝游泰山不由感慨："高矣，极矣，大矣，特矣，壮矣！" 杜甫《望岳》诗中也赞道："会当凌绝顶，一览众山小。"

钱塘江潮也是典型的雄伟形象。苏轼描写其为"八月十八潮，壮观天下无。鲲鹏水击三千里，组练长驱十万夫。红旗青盖互明末，黑沙白浪相吞屠"（《催试官考较戏作》）。每当农历初一、十五，太阳、月球和地球几乎处于同一条直线，这时的引潮力最大，又由于潮水与河流的摩擦作用，一般最大涌潮日推迟二至三天，所以初三、十八的潮水最大。而钱塘江潮的雄奇景象还和杭州湾外宽内窄、外深内浅的喇叭口地形有关。当东海潮波传至杭州湾时，因河口急剧缩小，潮波能量愈来愈大，同时，河床急剧抬升，水面迅速升高，就形成特有的涌潮现象。据记载潮头最高 3.5 米，潮差达 9 米。每当潮水来时，惊涛巨澜，汹涌澎湃，排山倒海，雷霆万钧，声如金鼓。自南宋至今，每当钱江大潮来时，数十万游客云集钱江两岸观潮。

在我国，著名的雄伟景观还有很多，比如长江第一湾、黄果树瀑布、北国千里冰雪风光、大漠漫漫驼行等。世界上也有很多雄伟的自然景观，如位于美国科罗拉多高原的科罗拉多大峡谷，是世界陆地上最长的峡谷之一，全长 349 千米，最大深度约 1 800 米。大峡谷呈 V 字形，谷底最窄处仅 120 米。在澳洲一望无际的内陆红色平野的中央，心脏的部位，有一块石头毫无征兆地拔地而起，高 348 米，绕着走一圈是 9.4 千米，孤独中带着君临天下的霸气。它叫"乌鲁鲁"。就是这么一块石头，让许多人千里迢迢，不怕路途艰苦地来到澳洲荒漠。

2. 秀美

雄美为阳刚，秀美为阴柔。自然景观的秀美主要表现为柔和、秀丽、优美。它的轮廓线条柔和，景观质地柔润，地表植被良好，色彩层层过渡，景物形态与声音等没有强烈对比，比较安静。如江南烟雨，杨柳依依，山色晕染，溪流清澈，泉水叮咚，莫不使人感受到秀美。秀美的形象给人一种甜美、安逸、舒适的审美享受，使人情绪得到安慰。

苏轼的《饮湖上初晴后雨》描摹杭州西湖："水光潋滟晴方好，山色空濛雨亦奇。欲把西湖比西子，淡妆浓抹总相宜。"他把西湖比作春秋时代的美女西施，给人以秀美的遐想。西湖三面环山一面城，山势平缓圆润，湖水波平如镜。山水青翠，诸岛精巧，鸟声间关。绿树繁花间点缀亭台轩榭，使人漫步流连。

被誉为"香格里拉"的云南迪庆，位于风景名胜区三江并流（金沙江、澜沧江、怒江）

区域核心地带。在这块面积近3万平方千米、平均海拔为3 380米的土地上，虽然有雄伟的雪山、湍急的江河，但也有静谧的湖水、神圣的寺院以及多姿多彩的民风民俗。雪山环绕之间，大大小小的草甸和坝子是藏、纳西、傈僳、汉等10多个民族生息繁衍的地方，这里原始自然生态保存尚为完整，土地肥沃，牛马成群，人与自然和谐共存，也堪称秀美。

3. 险美

险美也是自然景观的一种形象特征。往往表现为垂直，绝壁，千钧一发，万丈深渊，深窄，突兀嶙峋等。险所引起的审美感受是惊心动魄，心悸万分，心惊胆战，引发好奇心，具有强烈吸引力。对于现代人来说，探险也是一种生活方式，不仅满足了好奇心，更体现了征服未知数的追求精神。

险峻的瞿塘峡、"难于上青天"的蜀道等，都是险美的代表。自古人称"奇险天下第一山"的华山共有五峰，分别是朝阳（东峰）、落雁（南峰）、莲花（西峰）、五云（北峰）、玉女（中峰），主峰海拔约2 160米。鸟瞰华山，犹如天柱突兀，四壁陡然耸立，几乎与地面成90°，游人攀登必须手扶铁索，手脚并用，是真正的"爬山"。著名的"长空栈道"位于华山南峰东侧的悬崖上，长达30米左右。栈道由古人铺成，两三块木板腾空搁在从悬崖上打出的石桩上，栈道的过客惟一能依附的，仅仅是一条贴壁而设的铁链。栈道木板的底下是万丈深渊。

坐落于世界自然遗产的云南"三江并流"风景区的虎跳峡以奇险著称。首先是那里的山险，峡谷两岸，高山耸峙，东有玉龙山，终年披云戴雪，银峰插天，主峰高达5 596米，山腰怪石嵯峨，山脚壁立，直插江底。西有哈巴雪山，峥嵘突兀，山腰间有台地，山脚为陡峻悬崖，西岸山峰高出江面3 000米以上。虎跳峡不仅深，而且窄，许多地方双峰欲合，如门半开。《云南风物志》上对此的形容是："身入谷中，看天一条缝，看江一条龙。"江流最窄处，仅约30米，相传猛虎下山，在江中的礁石上稍一顿脚，便腾空越过，故称虎跳峡。其次是水险，由于山岩的断层塌陷，造成无数石梁跌坎，加上两岸山坡陡峻，山石风化，形成江中礁石林立，从上虎跳峡至下虎跳峡，落差达210米，江水过险滩、越断崖，水从空坠地，震撼山谷，构成世界上罕见的山水奇观。

4. 奇美

奇美在于形象之非同一般，变化多端，离奇怪异，出人意表。所引起的审美感受是令人神往，兴奋，惊喜，兴味盎然，妙趣横生。

典型的奇山异水，有大西南的岩溶地貌，青藏高原神奇的湖泊，沿海地区的海蚀柱、海蚀崖等。奇美的天象景观，人尽皆知的有峨眉的金顶佛光、蓬莱的海市蜃楼。号称世界奇观的云南纳西县"万朵花"茶花、山东邹城孟庙内"柏抱槐"，是植物界奇美的典型。

风景中最著名的形象应数黄山。黄山有"四奇"（石、松、云、泉），登上1 800多米的高处纵览，山中奇峰汇聚，青松盘结险峰，怪石星罗棋布，烟云在峰壑中弥漫，似锦如缎、翻飞缥渺，泉水终年喷涌。自古就有"五岳归来不看山，黄山归来不看岳"、"登黄山天下无山"的美誉。

云南石林被称为"天下第一奇观"，是中国的四大自然景观之一。道光年间何彤云写《石林》诗赞美其景色："入望勿森森，苍然石气深。插天青玉笋，坠地碧瑶簪。长讶镡千尺，低犹笋一寻。不逢元镇画，狮子独名林。" 在方圆几百千米的地方，奇石拔地而起，参差峥嵘，奇峰林立，千姿百态，雄伟壮观，令人们惊叹不已。石峰、石柱从几米到三四十米不等，被誉为"地理迷宫"、"大自然雕塑博物馆"。

5. 幽美

幽者静。幽美的自然景观多数光量度小，呈现冷色，空气洁净，景深而层次多，曲折迂回。幽美多在于深藏，景越藏得深，越富于情趣，就越显出幽美，所以古人有云"曲径通幽处，禅房花木深"。置身于幽美的自然景观中，会令人感到幽闲自得，神清气爽，有幽深莫测的神秘感。

幽深的长白山天池，清幽的雁荡山灵岩，无不是幽美景致的代表。幽美之最负盛名者，历来首举"青城天下幽"之四川青城山。青城山属于亚热带温湿季风气候区，年平均气温15℃左右。其山形如城，连峰不绝，青翠满目，蔚然深秀，溪泉泠泠，鸟鸣花发，小径藏幽。在青城山"幽"的基调山上所建的宫、观、桥、亭、坊、阁、泉、池、或匿于绝壁之下，或隐于密林之中，呈现了无穷的幽意。

6. 旷美

与形成幽美的视域条件相反，旷美的自然景观指辽阔、开朗、高远的自然空间。旷美的载体往往是大平原、大草原、大海、大湖、大河。如平旷的田野、浩旷的水域、野旷的草原、高旷的天际等。旷美景观使人感到自然的博大，从而产生豁然开朗、旷达畅想的美感体验。

"天苍苍，野茫茫，风吹草低见牛羊"的内蒙古大草原，羊群如同碧海中流动的云彩，马群好似绿浪中奔腾的浪花，乳白色的蒙古包群像是撒落在绿色悲翠盘里的珍珠。那回荡在辽阔草原上的歌声，把每一位聆听者引入独有的旷美意境，天地相连，浑然一体，构成了异常瑰丽的画卷。

历史上号称"八百里洞庭"的洞庭湖湖区总面积约 18 000 平方千米（现今水面为 2740 平方千米）。水域广阔，视野开朗，水连天，天连水。"衔远山，吞长江，浩浩荡荡，横无际涯，朝晖夕阴，气象万千"（范仲淹《岳阳楼记》），可使人领略到"气蒸云梦泽，波撼岳阳城"（孟浩然《望洞庭湖赠张丞相》）的壮阔景象和空旷美感。

值得注意的是：许多风景区虽然都有宏观的总体形象特征。但其内部构成的各个小景区的形象特点却不尽相同。有的风景区甚至集雄、奇、险、秀、幽、旷于一身。欣赏自然景观，要注意观察其总体形态与微观构成，才能把握它的个性特征，获得独特的审美情趣。

3.2.2 色彩美

色彩美指给人以审美愉悦的自然物、自然现象的各种颜色的美。是自然景观美的重要因素。自然风景的色彩主要由山色、天色、水色、石色、植物色构成。树木花草、江河湖海、烟岚云霞等莫不具有色彩变化。色彩的层次、种类极多，蓝天、碧海、霜林、雪原、黄土地、红高粱、似锦繁花、五彩云霞、镶金的落晖、镀银的月华……大自然是绘就色彩美的最伟大的画师。色彩引起的审美感受是欢乐、幸福、振奋、赏心悦目。

自然景观的色彩美有两个特征。

1. 丰富性

自然景观的色彩可谓一应俱全，目不暇接。不同的自然事物、自然现象各有其独特的色彩。如红日彩霞、蓝天白云、青山绿水、苍松翠柏、柳绿桃红等等。同一种自然物，又常常是由不同的颜色构成。各类自然景观中，色彩最丰富的首推植物。植物的色彩主要体现在花和叶上，各种盛开的鲜花姹紫嫣红，叶片纯色斑纹兼有。水是一种特殊的自然物，因形态不同而色彩各异，有的水体由于含有某种矿物质而现出独特的色彩。

四川九寨沟、黄龙以水美天下。常言道，"山得水而活，水得山而媚"。九寨沟流水随山谷地形的陡、折、缓、峻而产生各种各样的叠瀑、飞泉和急滩，从而形成梯湖、叠瀑的特有景观。当地称湖为海子或池子，九寨海子共 108 个。若以湖面的形状论，有孔雀湖、犀牛海等；以水底所见的地形地物论，又有火花海、卧龙海等；若以湖水消涨论，又有涌泉池、漏斗湖；若以湖中滋生植物论，有箭竹海、盆景湖等；若以动物栖息论，有熊猫海、天鹅湖等；若以水面动静论有镜海等。简直是湖的博物馆。九寨沟水的基调是蓝，有浅蓝、粉蓝、钴蓝、靛蓝、碧蓝、景蓝、翠蓝等。更奇妙的是有许多海子呈现出红、黄、绿、蓝、青等五彩缤纷的颜色。清澈的海子还倒映着远处耀眼的雪峰、蓝天白云，近处的山崖峭壁、青翠山林，更使水色增辉、变幻万千。连接这珍珠般的海子的溪流和瀑布变化多端，有 200 多米宽的若日朗瀑布，有滚水如珠的珍珠滩，有古木虬枝的万盆景滩……那藏寨的青稞酒香、五彩幡动更添旅游情趣。

黄龙风景区被称为"人间瑶池"。这里发育完好的石灰石岩层由于受到泉水、空气、阳光、温度、压力的综合作用，形成独特的地面岩溶池，学名"钙华田"。其间最著名的五彩池由 400 多个形态水色各异、层层叠叠的池子组成，水池天然，水质晶莹。池底池壁由于各种矿物质的沉积，犹如翡翠，又似玛瑙。在晴空下闪闪生辉、五彩斑斓、艳丽无比。

2. 变化性

四季的交替、晨昏更迭和阴晴雨晦的天气现象，构成自然景观色彩各个不同的宏观变化，春翠、夏青、秋金、冬银是自然景观总体的季相变化。植物景观较为突出地体现了这种鲜明的季相更替。自然景物中，色彩变化最快的首推云霞，无论是旭日东升的万道霞光，还是夕阳西下的满天落霞，都是光怪陆离、变幻不居、令人陶醉的。此外，许多自然物还随着自身的生长、变化和发展规律而变幻色彩。

"天平红枫甲天下"，江苏苏州天平山是国家太湖风景名胜区的重要景区之一，是与北京香山、南京栖霞山、湖南长沙岳麓山齐名的四大赏枫胜地。天平山的红枫，学名枫香，叶呈三角状，植株较其他几处高大。初春，生发出许多新枝，夏时，枝叶繁茂如盖。时至深秋，天平山麓红霞缭绕、丹枫烂漫，景致更为壮观。这些枫香树，由于树龄不同，地势不同，长势有强有弱，又受山体阻挡，所接受的寒气不一样，树叶的色彩变化有先有后，有深有浅，甚至出现万绿丛中一株红的景象。更有趣的是：在一棵树的大小枝叶上呈现出嫩黄、橙红、赭红、血牙红、深红等不同颜色，好似树冠之花，人称"五彩枫"。因而有诗形容"丹枫烂漫景装成，要与春花斗眼明。虎阜横塘景萧瑟，游人多半在天平"。

自然景观绮丽的色彩美，能够带给人们愉悦的情感反应。在我国，自古以来人们就很重视自然景观色彩的审美。"日出江花红胜火，春来江水绿如蓝"；"梅子金黄杏子肥，麦花雪白菜花稀"。许多脍炙人口的诗句都洋溢着古人由自然景观绚丽的色彩引发的审美情趣。

3.2.3 动态美

动态美是指自然事物、自然现象因其变易而产生的流动之美。万物的形态、色彩、声音随时间的流转、空间的更替在不断地变幻，组合成多姿多彩的动态美。风起云涌，潮涨潮落，日出日没，月圆月缺，花开花谢，飞瀑流泉，江河奔涌，细雨蒙蒙，雪花飘飞，弱柳迎风，蜻蜓点水，鹰击长空，鱼翔池底等等。"川无停流，林无静树"，自然景观的运动、变化是绝对的、永恒的。动态美显示了一种特殊的生命运动，造就了自然景观和谐、统一的整体美，能引起人们的游赏兴趣，触动并满足神奇感。

自然景观的动态美表现为以下几种形式。

1. 季节不同，美的形态各异

许多自然物及自然景象都随着季节的更替而变幻其色彩与形态。如中国古代画家把天空、池水、树木的季节变化概括为：水色是春绿、夏碧、秋青、冬黑；天色是春晃、夏苍、秋净、冬黯；树木是春英、夏荫、秋毛、冬骨。四季的自然景观各不相同，但都有引人入胜之处。顾恺之在《四时诗》中曾如此赞道："春水满四泽，夏云多奇峰。秋月扬明辉，冬岭秀孤松。"

2. 晨昏变化，景色亦不同

一天中，尤其是日出、日落之际，天空中的云彩、光影时显时隐，时聚时散，变幻无穷。同时，大地上的湖光山色也被映衬得绚丽斑斓、变化多端。正如袁宏道所说的："湖光染翠之工，山岚没色之妙，皆在朝日始出、夕阳未下之际"。

3. 天气变幻，景色随之改变

同一自然景观在不同的气候条件下，会给人以不同的美感。同在岳阳楼上观洞庭湖，有时"阴风怒号、浊浪排空"；有时却"春和景明，波澜不惊"。此外，风的吹拂、水的流动也随时都给自然景观带来形态声音的变幻，呈现出强烈的动感，如飞流直下的瀑布、汹涌澎湃的云海。"泉声咽危石"、"隔窗风惊竹"。

自然景观的动态多种多样、变幻莫测，令人产生不同的审美感受。强烈的动态，如闪电霹雳、翻江倒海，给人以壮美感；舒缓的动态，如微风细雨、溪流轻涟，给人以轻柔感；浩渺的动态，如无边浪花、漫天雾霭，给人以苍茫感；变幻的动态，如海市蜃楼，沙漠幻影，却又使人深感奇幻。

动态美是构成自然景观美的重要因素。没有汹涌奔腾的长江巨流，三峡风景就不会产生激动人心的美；没有悠然飘荡的云雾，黄山的奇美也将黯然失色。动态美为自然景观增加了迷人的魅力，令人百看不厌，回味无穷。

3.2.4 朦胧美

"朦胧"意为模糊不清。《辞海》注释说："朦胧美是一种特殊形态的美。内容含蓄不露，具有多义性的特点；形式扑朔迷离，虚实相生，有时甚至变幻莫测，诡谲离奇，以诱发人的想像力和好奇心，使人获得特殊的审美享受。"在自然景观中，"朦胧美"是自观景观美的重要因素与特殊形态，是指自然事物、自然景象处于迷朦状态所显示的一种美。"朦胧"常常使自然景观美形成如诗如画的新意境，产生幽邃、神秘、玄妙的审美效果。自然界具有朦胧美的景象是大量存在的，如云蒸霞蔚、白云出岫、薄雾细雨、青山缥缈、清辉流泻、白露横江、海市蜃楼、峨嵋佛光等等。这些朦胧的景色扑朔迷离、时隐时现，光、色、影、形变化无穷，耐人寻味。

在自然景观美中，朦胧美是其不可缺少的一个要素，宋人郭熙说过："山以水为血脉，以草木为毛发，以烟云为神采。故山得水而活，得草木而华，得烟云而秀媚。"自然景观美，尤其是山水之美，其魅力的关键在于"烟云"，只有它，才能使山水具有神采与灵秀。如桂林的石灰岩峰林，近看不如远看，逆光胜似顺光，绕以薄雾淡云则最为美妙。同样，许多自然美景在雨绵绵、雾蒙蒙，或晨曦朝晖、夕照霞霭中都别具风姿，更富魅力。

自然景观的朦胧美虚实相生、模糊变幻，给欣赏者提供了广阔的想像空间，具有独特的感染力，自古以来就为人们所关注和青睐。唐代诗人韩愈诗云："夜深斜搭秋千索，楼阁朦胧细雨中。"杜牧《江南春》中"南朝四百八十寺，多少楼台烟雨中。"宋代苏轼："水光潋滟晴方好，山色空蒙雨亦奇；欲把西湖比西子，淡妆浓抹总相宜"等等都生动地再现了柔丽朦胧的景象之美，寄托了作者的丰富情感，引起人的无限遐思与神往。

黄山的四绝中，首推的就是"云海"。黄山每年平均有255.9雾日，每年的11月到第二年的 5 月是观赏黄山云海的最佳季节，尤其是雨雪天之后，日出及日落之前，云海最为壮观。当云海上升到一定高度时，远近山峦，在云海中出没无常，宛若大海中的无数岛屿，时隐时现于"波涛"之上。贡阳山麓的"五老荡船"在云海中显得尤为逼真；西海的"仙人踩高跷"，在飞云舒展时，现出移步踏云的奇姿；光明顶西南面的茫茫大海上，一只惟妙惟肖的巨龟向着陡峭的峰峦游动。唯有飘忽不定的云海在高度、浓淡恰到好处时才能产生如此奇妙的景象。云海中的景物往往若隐若现，虚虚实实，令观者捉摸不定，给人一种朦胧的美，它给人留有驰骋想像的余地，能引起游人无限的冥想和遐思。烟云飘动，山峰似乎也在移动，变幻无常的云海也势必会给风景美造成"象皆不定"的变异性。行云与山形对立而又统一，动由静止，静由动活。

除了以上所述，自然景观美的特征还有听觉美、嗅觉美和触觉美等。溪涧潺潺的流水、林中飒飒的风声、树头啾唧的鸟鸣……驻足聆听也罢，清风过耳也罢，都给人心灵的感动。野花发而幽香、松竹立而清朗、海风吹而咸腥……人行处都有不同气味，感受世界的多彩。老干粗糙、温泉滑腻、细砂从指间痒痒漏下……才有全身心沉醉的风景。

3.3 自然景观美的观赏

观赏自然景观，都会遇到怎样观赏的问题。作为观赏客体的自然景观复杂多变、规模不一、时空差异大，而作为观赏主体的旅游者主观阅历与心境也各不相同，这些都会对观赏的质量、审美愉悦度的高低产生影响。所以，掌握基本的欣赏技能就显得很有必要。

3.3.1 观赏的方法

1. 动态观赏

动态观赏，实际上是指旅游者在游览过程中，或步行、或乘车、或乘船沿着一定的风景线进行观赏的方法。

自然景观往往规模宏大，形态万千，只作一个地点、一个角度的观赏既难以得窥全貌，也难以得到强烈的快感。如位于湖南省西北部的武陵源风景名胜区，总面积 390.8 平方千米。区内石英砂岩柱峰有 3 103 座，千米以上峰柱 243 座；境内长 2 000 米以上的沟谷 32 条，总长达 84.6 千米。面对这样一个客体，只能采用动态观赏的方法。利用景区内的环保游览车、缆车、步行的方式遵循一定的线路才能进行游览。南朝梁时人吴均的《与宋元思书》对富春江作了精致的描绘："风烟俱净，天山共色。丛流飘荡，任意东西。自富阳至桐庐，一百许里，奇山异水，天下独绝。水皆缥碧，千丈见底。急湍甚箭，猛浪若奔，夹案高山，皆生寒树。互势竞上，互生轩邈，争高直指，千百成峰。泉水激石，泠泠做响；好鸟相鸣，嘤嘤成韵。蝉则千转不穷，猿则百叫不绝。""横柯上蔽，在昼犹昏；疏条交映，有时见日。"如果没有乘船行走，作者就不能领略山、水、鱼、石、树、鸟、猿的种种色彩、形态、动感，就不会产生最后"鸢飞戾天者，望峰息心，经纶世务者，窥谷忘反"的感叹。

观赏风景，观赏者要身临其境，并且把全部身心都沉浸于风景中，让美在你周围，包围着你、拥抱着你。作为观赏主体的人，才能充分调动感知器官视、味、听、嗅、触，体味自然景观的光、色、形、声、情，这种观赏所产生的美感是一种立体的感受，是非常强烈的。

2. 静态观赏

静态观赏是旅游者在一定的位置上面对风景，或缓慢的移动视线的一种欣赏活动。自然景观中，有小巧精美、纷繁多姿、层次复杂的景观，也有奥妙深藏、需要仔细玩味的景观，也有视野开阔、奔腾翻涌的景观，都适合静态观赏。如果视线游移过快，就不容易感知其中的美。

观云海、听涛声、察颜色、辨特征，都需要静的状态，才能获得成效。黄山奇特的山石必须在一定的位置上仔细玩味才能体会到其妙处。在散花坞看"梦笔生花"、"笔架峰"、"老翁钓鱼"；在曙光亭看"仙人背包"、"丞相观棋"；在清凉台观"猴子石"；在排云亭看"武松打虎"、"仙人踩高跷"等等。换了一个地点则不能见到，如果走马观花，只能有一个浮光掠影的印象。

动态和静态观赏是相对而言的，受到景观特征的制约和旅游者主观需求的限制。动态和静态观赏又是相互补充的，统一在一个完整的观赏旅游过程中。只有既寻求天趣，又找寻情趣；即在动态中感知景观的全貌，又在静态中深味个中奥秘，自然景观的观赏才能获得丰富、完善、强烈的审美愉悦。

3.3.2 观赏的距离

观赏风景时，选择距离是很重要的。

"距离"首先是客观的空间距离。对全景的观赏需要距离远些，才能见其全貌和整体的美。想看到局部的细节，则需要近些。看红叶，只有远观，才能见到"万山红遍，层林尽染"；看玫瑰牡丹，只有近赏，才能辩清花的品种、闻到花的芳香。

其次，"距离"也指在审美活动中，审美主体需要与审美对象保持一定的心理距离，才能显出对象的美。我们观赏美丽的风景时，有两种原因看不到其中的美：即距离太远和习以为常。客观距离远使得观赏不真切，主观距离的远则不能发挥主观能动去寻找发现美。习以为常、熟视无睹，就会陷入审美的疲劳麻木状态。一切美景都要在适度的距离中，才能看到。朱光潜先生很早就注意到了审美与现实的距离，三十年代初他在《谈美》一书中就说过："美和实际人生有一个距离，要见出事物本身的美，须把它摆在适当的距离之外去看。"朱光潜先生曾经就这个问题举过一个例子，海上航行遇雾时，不但不愉快，而且很危险。但他又说：你把海雾摆在实用世界以外去看，使它和你的实际生活之间有一种适当的距离，这时你就会感到"海雾却是一种绝美的景致"了。这也是生活中被普遍使用的一种心理调适的方法。

距离可以增加审美的魅力。当代中国著名美学家宗白华先生在《美学散步》中讲过这样一个例子：女子郭六芳家住湖畔，长期生活在家中，并未感到家乡怎样美，忽然一日乘船江上，远眺家乡，看到家乡碧波帆影，薄雾落霞，茅舍垂烟……顿觉家乡如画，十分秀美。心有所感，写诗赞美道："侬家住在两湖东，十二珠帘夕照红。今日忽从江上望，始知家在图画中。"郭六芳突然发现家乡之美，是因为她是第一次从远处的江上乘船眺望的缘故。表面上看这种"距离"是体现在空间的转换上，但仔细分析却不如说郭六芳是第一次脱离对家乡山水的日常实用考虑，而以一种审美的态度观照了家乡的山水，因此内心的诗情画意被开发出来，得到"始知家在图画中"的审美感受。

在观赏自然景观的时候，无论是空间距离还是心理距离，都有十分重要的意义。

3.3.3 观赏的角度

观赏风景的角度不同也会产生不同的审美效果，角度不对，甚至有可能看不到美。正如苏轼《题西林壁》一书所写："横看成岭侧成峰，远近高低各不同。"这两句诗的意思是说，从远处、近处、高处、低处不同的位置上来看庐山，庐山的形象就各放异彩，变幻莫测。客观上，庐山是座丘壑纵横、峰峦起伏的大山，游人所处的位置不同，看到的景物也各不相同。这两句诗概括而形象地写出了移步换形的妙处。所以，旅游者在观赏风景时，要善于选择角度。

角度的转换首先是视角的变化。可正面观赏，也可侧面观赏；对观赏的对象也可以取平视、仰视和俯视。

平视就是看视线前方延伸较远的景物。平视可以欣赏开阔的景观。极目远眺，使人心胸开阔，心旷神怡。宋代山水画大师郭熙在讲中国山水画的透视时，曾提到"自近山而望远山谓之平远"，又说"平远之色有明有晦"，"平远之意冲融而缥缥缈缈"。观赏黄山的云海应取平视，才能看到"冲融而缥缥缈缈"的效果。

仰视就是从低处往高处看。郭熙也曾说"自山下而仰山巅谓之高远"，"高远之色清明"，"高远之势突兀"。仰视往往增加许多崇高伟大的效果。湖南武陵源金鞭溪畔有一座高冲云天的孤峰，裸露的岩体在太阳下泛着金光，人称"金鞭崖"，旁边的溪流也因此崖而得名。观赏金鞭崖就适合站在崖下仰视，以至于头和地面近乎平行，才能使视线穿过树荫看见金黄的崖身和崖后湛蓝的天空。若换个角度，就可能看不见平直陡峭的崖面；若换到对面山上看，则金鞭气度尽失，变成普通的山而已。

俯视就是从高处往下看。在泰山顶上看下面的群山，才有"登泰山而小天下"的感觉。

若换作山下仰视，就只能"高山仰止"，心叹自身的渺小了。在北京景山万春亭上看故宫，宫殿建筑群一览无余，其壮美辉煌令人叹为观止。身处故宫中，就只能是"不识庐山真面目"了。

前人总结出一条观景经验，叫做"仰望峭壁，俯视水波"——近处仰望峭壁显得巍然欲压，十分雄伟；远处俯视湖面，波平如镜，水天浩渺，极具诗意。

角度的转换有时候也表现在从动静、主客的转换中获得别样意趣。南北宋之际的陈与义在河南行舟襄邑道中，船顺水而下，乘着顺风，百里速度只走了半天，榆堤两岸的景物应是飞掠而过。然而，诗人却只注意在船上看云——"卧看满天云不动，不知云与我俱东"（《襄邑道中》）。船上观景，看近处的花木和看天际的云彩固然是有感知的差异，通常近处的花木飞动，远处的景致不动。但最主要的还是诗人突破了通常看景的定例，在船头卧看白云，才获得了独特的审美体验。同理，清朝时一个高僧雪峤曾有诗写他隐居山中喝茶，"青山个个伸头看，看我庵中吃苦茶"。青山的姿态跃然纸上，并且赋予无情之物以人性，获得生活的乐趣。

观赏自然景观所选择的角度很重要，不然就不易发现美之所在，或者只觉得平淡无奇而已。缺乏旅游的乐趣和收获。

3.3.4 观赏的时间

观赏景物要根据景观的特色把握一定的时间性，时间选择不当，会影响审美效果。

季节不同，景色也变。清代著名画家辉南田写道："春山如笑，夏山如怒，秋山如妆，冬山如睡。"旅游者应当了解自然风景这种季节性变化的特点。

杭州西湖，层次丰富，四季皆有不同。在风和日丽的时节，是"花点胭脂水泼黛，西湖今日也浓妆"。烟雨迷蒙的日子，是"诸峰尽在微朦里，今日西湖是淡妆"。夏日骄阳下，最是看"接天莲叶无穷碧，映日荷花别样红"的时候。一夜冬雪，则是"雾凇沉砀，天与云、与山、与水，上下一白；湖上影子，惟长堤一痕、湖心亭一点与余舟一芥、舟中人两三粒而已"。

时机不到，有的景观其妙处就未必呈现。如今黄山水量少，平常人字瀑、百丈泉、九龙瀑、三叠泉几乎没有水，要想看瀑布的壮观景象就得冒大雨去观赏。有人几次登黄山想看"仙人踩高跷"都不能如愿。因为小小的巧石位于深壑群峰中，在晴朗天气由于能见度高，反而被背景的山峦所淹没。只有当巧石的背后升起云雾时，才能衬托出它那妖娆的体态。可见，观赏景观的时间必须恰到好处，才能欣赏到风景的美。

游览和观赏自然景观，不仅能获得审美享受，还可以开阔眼界，增长见识。荀子曾说："不登高山，不知天之高也，不临深谷，不知地之厚也。"明代大书法家董其昌也说："读万卷书，行万里路，方知天下事。"在旅游中，如何更好地观赏风景，如何获得更多的审美体验，不仅是旅游者需要主观努力的，也是所有人、尤其是旅游部门该努力的方向。

景观是旅游者游览、观赏的重要对象，游览是获得审美愉悦、调节身心的重要途径，发展、丰富自然景观也是留与后世的重要遗产。研究、保护、开发和创造优美的自然景观，对于发展旅游事业具有极大的现实意义。如何建设风景区、如何平衡自然和人为因素、如何处理经济效益和文化效益，不仅是旅游部门的工作，也是每个旅游者应该思考的。

3.4 思考题

1. 什么是自然景观？
2. 自然景观美的形态与什么因素有关？
3. 简述自然景观美的特征。
4. 影响自然景观形态的地貌类型有哪些？试举例说明。
5. 影响自然景观形态的水体资源有几种类型？试举例说明。
6. 大气旅游资源包括哪两个方面？试举例说明。
7. 生物旅游资源包括哪两个方面？试举例说明。
8. 观赏自然景观的方法有哪些？
9. 如何理解观赏自然景观的角度变换？
10. 试析杭州西湖、安徽黄山自然景观美的特点。

第 4 章　中国园林景观与观赏

【本章导读】

通过本章学习，要求了解中国传统园林艺术在世界园林体系中的地位，了解中国园林产生与发展的过程，即起源、发展、成熟、高峰四个阶段。掌握园林艺术的营造原则、特点与几种分类方法，知道皇家园林、私家园林、寺观园林、陵寝园林等几种园林类型的代表园林及各自的特点，了解北方园林、江南园林、岭南园林的代表及地域特点。把握园林的几个要素，掌握其审美方法，认识中国园林的美学价值，并能结合实际进行鉴赏。

4.1　园林艺术的产生与发展

1954 年，国际园景建筑家联合会在维也纳召开的第四次大会上，英国造园家杰利克在致辞时把世界造园体系分为：中国体系、西亚体系、欧洲体系。中国传统园林是中国传统文化的重要组成部分。它历史悠久，文化含量丰富，个性特征鲜明，而又多彩多姿，极具艺术魅力，为世界三大园林体系之最，被称为"世界园林之母"。

作为一种载体，中国古代园林不仅客观而又真实地反映了中国历代王朝不同的历史背景、社会经济的兴衰和工程技术的水平，而且特色鲜明地折射出中国人自然观、人生观和世界观的演变，蕴含了儒、释、道等哲学或宗教思想及山水诗、画等传统艺术的影响；它凝聚了中国知识分子和能工巧匠的勤劳与智慧。而且与西方园林艺术相比，它突出地抒发了中华民族对于自然和美好生活环境的向往与热爱。

园林的产生、繁荣和发展，从一个侧面揭示了人类历史发展的轨迹，表明了人类文明的进程。中华文明 5 000 年的历史在中国园林中留下了深深的印迹，在近 5 000 年的历史长河里，也留下了它深深的履痕，中国园林为世界文化遗产宝库增添了一颗璀璨夺目的东方文明之珠。

4.1.1　园林艺术的起源

中国园林历史悠久，源远流长。中国古代神话中把西王母居住的"瑶池"和黄帝所居的"悬圃"都描绘成景色优美的花园。青山碧水，这正是人们梦寐以求的生活环境。据有关典籍记载，我国造园起源于商周，其时称之为"囿"。商纣王"好酒淫乐，益收狗马奇物，充牣宫室，益广沙丘苑台（注：河北邢台广宗一带），多取野兽（飞）鸟置其中……"。囿是商周君王用于种植、放养禽兽以供狩猎游乐的场所，兼有生产、渔猎、农作、游赏和休养等多种功能，可以算作一种天然山水园林。最初的"囿"，就是把自然景色优美的地方圈起来，放养禽兽，供帝王狩猎，所以也叫游囿。春秋时期，这种天然山水园逐渐开始向人工造园转变，此时不但园事兴盛，而且园林本身也从"原始"状态中脱胎出来，成为真正意义上的人工园林，使园林从生产生活走向艺术。周文王建灵囿，方七十里，其间草木茂盛，鸟兽繁衍。"囿"主要是供奴隶主、帝王、后妃、大臣们游览、观赏和放牧、游猎的。天子、诸侯都有囿，只是范围和规格等级上的差别，"天子百里，诸侯四十"。

秦汉时期，园林已开始调动一切人工因素来再造第二自然，规模大、数量多、景象华美，并且在园林整体及内部景观的思想寓意和主题上也颇有拓展。此时富商大贾也开始投资园林，标志着私家园林的产生。从汉代起，"囿"改称苑。汉朝在秦朝的基础上把早期的游囿，发展到以园林为主的帝王苑囿行宫，除布置园景供皇帝游憩之外，还举行朝贺，处理朝政。汉高祖的"未央宫"，汉文帝的"思贤园"，汉武帝的"上林苑"，梁孝王的"东苑"（又称梁园、菟园、睢园），宣帝的"乐游园"等，都是这一时期的著名苑囿。从敦煌莫高窟壁画中的苑囿亭阁，元人李容瑾的汉苑图轴中，可以看出汉时的造园已经有很高水平，而且规模很大。枚乘的《菟园赋》，司马相如的《上林赋》，班固的《西都赋》，司马迁的《史记》，以及《西京杂记》、典籍录《三辅黄图》等史书和文献，对于上述的囿苑，都有比较详细的记载。

上林苑是汉武帝在秦时旧苑基础上扩建的，离宫别院数十所广布苑中，其中太液池运用山池结合手法，造蓬莱、方丈、瀛洲三岛，岛上建宫室亭台，植奇花异草，自然成趣。这种池中建岛、山石缀手法，被后人称为秦汉典范。

4.1.2 园林艺术的发展

魏晋南北朝是我国社会发展史上一个重要时期，一度社会经济繁荣，文化昌盛，这一时期的园林着重在池山形态上。但真正代表这一时期的园林，则在"永嘉之变"以后，当时北方内乱外患，晋室南渡，皇族和文人士大夫们到了江南，发现这里的自然山水美不胜收，于是有加工建园之意，形成当时的以山水为主的园林形态。如谢玄的始宁墅，为典型之代表，又加谢灵运、王羲之等许多文人士大夫，都建造这种以山水景为主的山庄、别墅。士大夫阶层追求自然环境美，游历名山大川成为社会上层普遍风尚。刘勰的《文心雕龙》，钟嵘的《诗品》，陶渊明的《桃花源记》等许多名篇，都是这一时期问世的。

魏晋南北朝，我国的山水诗、山水画也发展起来，山水诗画的发展丰富了造园艺术，文人、画家参与造园，进一步发展了"秦汉典范"。北魏张伦府苑，吴郡顾辟疆的"辟疆园"，司马炎的"琼圃园"、"灵芝园"，吴王在南京修建的宫苑"华林园"等，又是这一时期有代表性的园苑。"华林园"(即芳林园),规模宏大,建筑华丽。时隔许久,晋简文帝游乐时还赞扬说:"会心处不必在远,翳然林木,便有濠濮闲趣"。

由于社会的动荡和政治的无望,促发了人们对超然物外的自然山林与田园村野的热爱与追求,从而导致了自然风景园林的新发展。园林景观也不再仅仅是客观的欣赏对象,而成为园主的精神体现和情感的物化形式。东晋时期,园林中的写意趋向更加显露。园林对意境的追求也与对自然美的追求同样重要,景致的优劣已不在其本身的繁简浓淡或神似形似,而贵在意足。与此同时,在这一时期也出现了大量的寺观园林。

4.1.3 园林艺术的成熟

真正大批文人、画家参与造园,还是在隋唐之后。造园家与文人、画家相结合,运用诗画传统表现手法,把诗画作品所描绘的意境情趣,引用到园景创作上,甚至直接用绘画作品为底稿,寓画意于景,寄山水为情,逐渐把我国造园艺术从自然山水园阶段,推进到写意山水园阶段。这一时期的园林,已不是纯模仿自然,而是开始讲究起园林本身的形式了。又由于山水、田园文学的发展,所以园林也渐渐注意诗情画意。这一时期既有自然山水园(如王维的辋川别墅等),又有城市园林(如李德裕的平泉别墅等)。唐朝王维是当时倍受推崇的一位,他辞官隐居到蓝田县辋川,相地造园,园内山风溪流、堂前小桥亭台,都依照他所绘的画图布局筑建,如诗如画的园景,正表达出他那诗作与画作的风格。苏轼称赞说:"味摩诘之诗,诗中有画;观摩诘之画,画中有诗"。而他创作的园林艺术,也正是这样。苏州名园狮子林,是元朝天如和尚与大画家倪瓒合作建造的。倪瓒在我国绘画史上是有名的山水画大师,出于他手的造园艺术品自然不同凡响,清乾隆南巡到苏州时,看了也称赞不已。狮子林虽经多次修葺,迄今仍景象奇异。

隋朝结束了魏晋南北朝后期的战乱状态,社会经济一度繁荣,加上当朝皇帝的荒淫奢糜,造园之风大兴。隋炀帝"亲自看天下山水图,求胜地造宫苑"。迁都洛阳之后,"征发大江以南、五岭以北的奇材异石,以及嘉木异草、珍禽奇兽",都运到洛阳去充实各园苑,一时间古都洛阳成了以园林著称的京都,"芳华神都苑"、"西苑"等宫苑都穷极豪华。在城市与乡村日益隔离的情况下,那些身居繁华都市的封建帝王和朝野达官贵人,为了逍遥玩赏大自然山水景色,便就近仿效自然山水建造园苑,不出家门,却能享"主入山门绿,水隐湖中花"的乐趣。因而作为政治、经济中心的都市,也就成了皇家宫苑和王府宅第花园聚集的地方。隋炀帝除了在首都兴建园苑外,还到处建筑行宫别院。他三下扬州看琼花,最后被缢死在江都宫的花园里。

唐太宗"励精图治,国运昌盛",社会进入了盛唐时代,宫廷御苑设计也愈发精致,特别是由于石雕工艺已经娴熟,宫殿建筑雕栏玉砌,格外显得华丽。"禁殿苑"、"东都苑"、"神都苑"、"翠微宫"等等,都旖旎空前。当年唐太宗在西安骊山所建的"汤泉宫",后来被唐玄宗改作"华清宫"。这里的宫室殿宇楼阁"连接成城",唐王在里面"缓歌慢舞凝丝竹,尽且君王看不足"。杜甫曾有一首《自京赴奉先县咏情五百字》的长诗，描述和痛斥了王侯权贵们的腐朽生活。

宋朝元朝造园也都有一个兴盛时期，特别是在用石方面，有较大发展。宋徽宗在"丰亨豫大"的口号下大兴土木。他对绘画有些造诣，尤其喜欢把石头作为欣赏对象。先在苏州、杭州设置了"造作局"，后来又在苏州添设"应奉局"，专司搜集民间奇花异石，舟船相接地运往京都开封建造宫苑。"寿山艮岳"的万寿山是一座具有相当规模的御苑。此外，还有"琼华苑"、"宜春苑"、"芳林苑"等一些名园。现今开封相国寺里展出的几块湖石，形体确乎奇异不凡。苏州、扬州、北京等地也都有"花石纲"遗物，均甚奇观。这期间，大批文人、画家参与造园，进一步加强了写意山水园的创作意境。从南宋至元代的园林，有了许多更深层的思想性和哲理性。园林与诗情画意也进一步融化。如苏州狮子林之园景，有倪瓒之画意。人们不但造园，而且有人专门研究园林。这一时期造园之风大盛，如北宋的汴梁（今开封），不但有艮岳、金明池等大型园围，更有无数的小型园林。西京洛阳之园林更多，当时的辛格非专事园林，并写了《洛阳名园记》。

4.1.4 园林艺术发展的高峰

明、清是中国园林创作的高峰期。写意山水园的发展达到高潮，造园艺术更加趋于成熟、完美。这时，无论是帝王将相，还是文人士大夫，都在园林中追求着更真实的生命体验，寄托进了更多的审美情怀与社会理念。这就使中国园林带有了强烈的象征特色。明清时期之园林，更讲究意趣。"趣"为情趣，求神韵；"意"为意境，有更深的哲理内涵。"意"所表述的是人与园的关系，即人与自然的情态。这时的园林，山水林木，其实已经化作人的自我价值，或者说以此与园主人对话、有了更深的哲理性。

皇家园林创建以清代康熙、乾隆时期最为活跃。当时社会稳定、经济繁荣给建造大规模写意自然园林提供了有利条件，如"圆明园"、"避暑山庄"、"畅春园"等等。私家园林是以明代建造的江南园林为主要成就，如"沧浪亭"、"休园"、"拙政园"、"寄畅园"等等。同时在明末还产生了园林艺术创作的理论书籍《园冶》。它们在创作思想上，仍然沿袭唐宋时期的创作源泉，从审美观到园林意境的创造都是以"小中见大"、"须弥芥子"、"壶中天地"等为创造手法。自然观、写意、诗情画意成为创作的主导地位，园林中的建筑起了最重要的作用，成为造景的主要手段。园林从游赏到可游可居方面逐渐发展。大型园林不但模仿自然山水，而且还集仿各地名胜于一园，形成园中有园、大园套小园的风格。

自然风景以山、水地貌为基础，植被做装点。中国古典园林绝非简单地模仿这些构景的要素，而是有意识地加以改造、调整、加工、提炼，从而表现一个精练概括浓缩的自然。它既有"静观"又有"动观"，从总体到局部包含着浓郁的诗情画意。这种空间组合形式多使用某些建筑如亭、榭等来配景，使风景与建筑巧妙地融糅到一起。优秀园林作品虽然处处有建筑，却处处洋溢着大自然的盎然生机。明、清时期正是因为园林有这一特点和创造手法的丰富而成为中国古典园林集大成时期。

到了清末，造园理论探索停滞不前，加之社会由于外来侵略，西方文化的冲击，国民经济的崩溃等等原因，使园林创作由全盛到衰落。但中国园林的成就却达到了它历史的峰巅，其造园手法已被西方国家所推崇和模仿，在西方国家掀起了一股"中国园林热"。中国园林艺术从东方到西方，成了被全世界所共认的园林之母，世界艺术之奇观。

1990年，中国的风景名胜泰山被联合国教科文组织（UNESCO）列入世界文化与自然遗产名录，自1994年起，中国承德的避暑山庄、北京的颐和园、苏州的拙政园、留园和环秀山庄先后被联合国教科文组织列入世界文化遗产名录，从而成为全人类共同的文化财富。这进一步说明中国传统园林具有令人折服的艺术魅力和不可替代的惟一性。它在世界文化之林中独树一帜，风流千载。中国园林是以自然山水为主题思想，以花木、水石、建筑等为物质手段，在有限的空间里，创造出视觉无尽的，具有高度自然精神境界的环境。

4.2 园林艺术的特点和分类

中国园林如诗如画，是集建筑、书画、文学、园艺等艺术的精华。它隐去了西方园林那种无论建筑还是花坛树木造型都留下的明显的人工印迹，也摒弃了日本园林那种一味淡然的"枯山水"，而体现出一种模仿自然，艺术手段又不外露的完美境界。

4.2.1 园林艺术的营造原则

中国传统造园艺术的最高境界是"虽由人作，宛自天开"。这实际上是中国传统文化中"天人合一"的思想在园林中的体现。具体来讲，博大精深的中国传统园林是按下面的原则来营造的。

1. 构架山水

由于中国幅员辽阔。山川秀美多姿，自古以来，中国人就对大自然怀有特殊的感情，尤其是对山环水抱构成的生存环境更为热爱，山与水在风水理论中被认为是阴阳两极的结合。而孔子曾指出："仁者乐山，智者乐水"；从而把山水与人的品格结合起来。中国独特的地理条件和人文背景孕育出的山水观对中国造园产生了重要的影响，难怪中国人如此狂热地在自然的山水中营造园林，或是在都市园林中构架自然的山水。

2. 模拟仙境

早在2000多年前，秦始皇曾数次派人赴传说中的东海三仙山——蓬莱、方丈、瀛洲去获取长生不老之药,但都没有成功。因此,他就在自己的兰池宫中建蓬莱山模仿仙境来表达期望永生的强烈愿望。汉武帝则继承并发扬了这一传统。在上林苑建章宫的太液池中建有蓬莱、方丈、瀛洲三仙山,自此,开创了"一池三山"的传统。

3. 移天缩地

中国传统的一个重要特点是以有限的空间表达无限的内涵。宋代宋徽宗的艮岳曾被誉为"括天下美,藏古今胜"。而清代圆明园中的"九州清晏"则是将中国大地的版图凝聚在一个小小的山水单元之中来体现"普天之下莫非王土"的思想。明代造园家文震亨也在《长物志》中强调了"一峰则太华千寻,一勺则江湖万里"的造园立意。

4. 诗情画意

中国传统文化中的山水诗、山水画深刻表达了人们寄情于山水之间,追求超脱,与自然协调共生的思想。因此,山水诗和山水画的意境就成了中国传统园林创作的目标之一。东晋文人谢灵运在其庄园的建设中就追求"四山周回,溪涧交过,水石林竹之美,岩岫崑曲之好",而唐代诗人白居易在庐山所建草堂则倾心于"仰观山,俯听泉,旁睨竹树云石"的意境。在园林中,这种诗情画意还尤以楹联匾额或刻石的方式表现出来,起到了点景的作用,书法艺术与园林也结下不解之缘,成为园林不可或缺的部分。

5. 形式独特

中国传统园林在布局上看似并不强调明显的、对称性的轴线关系,而实际上却表现出精巧的平衡意识和强烈的整体感。中国传统园林之所以能区别于外国园林,其中一个重要原因正是其整体形式的与众不同。在这种自然式园林中,仿创自然的山形水势,永恒、奇特的建筑造型与结构,多彩多姿的树木花草,弯弯曲曲的园路,组成了一系列交织了人的情感与梦想的、令人意想不到的园林空间。

6. 造园手法高超

中国古代造园师在园林创作活动中,首要的工作是相地,即结合风水理论,分析园址内外的有利、不利因素;进而在此基础上立意,即所谓的构思,确定要表现的主题及内容,因境而成景。接下来就是运用借景、障景、对景、框景等手法对造园四要素进行合理布局、组织空间序列,最后对细节进行细致推敲,此时造园师要巧妙处理山体的形态、走向、坡度、凸凹虚实的变化,主峰、次峰的位置,水池的大小形状及组合方式,岛、堤、桥的运用,建筑单体的造型及群体的造型和组合方式,园林植物的种类与种植方式,园路的走向及用材等等一系列具体问题,实际上中国古代的造园师除了进行图纸设计工作外,更多的时间是花在建园的工地具体指导施工,从而保证设计意图的贯彻执行,并有利于即兴创作。

中国明代造园大师计成(1582—?)就著有《园冶》一书,精辟论述了中国传统园林重要的造园手法。这是中国第一部造园专著，具有跨时代的、承前启后的重要意义。

4.2.2 园林艺术的特点

中国造园艺术，是以追求自然精神境界为最终和最高目的，从而达到"虽由人作，宛自天开"的目的。它深浸着中国文化的内蕴，是中国5000年文化史造就的艺术珍品，是一个民族内在精神品格的写照。它的主要特点有以下4点。

1. 造园艺术 师法自然

师法自然，在造园艺术上包含两层内容。一是总体布局、组合要合乎自然。山与水的关系以及假山中峰、涧、坡、洞各景象因素的组合，要符合自然界山水生成的客观规律。二是每个山水景象要素的形象组合要合乎自然规律。如假山峰峦是由许多小的石料拼叠合成，叠砌时要仿天然岩石的纹脉，尽量减少人工拼叠的痕迹。水池常作自然曲折、高下起伏状。花木布置应是疏密相间，形态天然。乔灌木也错杂相间，追求天然野趣。

2. 分隔空间 融于自然

中国古代园林用种种办法来分隔空间，其中主要是用建筑来围蔽和分隔空间。分隔空间力求从视角上突破园林实体的有限空间的局限性，使之融于自然，表现自然。为此，必须处理好形与神、景与情、意与境、虚与实、动与静、因与借、真与假、有限与无限、有法与无法等种种关系。如此，则把园内空间与自然空间融合和扩展开来。比如漏窗的运用，使空间流通、视觉流畅，因而隔而不绝，在空间上起互相渗透的作用。在漏窗内看，玲珑剔透的花饰、丰富多彩的图案，有浓厚的民族风味和美学价值；透过漏窗，竹树迷离摇曳，亭台楼阁时隐时现，远空蓝天白云飞游，造成幽深宽广的空间境界和意趣。

3. 园林建筑 顺应自然

中国古代园林中，有山有水，有堂、廊、亭、榭、楼、台、阁、馆、斋、舫、墙等建筑。人工的山，石纹、石洞、石阶、石峰等都显示自然的美色。人工的水，岸边曲折自如，水中波纹层层递进，也都显示自然的风光。所有建筑，其形与神都与天空、地下自然环境吻合，同时又使园内各部分自然相接，以使园林体现自然、淡泊、恬静、含蓄的艺术特色，并收到移步换景、渐入佳境、小中见大等观赏效果。

4. 树木花卉 表现自然

与西方系统园林不同，中国古代园林对树木花卉的处理与安设，讲究表现自然。松柏高耸入云，柳枝婀娜垂岸，桃花数里盛开，乃至于树枝弯曲自如，花朵迎面扑香，其形与神，其意与境都十分重在表现自然。

师法自然，融于自然，顺应自然，表现自然——这是中国古代园林体现"天人合一"民族文化所在，是独立于世界之林的最大特色，也是永具艺术生命力的根本原因。

中国传统园林给人的美学感受是多方面、多层次的。如：全园被分成若干景区，各有特色又相互贯通，往往通过漏窗、门洞、竹林、假山等手段保持一种若断若续的关系，相互成为借景，也为游览中景区的转换做出铺垫。在诸景区中常布上几件盆景、花台，那历史的沧桑、人世的凄凉与生命的顽强等就都有了见证似的。当然，一个好的园子还会有一个好的名字；要有几副佳联传世。儒家学者向来是讲究"微言大意"的，一个好的名字可以意味深长，品尝不尽。如苏州网师园，所谓"网师"乃渔父之别称，而渔父在中国古代文化中既有隐居山林的涵义，又有高明政治家的涵义。佳联点景抒情使眼前的景与心中的情溶为一体，园林更加魅力无穷。

4.2.3 园林艺术的分类

随着朝代的更替，中国园林逐渐形成了自己独特的艺术风格，并产生了不同的类型。我们可以按其不同的分类方法划分如下。

1. 按其从属关系划分

（1）皇家园林

皇家园林属于皇帝个人和皇室私有，古籍里称之苑、宫苑、苑囿、御苑等。

皇家园林是皇家生活环境的一个重要组成部分，因而它反映了封建统治阶级的皇权意识，体现了皇权至尊的观念，但它对自然的态度则是倾向于凌驾于自然之上的皇家气派。皇家园林的人工气息浓厚，往往以人工美取胜，自然美仅居次要的位置。

皇家园林占地面积较大，规模宏大，常将有代表性的第宅、寺庙、名胜集中并在园林中再现出来。一般以主体建筑作为构图中心统帅全园，建筑常居于支配地位，尺度较大、较为庄重、色彩富丽堂皇。园林建筑在园中占的面积比例较低，多采取"大分散，小集中"成群成组的布局方式，南北向轴对称较多，随意布置的较少。另外，各景区的景观往往离不开建筑，用建筑的形式美来点染、补充、裁剪、修饰天然山水。现存的著名皇家园林有：北京的颐和园、北京的北海公园、河北承德的避暑山庄。

（2）私家园林

私家园林属于除皇帝以外的王公、贵族、地主、富商以及士大夫等所私有，古籍里称之为园、园亭、园墅、池馆、山池、山庄、别墅、别业等。

私家园林大多由文人、画家设计营造，因而其对自然的态度主要表现出士大夫阶层的哲学思想和艺术情趣。由于受隐逸思想的影响，它所表现的风格为朴素、淡雅、精致而又亲切。

私家园林多处市井之地，布局常取内向式，即在一定的范围内围合，精心营造，它们一般以厅堂为园中主体建筑，景物紧凑多变，用墙、垣、漏窗、走廊等划分空间，大小空间主次分明、疏密相间、相互对比，构成有节奏的变化，它们常用多条观赏路线联系起来，道路迂回蜿蜒，主要道路上往往建有曲折的走廊，池水以聚为主，以分为辅，大多采用不规则状，用桥、岛等使水面相互渗透，构成深邃的趣味。

私家园林一般来说空间有限，规模要比皇家园林小的多，又不能将自然山水圈入园内，因而形成了小中见大、掘地为池、叠石为山，创造优美的自然山水意境，造园手法丰富多彩的特性。现存的私家园林，如北京的恭王府，苏州的拙政园、留园、沧浪亭、网狮园，上海的豫园等。

（3）寺观园林

寺观园林即佛寺和道观的附属园林，也包括寺观内外的园林化环境。

寺观园林的风格特征是理性美，它的产生开辟了对园林景观对象的理性探索和领悟，并影响到整个园林艺术，它也创造了一些别具特色的景观形式并对以后的园林创作产生了影响。

寺观园林可以分为 3 种类型：一是寺观外园林，即在寺观外围对风景优美的自然景观加以经营，形成以寺观本身为主体的园林。二是寺观内部园林绿化。三是在寺观中或一侧建独立的园林。

寺观园林的特点：一是寺观园林有一定的公共性，不同于皇家园林和私家园林的私有性。寺观对广大的香客、游人、信徒开放。二是寺观园林具有较稳定的连续性。三是寺观园林选址有较强的适应性，一般重视因地制宜，因势制胜，大多选择自然环境优美的名山大川，古迹胜地。四是讲究内部庭院的绿化。五是注重超脱尘俗的精神审美功能。现存的寺观园林，如北京的潭柘寺、戒台寺、碧云寺、白云观，苏州的寒山寺、西园寺，杭州的灵隐寺，昆明的圆通寺，崂山的太请宫等。

（4）陵寝园林

陵寝园林是为埋葬先人、纪念先人实现避凶就吉之目的而专门修建的园林。中国古代社会，上至皇帝，下至达官贵人，商富大贾，皆非常重视陵寝园林。陵寝园林包括地下寝宫、地上建筑及其周边环境。

陵寝园林是历代帝王按照"事死如事生，事亡如事存"的礼制原则建造的，亦即模仿皇宫修建的。在陵寝周围都有大面积陵园，特点是封土为陵，规划整齐划一，选址修陵讲究风水，陵园规模宏大，建筑群集中，院落层次起落明显，布局讲究中轴对称。总体观察是宏伟、壮观、肃穆、庄严。现存的陵寝园林，如延安的黄帝陵，株洲的炎帝陵，绍兴的大禹陵，北京的明十三陵，曲阜的孔林等。

2. 按其所处地理位置划分

（1）北方类型

北方园林，因地域宽广，所以范围较大；又因大多为百郡所在，所以建筑富丽堂皇。

因自然气象条件所局限，河川湖泊、园石和常绿树木都较少。由于风格粗犷，所以秀丽媚美则显得不足。北方园林的代表大多集中于北京、西安、洛阳、开封，其中尤以北京为代表。

北京是北方造园活动的中心，分散于北京内外城的宅园具备一定规模的，据有关文献记载估计约为一百五六十处，保存到20世纪50年代有五六十处，其中尚不包括王府花园和会馆花园在内。王府花园是北方私家园林的一个特殊类别，它们的规模一般比宅园大，规制也稍有不同。会馆花园的内容与私家园林并无差别。

北方气候寒冷，建筑形式比较封闭、厚重，园林建筑亦别具一种刚健的美。北京是帝王之都，私家园林多为贵戚官僚所有，布局难免注重仪典性的表现，因而规划上使用轴线较多，叠山用石以当地所产的青石和北太湖石为主，堆叠技法亦属浑厚格调。植物栽培受气候的影响，冬天叶落，水面结冰，很有萧瑟寒林之感。规则布局的轴线、对景线运用较多，当然也就赋予园林以更为浑厚浓重的气度。比较著名的有一亩园、清华园、勺园、承德避暑山庄等。

清华园在海淀区的北面。园主人为李伟。清华园是一座以水面为主体的水景园，水面以岛、堤分隔为前湖、后湖两部分。主要建筑物大体上按南北中轴线成纵深布置。园内的叠山，除土山外，使用多种的名贵山石材料，其中有产自江南的山石，山的造型奇巧，有洞壑，也有瀑布。植物配置方面，花卉大片种植的比较多，而以牡丹和竹最负盛名于当时。园林建筑有厅、堂、楼、台、亭、阁、榭、廊、桥等，形式多样，装饰彩绘雕饰富丽堂皇。清华园规模宏伟，风景秀丽。

勺园在清华之东面、下游。大约建成于万历年间，稍晚于清华园。园主人为米万钟。勺园比清华园小，建筑也比较朴素疏朗。勺园虽在规模和富丽方面比不上清华园，但它的造园艺术水平较之后者略胜一筹。勺园的总体规划着重在园水成景，水是园林的主题。它也是一座水景园。利用堤、桥将水面分隔为许多层次，成堤环水抱的形势，建筑物配置成若干群组，与局部地形和植物配置相结合，形成各具特色的许多景区。各景区之间以水道、石径、曲桥、廊子为之联络。建筑物外形朴素，很像浙江农村的民居。

避暑山庄位于河北承德武烈河的西岸，占地约560公顷，是一座大型的天然山水园。园内的平原、湖泊、山岳成三足鼎立的布列；山岳峰峦起伏，山形秀美，虽不太高峻却颇有气势；平原摹拟塞北草原；湖区犹如江南水乡。把塞外和江南的风光，名山大川的名胜汇集于一园之内。园林景观是以突出自然风貌为主，建筑布局采取大分散、小集中的方式即把绝大部分的建筑集中为许多小的群组，再分散配置于全园之内。建筑的形象比较朴素雅致，所谓"无刻楣丹槛之费，有林泉抱素之怀"以便谐调于山庄的风貌特色。

（2）江南类型

南方人口较密集，所以园林地域范围小；又因河湖、园石、常绿树较多，所以园林景致较细腻精美。因上述条件，其特点为明媚秀丽、淡雅朴素、曲折幽深，但面积小，略感局促。江南园林是以开池筑山为主的自然式风景山水园林。它一般与住宅相连，多呈内向形式，在园林中建筑的比重也往往较大，密度常达 30%以上，江南园林所崇尚的自然是经过艺术再创造的，渗透了社会伦理道德感情的人格化的自然，是"虽由人作，宛自天开"的"人为自然"。

江南园林叠山石料的品种很多，以太湖石和黄石两大类为主。石的用量很大，大型假山石多于土，小型假山几乎全部叠石而成。能够仿真山之脉络气势，做出峰峦丘壑、洞府峭壁、手法多样，技艺高超。

江南气候温和湿润，花木生长良好，种类繁多。园林植物以落叶为主，配合若干常绿树，再辅以藤萝、竹、芭蕉、草花等构成植物配置的基调，并能够充分利用花木生长的季节性构成四季不同的景色。花木也往往是观赏的主题。园林建筑常以周围花木命名。还讲究树木孤植和丛植的画意经营，尤其注重古树名木的保护利用。

园林建筑则以高度发达的江南民间乡土建筑作为创作的源泉，从中汲取精华。苏州的园林建筑为苏南地区民间建筑的提炼。扬州则利用优越的水陆交通条件，兼收并蓄当地皖南乃至北方而加以融糅，因而建筑的形式极其多样丰富。江南园林建筑的个体形象玲珑轻盈，具有一种柔媚的气质。室内外空间通透，露明木构件修饰为赭黑色，灰砖青瓦，白粉墙垣配以水石花木组成的园林景观，能显示一种恬淡雅致有若水墨渲染画的艺术格调。木装修、家具、各种砖雕、木雕、漏窗、洞门、匾联、花街铺地均表现极精致的工艺水平。园内有各式各样的园林空间：纯山水空间、山石与建筑围合的空间、庭院空间、天井，甚至院角、廊侧、墙边亦作成极小的空间，散植花木，配以峰石，构成楚楚动人的小景。由于园林空间多样而又富于变化，为定观组景、动观组景以及对景、框景、透景创造了更多的条件。南方园林的代表大多集中于南京、上海、无锡、苏州、杭州、扬州等地，其中尤以苏州为代表。苏州园林在今日保存者为数最多，且亦最为完整。苏州园林属文人、官僚、地主修造者居多，基本上保持正统的士流园林格调，绝大部分均为宅园而密布于城内，少数建在附近的乡镇。苏州园林的艺术特色为小巧、自由、精致、淡雅。它的代表作为拙政园、留园、网师园、环秀山庄等。

拙政园在娄齐二门间的东北街，明嘉庆时王献臣因大宏寺废地营别墅，是此园的开始。

拙政园占地 4.1 公顷，是一座大型宅园。拙政园的布局主题是以水为中心。池水面积约占总面积的 3/5，主要建筑十之八九皆临水而筑。园中可分中、西、东三部，中部的拙政园系该园主要部分，西部为补园，东部为明王中心——归田园居。中部远香堂为该园的主要建筑物，亦是全园的主景，它是单檐歇山面阔三间的四面厅，厅外荷香香远溢清，因此故称为远香堂。至远香堂向北眺望，可见一池碧水中有东西两岛，东岛上有待霜亭，轻巧若飞，藏而不露，取唐代诗人韦应物"洞庭须待满林霜"的诗意为名。西岛上有雪香云蔚亭和荷风四面亭，雪香云蔚亭结构质朴大方，端正稳重，周围遍植枫、柳、松、竹交相辉映。亭上有明代画家倪元璐所书"山花野鸟之间"的题额，两旁石柱伴以文征明手书的对联一幅；"蝉噪林愈静，鸟鸣山更悠"。此亭位于岛之最高处，又居园之正中，居高临下，和远香堂遥相呼应，互为对景。拙政园中除东、西二岛外，西园的北半部池水中也抱有一岛，岛上有与谁同坐轩、浮翠阁、笠亭等不同形式的园林建筑，景致丰富多彩。拙政园3/5的水面中三岛布列，起到了分割水面、丰富景观的作用，形成了山因水活，水随山转之意境，颇有清幽、开朗、明静的自然山林风味。总而言之，它是一个以水为主的风景园。

网师园在苏州城东南阔家头巷，始建于南宋绍兴年间，当时的园主人为侍郎史正志，园名"渔隐"。后来几经兴废。到清代乾隆年间归宋宗元所有，改名"网师园"。网师即渔隐，仍含渔隐的本意，都是标榜隐逸清高的。光绪年间，园主人大官僚又重加修建而成今日之规模。

网师园负廊临流，树木丛蔚，颇有半村半廊之趣。它占地0.4公顷，是一座紧邻于邸宅西侧的中型宅园。邸宅共有四进院落，第一进轿厅和第二进大客厅为外宅，第三进"撷秀楼"和第四进"五峰书屋"为内宅。园门设在第一进的轿厅之后，门额上砖刻"网师小筑"四字，外宅由此门入园。另一园门设在内宅西侧，供园主人和内眷出入。园林的平面略成丁字形，它的主体部分居中，以一个水池为中心，建筑物和游览路线沿着小池四周安排。水池的面积并不大，仅400平米左右。池岸略近方形但曲折有致，驳岸用黄石挑砌或叠为石矶，其上间植灌木和攀援植物，斜出松枝若干，表现了天然水景的一派野趣。整个园林的空间安排采取主、辅对比的手法，主景区也就是全园林的主体空间，在它的周围安排若干较小的辅助空间，形成众星拱月的格局。网师园的规划设计在尺度处理上也颇有独到之处。如水池东南水尾的小拱桥，故意缩小尺寸以反衬两旁假山的气势；水池东岸堆叠小巧玲珑的黄石假山，意在适当减弱其后过于高大的白粉墙垣所造成的尺度失调。网师园的建筑高达30%，但置身主景区内，并无囿于建筑空间之感，反之，却能体会到一派大自然水景的昂然生机。

环秀山庄占地2 180平方米，面积不大，因园中有一座著名的太湖石假山而著名。据记载，此山出自清代叠石造山大师戈裕良（1764—1830）之手。全山占地不足500平方米，峰高虽仅7米多，但崖道、山洞、曲涧、石室、蹬道、幽谷、飞梁、峰峦、绝壁、危径等毕现，酷似真山，在构造上整体注重写意，细部追求逼真，被认为是中国园林现存假山中的第一佳构。

园中建筑面山而构，山南有厅堂两进，前堂名有谷，后厅即环秀山庄，隔水与假山相对。山上有"半潭秋水一房山"亭，山下有问泉亭、补秋肪，山西有长廊，上起边楼。全园建筑形成远近高低各不相同的观赏点，有"山形面面看，山景步步移"的妙趣。

全园有堂构8处，砖额、石刻22方，古树名木有朴树、白皮松等3种共4棵。

（3）岭南类型

因为其地处亚热带，终年常绿，又多河川，所以造园条件比北方、南方都好。其明显的特点是具有热带风光，建筑物都较高而宽敞。最早的岭南园林可上溯到南汉时的"仙湖"，它的一组水石景"药洲"尚保留至今。清初岭南地区经济比较发达，文化水准提高，私家造园活动开始兴旺，逐渐影响及于潮汕、福建和台湾等地。到清中叶以后而日趋兴旺，在园林的布局、空间组织、水石运用和花木配置方面逐渐形成自己的特色，终于异军突起而成为与江南、北方鼎峙的三大地方风格之一。

岭南园林以宅园为主，多为庭院和庭园的组合。叠山常用姿态嶙峋、皱折繁密的英石包镶即所谓"塑石"的技法，山体的可塑性强、姿态丰富，具有水云流畅的形象。在沿海一带也常见用石蛋和珊瑚礁石叠山的，则又别具一格。小型叠石和小型水体相结合而成的水局，尺度亲切而婀娜多姿。少数水池的方整几何形式，则是受到西方园林的影响。园林建筑由于气候炎热必须考虑自然通风，故形象上的通透开敞更胜于江南，以装修、雕塑、细木雕工见长。岭南地处亚热带，观赏植物品种繁多，园内一年四季都是花团锦簇、绿茵葱翠，老榕树大面积覆盖遮蔽的荫凉效果尤为宜人。就园林的总体而言，要求通风良好则势必加大室内高度，因而建筑物体量偏大，楼房又较多，故略显壅塞，深邃幽奥有余而开朗之感不足。

岭南园林地近澳门、广州，又是粤海关之所在，接触西洋文明可谓得风气之先，园林受到西洋的影响也就会更多一些。不仅某些局部和细部的做法如西洋式的石栏杆、西洋进口的套色玻璃和雕花玻璃等，甚至个别园林的规划布局亦能看到欧洲规整式园林的模仿迹象。现存岭南类型园林，有著名的广东顺德的清晖园、东莞的可园、番禺的余荫山房等。顺德的清晖园、东莞的可园、番禺的余荫山房、佛山的梁园号称粤中四大名园，它们都完整保存下来，可视为岭南园林的代表作品。其中以余荫山房最为有名。

余荫山房精巧别致。二门对联"余地三弓红雨足，荫天一角绿云深"是点题之作。余荫山房的总体布局很有特色，两个规整形状的水池并列组成水庭，水池的规整几何形状受到西方园林的影响。它的某些园林小品如栏杆、建筑等雕饰丰富，尤以木雕、砖雕、灰雕最为精致。主要厅堂的露明架上均饰以通花木雕，如百兽图、百子图、百鸟朝凤等题材多样。总的看来，建筑体量稍嫌庞大。它的建筑极其精美。园中不论花坛、墙壁、台阶、地面都有雕刻图案，精细素雅，玲珑可品。

3. 按造园方式划分

（1）人工山水园

人工山水园即在平地上开凿水体、堆筑假山，人为地创设山水地貌，配以花木栽植和建筑营构，把天然山水风景缩移摹拟在一个小范围之内。这类园林均修建在平坦地上，尤以城镇内的居多，它们的规模从小到大，包括的内容亦相应地由简到繁。

人工山水园的造园要素当中，建筑是由人工营造的自不待言，即便山水地貌亦出于人为，花木全是人工栽植，鸟兽亦为人工驯化。因此造园所受的客观制约条件很少，人的创造性得以最大限度的发挥。它的造园手法丰富多彩，乃是最能代表中国古典园林艺术成就的一个类型。

（2）天然山水园

天然山水园一般建立在城镇近郊或远郊的山野风景地带，包括山水园、山地园和水景园等。规模小的利用天然山水的局部或片段作为建园基址，规模大的则把完整的天然山水植被环境圈围起来作为建园基址,然后利用原始动植物,再配以人工繁育的花木鸟兽和建筑营构。基址的原始地貌因势利而作适当的调整、改造、加工。

4.3 园林的要素及其审美

尽管各类园林各具特色,但都基于山水地形、花草树木、建筑园路和书画匾联这造园的四要素。

4.3.1 山水地形

古人云:"无石不成园"。"水可积之成潭,泻之成流,喷之成雾,旋之成涡,举之成柱,悬之成布,凛之成冰"。可见错落有致、峭直嶙峋的山石与静态、动态之水皆可制造出绝佳的园林艺术效果。人们叠石造山,掘池理水,移天缩地,纳自然于小园之中;想像假山浅流为大山名川,成水中有山,山中有水之势,花草树木、亭塔楼阁便有了依托之地。可谓小中见大,大中见小。

1. 筑山

为表现自然,筑山是造园最主要的因素之一。秦汉的上林苑,用太液池所挖之土堆成岛,象征东海神山,开创了人为造山的先例。

东汉梁冀模仿伊洛二峡,在园中累土构石为山,从而开拓了从对神仙世界向往,转向对自然山水的模仿,标志着造园艺术以现实生活作为创作的起点。魏晋南北朝的文人雅士们,采用概括、提炼手法,所造山的真实尺度大大缩小,力求体现自然山峦的形态和神韵。这种写意式的叠山,比自然主义模仿大大前进一步。唐宋以后,由于山水诗、山水画的发展,玩赏艺术的发展,对叠山艺术更为讲究。最典型的例子便是爱石成癖的宋徽宗,他所筑的艮岳是历史上规模最大、结构最奇巧、以石为主的假山。明代造山艺术,更为成熟和普及。明人计成在《园冶》的"掇山"一节中,列举了园山、厅山、楼山、阁山、书房山、池山、内室山、峭壁山、山石池、金鱼缸、峰、峦、岩、洞、涧、曲水、瀑布等17种形式,总结了明代的造山技术。清代造山技术更为发展和普及。清代造园家,创造了穿形洞壑的叠砌方法,用大小石钩带砌成拱形,顶壁一气,酷似天然峭壑,乃至于可估喀斯特溶洞,叠山倒垂的钟乳石,比明代以条石封合收顶的叠法合理得多、高明得多。现存的苏州拙政园、常熟的燕园、上海的豫园,都是明清时代园林造山的佳作。

2. 理池

为表现自然，理池也是造园最主要因素之一。不论哪一种类型的园林，水是最富有生气的因素，无水不活。自然式园林以表现静态的水景为主，以表现水面平静如镜或烟波浩淼的寂静深远的境界取胜。人们或观赏山水景物在水中的倒影，或观赏水中怡然自得的游鱼，或观赏水中芙蕖睡莲，或观赏水中皎洁的明月……自然式园林也表现水的动态美，但不是喷泉和规则式的台阶瀑布，而是自然式的瀑布。池中有自然的肌头、矶口，以表现经人工美化的自然。正因为如此，园林一定要省池引水。古代园林理水之法，一般有三种。

（1）掩。以建筑和绿化，将曲折的池岸加以掩映。临水建筑，除主要厅堂前的平台，为突出建筑的地位，不论亭、廊、阁、榭，皆前部架空挑出水上，水犹似自其下流出，用以打破岸边的视线局限；或临水布蒲苇岸、杂木迷离，造成池水无边的视角印象。

（2）隔。或筑堤横断于水面，或隔水净廊可渡，或架曲折的石板小桥，或涉水点以步石，正如计成在《园冶》中所说，"疏水若为无尽，断处通桥"。如此则可增加景深和空间层次，使水面有幽深之感。

（3）破。水面很小时，如曲溪绝涧、清泉小池，可用乱石为岸，怪石纵横、犬牙交错，并植配以细竹野藤、朱鱼翠藻，那么虽是一洼水池，也令人似有深邃山野风致的审美感觉。

4.3.2 花草树木

植物是造山理池不可缺少的因素。花木犹如山峦之发，水景如果离开花木也没有美感。自然式园林着意表现自然美，对花木的选择标准，一讲姿美，树冠的形态、树枝的疏密曲直、树皮的质感、树叶的形状，都追求自然优美；二讲色美，树叶、树干、花都要求有各种自然的色彩美，如红色的枫叶，青翠的竹叶、白皮松，斑驳的榔榆，白色广玉兰，紫色的紫薇等；三讲味香，要求自然淡雅和清幽。最好四季常有绿，月月有花香，其中尤以腊梅最为淡雅、兰花最为清幽。花木对园林山石景观起衬托作用，又往往和园主追求的精神境界有关。如竹子象征人品清逸和气节高尚，松柏象征坚强和长寿，莲花象征洁净无暇，兰花象征幽居隐士，玉兰、牡丹、桂花象征荣华富贵，石榴象征多子多孙，紫薇象征高官厚禄等。

古树名木对创造园林气氛非常重要。古木繁花，可形成古朴幽深的意境。所以如果建筑物与古树名木矛盾时，宁可挪动建筑以保住大树。计成在《园冶》中说："多年树木，碍箭檐垣，让一步可以立根，研数桠不妨封顶"。构建房屋容易，百年成树艰难。除花木外，草皮也十分重要，平坦或起伏曲折的草皮，也令人陶醉于向往中的自然。中国古典园林的植物配植特别注重两点。一是植物的物质特性；二是植物在中国传统文化中被赋予的文化意蕴。

植物的物质特性包括其色、香、形，以及自然声息和光线作用于花草树木而产生的艺术效果。花草树木有斑斓的色彩，馨香的气息，多姿的形态，风拂树叶雨打芭蕉的声音，阳光月光下婆娑的影子。这一切诉诸感官，给予人视觉、嗅觉、听觉和触觉之美。

中国园林植物不同凡响之处还在于其文化象征意义。在中国传统文化中，许多植物被认作高尚品质和高洁情操的象征。松竹梅傲雪霜，深为人们喜爱，因而被当作正直、高洁、孤傲不羁的象征。编篱种菊取陶渊明"采菊东篱下，悠然见南山"之意，象征着简朴淡泊的生活之道。出污泥而不染的荷花比喻不趋炎附势的高洁之士。清雅淡逸的兰花具有君子风范，尤为文人韵士所吟诵。拟人化了的花草树木皆有情，其文化意蕴深化了植物美。这是中国园林植物的独特之处。

因此，中国古典园林的植物配植兼顾了植物的神形之美，是植物自然美和象征寓意美的艺术组合。

4.3.3 建筑园路

中国古典园林建筑风格独特，文化氛围浓厚。亭塔楼阁，飞檐彩壁，雕梁画栋，隐于山水浓荫之中。隔墙围栏饰彩云飞龙坐狮，拱桥曲廊隔园地林木幽池，万千气象。

1. 造景手法

造景的艺术手法和观赏效果主要有框景、借景和障景。

框景手法假藉造型各异的门窗为风景画框，纳千顷之汪洋，收四时之浪漫，造出一幅幅变幻的风景画引人入胜。

借景手法巧借园外远景和以园内景物互为背景，扩大三迭景深，使远山近水尽收眼底。

障景手法使景物相互掩映，免一览无余，造曲径通幽、园中有园、步移景异之效果，应"山重水复疑无路，柳暗花明又一村"之诗意。

2. 建筑形式

园林之中的建筑，具有居住、游憩、娱乐、赏景与造景、理政、甚至举行宗教活动的功能。古典园林里通常都是一个主体建筑，附以一个或几个副体建筑，中间用廊连接，形成一个建筑组合体。这种手法，能够突出主体建筑，强化主建筑的艺术感染力，还有助于造成景观，其使用功能和欣赏价值兼而有之。

常见的建筑物有殿、阁、楼、厅、堂、馆、轩、斋，它们都可以作为主体建筑布置。

宫殿：建在皇家园林里，供帝王起居时使用。它气势巍峨，金碧辉煌，在古典建筑中最具有代表性。为了适应园苑的宁静、幽雅气氛，园苑里的建筑结构要比皇城宫廷简洁，平面布置也比较灵活。但是，仍不失其豪华气，其基本造型轻巧、富于变化，常见的形式有以下几种。

厅：是满足会客、宴请、观赏花木或欣赏小型表演的建筑，它在古代园林宅第中发挥公共建筑的功能。它不仅要求较大的空间，以便容纳众多的宾客，还要求门窗装饰考究，建筑总体造型典雅、端庄，厅前广植花木，叠石为山。一般的厅都是前后开窗设门，但也有四面开门窗的四面厅。

堂：是居住建筑中对正房的称呼，一般是一家之长的居住地，也可作为家庭举行庆典的场所。堂多位于建筑群中的中轴线上，体型严整，装修瑰丽。室内常用隔扇、落地罩、博古架进行空间分割。

亭：是憩息赏景的建筑，也是园中的一景，大小不一，式样众多。通常有四方亭、六角亭、八角亭、圆亭、扇面亭等形式，其屋顶分单檐和重檐两类。

楼：是两重以上的屋，故有"重层曰楼"之说。楼的位置在明代大多位于厅堂之后，在园林中一般用作卧室、书房或用来观赏风景。由于楼高，也常常成为园中的一景，尤其在临水背山的情况下更是如此。

阁：与楼近似，但较小巧。平面为方形或多边形，多为两层的建筑，四面开窗。一般用来藏书、观景、也有用来供养巨型佛像。

榭：它的突出特点是建于水边，架临水上。结构轻巧、立面开敞，跨水部分由立于水中的石构梁柱支撑。它的主要作用是点饰水岸和观赏水景。

廊：是园林中的突出建筑。它不仅是连接建筑之间的有顶建筑，而且是划分空间，组成景区的重要手段，同时它本身又成为园中之景。一般廊上都有彩画。

塔：是重要的佛教建筑。在园林中往往是构图中心和借景对象。

桥：在园林中不仅供交通运输之用，还有点饰环境和借景障景的作用。

墙：园林的围墙，用于围合及分隔空间，有外墙、内墙之分。墙的造型丰富多彩，常见的有粉墙和云墙。粉墙外饰白灰以砖瓦压顶。云墙呈波浪形，以瓦压饰。墙上常设漏窗，窗景多姿，墙头、墙壁也常有装饰。

古典园林都采用古典式建筑。古典建筑斗拱梭柱，飞檐起翘，具有庄严雄伟、舒展大方的特色。它不只以形体美为游人所欣赏，还与山水林木相配合，共同形成古典园林风格。

园林建筑物常作景点处理，既是景观，又可以用来观景。因此，除去使用功能，还有美学方面的要求。楼台亭阁，轩馆斋榭，经过建筑师巧妙的构思，运用设计手法和技术处理，把功能、结构、艺术统一于一体，成为古朴典雅的建筑艺术品。它的魅力，来自体量、外型、色彩、质感等因素，加之室内布置陈设的古色古香，外部环境的和谐统一，更加强了建筑美的艺术效果，美的建筑，美的陈设，美的环境，彼此依托而构成佳景。正如明人文震亨所说："要须门庭雅洁，室庐清靓，亭台具旷士之怀，斋阁有幽人之致，又当种佳木怪箨，陈金石图书，令居之者忘老，寓之者忘归，游之者忘倦"。

园林建筑不像宫殿庙宇那般庄严肃穆，而是采用小体量分散布景。特别是私家庭园里的建筑，更是形式活泼，装饰性强，因地而置，因景而成。在总体布局上，皇家园林为了体现封建帝王的威严，和美学上的对称、匀衡艺术效果，都是采用中轴线布局，主次分明，高低错落，疏朗有致。私家园林往往是突破严格的中轴线格局，比较灵活，富有变化。通过对、呼应、映衬、虚实等一系列艺术手法，造成充满节奏和韵律的园林空间，居中可观景，观之能入画。当然，所谓自由布局，并非不讲章法，只是与严谨的中轴线格局比较而言，主厅常是园主人宴聚宾客的地方，是全园的活动中心，也是全园的主要建筑，都是建在地位突出，景色秀丽，足以能影响全园的紧要处所。厅前凿池，隔池堆山作为对观景，左右曲廊回环，大小院落穿插渗透，构成一个完整的艺术空间。苏州拙政园中园部分，就是这样一个格局，以"远香堂"为主体建筑，布置了一个明媚、幽雅的江南水乡景色。

高低错落、曲幻掩映、奇景迭出、扑朔迷离是中国古典园林建筑的美学意境。中国古典园林建筑的另一特色是无园不有题额楹联。诗行词句绘自然之风光，表诗人之情怀，其书法也常为中国艺术的精华。诗情文采使园林韵致倍增，这些历史文化遗迹使中国古典园林更具魅力。

4.3.4 书画匾联

中国古典园林的特点，是在幽静典雅当中显出物华文茂。"无文景不意，有文景不情"，书画墨迹在造园中有润饰景色，揭示意境的作用。园中必须有书画墨迹并对书画墨迹做出恰到好处的运用，才能"寸山多致，片石生情"，从而把以山水、建筑、树木花草构成的景物形象，升华到更高的艺术境界。

书画，主要是用在厅馆布置。厅堂里张挂几张书画，自有一股清逸高雅、书郁墨香的气氛。而且笔情墨趣与园中景色浑然交融，使造园艺术更加典雅完美。

墨迹在园中的主要表现形式有题景、匾额、楹联、题刻、碑记、字画。匾额是指悬置于门楣之上的题字牌，匾额横置门头或墙洞门上，在园林中多为景点的名称或对景色的称颂，以三字四字的为多。楹联是指门两侧柱上的竖牌，刻石指山石上的题诗刻字。楹联往往与匾额相配，或树立门旁，或悬挂在厅、堂、亭、榭的楹柱上。楹联字数不限，讲究词性、对仗、音韵、平仄、意境情趣，是诗词的演变。相传楹联始于五代后蜀，孟昶在寝门桃符板上题"新年纳余庆，嘉节号长春"句。

匾额楹联不但能点缀堂榭，装饰门墙，在园林中往往表达了造园者或园主的思想感情，还可以丰富景观，唤起联想，增加诗情画意，起着画龙点睛的作用，是中国传统园林的一个特色。曹雪芹在《红楼梦》中，借小说中人物评大观园时说："若大景致，若干亭榭，无字标题，任是花柳山水，也断不能生色"。如苏州拙政园中的"与谁同坐轩"，表达了"与谁同坐"？清风、明月、我的孤芳自赏的思想。楹联中如苏州沧浪亭的"清风明月本无价，近水远山皆有情"；拙政园梧竹幽居的"爽借清风明借月，动观流水静观山"；雪香云蔚亭的"蝉噪林愈静，鸟鸣山更幽"，都写景、写情，发人联想，即使游人在无风、无月、无蝉、无鸟时到此，也觉得似有这一境界。济南大明湖中一联云："四面荷花三面柳，一城山色半城湖"，杭州观海亭上一联云："楼观沧海日，门对浙江潮"，写景抒情，概括性很强。又如镇江焦山别峰庵郑板桥读书处，小屋三间，门上联云："室雅何须大，花香不在多"抒发简朴幽雅的情景。所以匾额楹联，特别是名联、名匾，不但景观添色，而且发人深思。岳阳楼何绍基的 102 字长联，昆明大观楼的 180 字长联，状景、写情、词藻、对仗、书法、境界等都值得称道，本身就是一件艺术品。

园林中的匾额、楹联及刻石的内容，多数是直接引用前人已有的现成诗句，或略作变通。如苏州拙政园的浮翠阁引自苏东坡诗中的"三峰已过天浮翠"，还有一些是即兴创作的。另外还有一些园景题名出自名家之手。不论是匾额楹联还是刻石，不仅能够陶冶情操，抒发胸臆，也能够起到点景的作用，为园中景点增加诗意，拓宽意境。

山水地形、花草树木、建筑园路和书画楹联无不独具匠心,中国古典园林"虽由人作,宛自天开",因而成为中国风景名胜的中心。中国古典园林造园理论基于以儒道佛家思想为中心的多元文化。其"天人合一"、"师法自然"的观念对造园者产生了深刻久远的影响。历代帝王与道士方丈寻仙山玉宇以求升天得道,于是产生了堆山理水的基本构想,造成象征蓬莱仙阁的中国古典园林最早布局。老庄返朴归真、任其自然、虚静恬淡的意向是中国古典园林的美学标准,因而有了仿天下名山大川或田园风光之杰作。出世的佛道追求禅栖道隐的志趣为中国古典园林平添几分超凡脱俗之清越。中国文学艺术的诗情画意更为中国古典山水园林所融合。无怪乎中国山水园林与山水诗、山水画意趣相通,成为中国文化艺术的精华。中国古典园林也因之而成为世界古典园林三大体系中东方园林的代表作之一。

4.3.5 园林艺术中的美学思想

中国古代园林的美学价值,应该从文化层次来分析,涉及到深层哲理、观念形态。从这个层次来分析和评价中国古代园林之美及其价值,至少应当分两个大的层次来讨论。

一是它的深层哲理性。这个性质是园林的,也是整个中国古代社会和哲学的。园林,既是这个文化大系统之一部分,又典型地表述着这种文化。因此对于这个价值,应当同其他中国文化(门类)合起来,重新评价整个中华民族的文化,这在当今是十分必要的。特别是在新世纪来临的历史性时刻,分析一下东方文化很有必要,这种东方的人本主义文化,它对"自然·人·社会"有独到的见解,在高喊"科学技术决定一切"的今天,还应当注意它的另一方面。

二是它的表层意义,即"致用"性。因为古代园林形态,如上所说,虽然好,但只是古董式的,毕竟满足不了今天的人和环境的现实需求。而如何改造?这也许要从现代社会环境的需求出发,取传统造园诸手法,融合于今天的环境之中。无论是公园、城市休闲地带、自然风景区,以及庭院和室内空间等等,必有很大的"用武之地"。这样做,比建造一些仿古的园林要有意义得多。

1. 飞动之美

中国古代工匠喜欢把生气勃勃的动物形象用到艺术上去。这比起希腊来,就很不同。希腊建筑上的雕刻,多半用植物叶子构成花纹图案。中国古代雕刻却用龙、虎、鸟、蛇这一类生动的动物形象,至于植物花纹,要到唐代以后才逐渐兴盛起来。

在汉代,不但舞蹈、杂技等艺术十分发达,就是绘画、雕刻,也无一不呈现一种飞舞的状态。图案画常常用云彩、雷纹和翻腾的龙构成,雕刻也常常是雄壮的动物,还要加上两个能飞的翅膀。充分反映了汉民族在当时的前进活力。

这种飞动之美,也成为中国古代建筑艺术的一个重要特点。

《文选》中有一些描写当时建筑的文章,描写当时城市宫殿建筑的华丽,看来似乎只是夸张，只是幻想，其实不然，我们现在从地下坟墓中发掘出来的实物材料，那些颜色华美的古代建筑的点缀品，说明《文选》中的那些描写，是有现实根据的，离现实并不是那么远的。

现在我们看《文选》中一篇王文考作的《鲁灵光殿赋》。这篇赋告诉我们，这座宫殿内部的装饰，不但有碧绿的莲蓬和水草等装饰，尤其有许多飞动的动物形象：有飞腾的龙，有愤怒的奔兽，有红颜色的鸟雀，有张着翅膀的凤凰，有转来转去的蛇，有伸着颈子的白鹿，有伏在那里的小兔子，有抓着椽在互相追逐的猿猴，还有一个黑颜色的熊，背着一个东西，蹲在那里，吐着舌头。不但有动物，还有人：一群胡人，带着愁苦的样子，眼神憔悴，面对面跪在屋架的某一个危险的地方。上面则有神仙、玉女，"忽瞟眇以响象，若鬼神之仿佛"。在作了这样的描写之后，作者总结道："图画天地，品类群生，杂物奇怪，山神海灵，写载其状，托之丹青，千变万化，事各胶形，随色象类，曲得其情"。

不但建筑内部的装饰，就是整个建筑形象，也着重表现一种动态，中国建筑特有的"飞檐"，就是起这种作用。根据《诗经》的记载，周宣王的建筑已经像一只野鸡伸翅在飞（《斯干》），可见中国的建筑很早就趋向于飞动之美了。

2. 空间之美

园林的艺术处理，是处理空间的艺术。老子就曾说："凿户牖以为室，当其无，有室之用"。室之用是由于室中之空间。而"无"在老子又即是"道"，即是生命的节奏。中国的园林是很发达的。北京故宫三大殿的旁边，就有三海，郊外还有圆明园、颐和园等等，这是皇帝的园林。民间的老式房子，也总有天井、院子，这也可以算作一种小小的园林。例如，郑板桥这样描写一个院落：

"十笏茅斋，一方天井，修竹数竿，石笋数尺，其地无多，其费亦无多也。而风中雨中有声，日中月中有影，诗中酒中有情，闲中闷中有伴，非唯我爱竹石，即竹石亦爱我也。彼千金万金造园亭，或游宦四方，终其身不能归享。而吾辈欲游名山大川，又一时不得即往，何如一室小景，有情有味，历久弥新乎？对此画，构此境，何难敛之则退藏于密，亦复放之可弥六合也。"（《板桥题画竹石》）

我们可以看到，这个小天井，给郑板桥这位画家的丰富感受。空间随着心中意境可敛可放，是流动变化的，是虚灵的。

宋代的郭熙论山水画，说"山水有可行者，有可望者，有可游者，有可居者"。（《林泉高致》）可行、可望、可游、可居，这也是园林艺术的基本思想。园林中也有建筑，要能够居人，使人获得休息，但它不只是为了居人，它还必须可游，可行，可望。"望"最重要。一切美术都是"望"，都是欣赏。不但"游"可以发生"望"的作用（颐和园的长廊不但引导我们"游"，而且引导我们"望"），就是"住"，也同样要"望"。窗子并不单为了透空气，也是为了能够望出去，望到一个新的境界，使我们获得美的感受。

窗子在园林建筑艺术中起着很重要的作用。有了窗子，内外就发生交流。窗外的竹子或青山,经过窗子的框框望去,就是一幅画。颐和园乐寿堂差不多四边都是窗子,周围粉墙列着许多小窗,面向湖景,每个窗子都等于一幅小画(李渔所谓"尺幅窗,无心画")。而且同一个窗子,从不同的角度看出去,景色都不相同。这样,画的境界就无限地增多了。

明代人有一小诗,可以帮助我们了解窗子的美感作用。"一琴几上闲/数竹窗外碧/帘户寂无人/春风自吹入。"

这个小房间和外部是隔离的,但经过窗子又和外边联系起来了。没有人出现,突出了这个小房间的空间美。这首诗好比是一幅静物画,可以当作塞尚画的几个苹果的静物画来欣赏。

不但走廊、窗子,而且一切楼、台、亭、阁,都是为了"望",都是为了得到和丰富对于空间美的感受。

颐和园有个匾额,叫"山色湖光共一楼"。这是说,这个楼把一个大空间的景致都吸收进来了。左思《三都赋》:"八极可围于寸眸,万物可齐于一朝",苏轼诗:"赖有高楼能聚远,一时收拾与闲人"就是这个意思。颐和园还有个亭子叫"画中游"。"画中游",并不是说这亭子本身就是画,而是说,这亭子外面的大空间好像一幅大画,你进了这亭子,也就进入到这幅大画之中。所以明人计成在《园冶》中说:"轩楹高爽,窗户邻虚,纳千顷之汪洋,收四时之烂漫"。

这里表现着美感的民族特点。古希腊人对于庙宇四围的自然风景似乎还没有发现。他们多半把建筑本身孤立起来欣赏。古代中国人就不同,他们总要通过建筑物,通过门窗,接触外面的大自然界。"窗含西岭千秋雪,门泊东吴万里船"(杜甫)。诗人从一个小房间通到千秋之雪、万里之船,也就是从一门一窗体会到无限的空间、时间。像"山川俯绣户,日月近雕梁"(杜甫)。"檐飞宛溪水,窗落敬亭云"(李白)。都是小中见大,从小空间进到大空间,丰富了美的感受。外国的教堂无论多么雄伟,也总是有局限的。但我们看天坛的那个祭天的台,这个台面对着的不是屋顶,而是一片虚空的天穹,也就是以整个宇宙作为自己的庙宇。这是和西方很不相同的。

为了丰富对于空间的美感,在园林建筑中就要采用种种手法来布置空间,组织空间,创造空间,通过人工手段,利用环境条件和构成园林的各种要素造作所需要的景观。"景"即境域的风光,也称风景。是由物质的形象、体量、姿态、声音、光线、色彩以至香味等组成的。景是园林的主体,欣赏的对象。中国自南北朝以来,发展了自然山水园。园林造景,常以模山范水为基础,"得景随形","借景有因","有自然之理,得自然之趣","虽由人作,宛自天开"。造景方法主要有以下8种。

(1)挖湖堆山,塑造地形,布置江河湖沼,辟径筑路,造山水景。

(2)构筑楼、台、亭、阁、堂、馆、轩、榭、廊、桥、舫、照壁、墙垣、梯级、磴道、景门等建筑设施,造建筑景。

(3)用石块砌叠假山、奇峰、洞壑、危崖,造假山景。

(4)布置山谷、溪涧、乱石、湍流,造溪涧景。

（5）堆砌巨石断崖，引水倾泻而下，造瀑布景。

（6）按地形设浅水小池，筑石山喷泉，放养观赏鱼类，栽植荷莲、芦荻、花草，造水石景。

（7）用不同的组合方式，布置群落以体现林际线和季相变化或突出孤立树的姿态，或者修剪树木，使之具有各种形态，造花木景。

（8）在园林中布置各种雕塑或与地形水域结合，或单独竖立，成为构图中心，以雕塑为主体造景。

自然造化的天然景（野景）是没有经过人力加工的。大地上的江河、湖沼、海洋、瀑布林泉、高山悬崖、洞壑深渊、古木奇树、斜阳残月、花鸟虫鱼、雾雪霜露等，都是天然景，园林造景时要充分加以利用。有意识地把园外的景物"借"到园内视景范围中来。借景是中国园林艺术的传统手法。一座园林的面积和空间是有限的，为了扩大景物的深度和广度，丰富游赏的内容，除了运用多样统一、迂回曲折等造园手法外，造园者还常常运用借景的手法，收无限于有限之中。

中国古代早就运用借景的手法。唐代所建的滕王阁，借赣江之景："落霞与孤鹜齐飞，秋水共长天一色"。岳阳楼近借洞庭湖水，远借君山，构成气象万千的山水画面。杭州西湖，在"明湖一碧，青山四围，六桥锁烟水"的较大境域中，"西湖十景"互借，各个"景"又自成一体，形成一幅幅生动的画面。"借景"作为一种理论概念提出来，则始见于明末著名造园家计成所著《园冶》一书。计成在"兴造论"里提出了"园林巧于因借，精在体宜"；"泉流石注，互相借资"；"俗则屏之，嘉则收之"；"借者园虽别内外，得景则无拘远近"等基本原则。借景可分为以下7种。

（1）近借。在园中欣赏园外近处的景物。

（2）远借。在不封闭的园林中看远处的景物，例如靠水的园林，在水边眺望开阔的水面和远处的岛屿。

（3）邻借。在园中欣赏相邻园林的景物。

（4）互借。两座园林或两个景点之间彼此借资对方的景物。

（5）仰借。在园中仰视园外的峰峦、峭壁或邻寺的高塔。

（6）俯借。在园中的高视点，俯瞰园外的景物。

（7）应时借。借一年中的某一季节或一天中某一时刻的景物，主要是借天文景观、气象景观、植物季相变化景观和即时的动态景观。

借景方法大体有3种。

（1）开辟赏景透视线，对于赏景的障碍物进行整理或去除，譬如修剪掉遮挡视线的树木枝叶等。在园中建轩、榭、亭、台，作为视景点，仰视或平视景物，纳烟水之悠悠，收云山之耸翠，看梵宇之凌空，赏平林之漠漠。

（2）提升视景点的高度，使视景线突破园林的界限，取俯视或平视远景的效果。在园中堆山，筑台，建造楼、阁、亭等，让游者放眼远望，以穷千里目。

（3）借虚景，如朱熹的"半亩方塘"，圆明园四十景中的"上下天光"，都俯借了"天光云影"；上海豫园中花墙下的月洞，透露了隔院的水榭。

借景内容有以下几类。

（1）借山、水、动物、植物、建筑等景物。如远岫屏列、平湖翻银、水村山郭、晴岚塔影、飞阁流丹、楼出霄汉、蝶雉斜飞、长桥卧波、田畴纵横、竹树参差、鸡犬桑麻、雁阵鹭行、丹枫如醉、繁花烂漫、绿草如茵。

（2）借人为景物。如寻芳水滨、踏青原上、吟诗松荫、弹琴竹里、远浦归帆、渔舟唱晚、古寺钟声、梵音诵唱、酒旗高飘、社日箫鼓。

（3）借天文气象景物。如日出、日落、朝晖、晚霞、圆月、弯月、蓝天、星斗、云雾、彩虹、雨景、雪景、春风、朝露等。此外还可以通过声音来充实借景内容，如鸟唱蝉鸣、鸡啼犬吠、松海涛声、残荷夜雨。

在中国的现有园林和风景区中，运用借景手法的实例很多。北京颐和园的"湖山真意"远借西山为背景，近借玉泉山，在夕阳西下、落霞满天的时候赏景，景象曼妙。承德避暑山庄，借磬锤峰一带山峦的景色。苏州园林各有其独具匠心的借景手法。拙政园西部原为清末张氏补园，与拙政园中部分别为两座园林，西部假山上设宜两亭，邻借拙政园中部之景，一亭尽收两家春色。留园西部舒啸亭土山一带，近借西园，远借虎丘山景色。沧浪亭的看山楼，远借上方山的岚光塔影。山塘街的塔影园，近借虎丘塔，在池中可以清楚地看到虎丘塔的倒影。

玉泉山的塔，好像是颐和园的一部分，这是"借景"。苏州留园的冠云楼可以远借虎丘山景，拙政园在靠墙处堆一假山，上建"两宜亭"，把隔墙的景色尽收眼底，突破围墙的局限，这也是"借景"。颐和园的长廊，把一片风景隔成两个，一边是近于自然的广大湖山，一边是近于人工的楼台亭阁，游人可以两边眺望，丰富了美的印象，这是"分景"。《红楼梦》小说里大观园运用园门、假山、墙垣等等，造成园中的曲折多变，境界层层深入，像音乐中不同的音符一样，使游人产生不同的情调，这也是"分景"。颐和园中的谐趣园，自成院落，另辟一个空间，另是一种趣味。这种大园林中的小园林，叫做"隔景"。对着窗子挂一面大镜，把窗外大空间的景致照入镜中，成为一幅发光的"油画"。"隔窗云雾生衣上，卷幔山泉入镜中"（王维诗句）。"帆影都从窗隙过，溪光合向镜中看"（叶令仪诗句）。这就是所谓的"镜借"。"镜借"是凭镜借景，使景映镜中，化实为虚（苏州怡园的面壁亭处境偏仄，乃悬一大镜，把对面假山和螺髻亭收入境内，扩大了境界）。园中凿池映景，亦此意。

无论是借景，对景，还是隔景，分景，都是通过布置空间、组织空间、创造空间、扩大空间的种种手法，丰富美的感受，创造了艺术意境。中国园林艺术在这方面有特殊的表现，它是理解中华民族的美感特点的一项重要领域。概括说来，当如沈复所说的："大中见小，小中见大，虚中有实，实中有虚，或藏或露，或浅或深，不仅在周回曲折四字也"（《浮生六记》），这也是中国一般艺术的特征。

3. 意境之美

意境通过园林形象所反映的情意使游赏者触景生情产生情景交融的一种艺术境界。

在中国文化土壤上孕育出来的园林艺术，同中国的文学、绘画有密切的关系。园林意境这个概念的思想渊源可以追溯到东晋到唐宋年间。当时的文艺思潮是崇尚自然，出现了山水诗、山水画和山水游记。园林创作也发生了转折，从以建筑为主体转向以自然山水为主体；以夸富尚奇转向以文化素养的自然流露为设计园林的指导思想，因而产生了园林意境问题。如东晋简文帝入华林园，对随行的人说："会心处不必在远，翳然林水，便有濠濮间想"，可以说已领略到园林意境了。

园林意境创始时代的代表人物，如两晋南北朝时期的陶渊明、王羲之、谢灵运、孔稚圭到唐宋时期的王维、柳宗元、白居易、欧阳修等人既是文学家、艺术家，又是园林创作者或风景开发者。陶渊明用"采菊东篱下，悠然见南山"去体现恬淡的意境。被誉为"诗中有画，画中有诗"的王维所经营的辋川别业，充满了诗情画意。

以后元、明、清的园林创作大师如倪云林、计成、石涛、张涟、李渔等人都集诗、画、园林诸方面高度文艺修养于一身，发展了园林意境创作的传统，力创新意，作出了很大贡献。

园林是自然的一个空间境域，与文学、绘画有相异之处。园林意境寄情于自然物及其综合关系之中，情生于境而又超出由之所激发的境域事物之外，给感受者以余味或遐想余地。当客观的自然境域与人的主观情意相统一、相激发时，才产生园林意境。其特征可作如下阐明。

（1）园林是一个真实的自然境域，其意境随着时间而演替变化。这种时序的变化，园林上称"季相"变化；朝暮的变化，称"时相"变化；阴晴风雨霜雪烟云的变化，称"气象"变化；有生命植物的变化，称"龄相"变化；还有物候变化等。这些都使产生意境的条件随之不断变化。

在意境的变化中，要以最佳状态而又有一定出现频率的情景为意境主题。最佳状态的出现是短暂的，但又是不朽的，即《园冶》中所谓"一鉴能为，千秋不朽"。如杭州的"平湖秋月"、"断桥残雪"，扬州的"四桥烟雨"等，只有在特定的季节、时间和特定的气候条件下，才是充分发挥其感染力的最佳状态。这些主题意境最佳状态的出现，从时间来说虽然短暂，但受到千秋赞赏。

（2）中国园林艺术是自然环境、建筑、诗、画、楹联、雕塑等多种艺术的综合。园林意境产生于园林境域的综合艺术效果，给予游赏者以情意方面的信息，唤起以往经历的记忆联想，产生物外情、景外意。

（3）不是所有园林都具备意境，更不是随时随地都具备意境，然而有意境更令人耐看寻味，引兴成趣和深刻怀念。所以意境是中国千余年来园林设计的名师巨匠所追求的核心，也是使中国园林具有世界影响的内在魅力。

园林意境是文化素养的流露，也是情意的表达，所以根本问题在于对祖国文化修养的提高与感情素质的提高。技法问题只是创作的一种辅助方法,且可不断创新。园林意境的创作方法有中国自己的特色和深远的文化根源。融情入境的创作方法,大体可归纳为两个方面。

(1)"体物"的过程。即园林意境创作必须在调查研究过程中,对特定环境与景物所适宜表达的情意作详细的体察。事物形象各自具有表达个性与情意的特点,这是客观存在的现象。如人们常以柳丝比女性、比柔情;以花朵比儿童或美人;以古柏比将军、比坚贞。比、兴不当,就不能表达事物寄情的特点。不仅如此,还要体察入微,善于发现。如以石块象征坚定性格,则卵石、花石不如黄石、盘石,因其不仅在质,亦且在形。在这样的体察过程中,心有所得,才开始立意设计。

(2)"意匠经营"的过程。在体物的基础上立意,意境才有表达的可能。然后根据立意来规划布局,剪裁景物。园林意境的丰富,必须根据条件进行"因借"。计成《园冶》中的"借景"一章所说"取景在借",讲的不只是构图上的借景,而且是为了丰富意境的"因借"。凡是晚钟、晓月、樵唱、渔歌等无不可借,计成认为"触情俱是"。

"黄鹤一去不复返,白云千载史悠悠"。中国古代的园林文化,今天只能把它作为古代文化来欣赏。尽管中外游客仍然是那么兴致勃勃地去欣赏这些园林,如苏州拙政园、留园等一些名园,当今甚至人满为患,因此,今天我们对中国古代园林如何评价,如何作当代的价值取向,这是个值得研究的问题。无可非议,中国古代园林是中国传统艺术文化中的一朵奇葩,而且至今仍然被世人所欣赏,然而我们今天却不能以此而沾沾自喜,这与我们自负于"四大发明"而不去检点今日之成就,没有什么两样。今天应当在园林文化上如何作为,还得首先对传统园林作一个确切的评价,得出建立在当代文化基础上的价值取向。

4.4 思考题

1. 如何理解中国造园艺术在世界园林中的地位?
2. 简述中国园林艺术产生、发展的四个阶段及其特点。
3. 中国园林的营造原则是如何体现"天人合一"的美学思想的?
4. 中国古代园林艺术追求的最高境界是什么?
5. 试比较皇家园林与私家园林的异同。
6. 试比较北方园林与江南园林的异同。
7. 实地考察一处园林,分析其主要造景手法。
8. 什么是空间之美?在园林艺术中可采用哪些手法营造空间美?
9. 什么是借景?分析其主要方法。
10. 什么是园林中的意境?它有何特征?

第 5 章 中国古建筑与观赏

【本章导读】

通过本章学习，需要掌握对中国古代建筑进行观赏的一般知识和技能。了解中国古代建筑与旅游的关系，对我国大江南北主要的各类型建筑有大体的了解和认识。能基本判断古代建筑的类型，掌握单体建筑和建筑群组的结构特点，明确中国古代建筑形式美与内在美相结合的特点。掌握古建筑在结构、布局、色彩、装饰以及与自然、社会等方面关系中体现出1来的基本特征。在实际旅游中学习运用古建筑的观赏方式和手段。

5.1 中国古建筑浏览

什么是建筑？通俗地说，设计和建造房屋或场所的艺术和科学称为"建筑"。根据建造时间的不同，封建社会及其以前的各类建筑就称为古代建筑。它包括古代宫殿、园林、陵寝、民居、防御工程、水利工程等等。本书对园林有专门章节介绍，这里主要介绍宫殿、寺庙、陵寝、城墙、古塔、古桥、古民居等几种。

中国古代的单体建筑有十几种名称，但主要的形式有 3 种：殿堂——基本平面是长方形，也有少量正方形，正圆形，很少单独出现。亭——基本平面是正方、正圆、六角、八角等形状，可以独立于群体之外。廊——主要作为各个单座建筑间的联系。殿堂或亭上下相叠就是楼阁或塔。

人类对建筑的原始要求是得到一个安全的睡觉的地方。但是随着生产工具的改进和生活水平的提高，对建筑的要求不断提高和变化，建筑就成了全面反映社会面貌的、有教育意义的艺术。而旅游是种以游览（观赏）为主的审美活动，历史古迹也是旅游的重要内容。探古访幽，从人类历史中追寻人类的发展脉络，陶冶自身的性情，获得精神的愉悦，大大丰富了大众的文化生活。

5.1.1 古建筑与旅游

广袤的华夏大地，5 000 年的历史变迁，深厚的文化积淀，中国古建筑以宏伟的规模、惊人的数量、多彩的风姿、独特的风格，举世瞩目。它们是中华民族的珍贵文化遗产，是古代文明的标志之一，成为我国重要的旅游资源。

北京故宫，河北承德的避暑山庄和外八庙、山东的孔庙、孔府、孔林并称为我国的三大古建筑群。中国佛教四大名山的寺庙和湖北武当山的宫观建筑令人神往。甘肃敦煌的莫高窟，山西大同的云冈石窟，河南洛阳的龙门石窟是中外驰名的三大石窟。北京十三陵、陕西黄陵、南京明孝陵等著名黄陵不仅显示出皇家陵寝的规模，显示出中国古代的墓葬文化，更给我们留下了大量的艺术珍品。万里长城、西安城墙一个横亘东西，一个屹立都市，都一样诉说着世事沧桑。

武昌黄鹤楼、湖南岳阳楼、南昌滕王阁位列我国"江南三大名楼"。位于蛇山的黄鹤楼，可以俯瞰浩浩长江与千里汉水在楼下汇合，龟山隔江矗然对峙，不愧有"天下绝景"的盛誉。传说三国时期，孙权为实现"以武治国而昌"的理想，筑城为守，建楼以嘹望。至唐朝，逐渐演变为著名的名胜景点，不少江夏名士"游必于是，宴必于是"。历代文人墨客到此游览，留下不少脍炙人口的诗篇。唐代诗人崔颢一首"昔人已乘黄鹤去，此地空余黄鹤楼。黄鹤一去不复返，白云千载空悠悠。晴川历历汉阳树，芳草萋萋鹦鹉洲。日暮乡关何处是，烟波江上使人愁"意蕴悠远，李白《送孟浩然之广陵》中"孤帆远影碧空尽，唯见长江天际流"也成为千古绝唱，这些都为建筑增加了更多的光彩。后世兵火频繁，黄鹤楼屡建屡废。最后一座"清楼"建于同治七年（公元 1868 年），毁于光绪十年（公元 1884 年），现在所见到的是 1981 年 10 月重建，1985 年 6 月落成的，但仍然每年吸引了大量的游客。

江苏苏州寒山寺在苏州城西阊门外 5 千米外的枫桥镇，穿过古镇的石板路小巷，或是站在枫桥桥头，抬眼即可见碧瓦黄墙的寒山寺坐落在绿树丛中。寺庙始建于南北朝时期的梁，距今已有 1400 多年。原名"妙利普明塔院"。唐代贞观年间，传说当时的名僧寒山和拾得曾由天台山来此住持，改名寒山寺。寒山寺先后多次遭到火毁，最后一次重建是清代光绪年间。历史上寒山寺曾是我国十大名寺之一，寺内古迹很多。唐朝诗人张继途经寒山寺，写有《枫桥夜泊》诗："月落乌啼霜满天，江枫渔火对愁眠，姑苏城外寒山寺，夜半钟声到客船。"诗韵钟声千载流传，寒山古刹因此名扬天下。当代由此开发了"午夜撞钟旅游"后，吸引了大批日本游客在除夕到寒山寺听钟。

从以上两例中，我们可以发现我国古建筑与旅游的密切关系。"一样烟波，有人吟，景便多"，建筑也是这样。古人留下的诗词楹联、雄文华章，增加了建筑的容量；而诗文的传唱又扩大了建筑的知名度。作为古代建筑，在历史长河中，它们所包含的内容总是处在不断的补充和变化中，这是古建筑的生命力所在，这种生命力又会化为新的吸引力。闻名于世的地方能够亲身旅游观赏，远比翻阅书籍资料更能引起强烈的情绪。

佛教和道教对中国历史产生过重要的影响力。寺庙宫观的建筑也可以说是宗教教义与地方色彩、传统技术相融合的产物。我国佛教和道教建筑遍布大江南北，数量多而又特色鲜明。除了四大佛教名山、三大石窟、武当山等佛教道教建筑以外，还有著名的大雁塔等。大雁塔坐落于陕西省西安市南部的慈恩寺内。慈恩寺是唐贞观二十二年（公元 648 年），太子李治为纪念亡母文德皇后以报答养育之恩而修建，由赴印度取经回国的高僧玄奘主持寺务，著名的画家阎立本、吴道子都在此绘制过壁画。唐永徽三年（652年），玄奘在寺内西院建塔，名慈恩寺塔，用以存放从印度带回来的经籍。现在的塔名是据《慈恩寺三藏法师传》中记载：摩揭陀国有一僧寺，一日有一只大雁离群落羽，摔死在地上。僧众认为这只大雁是菩萨的化身，决定为大雁建造一座塔，因而又名雁塔，也称大雁塔。

禅宗祖庭、少林武术的发源地少林寺，坐落在河南省登封市中岳嵩山的腹地。北魏太和十九年（公元495年）孝文帝为安顿一个印度高僧传教而依山修建少林寺。后来达摩泛海至广州，经南京，北渡长江来到嵩山少林寺，广集信徒传授禅宗。少林寺也被奉为中国佛教的禅宗祖庭。少林寺以禅宗和武术并称于世。少林武术到宋代已自成体系，风格独绝，史称"少林派"，成为中国武术派别中的佼佼者。根据十三和尚救秦王彩色壁画改编的电影《少林寺》使得少林寺蜚声海内外。少林寺历经沧桑留存下来的文物仍然相当丰富。如：自北齐以后的历代石刻400余品，唐至清代的砖石墓塔250余座，北宋的初祖庵大殿，明代的500罗汉巨幅彩色壁画等。

传奇的故事、神秘的宗教、辉煌的建筑、丰富的古物，都成为这些宫观寺庙巨大吸引力的来源。游览、观赏中国的宗教建筑也就变成了了解中国宗教文化、考察社会心理等的有效途径。

近年来，诸多的古镇、古民居成了旅游的一大热点。安徽黟县西递、宏村的徽派民居，浙江乌镇、江苏同里的水乡，江西婺源古村落，山西平遥古城镇……他们或者依托地方气候风光、或者凭借文儒商道，留存了大量传说逸事伴随古代建筑至今传扬。其中西递是黄山市最具代表性的古民居旅游景点，坐落于黄山南麓。据史料记载，西递始祖为唐昭宗李晔之子，因遭变乱，逃匿民间，改为胡姓，繁衍生息，形成聚居村落。自古文风昌盛，到明清年间，一部分读书人弃儒从贾，他们经商成功，大兴土木，建房、修祠、铺路、架桥，将故里建设得非常舒适、气派、堂皇。村面积近13公顷，整个村落呈船形。历经数百年社会动荡、风雨侵袭，仍保留从14世纪到19世纪的祠堂三幢、牌楼一座、古民居224幢，至今完好地保存着典型的明清古村落风格，被誉为"古民居建筑博物馆"。整齐的街道、精美的木雕、嵯峨的牌坊、雅致的楹联……民居建筑融入了他们较高的文化修养、独特的审美要求和价值取向，成为中国自唐宋以来的住宅和人居环境建设方面的最高水平的代表，也是徽派建筑艺术的典范。难怪有人说，如果想了解中国古代帝王的生活，请到北京去，如果想了解中国古代平民的生活，请到徽州来。

由此可见，古建筑作为丰厚的旅游资源，必将成为未来认识中国古代建筑艺术，领略中国民族特色，体会传统文化的重要窗口。

5.1.2　中国重要古建筑

我国留存至今的古代建筑非常之多，分布也极其广泛。作为旅游资源，它们既为我们展现了古代的社会生活，又有很高的审美价值。限于篇幅，本章主要挑选了部分国家级的名胜作简单介绍。

1. 天坛

北京作为我国历史上重要的城市，尤其是作为元、明、清三代的首都，给我们留下了大量保存完好的古代建筑。除了故宫、长城之外，最著名的建筑应数天坛。天坛位于北京城的南端，是明、清两代皇帝祭天和祈求丰年的地方。始建于明初永乐十八年（1420年），清乾隆年间改建后成为今天这一辉煌壮观的建筑群。当时北京还没有外城，所以地点属南郊。因为古代以南为阳，天是阳性，所以必须建在南郊。后来嘉靖时筑外城，才将天坛包在外城之内。

天坛东西长 1 700 米，南北宽 1 600 米，总面积为 273 万平方米。天坛包括圜丘和祈谷二坛，围墙分内外两层，呈"回"字形。北围墙为圆弧形，南围墙与东西墙成直角相交，为方形。这种南方北圆，通称"天地墙"，象征古代"天圆地方"之说。天坛分为内坛和外坛两部分，主要建筑物都在内坛。南有圜丘坛、皇穹宇，北有祈年殿、皇乾殿，由一座高 2 米半，宽 28 米，长 360 米的甬道，把这两组建筑连接起来。

祈年殿（如图 5.1 所示）高 38 米，是一座有鎏金宝顶的三重檐的圆形大殿，殿檐是用蓝色琉璃瓦铺砌的以此来象征天。大殿的全部重量都依靠 28 根茂大的楠木柱和各种互相衔着的斗、枋、桷支撑着，力学结构巧妙、完整。而这些柱子和横枋都有象征的涵义。当中四根高 19.2 米，两个半人才能合抱的"龙井柱"，象征一年四季；中间 12 根柱子象征一年十二个月；外层 12 根柱子象征一天十二个时辰；整个 28 根柱子象征天上的 28 星宿。殿内地面正中，是一块圆形大理石，上面有天然的龙凤花纹，富丽堂皇。殿前东西两侧各有配殿一座，背后有一座皇乾殿，前后左右连成一气，显得庄严雄伟，气势磅礴。这座大殿坐落在面积达 5 900 多平方米的圆形汉白玉台基上，台基分 3 层，高 6 米，每层都有雕花的汉白玉栏杆。这个台基与大殿是不可分的艺术整体。当游人跨出祈年殿的大门，往南望去，只见那条笔直的甬道，往南伸去，一路上门廊重重，越远越小，极目无尽，有一种从天上下来的感觉。一位法国建筑专家在游览了天坛之后说："摩天大厦比祈年殿高得多，但却没有祈年殿那种高大与深邃的意境，达不到祈年殿的艺术高度。"

天坛面积辽阔，相当于紫禁城的 4 倍，但建筑较少。在极小占地的建筑周围种植着

图 5.1 天坛祈年殿

苍松翠柏，深绿颜色在古代表示崇敬、追念和祈求之意。尤其在南北轴线和建筑群附近，更是古柏参天，树冠相接，把祭坛烘托得十分肃穆。据统计，天坛仅古柏就有 4 000 株。

1998 年 11 月，北京天坛被列入《世界遗产名录》。

2. 圆明园

圆明园是我国清代的皇家御苑。在北京西郊海淀镇北面的一片平原上，始建于清康熙四十八年（1709 年），到清乾隆九年（1744 年）基本建成。此后屡有修缮扩建，历时 150 多年。人们习惯上所称的圆明园，实际上是圆明、长春、绮春（后改名"万春"）三园的总称，占地面积很大。圆明园系一座水景园，水面占全园面积一半以上。在山环水绕之中，分布着 145 处景观。在建筑艺术上，圆明园采用一种中西合璧的独特风格。长春园的北端，原建有一组园林化的欧洲式宫苑，其中有座"西洋楼"，由意大利传教士、画家郎世宁等外国专家设计，创建于清乾隆十二年至二十四年（1747—1759）。建筑用料大量采用精雕细刻的石材，主要景区装置了多种形式的水池和机关喷泉。园路铺饰、绿篱修剪，以及围墙、石雕、铜像等都具有西方特色，但楼顶却盖上了中国特有的琉璃瓦，墙壁上镶嵌着琉璃砖，同时采用了中国传统的迭石技术和砖雕工艺。圆明园是当时世界上惟一的一处兼有东西方风格的园林建筑群，因而被西方誉为"万园之园"。园内还收藏了极为丰富的文物珍宝、字画典籍，可惜圆明园先后两次遭受英法联军和八国联军的大肆劫掠，纵火焚毁，遂使一代名园夷为废墟。如今，在废墟上已逐步建起圆明园遗址公园，每天接待无数的中外旅游者来此参观与凭吊。

3. 避暑山庄及外八庙

两千年来历代皇帝为其出行在全国各地修建了许多离宫（又称行宫），至今保存完好的主要有清代建的避暑山庄及周围寺庙。它是目前中国最大的园林，占地达 5.64 平方千米。始建于 1703 年，历经清朝三代皇帝：康熙、雍正、乾隆，耗时约 90 年建成。与北京紫禁城相比，避暑山庄以朴素淡雅的山村野趣为格调，取自然山水之本色，吸收江南塞北之风光，成为中国现存占地最大的古代帝王宫苑。山庄建筑规模不大，殿宇和围墙多采用青砖灰瓦、原木本色，淡雅庄重，简朴适度，与京城故宫的黄瓦红墙、描金彩绘成鲜明对照。山庄的建筑既具有南方园林的风格、结构和工程做法，又多沿袭北方常用的手法，成为南北建筑艺术完美结合的典范。避暑山庄之外，伴环于山庄的是雄伟的寺庙群，凝聚了汉、蒙、藏等多民族建筑风格和艺术的古建筑宝库。原有寺庙 12 座，即溥仁寺、溥善寺（已无存）、普宁寺、安远庙、普乐寺、普佑寺（大部分无存）、普陀宗乘寺、广安寺（已无存）、殊象寺、罗汉堂（大部分无存）、须弥福寿之庙、魁星楼（原楼已毁）。因为分为 8 处管理，且地处塞外，因此叫外八庙。1994 年，河北承德避暑山庄及周围寺庙以独特的风采被联合国教科文组织正式列入《世界遗产名录》。

4. 曲阜孔府、孔庙、孔林

"千年礼乐归东鲁，万古衣冠拜素王"，山东曲阜之所以享誉全球，是与孔子的名字紧密相连的。孔子是世界上最伟大的哲学家之一，中国儒家学派的创始人。在两千多年漫长的历史长河中，儒家文化逐渐成为中国的正统文化，并影响到东亚和东南亚各国，成为整个东方文化的基石。曲阜的孔府、孔庙、孔林，统称"三孔"，是中国历代纪念孔子、推崇儒学的表征，以丰厚的文化积淀、悠久的历史、宏大的规模、丰富的文物珍藏，以及突出的科学艺术价值而著称。因其在中国历史和世界东方文化中的显著地位，1994年12月被联合国教科文组织列为世界文化遗产，被世人尊崇为世界三大圣城之一。

孔庙建筑规模宏大、雄伟壮丽、金碧辉煌，为我国最大的祭孔要地。孔子死后第二年（公元前478年），鲁哀公将其故宅改建为庙。此后历代帝王不断加封孔子，扩建庙宇，到清代，雍正下令大修，扩建成现代规模。庙内共有9进院落，以南北为中轴，分左、中、右三路，纵长630米，横宽140米，有殿、堂、坛、阁460多间，门坊54座，"御碑亭"13座。大成殿是孔庙的正殿，也是孔庙的核心。唐代时称文宣王殿，宋徽宗赵佶取《孟子》"孔子之谓集大成"语义，下诏更名为"大成殿"，现在的大成殿是清雍正二年（公元1724年）重建，九脊重檐，黄瓦覆顶，雕梁画栋，八斗藻井饰以金龙和玺彩图，双重飞檐正中竖匾上刻清雍正皇帝御书"大成殿"三个贴金大字。殿高24.8米，长45.69米，宽24.85米，坐落在2.1米高的殿基上，为全庙最高建筑，也是中国三大古殿之一。

5. 大同云冈石窟

云冈石窟距今已有1 500多年的历史，始建于公元460年。现存的云冈石窟群，是1961年国务院公布的第一批全国重点文物保护单位之一，2001年12月被列入《世界遗产名录》。石窟依山而凿，东西绵延约一千米，共有大小石窟53个，佛雕51 000多尊，是我国最大的石窟之一，与敦煌千佛洞、洛阳龙门石窟并称为中国三大石窟艺术宝库。

整个石窟分为东、中、西三部分，石窟内的佛龛，象蜂窝密布，大、中、小窟疏密有致地嵌贴在云冈半腰。东部的石窟多以造塔为主，故又称塔洞；中部石窟每个都分前后两室，主佛居中，洞壁及洞顶布满浮雕；西部石窟以中小窟和补刻的小龛为最多，修建的时代略晚，大多是北魏迁都洛阳后的作品。整座石窟气魄宏大，外观庄严，雕工细腻，主题突出。石窟雕塑的各种宗教人物形象神态各异。在雕造技法上，继承和发展了我国秦汉时期艺术的优良传统，又吸收了犍陀罗艺术的有益成分，创建出云冈独特的艺术风格，对研究雕刻、建筑、宗教都是极为珍贵的宝贵资料。

6. 山西平遥古城

位于山西的平遥古城，是一座具有2 700多年历史的文化名城，是中国目前保存最为完整的四座古城之一，也是目前我国惟一以整座古城申报世界文化遗产获得成功的古县城。

平遥古城始建于周宣王时期。自秦朝政府实行"郡县制"以来，平遥城一直是县治所在地，延续至今。现在看到的古城，是明洪武三年（1370年）进行扩建后的模样。平遥城规模宏大雄伟，城周长 6.4 千米，成为国内现存最完整的一座明清时期中国古代县城的原型。

鸟瞰平遥古城，呈平面方形的城墙形如龟状。城门共 6 座，南北各一，东西各二。城池南门为龟头，门外两眼水井象征龟的双目。北城门为龟尾，是全城的最低处，城内所有积水都要经此流出。城池东西 4 座瓮城，双双相对，上西门、下西门、上东门的瓮城城门均向南开，形似龟爪前伸，唯下东门瓮城的外城门径直向东开，据说是造城时恐怕乌龟爬走，将其左腿拉直，拴在距城 20 里的麓台上。这个看似虚妄的传说，闪射出古人对乌龟的极其崇拜之情。乌龟乃长生之物，在古人心目中自然如同神灵一样圣洁。它凝示着希冀借龟神之力，使平遥古城坚如磐石，金汤永固，安然无恙，永世长存的深刻涵义。

平遥古城素有"中国古建筑的荟萃和宝库"之称，文物古迹保存之多、品位之高实为国内所罕见。其中有始建于西周，规模宏大、气势雄伟的国内保存最完整的古城墙；有始建于北齐武平二年（571 年）、被誉为"中国古代彩塑艺术宝库"，现存宋元明清彩塑 2 052 尊的双林寺；有中国金融上的开山鼻祖，被誉为"天下第一号"、"汇通天下"的"日升昌"票号；有始建于唐显庆二年，国内古建筑中罕见的"悬梁吊柱"奇特结构清虚观。

平遥古城历史悠久，文物古迹众多。它完整地体现了 17 至 19 世纪的历史面貌，对研究中国古代城市变迁、城市建筑、人类居住形式和传统文化的发展具有极为重要的历史、艺术、科学价值。1997 年 12 月被列入《世界遗产名录》。

7. 普陀山

普陀山位于浙江省杭州湾以东约 100 海里处，是舟山群岛中的一个小岛。全岛面积 12.5 平方千米，呈狭长形，南北最长处为 8.6 千米，东西最宽处 3.5 千米。最高处佛顶山，海拔约 300 米。普陀山是全国首批确定的 44 个国家级重点风景名胜区，与九华山、峨眉山、五台山合称中国佛教四大名山，同时也是著名的海岛风景旅游胜地。普陀山的风景名胜、游览点很多，主要有：普济、法雨、慧济三大寺，这是现今保存的二十多所寺庵中最大的。普济禅寺始建于宋，为山中供奉观音的主刹，建筑总面积约 11 000 多平方米。法雨禅寺始建于明，依山凭险，层层叠建，周围古木参天，极为幽静。慧济禅寺建于佛顶山上，又名佛顶山寺。山上文物众多，建于元代的多宝塔，坐落在普济寺山门的左侧，由孚中禅师募建于元代元统二年（公元 1334 年），取《法华经》"多宝佛塔"之义而定名。建塔时曾得到江南藩王宣让捐银千锭，故又名太子塔。多宝塔为平面方形，高 32 米、共 3 层。塔身全部用湖石迭砌而成。塔基为双层平台栏座，四周饰有蟠螭首，周围座柱雕有莲花图案。塔身一层四角竖立四根花岗岩石蟠龙柱，工艺精湛，气势非凡。三层四面各雕古佛一尊在壁龛内，一层正面龛旁镌刻着元代八思巴文和元统二年始建题记。塔冠四角造型独具想像，四张巴蕉叶状饰物各居一角。多宝塔是普陀山现存最古老的建筑，被称为普陀三宝之一，为国家级文物。

8. 点缀性的建筑小品

在城市的街道、殿堂的庭院中，往往有许多点缀性的建筑或者雕刻。在中国，狮子、影壁、华表、牌坊等是常见的类型，有独特的风格。华表是古代设在宫殿、城垣、桥梁、陵墓前作为标志和装饰用的大柱。华表起源于墓碑（木制），后来人们将木柱竖于交通要道，作为识别道路的标志，故称"华表木"或"恒表"。不久，君主又让人们在上面刻写意见，称其为"诽谤木"。随着封建制度社会的建立，君主已经不允许人们在"诽谤木"上刻写"谏言"，而演变为刻上云龙纹的华表。现在所见到的华表一般为石制，柱身通常雕有蟠龙等纹饰，上为方板和蹲兽。华表高高耸立，既体现了皇家的尊严，又给人以美的享受。

5.2 中国古建筑形式

中国古建筑的种类繁多，形式也很丰富，主要有城墙、宫殿、陵寝、寺庙宫观、民居、楼阁、塔、亭、桥等。本章着重讨论的古建筑，是指有一定的历史意义、也有游览观赏价值的建筑物。它们既是特定人类发展阶段的产物，又是凝聚了民族文化的结晶品；既体现了明确的实用性，也表现了独特的艺术性。至今仍然给我们很多美的震撼。

5.2.1 宫殿建筑

宫殿建筑是皇帝为了巩固自己的统治，突出皇权的威严，满足精神生活和物质生活的享受而建造的规模巨大、气势雄伟的建筑物。这些宫廷金玉交辉、巍峨壮观，充分显示了我国劳动人民的高度智慧和创造才能。

《礼记·礼运》中说"昔者先王未有室"，后来到了文明时代，统治者才开始建筑宫殿。据记载，"宫"在秦以前是居住建筑通用名；"殿"原指大房屋。从秦始皇开始，"宫"成为皇帝及其皇族居住的地方，"殿"则是处理朝政的地方。随着文明的进步，宫殿建筑也日渐改观，宫廷建筑的规模越来越大。我国秦阿房宫已经有了非常辉煌的形态，唐代诗人杜牧的《阿房宫赋》更是把这座建筑描绘得神奇绝伦。

中国古代的宫殿、住宅和其他建筑，一般都是中轴线对称布局，而且追求正南背北。所谓"中正无邪"，是"礼"的表述。宫殿建筑最大的特征是硕大的斗拱、金黄色的琉璃瓦铺顶，绚丽的彩画、高大的盘龙金桂、雕镂细腻的天花藻井、汉白玉台基、栏板、梁柱，以及周围的山石池水苑围，气度不凡。

目前的考古发掘，使我们还能看见在陕西西安（即汉朝长安）"汉三宫"的遗址，借以想像出整个汉代宫殿建筑的规模和布局。"汉三宫"是指汉朝长安城里的三级宫殿：长乐宫，未央宫、建章宫，合称"汉三宫"。

长乐宫是由四组宫殿（长信、长秋、永寿、永宁）组成。当时，刘邦就在这里处理政务。长乐宫周长大约有 10 000 米。未央宫建筑在长乐宫以西 500 米左右的地方，汉高祖七年（公元前 200 年）由丞相萧何主持所筑的皇宫。当时未央宫建造极为豪华，它建在一个高台地上，由多个殿宇和台阁组成，周围约 8 900 米。建章宫是由一组庞大的、密密层层的宫殿群组成的。殿宇台阁林立，号称"千门万户"。东西有 20 多丈高的凤阙。

在唐朝的长安城里，有三大宫廷建筑：太极宫、大明宫、兴庆宫，而兴庆宫是规模最大、最豪华富丽的一处。在西安城东南部，有一个兴庆宫公园，它的前身就是 1 270 多年以前唐朝兴庆宫的旧址。兴庆宫占地面积大约 2 106 亩。离兴庆宫不远有一个椭圆形的大水池，名叫龙池。池水很深，池面碧波荡漾，池边树木葱郁，风景十分优美。可以看出当年的兴庆宫就是这样一座殿宇和园林结合的大宫廷。

北京故宫又名紫禁城，位于北京市区中心，是我国古代宫廷建筑保留最完整的一处。故宫是明、清两朝皇帝的宫廷。始建于 1406 年，至今已近 600 年。明朝先后曾有 14 位皇帝在这里登基执政，清朝先后有 10 位皇帝在这里居住。它也是世界上现存规模最大、最完整的古代木构建筑群，规模之大、风格之独特建筑之辉煌、陈设之豪华，是世界上宫殿所少见的。故宫占地面积 72 万平方米，建筑面积 15 万平方米，有殿宇 9 千多间。故宫周围是数米高的红围墙，周长 3 400 多米，城外是护城河。从整个建筑布局来看，故宫可分为前后两个部分：前部分称"外朝"，主要建筑有"三大殿"，即太和殿、中和殿、保和殿，其中太和殿（又称金銮殿），是皇帝举行即位、诞辰节日庆典和出兵征伐等大典的地方。三大殿两侧是文华殿和武英殿。"外朝"是皇帝举行重大典礼和发布命令的地方。

"外朝"后面是"内廷"。这一部分的主要建筑有乾清宫、交泰殿、坤宁宫和御花园。内廷的东西两侧是东六宫和西六宫，是皇帝处理政务和后妃们居住的地方。

故宫黄瓦红墙，金扉朱楹，白玉雕栏，宫阙重叠，巍峨壮观，是中国古建筑的精华，充分显示了我国宫殿建筑艺术的高超水平。宫内现收藏珍贵历代文物和艺术品约 100 万件。1987 年 12 月它被列入《世界遗产名录》。

沈阳故宫在沈阳老城，是清军入关以前的清室宫廷。沈阳故宫是清太祖努尔哈赤与清太宗皇太极修建的宫殿。清世祖福临在此即位称帝。沈阳故宫是中国现存完整的两座宫殿建筑群之一，以独特的历史、地理条件和浓郁的满族特色而迥异于北京故宫。沈阳故宫占地面积 6 万多平方米，有 70 多处建筑物，300 多间房子。现在整个建筑群保存完好。沈阳故宫那金龙蟠柱的大政殿、崇政殿、排如雁行的十王亭、万字炕口袋房的清宁宫，古朴典雅的文朔阁，以及凤凰楼等高台建筑，在中国宫殿建筑史上绝无仅有；那极富满族情调的"宫高殿低"的建筑风格，更是独一无二。2004 年 7 月，世界遗产委员会将沈阳故宫作为明清皇宫文化遗产扩展项目列入了《世界遗产名录》。

避暑山庄又名承德离宫或热河行宫，是清代皇帝夏天避暑和处理政务的场所。避暑山庄位于承德市中心区以北，武烈河西岸一带狭长的谷地上，距离北京 230 千米。它始建于 1703 年，历经清朝三代皇帝：康熙、雍正、乾隆，耗时约 90 年建成。与北京紫禁城相比，避暑山庄以朴素淡雅的山村野趣为格调，取自然山水之本色，吸收江南塞北之风光，成为中国现存占地最大的古代帝王宫苑。

5.2.2 陵寝建筑

我国是个崇天崇祖的国度，先辈去世后，后代为他造墓，并纪念他。陵墓，或称坟墓。古代文献里，墓同"没"字，意思是埋在地下就没了。陵或坟，即埋死人的地上封土，以便活着的人对死去的人进行祭祀。后期又发展成祭祀及附属建筑群，成为完整的陵墓景观。是山水风光、建筑和文物的综合体。

我国古代的陵墓建筑，一般都是利用自然地形，靠山建坟。但是，也有少数陵墓是建造在平原上。陵墓旅游资源，以帝王和名人陵墓为代表。帝王为使江山永固、万世流传和自己在地下永享人间帝王生活，因而墓地都选生态环境好的"龙脉"之地，再加之又是"皇陵禁地"，因而保持着幽美的自然环境。

帝王陵墓有两层建筑，即地下宫殿墓区，地上宫殿祭祀区。地下宫殿墓区主要由封土和墓室构成。从布局来说，地上部分都是在陵园的四周筑上陵墙，四面开门，四角建造角楼。陵前建有神道，为通向祭殿、方城的宽广笔直大道。两侧为阙、坊、门、石像等，增强肃穆、宁静气氛。陵园内松柏苍翠、树木森森，已成为今天寻古探奇的旅游胜地。

黄帝陵坐落在陕西省延安南部的黄陵县，在中国古代文献记载中，黄帝是原始社会末期的一位伟大的部落首领，传说黄帝生于山东寿丘，逝世于河南荆山，葬在陕西桥山。桥山位于黄陵县城北 1 千米。陵区大约 4 平方千米，有沮水围绕、群山环抱、古柏参天，地理上气势豪迈阔达，与黄帝非凡气度相当吻合。有大路可通山顶直至陵前。山顶立一石碑，名为下马石，上有"文武百官到此下马"字样。古代凡祭陵者，均须在此下马，步行至陵前。陵前祭亭中立着郭沫若题写的"黄帝陵"三个大字的石碑。黄帝陵位于山顶正中，陵冢高 3.6 米，周长 48 米。轩辕庙门额上悬挂着写有"人文初祖"四字的大匾。庙院内的"黄帝手植柏"，距今 4 000 余年。巨柏高 19 米，树干下围 10 米，被称为天下第一柏。历史上清明节祭祀黄帝陵成为国家大典，在近代孙中山、毛泽东、蒋介石以及邓小平等，都在黄帝陵留下祭祀的文字。近年来，公祭黄帝陵已成为每年海内外华人一项盛事，成为凝聚炎黄子孙的一个象征。

西安附近是我国皇帝陵墓较为集中的地方，除了骊山秦始皇墓外，还有西汉 11 位皇帝的陵墓，唐代 18 位皇帝的陵墓。其中汉武帝（刘彻）的茂陵是 11 位西汉皇陵中规模最大的一座，埋藏的宝物也是最多的。茂陵还有 5 个陪葬墓。据文献记载，当时茂陵设置了陵令、园长等官职管理陵园，仅浇树洒扫的人就有 5 千多。昭陵是唐太宗（李世民）的陵墓，周围 30 千米，园内还有 17 座功臣贵戚的陪葬墓。据记载，墓内"闲丽不异人间"，说明昭陵地官的豪华和富丽。

北宋皇陵在河南省巩县境内，整个陵区南北 15 千米，东西 10 千米。北宋 9 位皇帝中有 7 位皇帝埋葬在这里。其中最大的陵墓是宋太祖赵匡胤的永昌陵。

我国皇帝的陵墓中明清两代的皇陵最为完整。其中明显陵（湖北钟祥市）、清东陵（河北遵化市）、清西陵（河北易县）作为明清皇家陵寝于 2000 年 11 月被列入《世界遗产名录》。

明显陵：明显陵位于湖北省钟祥市城东 7.5 千米纯德山，是明世宗嘉靖皇帝的父亲恭睿皇帝和母亲章圣皇太后的合葬墓，始建于明正德十四年（1519），圆陵墓面积 1.83 平方千米，是我国中南地区惟一的一座明代帝王陵墓，是我国明代帝陵中最大的单体陵墓。其"一陵两冢"的陵寝结构，为历代帝王陵墓中绝无仅有的。

清陵共分三处：辽宁省有老陵三座（永陵、福陵、昭陵）、河北省遵化县的马兰峪有清东陵、河北省易县境内有清西陵。

清东陵：清东陵位于河北省遵化市西北 30 千米处的马兰峪，是我国现存陵墓建筑中规模最宏大、建筑体系最完整的皇家陵寝。葬有顺治（孝陵）、康熙（景陵）、乾隆（裕陵）、咸丰（定陵）、同治（慧陵）5 位皇帝，再加上孝庄、慈禧和香妃等 161 人，有大小建筑 580 座。清东陵堪称是清朝遗留的中国文化瑰宝。建筑面积要比北京故宫大几十万平方米。陵区的北部是昌瑞山的主峰，主峰脚下是孝陵，其他诸陵分列两侧。正对孝陵是一条 12 米宽，6 千米长的神道贯穿南北，两侧排列着石人、石兽等。石牌坊（如图 5.2 所示）是进入陵区的第一个建筑物，其规模和工艺精度国内罕见。为仿木、石结构，五间六桩十一楼建筑。高 12.48 米，面阔 31.35 米。在巨大石牌坊上浮雕云龙戏珠、蔓草奇兽和双狮滚球，别开生面、栩栩如生。上为庑殿顶黄琉璃瓦、斗拱结构，巍峨壮丽，成为陵区标志物。

图 5.2　清东陵孝陵石牌坊

清东陵地上的建筑以定东陵（慈禧）和裕陵（乾隆）最为考究。定东陵和裕陵地宫全用汉白玉建造，处处是艺术高超的石雕，龙凤呈祥，彩云飞舞。定东陵的陵恩殿上原有一块陛阶石，高3.1米、宽1.6米的陛阶石上，刻有138组"凤引龙"，颇有动感，如腾云驾雾一般。地宫室内墙壁除石雕之外，全都贴金，建筑精美壮观，糜费空前。

清西陵位于河北省易县永宁山下。这里埋葬着雍正、嘉庆、道光、光绪4位皇帝及其后、妃等。陵区占地约800平方千米，建筑面积50万平方米，比清东陵规模小得多。但风景秀丽，环境幽雅，规模宏大，体系完整，是一处典型的清代古建筑群。

5.2.3 寺庙宫观

寺庙是指我国的佛教建筑之一，寺庙、佛塔、石窟被称为三大佛教建筑。宫观则是我国道教建筑的主要组成部分。这些建筑记载了中国封建社会文化的发展和宗教的兴衰，具有重要的历史价值和艺术价值。

1. 寺庙建筑

早在西汉末年，佛教就随着商业和文化交流传入我国，但没有引起人们的重视。东汉时候，由于社会动荡、思想观念的矛盾以及艺术文化的发展，佛教逐渐成为中国传统思想的主流。"寺"本是中国古代一种官署建筑的名称，如大理寺、太常寺等，后来就成为了佛教建筑的专用。由于传入的时间、途径、地区和民族文化、历史背景的不同，中国佛教形成了三大系，即汉地佛教（汉语系）、藏传佛教（藏语系）和云南地区南传佛教（巴利语系）。

寺庙建筑结合了佛教教义、借鉴宫殿建筑特点和部分印度西域等的建筑风格，成为我国古代建筑中的重要分支。佛教在六朝时候分成南北两系，北方佛教建筑大力发展了佛教的形迹，形成了凿石为庙、摩崖造像的特点。南方的佛教逐渐中国化，追求恬淡无为、寄情山水。建筑吸收了大量园林建筑的特色，以自然风景作为建筑的有机组成部分。

我国古代园林对选地都很讲究，《园冶》中说道"凡结林园，无分村郭，地偏为胜"，寺庙建筑也大多结合了不同的自然景观，因地制宜，创造出具有地域特色的园林建筑。寺庙造境往往采用先藏后露的布局，显示出一种或幽或曲或深的意境特点，给人一种豁然猛醒的效果。由于地理环境的差异，先藏后露也各有不同。地处山顶的寺庙，给人庄严肃穆的印象；地处山坳则林深水静，布局以宁静曲折见长；建在山洞，布局则巧借地势，有若隐若现的特点。

建筑的前导部分就实用意义来说，是寺庙的通道；从宗教意义来说，是由尘世到圣地的一个情绪和环境的过渡区，因而从山门到天王殿多数有或借地势、或纯是借用围墙形成的或曲或长的甬道。

寺庙的主体部分包括大雄宝殿、天王殿等殿宇和佛塔、摩崖造像等部分。重要殿堂与佛像布置在中轴线上。一般的顺序是山门、天王殿、大雄宝殿、三圣殿或观音殿、藏经楼。较大的寺庙在主体殿阁两侧，仿宫殿廊院式布局，对称排列若干个较小的院落。各院按供奉佛像和功能命名，如菩提院、般若院、塔院、方丈院、法堂、祖师殿、罗汉堂等。主院和各小院均绕以回廊，廊内有壁画。一些山中寺庙，受地形的制约，采取古建筑的形式，依山就势布局，做到错落有致。中轴线虽不明显，但主要殿堂布置在主要游览线路上。寺庙中，广植花木，如松柏、银杏、藤萝等。有的院内还掘有荷花池，堆叠了假山，同建筑有机结合，形成良好的环境氛围。

白马寺是中国官方营建的最早的佛寺，于洛阳市城东 9 千米的地方。北靠祁山，南望洛水，绿树红墙，苍松翠柏，显得十分肃穆。它是汉明帝刘庄在洛阳按照佛教的要求和传统式样建造的，白马寺也因此被认为是我国佛教的发源地，所以白马寺又被尊为"祖庭"和"释源"。白马寺寺院占地面积大约 4 万平方米，是一个长方形的院落，院内主要有天王殿、大雄殿、千佛殿、观音阁、毗卢阁等。其中最主要的殿堂是大雄殿。白马寺作为我国第一古刹，在中国佛教史和对外文化交流史上占有极其重要的地位。

山西省的五台山是我国著名的佛教圣地之一，它与四川峨眉、安徽九华、浙江普陀并称我国佛教四大名山。五台山上的佛教建筑非常多，保存至今的就有 58 处。其中南禅寺和佛光寺比较著名。南禅寺面积不大，南北长 60 米，东西宽 51.3 米。它建于唐代建中三年（公元 782 年），是我国现在保存下来的一座最早的木结构寺院建筑。

我国还有的寺院凌空架起，表现了古代工匠高超的智慧和投巧。像北岳恒山的悬空寺，上靠危岩，下临深谷，依山做基，就岩起屋，造型奇特，为建筑史上所罕见。

喇嘛教建筑的特点是佛殿高、经堂大，建筑物多因山势而筑。屹立在拉萨市西北的玛布日山上的布达拉宫，是我国最著名的喇嘛建筑，形制属于宫堡式建筑群，是藏族古建筑艺术的精华。它以独特的地域风情和皇家气宇吸引了大量的国内外旅游者。布达拉宫始建于公元 7 世纪，是藏王松赞干布为远嫁西藏的唐朝文成公主而建。现占地 41 公顷，宫体主楼 13 层，高 115 米，全部为石木结构。整个建筑依山垒砌，形式多变。5 座宫顶覆盖镏金铜瓦，金光灿烂，气势雄伟。布达拉宫分为两大部分：红宫和白宫。居中央是红宫，主要用于宗教事务；两翼刷白粉的是白宫，是达赖喇嘛生活起居和政治活动的场所。布达拉宫于 1994 年 12 月入选《世界遗产名录》，后来又加入了拉萨的大昭寺。2001 年 12 月，拉萨的罗布林卡也被补充加入此项世界文化遗产。

雍和宫是北京城内最大的喇嘛教寺庙，建筑规模十分宏大。前半部布局疏朗开阔，琉璃牌坊高耸于全宫的最南端，牌坊北为一条退道，直达昭泰门。昭泰门以北建筑密布。主要有天王殿、雍和宫（正殿）、永佑殿、万福阁等。万福阁为全宫最高大的建筑物，形体雄伟，造型独特，殿内供有 18 米高的大佛。承德避暑山庄的"外八庙"是大型喇嘛建筑，依山傍水，峥嵘起伏，景色壮丽幽雅。

2. 道教宫观

道教，是土生土长的中国宗教。道教的正式形成在东汉顺帝以后，到南北朝时盛行起来。东汉顺帝（125—144）时，张陵开创的五斗米道；东汉灵帝（167—189）时，张角组织的太平道,是道教组织最初的两大教团。道教奉老子为教祖,尊称他为"太上老君"。

道教称有十洲三岛,又有十大洞天、三十六小洞天、七十二福地。这十洲三岛在四海之中,洞天福地则在陆地之内,都是神仙栖息的胜境阆苑。如葛洪在《抱朴子·金丹篇》中记:"华山、泰山、霍山、恒山、嵩山、少室山、长山、太白山、终南山、女儿山、地肺山、王屋山、抱犊山、安丘山、潜山、青城山、峨眉山、缕山、天台山、罗浮山、阴驾山、黄金山、鳖祖山、大小云台山、四望山、盖竹山、括苍山,此皆正神在其山中,其中或有地仙之人。"现在的道教名山宫观,除宋后新起的以外,多在这范围之中。

道教宫观建筑善于利用山地条件,渲染神秘气氛。在道教名山中的建筑着力突出仙的环境,利用山顶夷平面布置主题建筑,山坡布置三道山门,成为人间与仙界过渡地带。泰山是这方面最典型的范本。泰山南麓有低矮的蒿里山,传说是人死精魂归处,山中筑有阎王殿。城北山势峻峭,相对高度达 1 300 多米,布置了三道山门(一天门、中天门、南天门),岱顶上建有碧霞祠和玉皇庙。碧霞祠建于宋代,是典型的道观建制,位于天街东端小型谷地中,供奉山女神碧霞元君。玉皇庙建于绝顶天柱峰上,为一四合院落,院内有极顶石和登封台,即历代帝王筑土为坛,曰"封",祭天的地方。泰山整个游览线,自下而上,形成阴间(蒿里山)、人间(泰安城)、仙境(岱顶)三重空间。从地形上看是由缓坡、斜坡,直到陡坡,人们由低到高,步步升高,最后宛若登上天府;从建筑上看,由严整到自由,因自然环境而异;从意境上看,由人间闹市上达穹宇,渐入仙境。

道教建筑常由神殿、膳堂、宿舍和园林四部分组成。同坛庙和佛寺建筑相比,单体建筑不那样宏伟、豪华,多为淡雅色调;少中轴线的对称布局,多利用地形,自由、灵活形式。神殿是宗教活动场所,处于建筑群之主要轴线上,为整个建筑群之主体。殿堂内设置神灵塑像或画像;膳堂包括客堂、斋堂、厨房及仓库等,多布置在轴线侧面;宿舍,为道士、信徒和游人住宿用房,常于僻静处,单独设院;有的利用建筑群的附近名胜古迹和地形地物(山泉、溪流、巨石、怪洞、悬崖、古树),建置观赏性的楼阁、亭榭,形成以自然景观为主的园林。在道教建筑中四者功能区分明确,配置适宜,给人以庄严肃穆、清新舒适之感。

道教对阴阳、五行、九宫、八卦等推崇倍至,因此在建筑结构上尽量体现这一思想。江西龙虎山的天师府建筑即是八卦的布局,中心天师私第"三省堂",位于太极位置上。南有"大堂",堂内塑有 3 米高的天师像;北为"灵芝园",种有奇花异草;东为"留候家庙",供奉历代天师神主;西为"万法宗坛",供奉三清、四御、三官、三张(一代天师张道陵、33 代天师张继先,和 43 代天师张宇初)。这种建筑结构体现天师具有沟通人神关系,控制阴阳万物,指挥四象五行的崇高地位思想。道教建筑在装饰图案中种类很多,表现道教思想,如寓意光明普照,坚固永生,山海年长的图案,有日、月、星、云、山、水、岩石等;象征善、裕、仙、福、禄的图案,分别为扇、鱼、水仙、蝙蝠、鹿等;象征友情、长生、不老、君子、辟邪、祥瑞等图案,分别有莺、松柏、灵芝、龟、鹤、竹、狮、麒麟、龙、凤等。有时以福、禄、寿、喜、吉、天、丰、乐等字化作种种式样,在器具或建筑物上与其他花纹伴用，作为装饰。尤其在福、寿二字巧妙变幻，以表示吉祥如意，福寿康宁。

道教建筑将壁画、雕塑、书画、联额、题辞、诗文、碑刻、园林等多种艺术形式与建筑物综合统一，因地制宜，巧作安排，具有较高的文化水平和多彩的艺术形象，从而也增强了艺术感染力。

湖北的武当山，相传为上古玄武神得道飞升之圣地，有"非真武不足当之"，故名武当山。自唐以来，历朝皇帝均曾封号武当，明时，武当山被皇帝敕封为"大岳"、"玄岳"，地位在"五岳"诸山之上。武当主峰天柱峰，海拔 1 612 米，周围又有七十二峰、三十六岩、二十四涧、十一洞、三潭、九泉、十池、九井、十石、九台等胜景环绕，风光旖旎，气势宏伟，被世人赞为"万山来朝"。

"五里一庵十里宫，丹墙碧瓦望玲珑"。武当山古建筑群规模宏大，建筑的规模超过了五岳。自唐贞观年间始，各朝代不断修建。特别是明永乐年间，明成祖朱棣力倡武当道教，诏令敕修武当宫观，曾役使 30 余万军民工匠，按照道教中"玄天上帝"真武修炼的故事，用十余年的时间建起了净乐、迎恩、遇真、玉虚、紫霄、五龙、南岩、太和等 8 宫及元和、复真等观，共 33 个大型建筑群落。建筑线自古均州城至天柱峰金顶，绵延 140 华里，面积达 160 万平方米，宫观庵堂寮舍台院 20 000 多间。在设计上充分利用了地形特点，布局巧妙，座宫观都建筑在峰、峦、坡、岩、涧之间，使它们与周围林木、岩石、溪流和谐一体，相互辉映，宛如一幅天然图画。建筑精美，各具特点又互相联系，整个建筑群体疏密相宜，集中体现了我国古代建筑艺术的优秀传统。现存的主要建筑有金殿、紫霄宫、遇真宫、复真宫等。1994 年 12 月，武当山建筑群列入世界文化遗产名录。

坐落在武当山主峰——天峰柱上的金殿，是我国最大的铜铸鎏金大殿。殿内栋梁和藻井都有精细的花纹图案。藻井上悬挂一颗鎏金明珠，人称"避风仙珠"。传说这颗宝珠能镇住山风，不能吹进殿门，以保证殿内神灯长明不灭。其实山风吹不进是因为殿壁及殿门的各个铸件，非常严密、精确。金殿内有"真武"铜像。围绕着金殿有个"雷火炼殿"的奇观：古时金殿未有避雷设施，雷雨天时，金殿四周往往电光闪烁，火球翻滚，景象绚丽万千，而每次雷击过后金殿不仅分毫未损，而且灿然如新。殿外是白玉石栏杆台，台下是长约 1500 米的紫金城。城墙由巨大的长方形条石依山势垒砌而成。这座金殿建在武当山群峰中最雄奇险峻的天柱峰上，具有"天上瑶台金阙"的效果。南岩有一座建于元朝的"天乙真庆万寿宫"石殿，雄踞在悬崖之上。在绝崖旁边，有一雕龙石梁，石梁悬空伸出 2.9 米，宽约 30 厘米，上雕盘龙，龙头顶端，雕一香炉，号称"龙头香"。

第 6 章　中国古代造型艺术欣赏

【本章导读】

通过本章学习，了解中国古代造型艺术的门类及其审美意义；知晓中国的艺术"书画同源"的渊源关系；理解中国绘画艺术的产生、发展、繁荣的历史过程；明确中国绘画的主要种类及其特点；通晓中国汉字的产生、演变的过程；从古代书法艺术的用笔、运笔、结构、章法等方面熟知书法艺术的审美意义；了解中国古代雕塑艺术的起源、发展、成熟的历史过程；了解中国雕塑艺术的种类及其特点。

6.1　中国绘画艺术与欣赏

中国画是奇妙的。就体裁来说，它属于空间艺术；就表现手段来说，它又接近于时间艺术。

中国画的主要表现手段是线条。在古希腊和埃及，雕刻、绘画都是团块的造型，直到近代和现代的西洋画，仍然以明暗块画来描绘对象。但中国画却打破这团块，代以线条。线条的主要特点和优点是连续性和流动感。因此，在外形上，它使绘画带有舞蹈的意味，在内里，这又与音乐非常接近，只不过它是一种无声的旋律，不依靠听觉而依靠视觉来感受它。

正是这种无声的旋律，在中国画与西洋画之间形成一道分水岭。

正是这种无声的旋律，创造出无数艺术精品，几千年来充实了中华民族的文化宝库。

正是这种无声的旋律，使国画在未来的日子里仍将永放异彩。

线条这一手段虽然接近于时间艺术，但却能很好地为空间艺术服务。空间可以包括两个要素：形体空间和色彩空间。线条既能准确地表达形体空间，又能在必要时用独特的方式反映色彩空间。

线条的特点是富于连续性和流动感，但并非一切线条都必然具有连续性和流动感。线条好似无声的旋律，但并非一切线条都能产生这种旋律。

中国的艺术是"书画同源"，书法与绘画就像一对孪生兄弟，初生之时几乎不可分，随着年龄的增长，彼此的差异越来越大，终于变成"你是你，我是我"。但即使在这个时候，它们仍是孪生兄弟，仍然保留着一些与生俱来的共同之处。

书法也是一种线条的艺术，也能产生无声的旋律。书法的用笔与绘画的用笔有着许多一致之处。书法的笔划要求连贯有力，一气呵成；国画的线条也要求一以贯之，笔笔之间具有内在的联系。这样的笔划，这样的线条始能产生美妙的旋律。

所以，历代的大画家往往都是大书法家。而许多书法家也常常能画几笔国画。吴昌硕学书有成，初至任伯年处，随意涂抹几笔，便受到任的称赞。而吴昌硕后来在绘画上的成就，也始终与他书法上的扎实根基分不开。

所以，如果没有深厚的书法根底，没有熟练的笔墨技巧，没有提笔直接在宣纸上挥写的能力，而只能在宣纸上先画一张素描草稿，然后用毛笔慢慢勾描出来，这样画出的线条，便往往不能富于连续性和流动感。这样的作品也可能美妙，但不是传统的线条美；正如美术字虽然好看，却不是书法一样。

中国绘画是讲究用笔用墨，用墨的浓淡变化也是通过用笔的方法来表现的。

6.1.1 人物画

在漫长的中国绘画史上，人物画随着中国审美意识的变迁，为我们留下了丰富的历史遗产，在中国的历史画廊里留下了名扬千古的妙笔丹青。

1. 奴隶社会时期的人物画

中国是历史悠久的文明古国，自新石器时期始，华夏大地的黄河流域和长江流域文化汇成的中华民族主体文化渐成雏形，中国原始艺术也破土而出。

考古工作者在仰韶文化的半坡村遗址上，出土了大量的彩陶，一些陶器上已有人物纹样。其中有一件人面鱼纹彩陶盆，上绘有人面形的图案，人面作圆形，眼鼻形象非常生动，盆口略近"工"字形，盆口角两边有两道交叉斜线，如衔小鱼状，头部两边各画小鱼，成为非常别致的纹饰。这些距今五六千年的艺术品，其内容和形式与当时的原始信仰、巫术祭祀，农耕渔猎活动有着密切的关系。

20世纪中后期对夏朝遗址的考古成就证明，夏代的绘画已有一定的艺术水准。到殷商时期，曾有商初宰相伊尹亲手描绘"九主"形象来劝戒成汤的记载。由此可见，当时人物画已发展到一定高度，并为宫廷说教所用。西周、春秋的绘画应用更为广泛，相传孔子参观周代明堂，见壁上绘"尧舜之容、桀纣之像……而各有善恶之状，兴废之诫焉"。孔子观后谓从者曰："此周所以盛也。夫明镜所以察形，往古者所以知今。"（《孔子家语.观周》）这说明，西周人物画已开始具有"成教化，助人伦"的功能，并已经有较高的艺术表现力。

这时期人物画发展在中国绘画史上仍处于初级阶段，它的发展与当时社会的发展是基本一致的。

2. 战国、秦、汉时期的人物画

战国时期是我国封建社会的形成期，在地主阶级取代奴隶阶级的激烈变动中，出现"清侄异政，百家异说"的局面。在"百家争鸣"的社会环境影响下，随着政治、经济和生产力的发展，人物绘画获得了长足的发展。

《人物龙凤帛画》是我国迄今发现的最早的一幅帛画，1949年在长沙东南郊陈家大山楚墓中出土，具有典型的楚文化风格。该作品线条刚健有力，造型生动准确，具有很强的装饰意味。

1972年，在长沙马王堆一号汉墓出土的帛画，是我国早期人物帛画的最精美的作品之一。该作品呈T字形，作品内容分三段：上段绘天界，右边有太阳、金乌和扶桑树，左边有月亮、玉兔、蟾蜍和嫦娥，正中是人首蛇身的女娲，其下有神兽及天门神；中段画墓主人拄杖而行，前后有数人相迎和相随，下面还有一组准备宴飨的人物，并饰以谷璧交龙，华盖玉磬；下段画一巨人，立双鱼上，两手托物。各段间还穿插绘着羽人和怪兽，内容十分丰富。帛画主题是"引魂升天"，表达了墓主人追求永生不死的幻想。

汉画像石和画像砖是汉代遗留下来的重要美术作品。汉代上层阶级盛行厚葬，幻想死后也享受生前的荣华富贵，于是竞相营造墓室。画像石和画像砖是刻画在墓室石壁或模印在砖面上的一种介于绘画、薄浮雕之间的艺术。所表现的内容极广，有夸耀死者生前的"功德"和享乐，宣扬忠孝节义或升仙成道，也有神话、穿插先朝的故事和典故成语，而更可贵的是里面有大量的现实生活写照。

汉代画像砖在四川、河南有大量的出土，近年在山东、江苏以至浙江等地也有发现。其中以四川的画像砖显得最有特色。《弋射收获图》是成都附近出土的画像砖，也是画像砖人物画最为突出的作品之一。作品分上、下两部分：上部是弋射，作者生动地刻画出弋射的猎人俯、仰猎射的动态，人物的比例夸张适度，飞动的大雁和水中的游鱼生动自然；下部是收获，劳动者的造型反映了浓厚的生活气息，有的举着镰刀正在收割，有的正肩挑禾穗。这一反映现实生活的作品，充满了对劳动者和劳动生活的热情讴歌。

虽然，这个时期的人物画尚处在稚拙阶段，但是这个时期的绘画实践，对于魏、晋、南北朝以至隋、唐人物画发展都打下了比较坚实的基础。

3. 魏、晋、南北朝时期的人物画

魏晋南北朝，战乱不断，然而由于士族兴起、佛教的发展和"玄学"的兴盛，对于当时文化艺术的发展，产生了深刻的影响。

顾恺之（约公元346—407），出身官僚贵族，是当时和历代极为推崇的士大夫画家。他重视写实和表现事物的内在精神，在我国绘画史上第一个明确提出"以形写神"的主张。他的作品均已失传，留存至今的《女史箴图》、《洛神赋图》等均为后人摹本。

《女史箴图》是其代表作之一。作者根据他所熟悉的贵族妇女生活进行描画，在某种程度上反映了封建社会的现实。从绘画技巧上看,《女史箴图》能够比较准确地表现各种人物的身份和特征,人物造型准确,动态自然,表情变化微妙,其笔法如"春蚕吐丝",似"春云浮空,流水行地",具有疏密、长短的变化,富有韵律之美,体现了中古艺术的秀雅与高贵。

佛教艺术在这一时期也较为突出,并成为这个时期绘画的重要内容,特别是佛教绘画中的人物画,已经发展到相当高的水平。

4. 隋、唐时期的人物画

隋朝尽管历时短暂,但在绘画上,却能综合秦汉以后发展起来的各种形式与各种表现方法,成为魏晋南北朝过渡到唐代的一座桥梁。

唐代是中国封建社会最为辉煌的时代,其政治、经济、文化的昌盛,达到了封建社会的鼎盛时期。而人物画也在此时进入到其发展史上的黄金时期。

《步辇图》是初唐人物画家阎立本(约600—673)的代表作,描绘贞观十五年,唐太宗接见吐蕃使者禄东赞来迎文成公主入藏的情景。画面上,唐太宗威严和睦,禄东赞精干而恭敬,礼官肃穆,宫女顾盼,气氛亲切融洽。画风明朗洗练,从选取情节到形象刻画,都突出了这一汉藏通婚事件的政治意义,是汉藏两族友好关系的真实写照。

吴道子(约685—758),活跃于开元,天宝年间,河南禹县(今禹州市)人,出身贫寒,一生主要作宗教壁画。他是中国古代最负盛名的一位画家,千余年来被奉为"画圣"。他的画,形象生动,富于想像力,所绘佛、道人物"奇纵异状,无一同者",具有巨大的艺术感染力。他创造了一种波折起伏,错落有致的"莼菜条式"线描,富有运动感、节奏感和粗细变化,所画衣纹飘带流畅飘洒,宛若迎风起舞,因此被称为"吴带当风"。吴道子在设色上,"傅采于焦墨痕中,略施微染,自然超出缣素,谓之'吴装'"(汤《画鉴刀》)。他的绘画对后来的宗教人物画产生了巨大的影响。其代表作有《地狱变相图》,《逆子天王图》等。

人物画发展到中晚唐时期,出现了一种新的表现题材和方法,称为"绮罗人物画"。其所绘人物曲眉丰颊,体态丰硕,身穿华服,色彩浓艳,技法上精描细绘,极尽工巧之能事,表现出极高的绘画技巧。

5. 五代、两宋时期的人物画

五代时期,虽然只有短短的五十多年,但在中国绘画史上却具有重要的地位。因为在当时的西蜀、南唐,已有正式的画院设立。而到了宋代,画院制度进一步成熟和完善。这一时期的人物画,也得到较大的发展。

李公麟(约1049—1106)是宋代最著名的人物画家之一。在绘画技巧上,他大力探索白描画法,淡毫清墨,全凭墨线的浓淡、粗细、虚实、轻重、刚柔、曲直来表现对象,并能达到"分别状貌"及"动作态度,颦伸俯仰,大小美恶"的程度,被誉为"天下绝艺"。其代表作有《维摩诘图》、《五马图》等。

北宋时期，盛行以社会风俗，人物故事为表现题材。其中最杰出的作品是张择端的《清明上河图》。该图表现当时北宋都成汴梁的繁华生活场面，全图规模宏大，结构严密，引人入胜，人物和景色的虚实、疏密、动静具有鲜明的节奏。

南宋的人物画家，较有代表性的有李唐、梁楷等人。

6. 明清时期的人物画

明代是中国绘画史上的一个重要时期。明代杰出的人物画家有仇英、唐寅、陈洪绶等。尤其是陈洪绶的人物画，至今还对中国人物画的发展产生重要影响。

陈洪绶（1598—1652），字章侯，号老莲。陈洪绶绘画的特点，在于对形象的深刻提炼。他的表现手法，简洁质朴，强调线的金石味。陈洪绶一生命运坎坷，对其绘画的风格产生很大的影响。他笔下的人物形象经过大胆变形，夸张，相貌伟岸奇倔，反映了画家迂怪佯狂的强烈个性和对现实的否定与不满。其代表作有《屈子行吟图》、《窥简》等。

6.1.2 山水画

山水画在中国绘画史上占有特殊的地位，但它是出现较迟的画科。这是因为人类对自然美的认识，首先发现的是动物、植物，然后是人类自己，最后才是自然风景。

宋代是山水画的鼎盛时期，五代则是它的准备阶段。这一时期的山水画，无论在创作思想上，还是在观察方法与表现方法上，都达到前所未有的高度。

宋代山水画家有一个共同特点，都强调师法造化。他们的笔墨技法都是从研究自然、提炼自然中得来的。他们忠于现实，所以作品都具有鲜明的区域特色，他们富于创造精神，所以具有独特的个人风格。五代及宋初的山水画出现了"北方派"与"南方派"两大流派。北方派雄强挺拔，得秦陇山水之骨法，以李成、范宽、郭熙为代表。南方派"淡墨轻岚"，得江南山水之神气，以董源、巨然为领袖，后世认为是南宋山水之正传。北宋末期，在文人画思想的影响下，米芾父子以江南烟雨为根据，创"米家山水"，形成又一流派。到了南宋，刘松年、李唐、马远、夏圭崛起，号称"南宋四家"，创"水墨苍劲"一格，在构图上也摒弃北宋的"全景山水"，而为边角取景，开一代新风。

两宋的山水画有如山花怒放，绚烂多彩，表现出画家们极大的创造才能。山水画的许多表现方法都创始于宋代。以皴法而言，范宽创雨点皴，郭熙创卷云皴，米芾创米点皴，李唐创大斧劈皴，均为后世所习用；以笔墨弹，则干笔、湿笔、破墨、积墨、泼墨，诸法俱备；以布局言，则"全景"，"边角"都用。所以汤垕《画筌》说："唐画山水，至宋始备。"

元代山水画是中国古代山水画发展中的一个重大转变，其表现为：一方面，无论在笔墨技法上，意境创造上，诗书画的结合上都有新发展，山水画的审美价值也有很大提高，为明清山水画的发展起了示范性的作；另一方面，在描写内容上，联系社会生活的题材却少了。元人的作品，尽管也以真山真水为依据，但总有清淡、冷落，"不食人间烟火"的感觉，为后世遗留下消极因素。形成这一状况，固然有蒙古贵族的民族歧视政策，促使汉族知识分子逃避现实，寄情山水这一深刻的社会因素，而文人画艺术思潮的影响，也不可忽视。

文人画理论兴起以后，在山水画领域里，宋代米家父子首先以他们的艺术实践支持了这一理论。到了元代，几乎所有的山水画家，都是以文人画理论指导自己的艺术实践，他们立足于师法造化，追求超然物外的意境，崇尚笔墨形式的意趣，强调寓意抒情的作用，在作品形式上则表现为水墨山水的大发展；诗、书、画的高度结合，具有典型的文人画特征。

明代山水画十分发达。从形式上看，风格多样，出现复杂纷繁的流派，显示出山水画坛的兴旺；但从内容上看，却日益空泛，画家趋向于模仿古人笔墨，有创造性的不多，这是提高山水画创作水平的致命弱点，成为其后数百年间山水画停滞不前的重要原因。

清代文人画发展中，却出现"摹古"与"创新"两种对立的画学思想，形成"保守"与"革新"两大营垒。

保守派以"四王"（王翚、王时敏、王鉴、王原祁）为代表，在清代山水画坛上的势力最大。"四王"的山水画，在笔墨技法上都下过功夫，对宋元名家有深刻研究，但缺乏真山真水的感受，故作品总跳不出摹古的圈子。这种画风，为清初力求稳定、保守的封建统治阶级所需要，博得一般人赞赏，因而声势显赫。

革新派以"四画僧"（弘仁、髡残、八大山人、石涛）为代表。革新派主张师法造化，"我用我法"，反对因循承袭，作品多具有鲜明个性，使人耳目一新。可惜在保守思想笼罩清代画坛时，革新派未能有重要影响。

6.1.3 花鸟画

花鸟形象作为绘画形式出现，比人物、山水都早。在约 7 000 年前的浙江余姚河姆渡遗址中，就发现了鸟纹、叶纹的骨雕品。在河南临汝出土的仰韶文化晚期的葬具陶缸上，有彩绘鹳鸟衔鱼的形象，鸟与鱼造型夸张、生动。据专家研究，这是一种作为氏族标志的图腾。也许正因为图腾的需要，所以彩陶中以植物、鸟、兽为主体的纹饰特别多。到了奴隶社会后期，作为青铜器装饰的禽鸟纹样，已逐渐出现具有写实风格的形象。

汉代是人物故事画风行时代，花鸟只作衬托与点缀在画面上出现，这在汉墓帛画、壁画上可以看到。独立的花鸟画已在画像石与画像砖中大量出现，画得十分生动。

唐代社会经济空前繁荣，统治者生活日益奢侈豪华，社会习俗与审美观点都有新的要求，促进了花鸟画的发展，使它逐渐成为独立的专门画科。

五代花鸟画出现"黄家富贵，徐熙野逸"两种风格流派，标志着花鸟画已进入成熟阶段，终于迎来了宋代花鸟画的大发展。宋代花鸟画异彩纷呈，各体俱备，垂范千秋，后世花鸟画坛，虽然人才辈出，各领一代风骚，然而究其表现方法，几乎都肇始于两宋。可以说，宋代及其后花鸟画的发展不出两个方面、三条路线；两个方面是以色彩绚丽为主的工笔画和以水墨变化为主的写意画；三条路线是工笔设色、水墨梅竹、写意花鸟。

再说水墨梅竹，在宋代成为专门的独立画科，其内容是专用水墨挥写梅、竹、兰、菊、松，以及葡萄、石、木等题材。

在文人画兴旺发展的过程中，水墨梅竹得以长盛不衰。因为在文人画家中，都以写梅、兰、竹、菊为雅事，称之为"四君子"，松、竹、梅则号曰"岁寒三友"，它们都是具有象征意义的好题材。清代石涛与"扬州画派"，或怀国破家亡的幽恨，或抱愤世嫉俗欲之激情，肆意挥洒，痛快淋漓，使水墨梅竹画达到艺术的极致。

清代是写意花鸟画的发达时期。清初八大山人与石涛继承文人画传统，所作花鸟画笔意恣纵，别开生面。其后，"扬州画派"继起，锐意创新，使写意花鸟画大放异彩。边寿民以善画芦雁而驰誉。嘉庆、道光以后，画坛一度沉寂，但这期间金石之学兴起，为写意花鸟的时代发展作了准备。鸦片战争以后，急剧变化的时代冲击着画家的思想，借鉴于金石学的成就产生了新的表现形式，于是一种锐意改革，大胆创新的画学思潮，冲破了画坛沉寂局面，画家接过陈淳、徐渭、八大、石涛以及"扬州八怪"点起的火炬，迎来了写意花鸟画发展的新高潮，产生了"海上画派"。海派绘画具有较强的现实意义，表现方法也多姿多彩，对近百年绘画发展影响较大。现代写意花鸟画大家如齐白石、潘天寿等。

6.1.4 中国画的用笔用墨

中国画讲究用笔用墨，笔墨技法是任何一个中国画家必须掌握的基本功，而且对二者还不能有偏颇，否则，在表现上就会产生"骨胜肉"或"肉胜骨"的毛病。所以，历来中国画家都非常重视笔墨修养，画论家也都把关于笔墨技法的研究放在十分重要的地位。对一般观众来说，了解中国画的技法，也有助于提高鉴赏水平和艺术修养。

1. 笔法

南齐谢赫把"骨法用笔"列在"六法"的第二位。唐张彦远的《历代名画记》中说："大象物必在于形似，形似须全其骨气，骨气形似，皆本于立意而归乎用笔。"可见"用笔"是画好中国画的首要条件。这是因为中国画造型，主要是依靠线条。画家不仅用线条去画轮廓，也用它去表现质感、明暗、协调，以及画家的个性与感情，而且中国画的线条还有相对独立的美学价值。所以张彦远把"形似"、"骨气"、"立意"等绘画上的种种表现归于"用笔"。

中国画十分重视运笔方法，如主张笔锋要藏而不露，即落笔横行要"无往不复"，竖行要"无垂不缩"，古人称这种运笔方法为"一波三折"。这样画出的线条，才能沉着不浮，力透纸背。黄宾虹总结前人用笔的经验，提出"五笔"之说，即"平、圆、留、重、变"。所谓"平"，是指用力平均，起迄分明，笔笔送到，既不柔弱，也不挑剔轻浮，要"如锥画沙"。所谓"圆"，是指行笔转折处要圆而有力，不妄生圭角，要"如折钗股"。所谓"留"，是指运笔要含蓄，要有回顾，不急不徐，不放诞狂野，要"如屋漏痕"。所谓"重"，即沉着而有重量，要如"高山坠石"，不能像"风吹落叶"，即古人说的"笔力能扛鼎"的意思。所谓"变"，一是指用笔要有变化，不论用中锋或用侧锋，都要根据表现对象来定，不能执一，在中锋与侧锋问题上，绘画和写字略有不同，写字不能用侧锋，而绘画却不排斥用侧锋；二是指用笔要互相呼应，古人比方如"担夫争道"，对此，黄宾虹的解释是："盖途，或让左，或让右，虽彼来此往，前趋后继，不致相碰。此用笔之妙契机也。"此外，如"意到笔不到"，"笔断意不断"等也都是前人的用笔经验。

2. 墨法

中国画的造型是用墨画线的。在唐以前一般是勾勒轮廓之后，填上色彩，用墨的变化不多。唐代王维创破墨山水，张璪、王墨创泼墨画法，才把墨的运用提到重要地位。五代荆浩把"墨"列为"六要"之一，与笔法并重。

在中国画里，"墨"并不是只看成一种墨色，而是把它看成能够独立完成绘画的、具有丰富变化的物质。古人根据墨的特殊作用，创"五墨"、"六彩"之说，"五墨"，即干、湿、浓、淡、黑；"六彩"，是在"五墨"的基础上，再加白色。这"六彩"中，"浓"与"淡"是墨度深浅的比较，"干"与"湿"是水分多少的比较；"黑"比"浓"更浓，"白"指纸上的空白，"黑"与"白"形成对比。清唐岱《绘事发微》说，"墨有六彩"。而使黑白不分，是无阴阳明暗；干湿不备，是无苍翠秀润；浓淡不分，是无凹凸近远也。可见必须"六彩"俱备，才能发挥墨的特殊效果，在单一的黑色中使物象得以完美地表现。

6.2　中国书法艺术与欣赏

中国的汉字书法，是一门博大精深的传统艺术，有着悠远的历史。几千年来，随着社会生活的发展，中国的文字也有着发展演变，以适应实用的需要和艺术欣赏的要求。由于历代书法家对书写技法的不断革新，对审美情趣的不断追求，产生了多种书体，也形成了众多的艺术风格和艺术流派。经过数千年的创新和发展，汇成我国书法艺术的丰富宝藏和优异的传统，也形成以笔法与书体这两大阵容为主的书法源流。下面，试从这两大书法源流来概述书法的形成和发展。

6.2.1　技法

1. 法

所谓笔法，简略地说，就是执笔写字的方法。那么，怎样才是正确的执笔方法呢？说来很简单,就是"㧌、压、勾、顶、抵"五字执笔法而已。

（1）㧌：用大拇指第一节紧贴笔管,方法由内向外用力。

（2）压：用中指第一节紧贴笔管,力量的方向,由外向内,与大拇指的力量相对。

（3）勾：用食指第一节,指尖斜下向内,以罗纹向着笔管,勾住笔管向手心方向用力。

（4）顶：又称格,用指甲与肉交际处抵着笔管,向外向上用力,与中指的用力方向相反。使其与中指相互作用下使笔管回环使转。

（5）抵：小指弯曲如无名指并紧贴无名指,起到对无名指的辅助作用。

2. 笔与运笔

以上讲了毛笔字的基本执笔方式,这种执笔法的优点是：五指屈伸自然,用力均匀,笔管在手中,不仅稳当,而且便于书写,前后左右提按顿挫回环使转而自然用力,面面俱到。所谓"万毫齐力",就是这个意思。

在运笔过程中,我们还要注意的是"指实掌虚","执笔无定法,要使虚而宽",在掌握了基本的用笔方法以后,如何灵活地运用,就是我们要重视和注意的问题了,这里很关键的就是要做到"指实"和"掌虚"。"指实"是指五指相互作用的力要落实；"掌虚"是指运转用力时始终要注意到中心一定要"空",要使中心的掌处在一个虚空的状况下。笔有大小形和轻重的不同,字也有大小、书体和书写场所的差异,书家可以掌握多处不同的方式,但总要其运笔灵活,便于表现其书画的艺术效果为准。

3. 腕和姿势

与执笔相关的还有一个运腕、运肘的问题。古人席地而坐,左手简册,右手拿笔,笔和地面垂直,写字时腕和肘都无所依凭,后来有了高桌椅,人们坐着写字,腕肘有了依凭,但要写较大的字,仍须悬腕悬肘,才能挥洒自如。由运腕、运肘而连带着写字所应有的姿势,对于经常练字的人来说,养成一个好的姿势同样也非常重要,姿势不对,久而久之,不但不雅观,而且影响书法的艺术效果,对身体也有妨害。书法艺术最讲究行气和章法,姿势不好,势必产生错觉,欲正而斜,欲左而右,书写出来的字必然效果不好。正确的姿势是：头要正,身要直,身手自然据案把笔正立在正前方,两脚自然分开着地,使整个身体平衡端正,让每个部位都感到舒适。尤其是写大字,坐着写难以统观全局,运笔时必须调动全身之力,站立书写,所谓"以通身之力而送之",方能显示出笔力。

4. 笔锋的运转

掌握了正确的姿势,接下来就是如何写好字的问题了。中国文字是由点、横、撇、捺等各种笔划组成的,这种笔划由于笔锋提按顿挫来形成,中锋行笔,侧锋取势,露锋开张,取锋含蓄,折以成方,转而成圆,骨力外拓,精劲内涵,而书写时由于个性的不同,每个人书写的方式也不一样,行笔的迟速、浓淡、肥瘦、尽情挥洒,真情流露,书写的面目才能显现出来。

6.2.2 分类

从古以来的书体，大体来看，有篆书、隶书、楷书（或称真书）、行书、草书 5 种。其中有的书体由于年代久远，历经演变，今天一般人已经很难辨识，在我们的日常生活中已不再通行了（如古文、大篆、小篆等）。但书法艺术上仍有其特殊的价值，值得我们加以研究，至于其他各体，大多还适合今天的实用，因此更需要很好的研究和学习。

1. 篆书

凡甲骨、大篆、小篆、钟鼎款识，从它们的形体来说，都可以归属篆书一类，现分别说明。

（1）甲骨文：自清光绪二十五年（1899 年）最初于河南安阳县小屯村（殷故都）发掘出许多古龟甲，使埋没了几千年的殷商古文又重新出现。这一出现，对考证古代的史实十分重要，同时在书法上，也增加了对我国最古的一种书体的了解，并且可以知道古文字演变的由来。

（2）大篆：也就是籀文。《论文》中说："（周）宣王太史著大篆十五篇，与古文或异"。有人认为"籀"字是太史的名字，因此就把大篆叫做"籀文"。又因为这种文字最早出现在石鼓和钟鼎款识上，因此也被称为"石鼓文"或"钟鼎文"。这是一种介于甲骨文和小篆之间的书体。

（3）小篆：小篆即秦篆，秦丞相李斯所创，是从大篆省改而来。现今所传世的篆书，即指小篆而言。

2. 隶书

秦始皇统一六国之后，丞相李斯为了统一文字，把当时六国不同的文字进行改革，使其整齐划一，即成为小篆。但因奏事繁多，篆书的笔划仍太繁复，写起来仍很费事。汉代的狱吏程邈，把篆书的策划加以简化，把字体改为横平竖直，大大地方便了书写，很快地流行开来。因为当时像程邈这种办公文的小官称为"徒隶"，后来就把这种字体叫"隶书"。在楷书未通行之前，都使用它。但到了东汉后期，字体便趋于工整精巧，书体扁平，笔划间渐现波磔。由于在汉朝最为盛行，因此又称为"汉隶"。晋唐以后直到近代，虽楷书盛行而隶书不废，正是由于两汉的隶书结体用笔丰富变化，风格多样和艺术性强，一直到现在，隶书还有着它的实用价值和艺术价值。

隶书特有的成就，还在于它的结构和运笔，更加舒展和自由，它上承篆书的一些规则，下启魏晋南北朝以至隋唐的楷书风范，同时还创出隶草（章草）一本，承上启下，继往开来，为我国书法发展史上写下了光辉的一页。

3. 楷书

魏晋南北朝时，出现了一种比隶书更为平正方直，更为规范的字体，这就是楷书。

楷书，又称真书，晋卫恒《四体书势》说："上谷王次仲善隶书，始为楷法。"王愔《文字志》说："王次仲始以古书方广，少波势，建初中，以隶草作楷法，字方八分，言有楷模。"唐张怀瓘《书断》也说："上谷王次仲作八分"，种种说法虽互有出入，但从中可以知道，楷书的形体是从隶书、隶草演变而来。根据因革损益的规律，楷书由隶书、隶草演变，就书法的形体上观察是很明显的。从汉晋木简中探讨，那些字体和笔法，由隶、楷的转化也很明显，经过一个时期的应用并随时改进，楷书字体也就"约定俗成"。这是可以想见的。

现代见到的楷书遗迹，有魏代的钟繇，字体笔划已接近楷书。到了东晋，楷书开始流行。盛唐时期，出现了颜真卿、柳公权、欧阳询诸大家，楷书开始盛行，诸家书体各呈风采，楷书作为一种规范的字体，流传至今。

4. 行书

相传行书是后汉末年颖川人刘德升所创。但他的书迹从未见流传。唐张怀瓘《书断》上说："行书即真书之小伪，务从简相间流行，故谓之行书。"王愔云："晋世以来，工书者多以行书著名。若钟元常善以挥书是也，后王羲之、献之并造其极焉。献之常向其父云：古之章草未能宏逸，不若稿行之间……大人宜改体"。根据这一说法，可以了解到，是先有真书，然后才有行书的。

行书没有一定的规则，凡篆、隶、真、草各种书体，都有一定的规则，唯独行书没有一定的写法，写得规矩一点，相近于楷书的，称为"行楷"。放纵一些，比较接近草书的，就叫做行草。《书断》中说"务从简易，相间流行"，就是这个道理。行书能够切合实用，既较楷书简便，又不似草书难认，容易通行。行书介于楷、草之间，伸缩性既大，体变也很多，介于楷、草的体势来运用笔法，发挥艺术效果，历代名家辈出，各擅胜场，这是行书优胜于其他书体的地方。

5. 草书

最早的草书是由隶书变化来的。汉时"羽檄纷飞，军书交驰，故为隶草，趋急速也。"其代表作名为"急就章"，故又名"章草"，是把隶书的笔划简便，但尚带有隶书的笔意。唐朝张芝、张旭、怀素的草书体势连绵，笔意奔放，连绵不断如一笔写成，已完全解脱了隶法和楷书的束缚，整篇书写顾盼呼应，贯穿一气，神完气足，呈现出极高的艺术风采。

在欣赏和研究历代书法家的代表作品时，可以感受到，不管其书体和流派的面目如何，但其中的一些规律是书法所特有的。从中知道，书法是有黑白线条的结构组成，它没有由色彩形成的那种五彩缤纷的变化，可是在它的黑白线条构成组合之中，人们同样能够体味到那种类似音乐的节奏和韵味。虽然根据不同的书体和不同的篇幅有着不同的要求，但是通篇的自然流畅，格调一致，行气贯通，却是一个共同的规律。在这个共同的规律中，因各个书法家的个性而产生不同的发挥，或温文尔雅，或大气雄浑，其中书法家内在的修养和功底也随着线条的粗细浓淡，起伏跌宕而展现在整幅作品之中。在这些独特的黑白线条的流转变化之中，让人们感受到抑扬顿挫的美妙乐章，将思绪带到无穷的遐想之中。

6.3 中国古代雕塑艺术

中国雕塑艺术的起源，大致可以追溯至公元前 4 000 年以上。最初的雕塑可以从原始社会的石器和陶器开始，这是中国雕塑的序幕，为中国雕塑的多向性发展奠定了基础。

随着旧石器时代的结束，新石器时代的黄河流域、长江流域以及东北地区已经出现了独立意义上的雕塑作品，大致可以分陶器和石玉雕刻品。到夏商周，青铜雕塑的产生和发展灿烂辉煌，在世界艺术史中占有极为重要的地位。秦代，虽然在整个雕塑史中只占据着短短的 15 年，但一个兵马俑的出现，就足以改变中国的雕塑史。魏晋南北朝时期，以石窟为代表的我国雕塑艺术得到了全面的发展，人物塑造更加成熟，形成了独具东方艺术风格的表现手法。唐代，在材料运用上更加丰富，技艺水平日趋精湛。宋代，随着手工业的发展，牙玉雕刻逐步形成商品生产，十分盛行。至明清，案头摆设和随身佩饰的小型工艺雕刻成为人们休闲时的玩赏品，雕塑进一步深入到寻常百姓的生活之中。

6.3.1 玉雕

距今约 5 000 年的浙江良渚文化的玉雕和辽河地区红山文化的玉雕，同时代表了我国新石器时期玉工艺的最高水平。

良渚玉雕主要为玉琮、玉璜、玉璧、玉柱形器、玉三叉形器等。1986 年出土于余杭反山良渚文化 12 号墓中的大型玉琮，重 6.5 千克，为内圆外方的方柱体，中间上下对穿一直径 4.9 厘米的圆孔，全器制作规整，打磨光滑，表现以 3 条横槽分为 4 节，并雕琢了精美的装饰纹样。这件玉琮上，将阴线刻和浅浮雕两种技法交叉结合，从而产生了由主体纹、装饰纹和地纹三重组合的装饰章法，令人叹为观止。良渚玉器以玉琮、玉璜、玉璧为核心的大型礼仪用器，是浙江先人卓越的艺术成就，在中国的雕塑史上书写了重要的一章。

至商代，人们很喜欢佩带玉器，除了审美意义外，还兼有道德伦理上的涵义。当时的玉器制作在技艺上达到了成熟的阶段，种类十分丰富，玉材的使用面也很广。从器型来看，主要有作为礼器的玉琮、玉璜、玉璧和作为日常佩饰的玉人、玉龙、玉凤、玉虎等；从玉石的品种分类来看，有青玉、白玉、黄玉、黑玉等。1976 年河南安阳殷墟 5 号墓（妇好墓）出土的大量玉器品种较为全面，体现了商代玉器的技艺水平。殷墟 5 号墓共出土商代玉器

755件，人像和鸟兽雕刻品就达500多件。这些玉雕大多数体形很小，有的高仅2厘米，但形象逼真，雕琢精致，富有生活气息。其中一件玉人，高8.5厘米，周身饰饕餮兽面纹，头上钻孔，以利穿绳佩带，十分生动；另有一俏色玉龟，艺匠巧妙地将玉料中的黑色部分雕成龟背，灰色部分雕为头、爪和腹部，这种因材施艺的雕刻技法贯穿于整个创作过程，展现了很高的工艺水平。

汉代，玉雕的制作有很大提高，发展了透雕、栗纹等多种加工方法。1966年陕西咸阳出土的玉马，作奔跃状，上骑一人，马下有云状相托，富有动感，是一件珍品。

宋代，宫廷设有玉作，从事玉器的制作，以供皇室和官员使用。民间的制玉也很盛。此时玉雕中根据玉材的不同色泽，雕琢各种自然形象的俏色运用已较多，许多作品匠心独具。

清代，由于玉料来源扩大，雕琢技艺的提高，玉器制作十分发达。在乾隆年间达到了极盛。北京故宫博物院珍藏的玉雕《大禹治水图玉山》和《白玉嵌金红宝石碗》是这时期的代表作品。《大禹治水图玉山》以新疆和田青玉为原料，高224厘米，宽96厘米，重约7吨，它的制作以清宫内藏的"大禹治开山图"为蓝本，由造办处制成模型，在玉石产地出坯后运至南方，由扬州玉雕艺人制作。作品表现了叠嶂的山峦、茂密的丛林和奋力开山的人群，其体型之大，雕技之多实为空前。《白玉嵌金红宝石碗》采用新疆和田白玉，白如凝脂，纯洁无瑕，碗呈浅腹敞口形，有两个桃形耳；碗的外壁用错金法饰以花草纹，红色的花朵上嵌有180颗红宝石，闪闪发光，其用料之精良、工艺之高超实属罕见。

6.3.2 青铜器、铜器

1. 青铜器

青铜是指用红铜加锡的一种合金，因颜色灰青，故得此名。商、周时期的青铜器与原始陶塑的性质一样，是用于祭祀、生活和娱乐等方面的器物，有历史学家将夏、商、周称为"青铜时代"。

商周的青铜器在器型上大致可以分为礼器、乐器和兵器。礼器的器型有鼎、鬲、簋、爵等，乐器的器型有钟、铙、钲、铎等，兵器的器型有斧、钺、戈、矛等。

青铜器的装饰，殷代前期多是直接雕在模的壁上，至殷代晚期往往在模壁上另加泥片，再进行雕刻，从而产生浅浮雕的效果，形成主纹和地纹，在主纹上有的还加以刻划线条，使纹样层次更加丰富。装饰纹样主要分饕餮纹、夔纹、龙纹、凤纹和回纹，其他装饰多为动物造型，一种是想像中的动物，如饕餮、夔、龙凤等，另一类有象、熊、虎、犀牛等，也有的取之于人物。

（1）饕餮纹是青铜器的主要纹样，以大眼、鼻和双角形成一个兽面，而且多饰在器物的显要部位。对于饕餮纹，许多学者曾作过不同的解释。有人把它作为怪兽纹、猛虎、牛头；有人认为是由双鸟相对组成的羊头，有"吉祥"之意。它的涵义，有的认为是"辟邪驱鬼"，有的认为是"戒之在贪"，有的认为是"象征威猛、勇敢、公正"。

（2）夔纹，是一种近似龙纹的怪兽纹，常见于商代器物的纹饰之中，通常只是作侧面描写。夔纹的变化很多，有两头夔纹、蕉叶夔纹、三角夔纹、蟠夔纹等。

（3）龙纹，它为巨首而有两角，身有鳞，成蟠曲状，是一种综合创造的装饰纹样。

（4）凤纹，是一种吸取各种鸟禽特点而组成的图案，在器物上应用很广，有的凤尾还明显看到孔雀羽的翎眼。

（5）回纹，是一种方形和圆形的几何性纹样，商代通常作为地纹，用面的大小和线条的粗细对比来衬托出装饰主体。古代学者将圆回纹称为云纹，方回纹称为雷纹，故也合称为云雷纹。

以动物造型制作的青铜器基本上在商代晚期开始出现，这不仅反映出商代晚期青铜器的精美，而且也是商代晚期青铜器装饰的艺术特征之一。

现陈列于中国历史博物馆的《司母戊鼎》是我国目前所知的最大的一件青铜器，它重875千克，高133厘米，宽78厘米，鼎身的两侧用图案的组织形式装饰兽面纹和夔纹，足与器身相接处饰以兽面纹，鼎形雄伟、浑厚、庄重，艺术风格瑰丽。虎卣，是商代青铜器中的佼佼者，传世的仅两件，一件藏于日本泉屋博物馆，另一件藏于法国巴黎池努奇博物馆，据考证是用于祭祀时盛水的水器。藏于法国池努奇博物馆的虎卣高35.2厘米，形似蹲踞猛虎，虎口怒张，虎前为一人，双手抱虎身，双足踩虎脚，表面以异常精美和复杂的雕刻为底纹，极为珍贵。1986年出土于四川广汉县（现为市）三星堆祭祀坑的青铜器《青铜立人像》，也为史学界所震撼。该塑像高262厘米，重约0.5吨，为男性，他头藏花冠，宽眉大眼，高鼻隆起，面貌威严，赤脚站在饰有浮雕花纹的青铜底座上，整体在写实的基础上进行了大胆的艺术夸张，雕刻精细，形象生动，是商代青铜器中的一件精品。从《青铜立人像》及其随同出土的一批青铜人像和面具造型艺术特点来看，学者们认为这是一支不同于中原文化和西北文化的独立古蜀文化体系，这表现了早在商周时期，我国西南部已经有了较高层次的文明体系，与古希腊的青铜像相比，要比它们早问世四五百年。

至春秋战国时期，青铜器的制作工艺有明显的提高，在铸造上为两种方法，一种是分铸法，另一种是失蜡法。分铸法可将各种复杂的造型分段浇铸，这样既能解决复杂器物不易浇铸的困难，又提高了浇铸速度。失蜡法是先用蜡制成模，外罩泥范，泥范留有小孔，通过加温将蜡熔化倒出，然后注入青铜溶液，铸造出器物。失蜡法的运用与推广，使得青铜雕塑的精巧到达了鬼斧神工的地步，把青铜工艺推向极致。这一时期，青铜器的器型已失去了祭祀和礼器的特性，向生活日用器方面发展。在装饰题材上，逐步摆脱宗教神秘的气氛，传统的动物纹样进一步抽象化，变化为几何纹，并出现一些反映社会现实生活的题材，如宴乐、射猎和战争等。从艺术风格看，春秋时期比较疏简，而战国时期则趋于繁缛。之后，随着冶铁的发展，制陶技术的提高和漆器的兴起，青铜工艺进入了它最后的阶段。

2. 铜器

与陕西兵马俑同时发现的秦始皇西侧陵道中的两乘大型彩绘铜车马，是中国铜雕塑艺术史上的另一个奇迹。这些铜车马比秦俑要小些，大小相当于真人真马的二分之一，车为单辕四马，舆分前后两室，后室有车盖，室前坐一御马俑，两臂前举，双手控辔，目视前方，神色和悦恭谨。铜车马的做工十分精细，造型华丽，极为考究，细微之处一丝不苟，人物、马匹和车辆的结构非常准确。

汉代，铜器的使用很广，其中产生了一批优秀的雕塑品。1969 年甘肃省武威雷台东汉墓出土的铜奔马"马踏飞燕"，它抬头扬尾，三足腾空，右后腿集全身之力，踏于一只飞燕，体态优美，富于浪漫主义设计意匠。整件作品为铸铜而成，虽只有 34.5 厘米高，但它的气势却雷霆万钧、大有横空出世之豪情，是一件极为珍贵的艺术品。再如出土于河北满城的铜铸"长信宫灯"，也非常著名。宫灯以一个神态安详的少女形象为灯体，左手托灯，右手提灯罩，以手袖为虹管，结构巧妙，造型精美。东汉后期，起始于春秋战国的铜镜的制作趋于精致，它的特点是体薄、平边、圆纽，装饰程式化。镜面背上的浮雕式纹样艺术造诣很高，纹样主要有双夔纹、云雷纹、蝙蝠纹、神兽纹等。在以人物和动物为主的纹样中，图案内容有神人神兽、神人歌舞、神人龙虎以及西王母、东王父等故事题材。从铜镜的花纹图案中可以看到汉镜装饰的丰富多彩，它不仅有复杂的纹饰，而且有多种的图案组织，是学习古代纹样的一份宝贵资料。

明代的宣德炉是我国铜工艺制品中的另一重要器物，十分珍贵。明宣宗三年，工部为宫廷和寺庙作祀祠或薰衣之需，用从南洋所得的风磨铜铸造了一批小型香炉式铜器，称之为宣德炉。这批宣德炉用铜数万斤、金六百两、银二千多两，采用鎏金、渗金、金屑等方法，经合金冶炼而成。色泽呈青绿、黄褐、古铜等 60 余种，鎏金色局部上色，浑金则形成碎玉、雪片、雨点等斑点；造型多参照古代铜器和瓷器样式再加以变化，丰富多彩。如耳的造型就有 50 多种，有鱼耳、螭耳、连珠耳等；足的造型有 40 多种，有马蹄足、象鼻足、圆足等，可谓集各式香炉造型之大成。它的制作工艺极为精巧，有的多至 12 炼，现存世极少，后人仿制的则很盛。

6.3.3 陶俑

新石器时期，技法较为成熟的陶塑开始出现。出土于甘肃省秦安县邵店村大地湾的人头形器口陶瓶可谓是中国人物雕塑之初，此瓶高 31.8 厘米，底径 6.8 厘米，口部为一个人头像，瓶身饰有几何图案，制作细腻，头部结构准确。浙江河姆渡文化遗址出土的陶塑猪可能是我国江南地区最古老的雕塑作品，距今有 7 000 年了，尽管作品只有 6.3 厘米大，可它的形象却非常生动，可见雕塑者对生活观察之细腻。这种小雕塑都是古代工匠不假任何工具而信手捏制的，形体小巧，带有浓厚的人情味。

秦代，陶塑有重大发展，最引人注目的就是大型陶兵马俑。兵马俑体态与真人等大，数量众多，神态各异，有立、有跪，有驭手、射手，形象写实，身材矫健，可见当时雕塑者对生活观察之细致、塑造技术之精通。这些秦始皇百万大军的缩影都是用陶土烧制而成，不论是造型、塑造、烧制等各个环节，都是一件庞大的工程。一般采用模制加手工塑型的技术，分段成型，整体焙烧。其陶泥制的细腻、烧成火焰均匀、过程当中变形较小，烧成后外表用颜料彩饰。作品注重头部的形象刻画，有二十多种不同的脸型变化，一百多种不同的神态表情，细部的刻画尤为精细。整体上不在乎细节变化，不是完全照搬现实，强烈的体块对比、疏密变化、动静之别。万千兵马俑的人物结构比例合适，动态自然，单件作品都有很强的动作个性，有的手持利剑，有的伫立凝视，有的坚定刚毅，没有雷同，栩栩如生。发现于 2 号坑的将军俑高 190 厘米，神态庄严，头戴双卷尾长冠，冠带在颈下作结并下垂到胸前，额下留长须；其身体魁伟，身着两层战袍，外套铠甲两足分立，两臂下垂，左手在袖外仅露拇指与食指，右手作握剑状，造型结构十分精确。同于 2 号坑的轻车兵俑更为精彩，轻车兵俑布置在战车阵中，站在中间的是御手，两臂平伸作握辔状，铠甲包整个上身，两旁为各一名精干勇猛的车士俑，一手持戟，一手做接车的准备，似乎只要一声令下，即可腾跃而上。

作为一种特殊的文化遗产，秦代兵马俑的出土，有着不可估量价值。它显示出我国在 2 000 多年以前就有了很高的雕塑艺术水平，它是古代劳动人民智慧的结晶，比以往任何一个时代都前进了一大步。总的来说，秦代兵马俑对我们研究那一段历史和雕塑艺术之进步，都是不可或缺的宝贵资料。

汉时的陶俑也有精彩之作。在四川成都附近出土的一件说书俑，以准确夸张的脸部神情描写，活泼有趣的肢体造型，刻画了一个民间说书艺人的情感瞬间和他的典型特征。说书俑一手夹鼓，一手举棰，眉开眼笑，手舞足蹈，作品极为简练生动，为后人叹为观止。

6.3.4 石雕

我国的动物和人物石雕在殷墟曾有发现，有坐人、虎首人身怪兽、虎、牛、蝉、蛙等，所用石料为大理石。1950 年在安阳武官村出土的虎纹大石磬，以双钩线刻表现一个张口伸腰的虎形，虎身布满装饰纹样，很精巧。

汉代的石雕极盛，特别是在东汉更是流行一时。汉代的石雕按表现方法可分为圆雕和平雕两大类。

1. 圆雕

汉时的圆雕作品多见于大型墓道之中，最具代表性的是西汉元狩六年，汉武帝为他的爱将霍去病建造的墓冢中的石雕。霍去病墓道石雕群共有 16 件，有马踏匈奴、卧虎、跃马、卧马、卧牛、猩猩抱熊、怪兽吞羊、鱼等，大的高约 190 厘米、长约 280 厘米，小的高约 60 厘米、长约 160 厘米，石料为花岗岩，整体造型均依照石头的自然形态。《马踏匈奴》高 190 厘米，雕刻了一匹倚立的无鞍辔骏马，神情仄然自如、睥睨一切，马的腹下一个武士做仰卧蜷缩状，显无法动弹之势，作者用隐喻的手法，借战马的形象来体现霍去病的威猛和战功卓著,充分体现出纪念性雕塑的概括性。整个雕塑浑然一体,四肢之间没留空间,体积之大,风格之独特,为中外雕塑史上所罕见,可以将其看作我国最早、最完整、最有价值的纪念碑式的雕刻作品。而《卧虎》,则是仅在虎形上运用了寥寥几条简单的阴刻线,整体造型简练,在抽象与具象的艺术表现形式中,找到很好的结合点,极为流畅地表达了作品所要表达的内在精神,体现了现实主义与浪漫主义相结合的高超艺术表现手法,从中可以强烈地感受到大汉朝的浑然大气。

2. 平雕

汉时的平雕,即平面浅雕,它的表现形式为置于祠堂墓室建筑中的装饰画——画像石。画像石的雕刻手法主要为阴线刻、平面削刻以及平面削地加线刻,画面内容多为由众多人物组成的故事和日常生活场景,反映了汉代社会生活和思想的方方面面。画像石主要集中在山东、苏北地区和河南南阳地区。山东嘉祥县的武氏祠画像石,宋代的学者已对其加以研究,在画像石中最为有名。武氏祠包括 4 个石室,这些石室中的画像石内容有荆轲刺秦王、孔子见老子、泗水捞鼎等著名作品。其中《泗水捞鼎》的画面采用两堤和河岸分割的构图,堤口有两人在监督取鼎,岸上的人们有用绳索用力拉鼎,河里有两只船,一只船上有人用竹竿助力抵着鼎底,鼎中伸出一个龙头咬断了绳索,使两岸拉绳的人顷刻倒地。这幅画面表现了断绳的一刹那间,巧妙地运用了静与动的对比,显得很有情趣,再加上用飞鸟、游鱼等填满空间,使气氛更加热烈、丰富。山东长清的孝堂山画像石,置于境内郭巨祠石室的三面墙上,整个画面以后壁的楼阁为中心,楼上众人端坐,楼下一群人在向王者行礼,最上层为车骑行列;左右两壁分别刻画了周公辅成王的故事、伏羲女和西王母的故事以及歌舞百戏、战斗狩猎的场面,具有清秀质朴的风格。

唐代的石雕,首推应是刻成于唐贞观十年的浮雕"昭陵六骏",这是我国的雕塑艺术杰作。当年画家阎立本绘画图形,由雕刻师以凿于 6 块石块上,每块石板高 170 厘米,宽约 200 厘米,上雕一匹战马,体型略小于真马,无背景,据说还有大书法家欧阳询题写了唐太宗为之歌功颂德的词句,可见其价值之高。这 6 骏,3 匹为立姿,3 匹为奔状,个个骠肥筋健,神武英俊。雕刻家们以严谨、概括的写实手法着重刻画了 6 骏的神情和动态,使它们具有一种人格化的精神,鲜明地体现了唐代艺术所特有的饱满、明朗、豪壮和乐观的气质。令人痛惜的是其中两块浮雕被盗卖境外,现藏美国宾夕法尼亚大学博物馆。这 6 匹西域名驹的浮雕作品,显示出唐代动物雕塑的成熟,使浮雕艺术进入了一个辉煌的境地。

现藏于陕西博物馆的唐代大理石雕《天王立像》,也十分精彩。天王身穿铠甲,铠甲下有垂缨,前胸饰有圆形护心镜,两条革带分束于胸腹,其上身左侧,呈丁字步站立。雕像姿势雄健,雕工精致,虽然头部、左臂和右腕以下残缺,但仍可见威武挺拔的气势。

建于唐代的四川乐山的摩崖大佛,在中国的佛像雕刻中有着很重要的地位。它比阿富汗的巴米扬大佛(高 53 米,现已被毁)还高出 18 米,是世界上最大的佛像。乐山大佛坐落于四川岷江、青衣江和大渡河的汇合处,依凌云山崖雕琢,于公元 713 年动工,到 803

年完工，用了90年的时间。大佛的头与山头齐平，双手扶膝，面容安详，庄严大方，气势不凡。这般巨大的雕像，比例竟如此合度，结构竟这样准确，足见当时艺人造型雕刻技术之高超。

此外，清代，浙江的青田石雕和福建的寿山石雕开始有较快的发展。

6.3.5 石窟雕塑

三国、两晋、南北朝时期，随着印度佛教"犍陀罗式"艺术、希腊末期艺术和波斯艺术的传入，我国的雕塑艺术全面发展。而佛教的盛行则更促使了佛像艺术的蓬勃发展，改变了中国雕塑史的面貌，人物雕塑更加成熟，形成独特的中国佛像风格，使这些泊来艺术逐步具备了民族化特征。

佛像艺术最主要的为石窟形式，其雕塑形式有石雕和泥雕，分布于我国的许多地区，以北方为主。在众多石窟中以甘肃的敦煌莫高、甘肃天水麦积山石窟、山西大同云冈石窟、河南洛阳龙门石窟最为著名。

甘肃敦煌所处的地理位置较为偏远，未受战乱的影响，所以其千佛洞的建造基本上没受到什么干扰，但因当地土质疏松，不宜于雕刻造像，只能以泥塑代之，这也是中国佛像艺术的特点之一。敦煌莫高窟的建设规模巨大，从十六国到北朝这一时期的塑像来看，匠师们已把人物形象渐渐中国化，并在造型审美尺度上趋向于当时的流行形式，与同一时期绘画作品中"秀骨清像"之特点基本保持一致。它的后期作品开始出现唐代的风格迹象，受内地影响的因素也越来越多，比如服装、饰物等方面；其次是色彩上，多用重彩浓抹，表现技法日渐成熟。至唐代，所塑造的菩萨造像，从形象上和装扮上，基本上依据当时美人的典型形象，坐姿上也出现了一腿盘起、一腿下垂的半倚坐式。世俗化的美丽已打破了宗教禁锢的气氛，更加强调造像的艺术效果，似与参拜者对话。将同时代著名人物画家张萱、周昉等人的画与之相比，我们可以看出它们之间不仅有着异曲同工之妙，而且在体态比例和仪表外形上更加具有活力。比之于前代宗教雕塑艺术的肃穆与出世，唐代的佛教造像很好地把理想与现实相结合，继有博大凝重的一面，又有典雅鲜活的一面；继又威武有力的一面，也有柔和细腻的一面。唐代的人物雕塑很注意人物性格，尤其是在处理群雕的人物关系时，很好地把握了人物之间的内在情感交流，比如佛主与弟子迦叶、暗阿难三者的塑造，就有多种形象变化，两个人物一老一少，一个汉族人形象，一个印度人形象，尽管都表露出虔诚的神态，但仍可以看出他们的心情之不同。再比如护法力士像，其职司决定了他们强力威武的形象，面部表情激烈、四肢肌肉发达，更加衬托出菩萨的慈祥。不同性格的人物塑造是群雕人物关系动静结合的关键，突出中心，符合了雕塑美的形式法则。

麦积山石窟的得名是由于它的外形似麦垛。同样，由于石质的问题，麦积山也不宜于雕刻佛像，均为泥塑，属北齐时期的作品较多。相对而言，麦积山石窟塑像更加生动和世俗化，在众多塑像当中，有面目秀美的佛像、有低声耳语的供养人、有活泼生动的比丘，还有虔诚苦修的老僧以及狰狞怒目的金刚力士。这些泥塑的制造工艺十分精湛，选材讲究，虽未经焙烧但历经千余年仍未损坏。

河南洛阳城南的龙门石窟，历经东魏、北齐、隋、唐多个朝代的开凿，作品庞杂，遗留作品也较多。可惜的是，解放前被外国列强盗去了许多造像以及头、手臂等局部，造成了无法挽回的损失。宾阳中洞是龙门石窟中比较重要的一处，是北朝时期有史实可查的造像，形制结构与云岗昙曜五窟相似，窟内饰有莲花、飞天、云气等图案，气氛神秘、纹饰华丽，但无琐碎之感。莲花洞内的石雕莲花特别突出，窟内主佛像为站立姿势，手臂的雕刻尤为动人，似有柔软弹性之感。古阳洞是龙门石窟中较大的一个，历史年代也较早，最有代表性的是在洞内壁面上雕满了小佛龛，几乎每龛都有造像题记，中国著名的书法碑帖"龙门二十品"中，古阳洞中的就有十九品。至唐代，石窟的雕像普遍宏伟庞大，体型饱满，以盛唐时完成的奉先寺为代表，中央大佛（卢舍那大佛）高 17.14 米，与之并列的另外 8 尊雕像也都在 10 米以上。

云冈石窟群延绵有 1 千米，大小石窟（龛）约千余个，规模庞大。云冈石窟的开凿年代主要是北魏时期，充分利用了当地石材的特点。第一期的造像体魄巨大、形象庄严，具有摄人魂魄的体量感和空间感，其主佛高达 13.7 米，立于石窟中主要位置，为云冈石窟群的最大作品。第二期造像的尺寸明显比第一期要小，但更加注重形象刻画，人物动态也更加活泼。第三期已近尾声，时间拖至 6 世纪初，当时的大规模开凿工作已经停止。这一时期的人物形象及衣饰装扮已完全中国化，"褒衣博带"式的中原服装形式已经普及。

此外，尚有漆雕、竹雕、木雕等。

6.4 思考题

1. 中国绘画的特点是什么？试结合旅游景点加以说明。
2. 中国绘画分别有哪些科系？这些科系在笔墨运用上有哪些不同？
3. 继承中国画传统笔墨有什么实质意义？同时结合旅游景点加以说明。
4. 中国画艺术与书法艺术的关系是什么？相互间有什么不同？试举例说明。
5. 汉字形体的演变经历了怎样一个漫长的过程？
6. 联系实际谈谈书法的用笔、运笔、结构、章法的美学意义。
7. 中国的书法具有怎样的审美意义？试结合旅游景点举例说明。
8. 中国古代的雕塑艺术有着怎样的发展历史？
9. 中国古代雕塑艺术主要有哪些种类？试举例说明。
10. 中国古代雕塑艺术的审美意义何在？试结合旅游景点加以说明。

第 7 章 文物与旅游工艺品及鉴赏

【本章导读】

通过本章学习，要求了解文物与文物收藏的历史、文物的品类，知道文物的几种常见分类方法，即时代分类法，存在形态分类法，质地分类法。掌握文物鉴赏的原则、方法及其美学特征。知晓文物欣赏的方法。了解中国工艺美术品的欣赏方法。明确中国旅游工艺品的开发策略、创新依据和创意图径。

7.1 中国文物品类与鉴赏

中国是世界上四大文明古国之一，有着众多门类、不可胜数的文物。文物作为历史和文明的载体，真实地记录了国家的兴衰荣辱，以实物的形态积淀着民族的文化蕴藏，是人民群众物化了的精神追求。我国拥有大量地上的、地下的、可移动的和不可移动的文物，它们包容了56个民族千百年来的智慧结晶，这些作为中华文明进程标识的历史文物，不仅是专业工作者进行科学、历史研究的重要佐证资料和依据，而且也是人们欣赏、审美并从中感受历史文化魅力的艺术品。文物这种占有特殊地位的社会文化生活，对中华民族有着巨大的凝聚力。

7.1.1 文物的概念

文物，旧为礼乐、典章制度的统称。《左传·桓公二年》记载，"夫德，俭而有度，登降有数，文物以纪之，声明以发之；以临百官，百官于是乎戒惧而不敢易纪律。"

现在人们多把古代遗留的东西称为文物，但对于究竟什么是文物，尚没有一个明确的定义。《现代汉语词典》称文物是："历史遗留下来的在文化发展史上有价值的东西，如建筑、碑刻、工具、武器、生活器皿和各种艺术品。"《辞海》中对文物的解释是："遗存在社会上或埋藏在地下的历史文化遗物"，一般包括以下5个方面。

（1）与重大历史事件、革命运动和重要人物有关的、具有纪念意义和历史价值的建筑物、遗址、纪念物等。

（2）具有历史、艺术、科学价值的古文化遗址、古墓群、古建筑、石窟寺、石刻等。

(3) 各时代有价值的艺术品、工艺美术品。
(4) 革命文献资料以及具有历史、艺术和科学价值的古旧图书资料。
(5) 反映各时代社会制度、社会生产、社会生活的代表性实物。

1982年11月19日,第五届全国人民代表大会常务委员会第25次会议通过的《中华人民共和国文物保护法》第二条,对保护文物的范围作了明确规定,具体如下。

在中华人民共和国境内,下列具有历史、艺术、科学价值的文物,受国家保护。
(1) 具有历史、艺术、科学价值的古文化遗址、古墓葬、古建筑、石窟寺和石刻。
(2) 与重大历史事件、革命运动和著名人物有关的,具有重要纪念意义、教育意义和史料价值的建筑物、遗址、纪念物。
(3) 历史上各时代珍贵的艺术品、工艺美术品。
(4) 重要的革命文献资料以及具有历史、艺术、科学价值的手稿、古旧图书资料等。
(5) 反映历史上各时代、各民族社会制度、社会生产、社会生活的代表性实物。

《文物保护法》第二条同时还规定:"具有科学价值的古脊椎动物化石和古人类化石同文物一样受到国家的保护。"

在《文物保护法》上述规定中,十分明确地指出了国家保护文物的范围。我们认为,国家保护文物的范围,也就是文物所包括的内容。

由此,我们可以明确以下几点。
(1) 文物一般具有历史、艺术、科学三个方面的价值。具体到每一件文物,不一定都具有三个方面的价值,但至少要具有其中一方面的价值,否则就不能称其为文物。
(2) 文物应是重要的、有代表性的实物。不具备这一点,也不宜作为文物保护。
(3) 国家保护的文物具有广泛性,应是反映历代社会制度、社会生产、社会生活、文化艺术、科学技术等方面的有代表性的实物。各个方面的文物之间具有广泛和密切的联系。只有全面保护各个方面的文物,才能使文物的价值不受损害。

至此,我们可以对什么是文物做出回答。文物是人类社会活动中遗留下来的具有历史、艺术、科学价值的遗物和遗迹。也可以说,它是历史上物质文化和精神文化的遗存,具有历史、艺术、科学价值,是重要的文化遗产。

7.1.2 文物收藏的历史

中国有着收藏历史文物的传统。保护前人遗留下来的物品,有着多样的目的。最初,出于王室、宗庙或官府用于档案,这种目的的历史比较悠久。同时它也是权力、意志、宗教、财富之象征,其收藏的目的也在于世代传给后人。

较早的文物收藏,大致出自商周时期,有许多考古资料可以证明这一点。从彩陶、青铜器算起,夏、商、周三代的宝鼎,曾引起连年的争斗,可以看出古代就重视对前朝文物的保存。三代文物到秦始皇时代被损毁几尽,今天我们只能从考古发掘中见到秦以前的青铜、陶器和玉器,其他一切都不得而见。

两汉时期,文物收藏的范围更加扩大,出现了许多新的保护措施。秦汉时期的文化是承继三代文明成果而发展起来的,所以从秦汉时期的文物中可以了解三代文化的遗韵。汉代的科技进步较显著,尤其是汉字书写工具的革命,使纸、笔得以诞生,故而产生出许多新兴的文化艺术品种。而今天的现代科技,使出土的汉简、帛画等作品得以保存,与秦砖、汉瓦这样容易保留的文物一起,构成了那一个时代的文化风格。

碑碣摩崖石刻得到历代历朝的重视,它也是直观的文化遗产,尤其是文人学者,千百年来一直在从事着保护和研究的工作。晋代各路名家的书法,成为后代万世的楷模,经过不知多少人的努力,至今仍有极其罕见的实物存世;南北朝时期的造像活动,成为后代造形艺术创作的源泉。

唐代书画方面的成就,极大地丰富了收藏的领域,也促进科技材料不断有所创新,砚石、宣纸被广泛采用,给后代留下大量精美的文物。五代时期,虽然天下混战,但文化艺术发展却没有割断,瓷器、拓帖等文物得以保留。

隋、唐以后的历朝历代,从皇室到民间都有大量收藏,文物研究文献更加丰富。宋代是中国文物最发达的时期,其艺术水平之高、品种之多、制造之精,无不被当今文物收藏界所推崇备至。元代的历史不长,但由于北方少数民族的统治,使这一时期的文物别具特色。明代没有很多的创造发明,极力弘扬、恢复唐宋时期的文化艺术成为一种社会风尚,但宣德炉、景泰蓝、成化瓷也是当今难觅的文物精品。清代的文化艺术几乎全面仿古,由于历代清帝的积极参与,仿古器物无论在数量上、质量上都达到了空前的繁荣,取得了很大的成就。清代距今为时不远,所以文物收藏方面的许多成就都体现于此。有些文物珍品被历史文献所记载,其传奇经历也广为民间所流传,这是中华民族的优秀传统。这种传统使先人们的文明成果传至今日,使我们引以自豪和荣耀;使中华民族的悠久历史延绵不绝,为世人所敬仰。

1840 年以来,由于西方列强的侵略和频繁的战乱,中国文物遭受到有史以来最大规模的破坏,许多珍贵文物流失海外。新中国成立以后,开始了中国历史上从未有过的由国家进行的大规模文物保护管理和田野考古发掘工作。特别是 1992 年以后,对文物建筑进行抢救修缮的工程大幅度增加。到目前为止,国家重点文物保护单位中的古代、近现代建筑已有 2/3 以上得到维修,一大批省市级文物保护单位也经过维修而基本解除了险情。其中,故宫筒子河整治工程投资多达 6 亿元,是新中国成立以后规模最大的文物维修整治工程。据统计,1992 年,全国共有 9 亿多元的资金用于文物事业,1998 年则达到了 63 亿元。

古时的文物收藏,不太关注其科学和历史价值,不论官家或民间普遍重视其"宝物"的层面,取舍之间往往取决于当事人的个人好恶和生活时尚。"宝物"的概念以往称之为"古玩"或"古董",古玩、骨董是建立在对古代珍宝的认识基础上的。一种解释,认为骨董是古代遗产的精华所在,就如同肉腐之后留下了骨头,而董者,是明白、知晓的意思;还有一种说法,认为骨董是"古铜"的转音,而古铜器往往是文物中比较有代表性的品种。明代的书中称骨董或者古董，这是因为"古"和"骨"是同音字，在当时是一种失误，但近现代以来，这两种叫法都被广泛认可，因为"古董"与"古物"有着很多共同的意思，把古代遗留下来的古物统称为古董。"古玩"是对古代文玩的简称，这种提法只能追溯至清代晚期。对文物科学化的认识和研究，把古玩或宝物提高到文化产物的层面，是近事了，特别是随着近现代考古学的兴起，使人们对历史文物的认识发生了质的飞跃，这也是现代博物馆得以产生、发展的必要条件。

文物市场在中国的产生相当久远，其公私买卖交易的形成始于何时，现已无从考稽。据前人文学札记的记录，明代已有相当完善的古玩、古物商铺，有很多人从事文玩买卖交易；清代古玩商铺尤为兴盛，业务量空前发达，这一行业的社会地位也随之提高，这与社会需求的增加有直接关系。除整体上看，京城的古玩商比较有代表性，一直保存着地摊、挂货铺和古玩铺这3种形式。解放以后，各地都开办了国营的文物商店，很长一个时期内不允许民间文物交易。旧时京城的古玩商多集中于琉璃厂，它的文物流通中心的地位几乎从明代以来就确立起来，那时它是笔、墨、纸、砚等文具的汇聚场所。如果有钱有闲的官僚们整天游窜于古董商之间，必然会引起人们的注意，尤其会遭到中央纪检部门（御史）的怀疑，会惹上很大的麻烦，商人们非常了解这种情况，就将文物古玩夹杂陈列于纸笔之间，面上都是纸店笔庄，这样，官僚们只当是频繁出入文具店，可以遮掩一般人的耳目。

以往的官宦人家除了将房产这样实际意义上的不动产传给后代，最重要的莫过于古玩了。人们普遍认为古玩相对易于保存，便于携带，又能保值或升值。它的另一大特点是界定它的价值不像判断其他商品那么容易，某件价值连城的文物被外地官员作为一件艺术品或工艺品送到京官手里，这在以前是比较常见的事。古玩商们在这中间往往起到了至关重要的作用，他们一方面要为收藏者们鉴定真伪、判断价格，另一方面要为行贿受贿的双方充当中间人，所以古玩商的生存之道靠的就是信誉，一旦在交易活动中失去信用，那就等于是自掘坟墓。

中国是文物大国，文物收藏是历朝历代人们所关注的重要大事之一，全国各地有数不胜数的文物市场，聚集和流通文物，对文物事业的繁荣起到了不可或缺的作用。从全国范围来看，北方的集散地应属北京，南方的文物流通中心当属上海；而北京在一个很长时期内，是以琉璃厂为交流中心，而上海的古玩商都集聚于五马路。

科学的收藏、保护文物，是对文物进行研究和利用的基础，它已形成一种专门的学科，在现代大学中，它是一个专门的专业领域。对文物的收藏和保护，面临的最大问题就是辨别真伪，尤其是对那些传世珍品，它们历经千百年的流传，不可避免的产生了鱼目混珠的情况，使传世文物中夹杂着诸多赝品。所以，鉴别真伪，对文物划分等级，进行分级管理和收藏是至关重要的。中国古代就有着比较系统的鉴定理论，南北朝时期对书画的鉴赏分为"三品九级"；明代曹昭的《格古要论》可以说是现存最早的文物鉴定专著，全面地集中了前人的经验，将古物分门别类，较为详细地讲解了辨别古物之优劣真伪的经验；清代的皇室非常注重文物收藏和鉴定，皇帝们直接参与金石考据工作，大大促进、发展了收藏文物的力度，也为近现代文物事业客观上打下了良好的基础。

7.1.3 文物的品类

品类是根据不同标准，对文物的同与异集合成类的过程。

文物的分类方法较多，主要有时代分类法、区域分类法、存在形态分类法、质地分类法、功用分类法、属性（性质）分类法、来源、价值分类法等等。

时代分类法是以文物制作的时代为标准，对文物进行分类的方法。文物均有产生的时代，这是文物按时代分类的依据。把同一时代的文物集合起来，把不属于该时代的文物剔出来，分别集合到与其时代相同的组内，从而可将不同时代的众多文物，以其产生的时代区别开来，达到归类的目的，为进一步研究各个时代的文物打下基础。在按时代分类时，要注意我国在时代划分方面的情况，如历史时期的文物，在古代一般按朝代划分，不是按纪年划分，当然在研究某一件文物时，要尽可能了解它的绝对年代，在分类中，一般只考虑它的相对年代。因此，古代文物，一般分为夏代文物、商代文物、周代文物、秦代文物、汉代文物、魏晋南北朝文物、隋代文物、唐代文物、五代十国文物、宋代文物、辽代文物、金代文物、元代文物、明代文物、清代文物。其中周、汉、魏晋南北朝、宋等时期的文物，还可以历史朝代详细划分。在历史时期之前的文物，即史前文物，一般分为旧石器时代文物和新石器时代文物。如果再细分，各时代文物还可再划分出早、中、晚期，从研究角度来说，这也是有利的。古代以降的文物，一般统称为近代现代文物。

从文物的存在形态分类上，大致可以划分为地下文物和地上文物，通常跟收藏有关的文物是指可移动性的。可移动文物共分为以下26大类。

青铜器、玉器、陶瓷、金银器、钱币、雕塑、书画、漆器、家具、科技文物、铜镜、古籍善本、玺印、竹木骨角雕刻、织绣、甲骨、文房四宝、紫砂器、古董钟表、景泰蓝、鼻烟壶、宣德炉、砖瓦、宝石、扇子、杂项。

青铜、玉器、陶瓷以及图书、字画、邮票等等文物的价值具有多重意义，一方面，它与考古学密不可分，是研究历史的物证；另一方面，它是前人工艺技术的结晶，具有很高的艺术欣赏价值；再者就是其扑朔迷离的商品价值，其定价的依据几乎没有哪个人能说得清楚。不论如何，了解我们祖先遗存下来的文化宝藏，知晓其价值所在，对我们每个人来说都不是可有可无的知识。

按质地、性质文物分类为瓷器、陶器、高古铜器、雕刻、家具、玉器、鼻烟壶、杂项等8大项目，杂项下分竹木犀角象牙、漆器、料器、印材墨砚、工艺品等5类。

1. 陶瓷

"陶瓷"是一种通称，"陶"和"瓷"在质地上、物理性能上有很大区别。中国是最早制造陶器的国家之一,是最早发明瓷器的国家。

(1) 陶器

陶器的出现大约在距今 1 万年左右,中国进入新石器时代,开始了定居生活,盛水、蓄物等日常生活的需要,促使了陶器的发明。中国陶器的分布比较广泛,主要集中在黄河流域和长江流域。其中仰韶文化是新石器时期比较有代表性的文化类型,以彩陶为特点,也称"彩陶文化",它派生出半坡和庙底沟两个类型,装饰图案有很高的艺术价值。马家窑文化是新石器晚期的文化类型,比仰韶文化略晚,距今约 5 000 年。黑陶是继彩陶之后的又一伟大创造发明,距今约 4 000 年的龙山文化时期,出现了工艺独特的蛋壳陶。近些年来,山东、河北一带多有仿制,有较高的收藏价值。秦汉时期的陶俑,是我国古代人物雕塑的高峰,使制陶技术和艺术达到了很高的境地。此外,唐代的三彩器、明清两代的紫砂器等,都是中国陶器文物的重要内容,很值得深入收藏和研究。

收藏在中国历史博物馆的"舞蹈纹彩陶盆"是新石器时期最优秀的作品之一,它是距今约 5 000 年以前马家窑文化的遗物,1973 年在青海大通被发掘出土。器形为敞口收腹,口径 29 厘米,造型美观。盆内壁以黑彩料平涂绘成一排舞蹈人物,每组 5 人,分为 3 组,手拉手,踏着整齐的舞步。舞蹈人物形象概括,动感强烈,其装束也很有特点。这件陶器为中国舞蹈的早期形态研究提供了实物资料,这也是文物研究的价值所在。

秦代兵马俑在 1974 年被发现,俑坑在陕西西安临潼区。现已挖掘的部分就有 7 000 多件,规模宏大,被称为"世界第八大奇迹"。兵马俑是作为秦始皇陵墓的陪葬品,象征一支守卫军队。兵马俑造型生动,性格鲜明,体型高大健硕,反映中国古代工匠的卓越表现力。与西方雕塑的不同之处还在于它的外表敷有彩绘,这说明 2 000 多年前,中国的彩色陶塑艺术就已经相当成熟了。

产自江苏的紫砂壶是主要的陶器文物,以地名命名,俗称"宜兴壶",成品种类很多,以壶为最著名。宜兴自春秋时期就有生产陶瓷的记录,后来荒废了许多年,到明代又重新开创瓷窑,成品质量较佳。宜兴紫砂壶是暗紫色、无釉,适于沏茶。造壶名手供春的作品为栗色,造型独特,艺术水平很高,至为名贵。时大彬初仿供春,后自成一路,喜做大壶,前后诸名家都不能与之相比。紫砂泥质细腻,可塑性好,清代晚期至民国时期有许多高手争相为紫沙制作"仿生器",几可乱真,成为紫砂文物的一个特殊品种。

(2) 瓷器

瓷器在中国文物中占有最为重要的位置,是中国古代劳动人民的一项伟大发明,它是在陶器的基础上发展而来。区分陶与瓷的最基本要素是其烧成温度,陶器的烧成不超过 1 000°C,而瓷器的烧成则不低于 12 000°C。原始青瓷可推溯至商代,到东汉晚期出现了真正意义上的瓷器。随后,其他品种亦应运而生,中国瓷器主要以青瓷、白瓷、彩瓷为主。

青瓷体系窑址多遍布南方,唐代浙江越窑青瓷最为优秀,是向皇帝进贡的"秘色瓷";宋代瓷器生产达到高峰,龙泉窑、钧窑、汝窑、官窑、哥窑、定窑等名窑辈出。

白瓷体系窑址多集中于北方，其工艺更为复杂。白瓷在南北朝时期才出现，唐代的邢窑、宋代的定窑是烧制白瓷最好的窑址。

元明清三代以烧制彩瓷为主流，白瓷的产生为彩瓷奠定了基础。其中最有代表性的作品是青花，白底蓝花，淡雅清新。由青花瓷派生出的釉里红、粉古才等釉上彩系列，把彩瓷分割为釉上和釉下两大分支。

中国优秀的陶瓷文物遍布全世界，唐宋以来，外国一直把中国瓷器视为珍宝，称中国是"陶瓷之国"。

"青瓷莲花尊"是南朝青瓷代表作，现藏南京博物馆，高达85厘米，制作非常精美。莲花是佛教圣花，象征着纯洁、吉祥，东汉佛教传入中国以后，与佛教有关的器物多以莲花装饰。釉色青绿如玉，由含铁釉料在高温下烧制而成，据推测，此尊为越窑产品。

宋代的陶瓷生产，把中国陶瓷艺术推上了高峰，哥窑是当时"五大名窑"或"八大名窑"之一。哥窑产品以全身布满裂纹为显著特点，这种似冰裂的纹路被称为"开片"，是由于坯、釉收缩比率的不同而自然形成的，这种自然天成的美绝非人工所能完成。与此相类的还有官窑和汝窑青瓷，我们至今难以考证其确切窑址，只能借助于书籍类文物加以推测。

"永乐青花云龙纹扁壶"为国家一级文物，是明代青花的代表作品，景德镇烧制，现藏南京博物馆。青花瓷起于唐代，元代正式烧成，从艺术水平上看，明代产品达到高峰。其中15世纪上半叶的永乐、宣德两朝产品被认为是青花艺术的黄金时代，大量优秀作品被出口至海外。从元代开始，景德镇瓷窑成为中国制瓷中心，被称为"瓷都"，专为皇家烧制日用瓷器。宋代的"影青瓷"、明清两代的"青花瓷"都是景德镇的著名瓷器品种。

收藏于故宫博物院的"粉彩蟠桃天球瓶"是釉上彩中的珍品，雍正时期由景德镇烧制。清代的颜色釉、彩瓷品种十分发达，粉彩是继五彩和珐琅彩之后的一个釉上彩品种。粉彩的特点是绘画图案的部分在瓷面上凸出来，增强一些立体感，色彩柔和、淡雅清新，民间俗称"软彩"。清代粉彩以雍正时期的产品最佳，代表着清代釉上彩的最高水平。

2. 青铜

公元前3000年左右，中国进入青铜时代。奴隶社会的商周时期，其青铜器以造型宏伟、纹饰古朴、铸造精良而达到顶峰，比较集中地代表了中国古代青铜文物的风格特征。

青铜器主要作为礼器而存在，有些器皿是用于日常生活的，并作为随葬品一同埋入地下，这也从客观上对文物起到了保护作用，为后人对文物的收藏、研究提供了难得的珍贵实物。青铜器是铜和锡以适量配比熔炼而成的合金，除用于祭祀、日用品以外，还被用于制造工具、兵器、礼器等等。青铜器的纹饰以饕餮、龙、凤、云雷纹等为主，商周时期的青铜器以高大厚重、古朴雄伟为特点，如商代司母戊方鼎、西周的大克鼎等，都是举世罕见的青铜文物珍品。春秋战国时期，青铜器上的装饰纹样以几何花纹为多，常有精美的日常生活场面、战争场面等图案，逐渐取代了神秘、恐怖的内容。秦汉时期的青铜器更向生活用器和观赏性艺术品方面发展，更加贴近人间生活。自此以后，随铁器的广泛使用，陶瓷器、木器等材料也纷纷进入千家万户，青铜器就日益走向衰败，它所具有的，就只剩其文物价值了。

商代的司母戊鼎已经成为青铜文物的象征性、代表性作品，原件珍藏在中国历史博物馆，为国家一级文物中的精品。鼎原来是一种用来煮肉的器具，商周时期演变为祭祀用的礼器，是一种权力的象征。1939年在河南安阳出土了此鼎，它重达875千克，上面铸刻着"司母戊"三字铭文。这件珍贵文物曾一度被重新埋入地下，以避侵华日军的耳目，到1946年抗战胜利后又被重新挖出。

"宴乐射猎攻战纹壶"是战国时期作品，1965年于四川成都出土。造型简练，表面有精细的嵌错图案，分上中下三层，分别勾划出射箭、采桑、宴饮、舞蹈、奏乐、战斗等场面，内容丰富，层次分明，以平面展开的形式构图，人物结构准确、动感强烈。嵌错是一种比较复杂的金属工艺，以金、银、铜的不同质地和颜色与底色形成对比，产生精美纹饰图案。

长信宫灯也是一级文物中的精品，产于西汉时期，1968年河北满城出土。这件铜器不仅有着很好的实用价值，而且有很高的艺术欣赏价值，把人物造型与灯具完美地结合成一体。西汉时期的青铜灯具多有出土，多数以动物或人物造型为其主要结构，设计巧妙，想像力丰富。这一时期的青铜器已完全失去了其早期的威严和神秘，成为日常生活中比较普通的用品

3. 玉器

中国古代就有重视玉器的风尚，视玉器为神秘、珍奇、高贵之物，以佩带玉器显示自己的财富、地位、并将君子德行比附于玉器。中国是产玉大国，七、八千年以来，玉器的开采、加工制作连续不断，一直持续至今日。玉器文物见证了中华民族的智慧和文明，也是我们认识和研究中国文明史的宝贵实物形象资料。玉料的成分比较复杂，其高低层次有很大差别，受到上至皇帝大臣、下至文人百姓的普遍喜爱，社会的各个领域都对此珍惜关爱。不同级别的玉器文物，要视其历史价值、艺术价值和可行价值的大小来确定。决定玉器文物的价值，大体上可视以下条件而定：一是玉质、玉色的优劣；二是制作工艺的精细程度；三是器物的外观品相、大小轻重；四是其品种的多少，物以稀为贵；五是要看玉器的年代有多久远；另外还要考虑其图案设计是否巧妙、装饰内容的雅俗之分、它的传承人物等诸多因素。当然，国宝级的玉器文物在上述条件中占有特别的地位，不可为普通玉器文物所比。

古玉的材质，东汉时期许慎《说文》中解释为"石之美"者，是天然矿石之一种。"美"的条件一是具有润柔的、半透明的质地、二是坚硬程度、三是比重要在2.5～3之间、四是其色泽为白、青、碧、黄、黑五色之一种。我国的新疆、河南、辽宁、陕西、四川等地都出产优质玉材，其中"昆仑山玉"、"岫岩玉"、"羊脂玉"都为著名品种，多以地名而命名。由于玉质坚硬，其加工工艺比较复杂而艰难，"玉不雕不成器"、"琢磨"、"切

磋"等词汇都由玉器加工工艺过程而来。总体来说，玉器加工过程大致上分成开采、选料、设计、剖切、制坯、琢文、穿孔、抛光等工序。在多达十几道加工工序过程中，工匠的技术水平决定了产品的艺术效果，也带出了不同的时代风格，使各个历史时期的玉器文物都具有鲜明的时代烙印。

远古时期，人们认为玉器可以避邪、防病治病，除了佩带之外，还把它作为祭祀的礼器，有神秘、神圣的意义。商周两代，玉器制作非常兴盛。河南殷墟"妇好"墓出土了750余件精美玉器，说明玉器在当时是权贵地位的象征。（"妇好"是当时有名的女将军，财富倾城。）2 000多年以前，玉雕水平更加提高，春秋战国的文人士大夫们更是把玉与人的道德品质联系起来，认为玉具有仁、义、智、勇、洁5种美德，佩带玉器成为道德身份的标志。汉代的玉器承前启后，西域新疆玉大量引入，统治者崇尚厚葬之风也促进了玉器制造业的繁荣，河北满城出土的金缕玉衣，有两千多片玉片串成，打磨精细。魏晋南北朝时期，由于社会动乱和陶瓷业的勃兴，玉器发展略有停滞。唐宋以后，作为装饰物的玉器更加普遍，而且更多地被使用到日常生活当中，赏玩玉器之风就此而起，至今不衰。明清两代的玉雕业更加繁荣，从品种、规模、产品等方面都大大超过前代，主要生产加工集中地为北京、苏州、扬州、江西等。清代出现了很多大型玉雕，乾隆以后，有很多利用玉材原型加工而成的超大作品。晚清以后，随着整个封建社会的衰败，玉雕生产、玉器加工日益衰微，从艺术价值上看，已无什么优秀作品而言了。

中国玉器是中国文物体系中的重要分支，许多传世佳作都经历了重大的历史事件、经过了重要人物，是研究历史的重要物证；许多玉器文物经过数千年、数百年后，仍完好无损，成为不朽的、人类共同拥有的文化财富。

"玉凤"是商代"妇好"墓中最精美的玉器之一，现藏中国历史博物馆，它代表着那一个时期玉器的艺术水平和技术水平。"妇好"是商代有名的女将军，考古发掘的甲骨文中有对她事迹的记载。1977年考古工作者对其墓室进行发掘整理，出土文物近2 000件，其中玉器有755件之多。凤是中国人共同喜爱的一种理想化的神鸟，代表着女性的阴柔之美。商代玉雕的主要题材是动物，有龙、凤、象、鱼等二三十种，其主要特点为造型小巧，采用扁平的轮廓剪影手法，形象概括、生动，线型流畅，充分发挥石材自身的质地美，既有活泼有趣的一面，也有远古神秘的一面。

在中国人的传统观念中，精美的宝玉还有防腐功能，所以常以玉石制作衣服给死者穿戴，或者在死者的口中塞进玉石，以防尸体腐朽。到现在为止，我国已发现汉代玉衣20多套，都是皇帝或贵族们所享用的，可见玉衣在汉代广泛盛行。玉衣并不能阻止尸体的腐朽，但这些玉衣本身却都完好地保存下来，成为珍贵的历史文物。现藏中国历史博物馆的一件金缕玉衣是西汉时期文物，保存相当完好，1968年于河北省满城出土，有2 000多块玉片用金丝串成。

藏故宫博物院的几件唐代玉杯都为国家一级文物，造型大气，有外来文化影响的痕迹。这几件玉杯选材精良，艺术品位极高，尚带有南北朝时期的遗风，对研究那一时期的历史文化演变具有重要意义。

俏色玉器是中国玉雕文物中的特殊品种，利用玉石原材料的颜色、纹路进行巧妙设计，使形式和内容达到完美的统一，形成绝无仅有的艺术价值。俏色玉器产生的历史相当久远，商代遗址中就出现过多件构思巧妙的佳作，如利用青灰色玉石雕成的鳖，不仅整体颜色逼真，还利用两个黑点雕琢出眼睛妙趣横生。现藏故宫博物院的"桐荫侍女玉雕"为清代作品，底部刻有乾隆皇帝的诗文，说明这块玉材产自新疆，先制成一个玉碗，剩余部分制成这件玉雕作品，利用玉石原有的形状、颜色，雕琢出树木、房屋、人物以及假山等，成为皇帝的心爱之物。

4. 金银器

金和银都是先人们发现的贵重金属，它们都有较好的延展性，易于加工，被世界上许多国家所重视。中国的金银工艺具有较长的历史，金银文物也相当丰富。

中国人历来强调"物以稀为贵"，金银器的产生，要从采矿、冶炼、加工等复杂的程序入手，所以总体数量上较为稀少，传世的金银器文物也就备受人们的重视。金矿在自然界中鲜有大块原矿，它以小颗粒状散在沙中；而银矿则多与其他金属矿相伴相混，所以其开采都有一定的难度。熔金技术也较难掌握，高温炉具是加工金器的技术前提，银器加工要晚于金器的加工（商代），二者都是中国文物宝库中重要的组成部分。同属于手工艺品的金银器，都是广大工匠的劳动成果。所以在作品中极少有题名款的，而一旦具有罕见的传世作品痕迹，其价值肯定倍增。宋代以后，收集、收藏著名手工艺品成为一种时尚，一些较为优秀的作坊、店铺往往都在产品上打上字号，从一个侧面激励了工艺水品的提高，也对我们的文物鉴定工作提供了佐证。比如元代的著名银器匠师朱碧山，到明代时他的作品就已是被人们争相收藏的珍品了，当今收藏在故宫博物院的一件原作，当为一级文物中的精品。清代金银器加工业的中心在北京，匠师以山西人、河北人为主，有著名的荣和、荣增金银店，规模庞大，有技工200余人，以打制金、银、铜佛像而闻名海内外。雍和宫内高达一丈八尺的宗喀巴铜像出自永成、荣和两家金银铺，制作年代约在1926年。

我们今天了解历史，主要是通过文献和文物，它们是社会文化发展的物化。所以文物所具有的历史价值不容忽视，比如早期的焊接技术到底是什么样子，产生年代在什么时候，我们可以在出土文物中找到答案，战国墓出土的金盏就是最能说明问题的实物，它的钮、盖、身、足都是分铸后再焊接成一体的，再比如1979年在山东临淄出土的一批银器中，有一件1 000余克重的鎏金银盘，口沿和底部刻有题记，标明为秦始皇三十三年（公元前214年）所制，据此，我们可以推算出秦时的重量、容积的单位值。

金银材料易于加工，而且有美观的外表，所以常被利用与其他材料混用，起到装饰作用。如鎏金、金银错、镶嵌金银、包金包银等等，这些工艺技术的实施都有较高的难度，不易被广泛掌握使用，所以现存文物较少，更加增加了其贵重程度。

现收藏于陕西省博物馆的八棱金杯，是唐代比较有代表性的作品，1970年发掘出土。此杯为国家一级文物，高6.4厘米，侈口八角，圈足。八个面之间以连珠式图案相分割，分别装饰有拍板、吹箫、弹奏琵琶等人物浮雕图案，人物形象高鼻深目，明显是当时的西域胡人形象。此外，还有忍冬纹、卷草纹，以及山石、飞鸟、蝴蝶等装饰图案。这件文物对研究唐代的金属工艺、造型艺术、文化交流、歌舞音乐以及服装穿戴等各方面社会现象都有极大帮助。

"菱花银盘"于1983年出土于四川遂宁，为宋代作品，口径17.2厘米，是少有的优秀文物。此盘外沿呈六角菱花形，平底，沿口平折，折边上采用凸形装饰手法，使图案具有起伏的立体感。盘底为独立的盛开莲花，周边刻有姿态各异的花叶，使银盘的总体变化上有层次感，让人们联想到当时的一些陶瓷装饰。

现藏定陵博物馆的明代金冠就出土于定陵，是1958年对明神宗的陵墓保护性发掘时发现的。此金冠高24厘米，神宗皇帝的御用品，有着极高的历史价值。金冠外形承继了唐代幞头形式，是由包头巾发展变异而来的，明代较为流行。金冠主体以金丝编织网状帽身，顶部饰有二龙戏珠图案，下部以一金圈固定。这种帽子后来被民间俗称为"乌纱帽"。

"金坛城"属国家级文物，现藏故宫博物院，高20厘米。这件文物工艺精细，综合采用刻、锤、累丝等工艺手段。使整体造型华丽富贵。"坛城"是藏传佛教的法器，由乾隆二十六年皇太后命令清宫造办处制造。清宫遗留的坛城为数不少，但金坛城则极为罕见，可见其文物价值之高。

5. 漆器

漆的最早功用是书写文字，后被墨取代之。漆是一种树木的名字，在中国的皖、湘、鄂、浙等省都有出产，树皮所产生的液汁为漆。漆的髹饰功用要晚于书写，用漆作画始于汉代。能够以实物形式来证明漆器在中国的最早出现，当属浙江余姚河姆渡出土的漆碗，据碳–14测定，距今有6 000余年的历史。经过几千年不断的革新和发展，漆器的制作工艺非常复杂、考究，品种千变万化，到明代达到了一个顶峰时期，隆庆年间的《髹饰录》是总结漆器的一个集大成式的著作。

从工艺技术上讲，漆器大致可以分为以下几类。

（1）漆。直接在木漆表面平涂漆料，简单易行，效果朴实，至今仍然在家具、工艺品、建筑等表面处理上广泛使用。

（2）雕漆。在器物表面叠涂朱雀，使漆面达到一定的厚度，再用刀具体刻出各种图案，产生浮雕效果，比较麻烦。

（3）雕填。在上述雕刻工序之后，于凹底部分填入另外颜色漆料，直至填平，使图案富于变化。

（4）戗金。待器物表面的漆层干透后，用针、刀等刻画图案，再以金屑、金丝填平，用银者称为戗银。

（5）填漆。用不同颜色的漆料，用时堆填，按照事先设计好的图案使漆料之间自然相接，然后打磨成一个平面。

（6）螺钿嵌镶。根据不同装饰内容，在漆面局部雕刻后嵌进螺钿，使装饰效果更加复杂，色彩变化上也更加丰富。

在平漆的技法中，后来又延伸出许多以金为装饰的方法，如描金、贴金、撒金、泥金、涂金等，以及描漆、彩漆等涂漆的不同手法。漆器的历史比较长，又经历耐用，留至今日的文物也较多。

漆器中的珍品当属"犀皮漆器"，传世稀少。《髹饰录》等文献中有记载，明代以后也有不少传说，有说是产生在唐代的，还有说更早的。1984年在三国东吴大将朱然墓中出土的实物，证实了犀皮漆器至少在三国时期就已产生。漆器当中，雕漆被认为最高贵，具有较高的艺术品味。宋人雕漆多以金银为胎，为皇宫所喜爱，据文献记载，漆色有红、绿、黄、黑等颜色，装型以盒类为主，可惜传世者稀少。

元代的著名品种仍是雕漆，有名家张成、杨茂，故宫博物院藏有两位名家的作品，今天都是国宝级文物。元代漆器的漆层较薄，这种特点对日本的漆工艺影响很大。

漆器的品种繁多，工艺复杂，文物鉴别工作比较困难。但不同时期的纹样特点、款式类别给鉴定工作提供了很多线索。明代永乐年间的漆器喜用锡胎、木胎，雕刻花纹以锦地较多，底部往往墨漆针刻"大明永乐年制"款。宣德年间漆器的红色更加鲜艳，底部以刀刻"大明宣德年制"字样，以金粉填刀痕。明代民间的漆器生产量也较大，以黑漆为主，所制器物主要是日常生活用品。

1978年，在湖北随县战国曾侯乙墓出土了大量漆器，这些珍贵文物现藏于湖北省博物馆。其中"彩绘乐舞图鸭形漆盒"是最有代表性的作品之一，高16.3厘米，长20.4厘米，距今已有2 500年的历史，其表面漆饰仍有较好的光泽，是十分难得的漆器文物珍品。

收藏于中国历史博物馆的"金银平脱漆背铜镜"最能代表唐代的工艺水平，在周边呈八瓣葵花形的铜镜背面做漆层，再剔刻镶嵌金银薄片，组成羽人、花鸟等图案，色彩富丽。这种工艺手法在唐代比较流行，使铜和漆这两种不同材质完美地结合在一起，形成鲜明的盛唐风格。

"剔红栀子花纹盘"的足边有明确的"张成造"款识，是元代雕漆的代表性作品，其价值无法估量。张成在元代已是著名的漆雕匠师，他的风格比较独特，浑厚圆润、不露刀锋。这件作品收藏于故宫博物院。

清代皇帝普遍喜好收藏古物，对古代器物造型推崇备至而荒于创新。这一时期的漆器造型模仿古代铜器、瓷器、玉器的特点为主流。"剔红海水游龙盒"也是收藏于故宫博物院的重要文物，高9.6厘米。此盒同体朱漆，工艺及其精细，据宫廷档案记载，此时雕漆工作是由南方来的牙雕工匠所为，所以其刀锋的精密程度几乎达到了无懈可击。

6. 印玺

古代的印玺是中国文物宝库中的重要内容之一，其收藏、鉴别、研究对中国文字的产生、发展有着重要作用。中国古代印玺包括了鸟篆、大篆、小篆等各种字体，虽然它的体积都很小，却是文物收藏的重要项目。

印玺的产生年代很难考据，普遍认为它始于三代之时。印玺的用途、形式各有不同，是经过一个漫长的时期变化、发展而形成的。它最初产生于装饰作用，用玉石做成，佩戴随身，没有一定的定制；后来对美观的要求越来越高，印玺的花纹、文字也就越来越复杂，个人的姓名、官衔也都成为必须的内容；随着配饰风气的增长，印玺成为一种信物，作为一种凭证的出现是到秦代的事了。到秦始皇的年代，只有皇帝的印章才能称"玺"，而官民称"印"。古印玺为官印或姓名印，到唐宋开始出现表字、堂号、斋名等内容。汉印的主要目的已经发展为钤盖，文字比前代有所改易，古朴典雅，有很高的艺术性。汉代印玺的使用，更加明确了级别定值，如皇太子用金印龟钮，诸侯王用金印骆钮，二千石以上官员用银印龟钮，六百石以上官员用铜印鼻钮等等；再如太子将军称作"章"，其他人员为"印"等等。六朝开始出现朱白文，产生较大的变化。唐代印章多变化创新，但许多文字偏离了六义，无古法可循。宋代崇尚纤巧，字型、印形开始出现较大的变化，异形闲章出现。元代的一些著名文人力图复古，多作朱文。明代开始有人较系统地整理、研究古代印玺，一些收藏家把收集到的古印进行拓印刊行，使古代印玺文物的收藏和研究逐步走上正轨。

印玺的名称各有不同，大体可以分为以下几种。

（1）玺。三代以前诸侯大夫之印通称玺，秦始皇以后为王者独用，以后历代皇帝御玺体形、文字各有变异，但绝大部分都为螭虎钮。

（2）印。春秋战国时期出现印的名称，但不普及，秦代时期的官印通称"印"。六朝时朱文、白文并行。传世文物中汉印较多，据考证起源于封泥。

（3）章。汉代印和章并称，而称章的地位更高些，如传世文物"广武将军章"、"御史大夫章"等等。

（4）记。与章并称，都有识记的意思，如传世唐代观音"大毛封记"、宋代的"永定关税新记"等等。

（5）印章。印和章连称，汉武帝时期有这种叫法，如传世文物"校尉之印章"封泥"丞相之印章"等等。据考证这与当时时尚五行说有很大关系，喜用五字，"之"、"印"、"章"有时是用来填数的。

（6）宝。皇帝用玺的别称，据说秦始皇觉得"玺"的发音接近于"死"，就改称其为宝，以后历代皇帝就沿用下来。

(7)关防。明太祖时,为防止官僚之间用空白官方文书舞弊,加强关防,就采用半印公文制,如同战国时期的合符一般,来勘测公文之真伪。后来尽管这种半印制度废弃了,但官员们仍称官印为"关防"。

印玺的质地、材料差别较大,夏、商、周及三代以前均为玉印,与当时的道德观有联系。秦汉时期只有天子才能用玉印,所以秦汉以后玉印传世很少,是非常珍贵的文物。金印、银印在汉代时出现,从文物、艺术鉴赏的角度看,其材质上的贵重还在其次,它只不过是印玺拥有者的身份地位之象征而已。按照当时的规定,汉代俸禄为二千石的官员,使用银印龟钮,而更小的官员只能使用铜质印。古印当中有极少数印章是使用宝石、玛瑙刻成的,于文字艺术无益,只是因为印料贵重罢了。瓷印大约出现于唐宋之间,质地坚硬不易刻制,有点类似玉印的效果。石印在古代未曾出现,宋代才开始有私印出现,传世极少,宋代石质印章很普遍,易于镌刻,效果古拙。象牙、犀角都是汉代低级别官员使用的印章料,后世的私印也经常使用,但这些骨质材料较粗软,时间久了字形会变。

篆刻作为独立的艺术门类之出现,是随着唐宋文人画的勃兴而兴起的。诗、书、画、印的整体艺术观念,是画家、书法家们注重在作品上钤盖姓名、别号、斋馆名号等印章。所以即使是那些优秀的篆刻原件已不复存在,我们依然可以欣赏到印章的图像。

文彭、何震为明代杰出的篆刻艺术家,占据着印学史上的重要地位。文彭(1498—1573)是明代大画家文徵明的长子,他的巨大贡献是开创了"石章时代",书画家亲自操刀制印,石章风行印坛,明清篆刻艺术继秦汉古印以后至复兴,文彭功不可没。何震(?—1604)与文彭亦师亦友,其风格多变,整体面目苍劲古拙,在印坛有极高声望,在当时的许多文臣武将都以得到何震一印为荣,待何震死后有"片石与金同价"之说。

邓石如是清代最优秀的书法家、篆刻家以及艺术理论家之一,生于1743年,卒于1805年,著有《完白山人印谱》,其书法被时人评为"国朝第一"。邓石如独具一格的刻风是把篆书的变化运用到印章当中,婉转流畅、婀娜多姿,成为当时印坛上的重要流派"邓派",与另一支流派"浙派"形成中国印学史上的两个重要派别。

吴昌硕(1844—1927)是活跃于清代晚期的画家、书法家和篆刻家,自成一体,有《苍石斋篆印》、《齐云馆印谱》、《篆云轩印存》等多部印谱传世。他从十几岁开始从事篆刻的学习和创作,对篆法、章法、刀法等方面做出巨大贡献,尤其讲究布局意趣,刀法老辣,钝刀硬入。他的篆刻艺术风格对近现代日本印学有很大影响。

7. 木器

从材料本身来看,木器的价值不算是高档的,但就其文物与收藏价值来看,它是中国文物众多品种中一个不可或缺的重要项目。

谈到木器不可不牵扯到家具,《齐民要术》就指出中国的家用器具一直以木材为主。家具的发展高峰当属明代,清代次之。具有强烈的民族风格、独特的艺术形式和高超的工艺技术特点。北京、苏州、广州等地是中国木器文物最为集中的地方,各自具有鲜明的地方特色。

在木器文物当中，最有代表性的是北京的硬木家具、苏州的红木家具、上海的红木家具、广州的酸枝木家具、宁波的骨嵌家具、云南的大理石镶嵌家具、山东的潍坊银丝镶嵌家具等等。此外，在民间散落着大量明清以来的木器文物，不仅有式样各异、造型朴拙的家具，还有结实耐用、就地取材的各式农具，传达着浓厚的乡土气息，反映出劳动人民的智慧和创造力，大大地富了木器文物的内容。

硬木家具是对质地较为坚硬的木制家具的统称，几乎也成为明清家具的代名词了，因为明清两代的硬木家具最为发达。归纳起来，主要的硬木系列有如下几种。

（1）紫檀。是木质材料中最为贵重的，如今这种原材料几乎枯竭，重金难以购得。紫檀木产于热带，色深质坚比重大，入水下沉。明代开始从南洋大量采购，以供宫廷之用，以至清宫所用的大部分紫檀原料还是明时的存货。尽管清代也有些新采的紫檀，但尺寸都很小，所以清代紫檀作品多为小巧者。紫檀纹路细密、色深体重，几乎难以伪造，鉴别起来也比较容易。

（2）红木。红木主要产自云南，质硬色红，但从质地色泽上进行比较，效果次于紫檀。红木器具当中以明代家具最为贵重，俗称"老红木"。

（3）花梨木。以往的文物收藏界把花梨木看成是硬木当中最劣质的一种，认为其纹路较粗而多疤疵，而且多为普通居民所使用。近年来却逐渐认识到花梨木的独特审美价值，其市场价格也随之飞升。

（4）楠木。产于黔、蜀等地，木体芳香、质地坚密。这种木材大料较多，明代多以之建筑栋梁，家具上多与其他品种的木材相搭配使用。

（5）鸡翅木。产自广东、海南岛，大材极为难得，所以鸡翅木多被用来做小型器物或者用以拼嵌到其他品种的木材中。

（6）黄杨。生长极为缓慢，质地坚韧，宜用于雕刻、雕版，佳者色如蛋黄，视觉效果很好。

（7）乌木。木制色泽沉稳，几乎接近黑色，绝少大材，常被用来制成筷子、烟袋，以及小型陈设品。

（8）桦木。产自东北，花纹非常漂亮，多用来制成桌面、柜门等。这种木材价格便宜，民间家具中被广泛使用。

此外，樟木、柏木、榉木、楸木、杉木以及竹子等材料都是中国木器文物中常见的品种，其文物价值不可以其价格低廉而被忽视。

近些年来，欧美各国大兴收藏中国家具之风，而国人有不重视传统木器工艺的保护，只关注西方现代家具潮流，使大量优秀的木器文物流向海外，是一件令人遗憾的事。

8. 砚

砚是用来研墨的文具，应该与墨的使用相联系，最早的石砚出土于秦墓。从研墨器具的角度看，新石器时期的一些遗址中，都留有磨制颜料的痕迹，应当被看成是砚的初期形态。

从文字记录上看，周初就有石砚、瓦砚和墨，但无实物出土，从汉代已经非常成熟的陶砚来分析，它的出现期限更早是有道理的。唐代以前的1 000多年当中，人们普遍使用瓦砚，也就是陶砚，其烧成温度较高，质地细腻。唐宋之时，砚的品种增多，石砚受到文人墨客的挚爱。唐代是使用石砚承上启下的时代，唐以前有石砚，但并非特意开采并雕琢，而是比较随便地使用石片来研墨，用完则弃；唐代开始发现有些独特的石材制砚效果很好，如端砚、歙砚都在此时被相继发现；但由于开采难度很大，所以仍以使用陶砚为主。从南唐、五代之时，官府指派官员至端、歙采办砚务，石砚开采开始增多。宋代文人非常重视石砚，陶砚逐步为石砚所取代。元代统治者深知砚石的珍贵，在端、歙两处派兵把守，有节制地开挖。社会各界普遍使用石砚。清代更是大肆采挖，由于乾隆的喜好，投入大量人力、财力，所获得的优质砚石也最多。

能以文物价值来考察的名砚，一般被认为以"四大名砚"为主。

(1) 端砚。产于广东肇庆，古称端州。相传开采始于唐代，以石质优良、不损笔豪著称，据说可以呵气研墨。端石的最大特点是自然产生有石眼，这也是鉴别端砚品级高低的重要标志之一。端砚的另一特色是雕刻精美，著名的品种有池头雕花砚、天然雕花砚、太史砚、平板砚等等。

(2) 歙砚。产自安徽歙县。歙砚质地坚硬，叩击发金属声，冬季研磨不上冻。从南唐始就为朝廷专供石砚，有著名的眉纹、水浪、玉带等品种。歙砚装饰以浮雕、半圆雕为主，并巧妙地利用自然纹理。

(3) 洮砚。产自甘肃南部临洮，古城洮州。洮砚的原材料采自洮河，所以也称"洮河砚"，呈碧绿色，晶莹深邃。宋代开始生产，被认为不下端砚，受到历代文人的喜爱。洮砚传世文物极少，现只有故宫博物院的宋代"蓬莱山砚"、天津艺术博物馆的宋代"抄手砚"，价值连城。

(4) 澄泥砚。产于山西绛县。澄泥砚实为陶砚，因烧制以前淘练泥料非常精细而得名，质地比古时陶砚要坚硬。生产始于唐代，宋、明、清各代一直生产，传世文物也较多。此外，山东益都的红丝砚、山西绛州的角石砚、河北易县的易州石砚、广东的金星石砚等等，也都受人们的喜爱，成为文物收藏爱好者争相获取的石砚。

对名砚的鉴赏与收藏古已有之，历代帝王几乎都很重视，而藏砚最丰富的要数清廷，据《西清砚谱》载，清宫内廷收藏有从秦汉陶砚到宋元明各代的名砚甚多，其中还有大量历史名人用过的石砚，如唐代褚遂良、宋代宣和皇帝、苏东坡、米芾、陆游、文天祥、黄公望、黄其昌等人的私人用砚。

9. 牙器

牙器指用象牙制成的器物，近、现代泛指骨刻类工艺品。牙雕工艺在我国有着悠久的历史，远在新石器时期，先民们就以兽骨、兽牙做装饰、做骨梳、骨针，成为后人牙雕工艺的萌芽。据《史记》中记载，纣王用象牙作筷子，以及牙床、牙扇等牙器。用处最多的还是装饰，男女老少都有使用，并无礼仪制度的限定。三代至明代的官员上朝都要举个笏，周代的规定是只有诸侯才能用牙笏；明代是四品以上官员执象牙笏。清代以后，象牙多被制成陈设性工艺品。

象牙自身的尺寸有限，所以牙器都是较小的物件，从现已发现的文物看，有春秋战国时期的牙雕剑鞘、汉代的棋子、晋代的象牙笔管、唐代的压尺、宋代的古琴拨子以及梳子等等，宋代宫廷设有文思院，专有象牙作坊，开始制作集观赏性、技术性于一身的象牙球，被称为"鬼工球"，可见其工艺技术之高超。明代是牙器发展的一个重要阶段，官府有御用监，下属象牙作坊，创作人物摆设、印章、文具以及其他日常用品；民间也有许多独立的牙器作坊，制作家具嵌饰、梳、簪等物件。清代宫廷牙器集中在造办处，下属有专门的工艺作坊，承继明代牙器工艺，生产龙舟、宝塔、花篮、牙扇、牙灯、牙席等等。其中牙席的工艺技术达到了很高的水平，先把象牙劈成1尺长、2毫米宽的牙丝，再进行编织，有柔韧性、可卷可放。深层浮雕也是清代牙雕技法中比较突出的一种，层层叠叠，复杂多变，在有限的空间内营造出立体感很强的层次效果，代表性作品有"十八罗汉"、"渔家乐"以及一些表现亭台楼阁题材的作品。

从文物鉴赏的角度来判断牙器的优劣，一是看做工、二是看历史，做工上等者必然优，但纵观牙器的发展，现在的做工远不如以往，所以旧器较佳。我们通常所能见到的有笔筒、图章、画轴、笔管、牙箸、牙牌、首饰等等，品种较多。还有一种在牙片上的微雕，鬼斧神工一般，从清末民初发展起来，后来人们竞相仿制，现在有借助显微镜制作的，其价值恐不及旧货。牙器以清乾隆时的制品为最，为文物收藏界所重。近些年来由于动物保护运动的兴起，牙雕业几近荒废，尤其是象牙雕刻已经绝迹，仅存的一些作坊都以牛骨、骆驼骨雕刻代之象牙了。所以仅存于世上的旧时文物更加宝贵。

中国按照文物的价值将文物划分为：参考品、一般文物与珍贵文物三个级别。其中，珍贵文物又分为一级文物、二级文物、三级文物三个级别。一级文物为国宝级文物。我国文物保护法明确规定：中华人民共和国地下、内水和领海中遗存的一切文物，属于国家所有。国家对文物的出口做出了严格的规定。

7.1.4 文物鉴定的原则与方法

对文物的鉴赏分为鉴定与欣赏两部分。对于一项文物，首先有一个鉴定的问题。对于发掘的遗存来说，鉴定是指所属文化年代、地域等的判定。对于非发掘的物品而言，还有更重要的真伪问题，是全真、全伪，或是部分真、部分伪。除此之外，鉴定的另一目的是判定文物的品质和等级。由于文物也是一种财富，会随着时代变迁不断增值；作为一种特殊商品，有的文物价值连城，甚至是无价之宝。古今中外都有为了牟利，为了满足收藏要求而伪造文物、仿制文物的现象。在我国，最早在《汉书》中就记载西汉文帝时新垣平伪造玉环和周鼎、"冀欺人主而取富贵"的故事。从唐、宋以来，随着收藏文物风气的兴盛，文物作伪的范围越来越宽，作伪的技术也越来越高，一些作伪的文物达到乱真的程度。例如，宋瓷不仅有民间私坊作伪，还有明清官窑的作伪；不仅有商人作伪，尚有文人的作伪。或苦于求索而托人代笔，明清书画家中有不少这样的大家；或因无业可图，仿古名人书画以谋生计。文物的真伪混杂，不仅仅使博物馆和收藏家受到赝品的困扰，而且更重要的是关系到历史证据的真实性，因此鉴定不仅有必要，而且对维护历史的尊严有着重要的意义。

在我国，文物鉴定的历史和作伪的历史一样长，文物鉴定已经成为专门学科，历史上和现代都有著名的文物鉴定专家。基于长期实践的文物鉴定的主要原则和方法如下。

1. 所产生时代的礼仪制度与社会风尚分析真伪

任何一件文物作为那一时代的精神或物质产品，都必须与当时的礼仪制度和社会风俗习惯相一致，作伪的文物多为后人所作，常出现与此不相符的蛛丝马迹。唐代史学家刘知畿结合服饰考察，从"芒屦出入水乡，非京华所有"，"帷帽创于隋代，非汉宫所作"而鉴定传为张僧繇画的《群公祖二踩》和阎立本画的《明君入匈奴》为伪作。

2. 尽可能以考古学成果作真伪鉴定的标尺，对文物进行辨伪比较

当代中国考古学有了长足的进展，新的发掘和研究成果更更新了对许多文物的认识。通过考古学的类型学方法，逐步建立起各种文物的演变系列，形成鉴定文物的可靠标尺；用这个标尺对文物进行对照比较主要着重在如下三个方面。

（1）材料质地、特征的比较。例如汉、唐、宋三代铜镜的铜合金比例不同，宋代仿制的铜镜含金比例中锡含量降低，铅增多而且掺入了锌，使之呈褐黄色，质栋粗糙。只要了解各期铜镜的含金比例特征和锈色的不同，就能鉴别真伪。

（2）形制与纹饰特征的比较。例如汉武帝之前的钱币，铸成后不锉磨边部，周边呈毛口状，而伪造的先秦钱币锉得光滑平整；又如伪造的青铜器上的纹饰常与当时纹样体制不符，而铭文差错更多，行文体例、字体结构不符，多现错字。

（3）工艺制作特征与品质特征的比较。伪文物由于为后代所作，工艺制作方法已不相同。如唐三彩，真品多为捏塑手制或轮制兼用，同类产品大小不一，而仿制品大多用模注浆而成，同类产品规范统一；在施釉上真品多为刷釉，自然流淌、渲染。仿制品采用喷釉，形成套色。在形成的釉色品质上，真品窑变美妙，釉色莹润，而仿制品袖色艳丽、刺目，带有"火气"。对于名家书画和民间手工艺巨匠制作的工艺品更要以真迹、真作进行笔墨、章法与工艺技法风格的细腻而全面地比较对照辨别真伪。著名文物鉴定家王世襄以其对历代竹刻研究的丰富的知识，通过题字题名款识、画面风格、运刀技巧、刀痕特点等雕刻工艺技巧、形制特征、艺术品位等多方面的真伪对照，准确地鉴定几件模仿清初竹刻工艺大师作品的竹刻笔筒的作伪特点——"惟细惟谨，亦步亦趋"的乱真手法。

3. 了解文物仿制与作伪的方法和文物质品的特征，作为识别其他文物的依据

由于时代的变换，仿制或作伪的方法与原文物的生产方法有或大或小的差异，形成的质品也就有其自身的特征，了解这些方法和特征可以为我们识别伪品提供依据。文物的仿制品都不免带有仿制时代的仿制方法的痕迹。例如清代仿制明代宣德青花瓷器，青花发色欠佳，有浮于器表的感觉；由于刻意求真，纹饰线条呆板、拘谨，仿的黑疵也不似真品沁入胎面；大件瓷器真品是分段粘接而成，一些仿品却是合模而成。又如古钱币伪造的手段主要有"翻铸、改刻、挖补"三种，翻铸的由于范型收缩，伪钱小于真钱；改刻是将普通真钱改刻成真罕钱，改刻处一般做伪锈或涂上泥土、颜料；挖补是将两种钱相互拼凑。

4. 充分运用科学技术作为鉴定的方法

近几十年来，科学技术的迅速发展为文物的鉴定创造了条件，把自然科学手段运用到文物考古和辨伪工作上已有了不少的成果。如用碳–14、热释光一类的年代测定技术，各种无创伤的检查技术等等都为文物的鉴定提供了科学而准确的方法。

对文物的鉴定，需要有广博、深厚的历史文化知识和丰富的审美修养，要对所鉴赏的文物品类的产生与发展和流传有深入研究和分析。文物的专门鉴定自然是考古、文博专家和专业工作者从事的事业。但是，旅游工作者了解文物鉴定的基本原则和方法，对于更好地向旅游者介绍文物、提高其对文物的观赏水平无疑是有意义的。

7.1.5 文物的欣赏方法

在前面几章已对文物中的造型艺术（绘画、书法、雕塑、建筑与园林等）分别进行了论述。其中，关于中国文化艺术总体特征和中国传统审美思想以及各个时代审美风尚的论述，对于我们欣赏其他文物，特别是有较强艺术性的文物有着直接与间接的参照意义。在文物中除了一部分是艺术类文物外，还有相当多的是非艺术类的实用性文物和带有一定艺术性的实用性文物。因此，对文物的欣赏应当是多层次、多角度的。

1. 从造型艺术的角度欣赏文物

无论是艺术性的文物（绘画、书法与碑帖石刻、雕塑等），实用与艺术相结合的文物（如商、周、先秦时期的青铜器，实用工艺美术品），还是以实用为主的文物（如兵器、量衡器、家具、茶具等），都可以从造型艺术的角度，即形象塑造的审美角度进行欣赏。任何一件文物都或多或少地向我们展现出那一时代、地域的审美时尚。旧石器时代的石器工具是人类出于实用目的的最早的器形创造，它们的诞生与发展过程与人类美感的生成过程有着密切的关系。我们欣赏这些最为远古、在今天看来似乎形式简单的石器文物，大多都蕴含着人类后来所使用的工具和器物中最为基本的美的本质——内在效用与技艺的美和外在形式韵律的美。

我们可以从仰韶文化的彩陶工艺文物中见到早期的实用与美的最为完善的结合。半坡型彩陶的人面鱼纹图案有着我们今天还未理解的神秘；马家窑型的舞蹈彩纹陶盆，手牵手的舞蹈表演活泼生动，陶盆盛水之后可以见到舞蹈人的倒影，这富于诗情画意的纹饰显示了我们祖先高超的工艺设计意趣；彩陶纹样从模拟动物形象逐渐抽象化、符号化的过程，是由内容到形式的积淀过程，也是美作为"有意味的形式"的演化过程。譬如，从回旋钩连纹、欲飞的鸟纹、强烈动感的螺旋纹以及上述的人面鱼身纹和舞蹈纹等纹饰中可以看到自由舒畅、活泼愉快的美学风格，这是在彩陶上所反映的那一时代人类的精神面貌。

明代家具作为实用器物类文物也有着极高的造型审美价值。其独特的艺术风格可以概括为简、厚、精、雅四字，即造型结构简练，形制敦厚庄重大方，做工精巧，风格气质典雅，是我国古代工艺品中"工有巧，材有美"的典型。选用紫檀、黄花梨等优质木材充分展示木质的肌理品质而不髹漆，产生"天然去雕饰，清水出芙蓉"的美感；比例权衡适度，符合人体功能需要，适应当时"正襟危坐"的稳重端庄、温文尔雅的行为品格需要；技术水平炉火纯青，榫卯严丝合缝，经数百年仍完好如初；室内陈设不求堆砌，疏落有致，布局潇洒脱俗，所有这一切形成了极具个性的时代审美特色和中华民族的文化精神。

文物中的书籍版本（特别是宋代刻本）不仅是文化与印刷技术的重要历史文献，而且也富有审美的价值。其中的四川刻本校勘精审，雕印十分精美，具有疏朗明快的风格，大字版字大如钱，墨色如漆，字体秀挺有力、棱骨坚劲，充分体现了宋代文化的儒雅之风。小小的古钱也无不充满着美感，先秦布币、刀币上古拙生动的文字；开元通宝上传为杨贵妃甲痕、实为识别标记的星月纹的装饰之美；宋代徽宗时期秀丽工致的钱文书法以及富有对称美的对钱……给我们以丰富隽永的审美感受。

在文物的欣赏过程中，远逝的时代审美风尚感染着我们，诱发着我们的思古幽情，这是我们欣赏当代艺术与物品所没有的情感。历经千年、百年，绝大多数文物都失去了往日的光泽或造成了某些破损，这是历史沧桑的印记，给我们平添了几分凝重而悠远的文化情愫。

需要指出的是，由于历史的原因，在国家博物馆中的非发掘的物品中以清代宫廷使用、收藏的文物为多。对于这些文物的欣赏更需要用历史的眼光来进行审美评价，切勿以末代帝王好恶作为美的标准。

2. 从历史、文化的角度去欣赏文物

许多文物可以视为历史事件以及历史阶段的典型标志。北长城、南灵渠、中之秦始皇陵兵马俑展现了实现古代中国统一伟业的秦帝国形象。西周初年的青铜器天亡簋的铭文为我们研究当时的祭祀制度提供了珍贵的史料。而青铜器禹鼎的铭文记录了西周末年的重大战役，对研究当时西周与各诸侯国的关系和军事制度有着重要价值，因此有的学者称其抵得上一篇《尚书》。湖北随县出土的战国曾国国王曾侯乙墓葬中的124件乐器，其中65件的巨型编钟在埋藏了2400年之后，音乐性能仍然完好，而且钟上铭文反映了公元前5世纪我国在音律上达到的高度。这套包括编钟在内的远古乐器文物，让我们透视到战国时期音乐文化的绚丽面貌。可见，从历史、文化的角度欣赏文物，我们就会对文物自身及其所标志的文化与历史时期产生更深刻的理解与认识。

3. 从科学技术的角度去欣赏文物

古代文物代表了那一时代先进的科学水平和高度发展的古代工艺技术。从商周到秦汉的青铜文物中可以看到青铜冶炼铸造加工技术达到了非常先进的水平。秦俑2号坑出土的19把青铜剑，剑身8个棱面极为对称，相互间的误差不到10丝（1丝=1/10 000）；剑身无蚀无锈甚至能断发；经现代科学检验，在剑的表面有一层约1/100毫米的含铬氧化膜，使这层膜起到防腐防锈作用，使宝剑历经2 000多年仍寒气逼人。而铬氧化处理金属表面的方法是近代才出现的先进工艺，德国在1937年、美国在1950年先后因此发明申请专利技术。在漆器、金银器、陶瓷、织锦、刺绣与小型工艺雕刻等文物中，可以欣赏到古代高超的工艺技术水平，其中有相当一部分我们现在也难以企及，还有一些重要文物究竟如何制成，现在仍是难解之谜。

总之，对文物的欣赏，更多的是从审美、历史、文化与科学技术等角度进行综合欣赏。文物所蕴含的历史文化、科学技术和审美的价值是全人类可以共享的精神财富，因此保护文物应是当代人共负的责任。

7.2 中国旅游工艺品欣赏

工艺美术是造型艺术之一。对一定的物质材料进行艺术加工，制成的各种与实用相结合并有欣赏价值的美术品叫工艺美术品（工艺品），畅销于旅游产品销售市场、受到广大旅游者喜爱、便于旅游者购买和携带的中国工艺品，可以称之为中国旅游工艺品。中国旅游工艺品名目繁多，各具特色，有的具有浓厚的民间色彩和地方色彩，深受广大中外旅游者的欢迎。随着旅游事业的蓬勃发展，旅游工艺品也在不断地得到开发。从制作的工艺水平来看，中国的旅游纪念品大致可分为两大类：即特种工艺美术品和民间工艺美术品。

7.2.1 中国古代工艺美术

我国传统艺术的遗产极其丰富并且辉煌。这是中华民族的宝贵财富，也是全人类的宝贵财富。中国工艺美术在形式和内涵上都与现代社会文化及人们丰富多变的审美心态息息相关，在品类繁多、风格多变、技艺精良等方面都是前所未有的。它们一方面构建着现代社会的生活环境，另一方面又不断地影响和更新着人们的精神追求和审美观念。

欣赏这些精美的艺术品不能用绘画的标准或再现具体物象的标准去衡量,要结合实用功能领略其造型美,装饰纹样韵律美,材料质地肌理美,和制作工艺精致美,并通过这些美的感受去理解中华民族文化精神和审美意韵。

中国传统工艺美术历史悠久、品种繁多、技艺精湛、风格独特,门类众多,现在习惯上通常将传统工艺美术分为雕塑工艺、织绣工艺、编织工艺、金属工艺、陶瓷工艺和漆器工艺6类。中国传统工艺美术的分类具体如下。

1. 按工艺美术的功能价值

可分为实用工艺美术和陈设工艺美术。实用工艺美术即含有审美意匠的生产、生活用品,如服装、器用和工具等;陈设工艺美术即集中展示材美工巧或造型装饰之审美意匠而专供观赏的工艺品,如牙雕、玉雕、景泰蓝等。

2. 按工艺美术的生产者和消费者的社会层次

可分为民间工艺美术、宫廷工艺美术和文人工艺美术三类。民间工艺美术是作为生产者的劳动大众为自身需要制作的工艺造物,宫廷工艺美术是按封建贵族统治者的需要制作的工艺造物,文人工艺美术则是为封建文人阶层的需要制作的工艺造物。以陈设品为主的宫廷和文人工艺美术是封建时代的产物,在进入社会主义时代以后,作为民族文化遗产即特种工艺被加以保护和继承。在新的历史条件下,由职业设计家和艺匠制作的工艺美术品,成为既有实用价值又有审美价值的商品。

3. 按工艺美术材料和制作工艺

一般可分为雕塑工艺(牙骨、木竹、玉石、泥、面等材料的雕、刻或塑)、锻冶工艺(铜器、金银器、景泰蓝等)、烧造工艺(陶瓷、玻璃料器等)、木作工艺(家具等)、髹饰工艺(漆器等)、织染工艺(丝织、刺绣、印染等)、编扎工艺(竹、藤、棕、草等材料的编织扎制)、画绘工艺(年画、烫画、铁画、内画壶等)、剪刻工艺(剪纸、皮影等)种类。现在习惯上通常将传统工艺美术分为雕塑工艺、织绣工艺、编织工艺、金属工艺、陶瓷工艺和漆器工艺6类。

中华民族在其发展的漫长岁月中,以勤劳和智慧为人类工艺文化历史创造了境界独到、风范高雅、魅力永恒的工艺造物样式。中国工艺美术浸透着中华民族的文化精神和审美意识,富有鲜明的美学个性,在理解和欣赏这类作品时我们应重点关注其美学特征。

(1) 和谐性。中国传统艺术思想重视人与物、丑与美、文与质、形与神、心与手、材与艺等因素相互间的关系,主张"和"与"宜"。对"和"、"宜"之理想境界的追求,使中国工艺美术呈现出高度的和谐性;外观的物质形态与内涵的精神意蕴和谐统一,实用性与审美性的和谐统一,感性关系与理性规范的和谐统一,材质工技与意匠营构的和谐统一。

(2) 象征性。中国工艺思想历来重视造物在伦理道德上的感化作用。它强调物用的感官愉快与审美的情感满足的联系，而且同时要求这种联系符合伦理道德规范。受制于强烈的伦理意识，中国传统工艺造物通常含有特定的寓意，往往借助造型、体量、尺度、色彩或纹饰来象征性地喻示伦理道德观念。这种象征性的追求常常使宫廷或文人工艺美术沦为纯粹的伦理道德观念的展示，造成矫饰之态或物用功效的损害。相比之下，更多以生产者自身的功利意愿为象征内涵的民间工艺美术则显得刚健朴质，充满活力。

（3）灵动性。中国工艺思想主张心物的统一，要求"得心应手"，"质则人身，文象阴阳"，使主体人的生命性灵在造物上获得充分的体现。中国传统工艺造物一直在造型和装饰上保持着 S 形的结构范式。这种结构范式富有生命的韵律和循环不息的运动感，使中国工艺造物在规范严整中又显变化活跃、疏朗空灵。

（4）天趣性。中国工艺思想重视工艺材料的自然品质，主张"理材"、"因材施艺"，要求"相物而赋形，范质而施采"。中国传统工艺美术在造型或装饰上总是尊重材料的规定性，充分利用或显露材料的天生丽质。这种卓越的意匠使中国工艺造物具有自然天真，恬淡优雅的趣味和情致。

（5）工巧性。对工艺加工技术的讲求和重视是中国工艺美术的一贯传统。丰富的造物实践使工匠注意到工巧所产生的审美效应，并有意识地在两种不同的趣味指向上追求工巧的审美理想境界：去刻意雕琢之迹的浑然天成之工巧性，和尽情微穷奇绝之雕镂画绩之工巧性。

7.2.2 特种工艺美术品

特种工艺美术品所采用的原料比较珍贵，工艺过程也比较精细，主要有水晶和玉石器件、象牙雕刻、铜铸、景泰蓝器皿、高级的漆器件、精致的刺绣、特制的陶瓷等。这些特种工艺制品，在我国旅游事业蓬勃发展的今天，已成为旅游者非常喜爱的高档旅游工艺品。例如，象牙雕刻不仅是珍贵的旅游纪念品，而且是我国工艺美术的瑰宝。艺术工艺精湛者，不仅具有审美观赏价值，而且具有收藏价值。广东的牙雕擅长镂空和透雕，具有纵深透彻、精巧玲珑的特点。北京的牙雕素以圆雕人物，特别是以古装仕女著称，又以花卉见长。上海、南京、天津等地的雕产品，技法各异，各有千秋。

扇子是我国特有的一种工艺品，特别是苏州工艺扇中的檀香扇，声名尤著。檀香扇系用檀香木制作，为我国首创，它芬芳馥郁，纤巧玲珑，制作精良，尤其为中外女性游客所喜爱。如今，苏州的工艺扇已成为旅游纪念佳品。

景泰蓝制品也是我国极其珍贵的旅游纪念品。景泰蓝是北京特有的传统工艺美术品。传说因此制作在明景泰年间广为流行，且当时的制品以蓝釉最为出色，故名"景泰蓝"。景泰蓝制品制作工艺复杂、精细，用料昂贵，成本较高，主要制品有瓶、盘、罐、盒等，以陈列装饰为主。

陶器是以陈列、装饰、欣赏为主的工艺品。我国江苏宜兴盛产陶瓷，素有"陶都"之称。陶瓷的种类也很多，有日用陶、细陶、精陶、青瓷等几十大类。宜兴陶瓷中最佳者为紫砂陶，主要品种有壶、杯、瓶、鼎、盆、盘、碟等，造型丰富多姿，尤以紫砂茶壶最为出色。紫砂壶有肉眼看不见的小气孔，透气性良好。用紫砂壶泡茶没有化学变化，茶特别清醇。另外用砂盆栽种花木、盆景，成活率高，不易烂根。

我国江西景德镇以盛产瓷器著名，有"瓷都"之称。景德镇的瓷器已有1300多年的历史，经过长期发展，瓷的质量精良。人们常用"声如磬、白如玉、薄如纸、明如镜"来赞誉景德镇的瓷器。景德镇的名牌瓷器，造型美观，色彩柔和雅致，如青花瓷，色调淡雅又鲜艳。我国湖南醴陵、河北唐山、福建德化等地也盛产瓷器，并各具特色。

刺绣是我国著名的传统手工艺品。我国有四大名绣最负盛誉，它们是苏绣、湘绣、粤绣、蜀绣。苏州的刺绣有40多种针法，素以针法活泼，图案秀丽，色彩雅洁的风格见长。湘绣起源于湖南长沙近郊的民间，以国画为基础，擅绣飞鸟走兽，山水花卉。粤绣是广东地区的传统工艺，色彩浓郁鲜艳，装饰性强。蜀绣分布于四川平原，针法严谨，针脚平齐，图案色泽光亮。中国四大刺绣的艺术特征为："苏绣工艺精细，丝缕分明；湘绣情调豪放，明媚秀丽；蜀绣针法严谨，光亮平齐；粤绣色彩艳丽，风格特异。"

像水晶、玉石器件，高级漆器件等都是我国珍贵的特种工艺美术品，也是广大旅游者所喜爱的高档旅游纪念品。

7.2.3 民间工艺美术品

民间工艺美术品所用原料较低廉，制作工艺过程较简单，但具有浓郁的民间特色。民间工艺美术品的作者主要是各民族的民间艺人。他们的作品，是按照自己的生活方式、自己的审美习惯，利用自己的经济条件，使用自己的生产方法创造、生产出来的。所以，他们的作品具有鲜明的民族性、地方性、装饰性和趣味性。

民间工艺美术品，种类繁多，数不胜数，常见的有剪纸、泥塑、面塑、风筝、花灯、竹编器件等。下面我们简单介绍几种。

1. 剪纸

剪纸是广大旅游者喜闻乐见的民间工艺美术品，它广泛应用于民俗生活中。大体有窗花、门花、墙花、顶棚花、灯花、喜花等。剪纸的作者多为农家妇女，表现题材一般都是她们最称心、最关心、最向往的事物，如家禽、花鸟、农作物、娃娃、吉祥图案、戏曲故事等。她们所寄托的理想、爱慕、祝福等心理因素跃然其中。

2. 泥塑和面塑

泥塑和面塑是我国独特的民间工艺美术品。无锡惠山泥人在清代就很有名，以王春林的泥人为最著名。惠山泥人分两大类，一类是手捏戏曲人物，称"细货"；一类是模具印坯，大批生产，称"粗货"。著名的"大阿福"是惠山泥人中最具特色的作品。

天津泥塑，清代最盛，以"泥人张"最为有名，据记载，张明山为天津"泥人张"的第一代。张明山捏的泥人形象逼真，远近驰名。西洋人曾以高价收购，陈列于博物馆中，供人们观赏。

我国的面人也很有特色。山东菏泽市面塑最有名，艺人李俊兴善捏"三星"（福、禄、寿）、"麻姑献寿"等，李僚福善塑"杨家将"、"七侠五义"等戏曲人物。

3. 风筝

风筝是中国独特的民间工艺品。以北京、天津和山东潍坊的风筝最有名。北京的风筝讲究彩绘，粗细有致，自有帝都特色。著名的风筝艺人金福恋，是风筝世家，当年宫中多用金家的风筝。天津的风筝以魏元泰的作品为最佳，清末民初时，因其作品精美，赢得"风筝魏"的尊称。天津风筝带有天津杨柳青年画的特色。1982年，敦煌牌风筝在全国首届风筝评比中荣获第一名。同年，获中国工艺美术品百花奖银杯奖。1983年，获全国旅游纪念品优秀奖。潍坊风筝同北京、天津等地名家的产品一样，是誉满全国的传统工艺品。在1982年全国风筝评比中，仅以0.8分之差，逊于天津而获第二名。

潍坊风筝近年又有新的发展。形式有蝴蝶、金鱼、蟹、飞马、仙鹊、飞机等。在制作上取潍县杨家埠年画之长，色彩鲜艳，图案简练，笔法细致，形态逼真。

4. 花灯

花灯也叫彩灯。平日用它烘托婚寿喜庆气氛，特别是一年一度的元宵节，闹灯、赏灯已成为举国一致的灯节了。赏灯活动在汉代就已有了。至宋代，汴梁、临安的上元灯节，往往延续至午夜，甚至40里灯花不绝。江苏、北京、上海、福建、广东、安徽等都是盛产花灯的地方。

7.3 旅游工艺品的开发创新与美学原则

旅游工艺品是我国旅游商品的重要组成部分，在我国旅游经济中有着突出的地位。为满足旅游者的不同需要，开发和创造具有当地旅游文化特色和较高审美价值的旅游工艺品，对塑造旅游市场的良好形象、促进旅游区经济发展都会起到积极的作用。

7.3.1 旅游工艺品的开发策略

从实际效益出发，旅游工艺品的开发策略主要应注意以下几个方面。

1. 以旅游市场为导向，突出旅游工艺品民族与地域的审美文化特色

必须以市场为导向，旅游工艺品的开发也一样。旅游工艺品市场是旅游购物市场的一个部分。与其他市场不同，旅游工艺品市场有着极强的审美文化特性。旅游者购买旅游工艺品，目的主要是为了带回其在这一旅游区所体验到的文化的象征物或替代物，买到能够引起日后美好回忆的产品。因此突出旅游工艺品的民族、地域审美文化特色，是旅游工艺品开发的基本原则。由于旅游者来自不同的国家、地区，年龄、阶层、文化层次各不相同，审美爱好也各不一样，对旅游区文化的接受与欣赏各有侧重。因此，开展旅游工艺品消费市场的调查研究，对市场进行细分和定位就显得非常必要。每一个旅游工艺品的生产、销售企业，都应当在对市场进行调研之后，根据企业自身的情况，选择适合自己的目标市场，开发相应的产品，有的放矢，避免盲目性。各个企业的内部条件各不相同，选择适应自身的目标市场也有所不同，产品的开发才会出现多样化的局面，因此要特别避免在市场中相互效法、设计雷同的"一阵风"的开发弊端。

2. 保护、继承和发展代表民族与地域文化特征及工艺水平的传统工艺品

中国各名胜旅游区几乎都有在漫长的历史进程中发展起来的具有个性特色的传统工艺品。这些工艺品有着高度的艺术性和精巧的制作工艺，是几十年，甚至百年、千年一代又一代的工艺匠师们创造积累的文化财富。譬如，北京的景泰蓝、玉器、料器、地毯，苏州的刺绣、缂丝，杭州的丝织，福州的脱胎漆，无锡的泥人，肇庆的端砚，芜湖的铁画，宜兴的紫砂陶等等。这些工艺品都具有明显的地域文化特征，是珍贵的历史文化遗产，是重要的旅游文化资源。要维护这些工艺精品的历史地位和市场地位，就必须制定保护名品（名牌）、名师的严格措施，加强对名师、名品的介绍和宣传，对名师、名品的工艺品实行限产并限定最低价格，且与一般性的同类产品加以区别。同时，要鼓励和帮助身怀绝技的工艺美术大师和著名匠师将自己的高超技术传授给后人，努力使精巧的制作工艺能够延续并不断发展和创新，保持永久的审美魅力，创造出代表旅游区文化特色的标志性旅游工艺品。

在对传统工艺品精品进行保护与传承的同时，还应当对传统工艺品进行现代开发，保持其富有民族、民间、地域特色的艺术形态因素和艺术特色，融入现代文化观念和现代消费观念，使之更适应现代旅游者的生活消费方式和纪念方式，成为既有传统工艺品的艺术特征又适应现代消费模式的新型工艺产品。例如，传统蜡染布在现代时装中的运用，传统陶瓷、藤编、竹编用于旅游商品包装，用景泰蓝制作的小件旅游纪念商品等等。在这方面，传统工艺品有着相当广阔的发展空间。

3. 引进先进科学技术、生产方式，提高旅游工艺品科技含量与品质，提高生产效益，并开发新的旅游工艺品

先进的科学技术对提高传统工艺品的质量和效益、对新的旅游工艺品的开发都有着重要的意义。科技的应用与开发都应适应旅游者的审美文化需求和生活消费需求。

4. 重视旅游区的特色工艺品和纪念品的开发，同时注重日用工艺品的开发

日用工艺品适应当代人日常生活消费的需要，有着广泛的市场潜力。在提高日用工艺品的实用质量的同时，改进其外形设计与包装设计，充实其旅游审美文化的内涵，使之成为既有很强的实用性、又具有旅游文化性的产品。

5. 发挥多种所有制的旅游工艺品开发潜力，建立较完善的旅游工艺品生产销售体系

旅游工艺品的消费需求有着多样化的特点，因此应该发挥国营、集体、个体等多种所有制的潜力，开发生产出丰富多样的旅游工艺品，以适应不同类型、阶层、年龄的旅游者的消费需要。对具有浓郁的文化特色和较高的旅游观赏价值的工艺品，开放其生产过程供旅游者观赏或参与制作，以便不仅能够促进工艺品的销售，而且能够加深旅游者的文化体验。另外，建立旅游区旅游工艺品的生产与销售的连锁体系，完善市场管理制度，制止不公平竞争，无疑是旅游工艺品开发的重要保证。

7.3.2 旅游工艺品的创新依据

旅游工艺品的创新，首先要依据对旅游者审美消费趋势和消费心理变化的调查与预测的结果。旅游者购买旅游工艺品不是为了单纯的实用目的或生理需要，而是为了带回其在旅游区所体验到的文化的象征物，因此旅游者在购买工艺品的效用的同时，也带回其对旅游区的审美感受。一般效用的产品随处可买到，而带有对旅游区的审美感受的产品只能从旅游工艺品中获得。不同的旅游者对旅游区文化象征物的认识与选择是不一样的，其审美感受所寄托的工艺品类型也不一样。譬如，到北京的旅游者对首都前文化象征物的选择就不尽相同，有的选择天安门，有的选择天坛，有的选择故宫，也有的选择八达岭长城……在购买北京的旅游工艺品时，有的会将其旅游情感寄托于景泰蓝，有的则寄托于玉器或其他料器。因此，追踪了解旅游者的审美消费趋势和消费心理的变化，才能使旅游工艺品的创新做到有的放矢，使创新有明确的市场目标。

其次，创新还应当依据对旅游区民族与地域审美文化的充分了解，发现和选择易于为旅游者所接受、所喜欢的内容与形式，以此作为创新的基础。中国有极为丰富的传统工艺品的宝贵遗产，各地又有着多彩的民族、民间工艺品，这都是进行旅游工艺品开发创新的宝贵资源。

再则，创新还必须依据新科技、新工艺和新材料等生产制作因素来策划与构思。这些生产因素不仅可以提高和改善旅游工艺品的功能效用，而且会影响到旅游工艺品的审美价值与成本费用。

最后，在旅游工艺品的创新中还必须考虑消费流行和商品的象征问题。所谓消费流行，说到底是一个消费的审美需求和审美心理问题，其实质是审美心理的同质，是审美情趣的趋同一致。消费流行作为一种客观的社会、经济现象，对市场有着重大的影响。流行的时间有长有短，流行的商品也各不相同，新的流行不断代替老的流行。旅游工艺品的创新应研究消费流行的过程与规律，按照消费者的心理活动过程，因势利导地开发和创造出自己的产品，使消费流行为自己所用。商品的象征是指商品的某种形象所寄寓的某种意义。在我国，鸳鸯象征爱情；蝙蝠象征幸福；紫罗兰象征恋情，而在欧洲则象征高雅；豆蔻花在中国象征金色年华，在欧洲象征离别之情……可见，象征是一种社会审美心理倾向，其中存在着文化与习俗的差异。因此，了解不同民族和地域的有关象征符号的内涵，对旅游工艺品的创新是很有借鉴意义的。

7.3.3 旅游工艺品的创意途径

新旅游工艺品的创意是以旅游消费者不断变化的新需求为基础的。创意的形成过程在本质上是把消费者的需求与一种新产品的理想目标互相联系在一起的过程。前面所谈到的创新依据都是我们在创意过程中应当考虑的问题。在实践中，为了激发创意或创造性思路，人们总结出如下可供参考的方法和途径。

（1）时空跨越法——运用接近联想的方法，从思想上进行时间、空间的大幅度跨越，使事物迅速接近，把握事物相互间的联系，做出突破性的联想。曾经热销的秦池古酒、孔府家酒的开发创意就是用这一方法。在旅游工艺品的创新中更应当跨越时空寻找古代文化、古代工艺精品与旅游区当代文化及当代产品之间的有机联系，开发出别具魅力的新产品。

（2）因果连接法——运用关系联想，把握事物的因果，分析其演变规律来预见某一现象的出现，得出新的思路。近年来旅游新产品的出现，就是根据旅游发展需要的因果关系而产生的。

（3）逆向分析法——这是在了解多数设计思路之后，采取换一个方向进行分析或突破的方法，以期创造出不同于大多数产品的或立异标新的新产品。这样的方法适应了一部分求新求异型的消费者的需要，往往会收到意想不到的效果。

（4）限制反突法——每样产品的生产都是在限制条件下进行的，多数人是在限制的条件下行事。而创造者则是努力突破限制，实现了突破就是创造。

（5）失误审理法——从创造的失败中寻找原因，并努力寻找克服失误原因的办法而获取成功；或从对失败原因的分析中与另一种新的构想相联系，使其转化为成功。

（6）缺点分析法——从分析缺点中找到解决的办法，解决了缺点的产品就是一种新的产品。

（7）交叉突破法——将有不同需求、类型的产品进行交叉联系，产生具有突破性的新的边缘产品。拐杖和椅子是两种完全不同的日用品，而在旅游中老年旅游者对这两者都很需要。进行交叉突破，产生了"拐杖椅"这样的旅游创新实用工艺品。

（8）类推延伸法——主要是通过对事物的相互比较来进行创造。在寻找事物之间的共同点中，从一事物联想到另一事物，从中受到启发来构思新的产品。仿生学就是按照类推延伸法进行创造的。

毋庸讳言，旅游工艺品的开发是一个复杂的系统工程，既涉及旅游消费需求与市场定位，又涉及科技发明与创新设计。而创新设计在实质上也是当代大众审美文化创造的一个重要方面。因此，设计者对市场与设计等方面的信息不仅要灵通，而且要集思广益，发挥团队合作精神。惟此努力，方有可能创造出具有时代精神特征和反映大众审美文化理念的优秀作品来。

7.4 思考题

1. 什么是文物？列举你所在地区的几种文物，它们各属于《文物保护法》中提到的哪一类？
2. 简述各时代文物收藏的重点和特点。
3. 简述文物鉴定的方法。
4. 应当从哪几个方面去欣赏文物？
5. 中国古代传统工艺品的审美特征是什么？
6. 举一例你所熟悉的民间工艺品，并简要阐述它的审美特点。
7. 为什么旅游工艺品的开发必须以市场为导向，突出民族与地域的审美文化特色？
8. 旅游工艺品的创新包括哪些方面的内容？你有何看法？
9. 你认为游客喜欢什么样的旅游工艺品？为什么？
10. 激发旅游工艺品创意的主要方法有哪些？你认为哪种最有效？为什么？

第 8 章　中国民俗及国际旅游文化与审美

【本章导读】
了解中国民俗风情的审美特征与内容，掌握民俗风情旅游的特征与类型，浏览传统表演艺术的民族特色，知晓现代国际旅游格局及其特征，懂得外国人的审美文化习惯，进行中西旅游文化审美比较。

8.1　民俗风情旅游与审美

民族习俗是人类本质力量的特有表现形式。人的认识世界、改造世界的实践力量，在人类特殊群体，如少数民族那里，通过具有地域文化特色的信仰崇拜、图腾祭祀等方式表现出来。这种民俗特色所体现的人与客观世界的关系，有着朴素的智慧的萌芽。它们对上苍的观念、对生死的看法、对人和自然关系处理的方式等，能给文明人类以深刻的人生哲理启示。民族习俗在文化上具有现代科学所不可替代的价值，有其根深蒂固的历史渊源。尽管我们生活在现代化的物质环境中，富足、阔绰、潇洒，仍然对民俗有一种无形的亲和力，站在西藏布达拉宫前看藏民虔诚地推动着转轮，在浙江兰溪诸葛村饶有兴致地穿行迷宫似的村路，流连在湘西凤凰古城体察吊脚楼的民风……那肃穆敬畏、朴实亲切的情感，会在旅游者心底情不自禁地油然而生，转而变成一种心理慰藉，一种由于心灵的朝圣之后而萌生的受到神灵庇护的安全感，一种由于心胸的洗礼而滋生的贴近"根"源与大地母亲同呼吸共命运的祥和感。从审美文化象征的层面上看，民族习俗的魅力在于她是人类梦魂牵绕的精神家园。无论那里是否是你的出生地或祖籍，你只要接触过这种文化，并且被她所感染，就会产生深深的认同感。倘若我们的民俗风情旅游产品能够超越一般的猎奇揽胜，达到一种"梦归故乡"的文化高度，就意味着真正进入了旅游美学的境界。

8.1.1　民俗风情概说

1. 民俗风情的涵义

民俗，即民间社会生活中传统文化的总称。它是一个国家和地区，一个民族世世代代传袭的基层文化，通过民众口头、行为和心理表现出来的事物和现象，既蕴藏在人们的精神生活传统里，又表现于人们的物质生活传统中。

与"民俗"相关的"风俗"，是在一定社会共体中，普遍公认、积久成习的各种行为方式的总和；是这个社会共体的共有意识在人们日常生活各个领域的自然表现。风俗属于上层建筑。所谓社会共体，是指国家、民族、地区等，在一个特定社会共体中被普遍公认、积久成习的一种行为方式，称为"习俗"，一般指生活、生产和消费活动习惯方式等各种习俗的总和称"风俗"。风俗必须是对社会共体而言，离开了群体的任何个人的行为方式、爱好习惯都不属于风俗。如端午节裹粽子、吃粽子、互相馈赠粽子是端午惯例，属风俗，而某些人平时裹粽子吃粽子就不属于风俗范畴。"普遍公认"、"积久成习"就是你这么做我也这么做，祖辈这么做，子孙辈也这么做。如清明扫墓，为大家公认，是先秦以来墓祭的演化，到隋唐时已经十分普遍，至今犹存。

其他如"习惯"，即长时期积久沿袭逐渐形成的惯例、社会生活方式、风尚习俗等的总称，常与风俗合称"风俗习惯"，其范围一般指风俗中有关生活、生产、消费活动的习惯方式。"土俗"，即某一具体地方（如偏僻地区、某地村庄等）的风俗习惯。"风土"，即地方特有的风俗习惯和土地、山川、气候、特产等的总称，常与人情合称"风土人情"，简称"风情"。"风气"，即"风尚习气"的简称，泛指一定环境条件下形成的风尚习气，它没有风俗那样长期稳定传承，有的随时间推移而淘汰，有的经逐渐沉淀而凝聚为风俗。"风物"，即与民俗文化有密切联系的自然景物、名胜古迹、土特产的统称。

"民俗"一词，早在1 200年前就已频频出现于文献（《礼记·缁衣》）中。因民俗处在不断的运动中，如风行一般，所以，古人又形象地称其为"风俗"。

2. 民俗风情的基本特征

民俗是社会共体在顺乎自然、征服自然、发展自己的社会活动中自发形成的。它的产生是与社会共体一定的物质生活水平、生活内容、生活方式、社会心理及自然环境、政治气候相适应。它是征服自然发展生产的需要、是种族繁衍发展自身的要求、是民众心理的认同。

民俗起源于劳动。一定的民俗是由一定时期的生产方式所决定的。如原始狩猎社会，对猎取的捕获物视为上天的赐予，而产生对神的崇拜，形成了原始的信仰习惯。有的民俗习惯与上层统治者的提倡与嗜好有关，如妇女缠足来源于宫廷。有的民俗是各地的不同地理环境所致，所谓"千里不同风，百里不同俗"。

民俗风情的特征一般表现为共体（群体）性、历史性和民族（地域）性三个方面。

（1）共体性。民俗依赖于特定的社会共体而存在。如汉族"立夏日悬大秤，男女皆称之，一年之肥瘠"的习俗。而其他社会共体或个人悬大秤称人，就不能称为风俗。因为，在国家、民族、地区的不同共体中，民俗为各共体成员普遍认同和遵循。

（2）历史性。风俗是对一定历史时期生产方式和生活方式的反映。由于不同历史时期生产方式和生活方式不同，就形成了不同的风俗习惯。民俗的历史性还表现为它的可变性、创造性特征。任何一种民俗一旦产生,便开始了它的演变历史。这种演变包括变形、变质或消亡。如婚俗中的娶新娘"坐花轿"习俗,最早起源于远古的抢婚习俗。那时抢到女性,便把她装到柳条编的土筐或粗麻袋编织的大口袋里抬回,后来改为坐花轿,而到现代则变成坐花车迎亲。有些习俗则在历史演变中被抛弃而消亡,如寒食节禁火寒食,东汉已有,唐代大盛,宋、元以后逐渐消亡。再如女性缠足,自南唐后主倡导,宋、元、明、清屡禁不绝,至当代完全湮没。

(3)民族性(地域性)。民俗的民族性表现在:不同民族因其历史、经济、文化、地理差异所形成的风俗习惯富有不同的民族色彩(如回族有不吃猪肉的习惯,朝鲜族有打秋千的习惯);对同一风俗,不同的民族有不同的解释(如火把节,阿细族把它作为斗争胜利的纪念日,而白族则是为了歌颂纯洁的爱情)。

民俗的地域性可分为国俗、民族风俗、方俗(地方风俗)、土俗等。地理环境对风俗习惯的形成有很大作用。如中国人用餐使用筷子,欧美用刀、叉,非洲一些国家和我国的藏族则用手抓。

3. 民俗风情的内容

民俗一般可分为生产贸易民俗、衣食住行民俗、人生礼仪民俗、岁时节令民俗和信仰禁忌民俗等。

(1)生产贸易民俗。一般包括生产作业中的工具形制、传统方式与技巧、生产当中的各种仪式和信仰。它有4种形态,其一,种植和养殖民俗:如稻作风俗(如插秧时"开秧门"、早稻开镰时祭五谷神)、山林风俗(如开山植树祭山神)、养蚕风俗(陌生人不能进蚕房)等;其二,猎获与采集民俗:狩猎民俗(如鄂伦春族的猎熊歌舞)、捕鱼民俗(如东海渔民出海前祭海神)、采集民俗(如东北采参时"喊山")等;其三,工匠与坊作民俗:工匠号称72行,行行均有自己的风俗习惯,但各行有个共同的民俗现象,即对祖师爷的崇拜,如木匠——鲁班,铁匠——李老君,酿酒业——杜康,造纸——蔡伦,织布业——黄道婆,等等。千百年来,民间技艺均以拜师和收徒的方式传承。据说360行,理发匠排列第一,因为皇帝也要剃头,故剃头担子的一头有根杆子,叫"旗杆",镜子下的四方盒叫"旗杆盒",俗称是摆皇帝圣旨的;其四,商业民俗:取店名(俗规按行业特色归类,如茶坊、酒肆,一般称"居"、"楼",药店用"堂",浴室多用"池"、"泉",旅店多用"栈"),挂幌子(俗称"望子",类似现代的广告和招牌,如酒店多挂书有"酒"字的旗幌子,后来也有改用葫芦作酒幌子的),做广告(行商过街穿巷,以叫卖、吆喝作广告,也用响器,如卖布郎用"拨浪鼓",卖豆腐的用"梆子",行医卖药的用"串铃"),此外,还有店规、店俗,民间交易有集市和庙会等等。

(2)衣食住行民俗。主要表现为以下5种。

① 饮食民俗。食物品种为世界所少有。主食如大米可制作饭、粥、粽、米粉羹,麦类可做面条馒头、饺子、面饼等,副食如人工栽植的植物、豢养的动物、山里的野菜、湖中

的水产、甚至蛇、鼠、蚱蜢、蚕蛹等，以及豆制品中的豆浆、豆酱、豆腐、豆芽。

烹调艺术化。如讲究整体效果，色、香、味、形、意；考究五味调和，作到咸、苦、辣、甘的适中平衡；烹调法有炒、爆、炸、溜、烹、煎、蒸、炖、贴、酿、烧、焖、煨、焗、扒、烩、烤、熏、氽、煴煮、拌、拔丝、密汁、糖水、火锅等；各色菜肴还拼装成龙、凤等造型，具有审美情趣。

构成了地域性的食谱程式——菜系，如四大菜系、八大菜系等。构建了中国各种饮食民俗的惯制。如日常生活的饮食惯制，有南方一日三餐，北方农闲一日两餐、农忙一日四餐等；如节日饮食惯制，有年糕、春饼、元宵、粽子、月饼、重阳糕、腊八粥、酥油茶等供相应的节日食用；如礼仪饮食惯制，有寿庆的寿桃、寿面，婚礼的交杯酒，丧礼的豆腐饭等；如信仰上的饮食惯制，有祭灶用的麦芽糖、清明节祭坟的清明果、端午的雄黄酒、中秋节的巧果等；如酒筵，用作款待宾客、社交以及私宴——结婚、祝寿、生日、接风、饯行、谢师等；如医疗健身饮食，如莲子粥、红枣粥、八宝粥等，以及药膳；独特的酒俗、茶俗（详见第9章）。

② 服饰民俗。服饰的主体是服装，还包括冠帽、靴鞋，及附属性的实用装饰品如袜子、手套、首饰等等。服饰通常有4种习俗惯制，即实用的（如日常冷暖所需的）、观赏的（如审美社交所需的）、礼仪的（社会礼俗所需的）、信仰的（信仰习俗所需的）。

服饰民俗的类型有：依据性别年龄形成的（如衣服开襟纽扣是男左女右）、因季节不同形成的（如根据四季变化，分成单、夹、棉、皮等）、因用途不同形成专用的（如便服、礼服、工作服等）、职业不同地位不等形成的（如各行各业有自身的特殊标识或样式，帝王官吏按地位级差而有不同规格）、因民族不同而不同的服饰民俗，等等。

③ 居住民俗。主要表现在：构造不同显示民俗风格（如窑洞、地窖子、蒙古包、居家船等）、功用和规格不同形成各异的民居格局（如汉族的四合院、深宅大院、客家古堡式的圆形土楼住宅等）、因造型和工艺不同展示民俗特色（如汉族的斗拱挑檐、黎族的船形茅屋、侗族的外廊式木楼等）、信仰在居住民俗中的表现（如定基时请风水先生测向、择日破土动工等）。

④ 交通民俗。有途径民俗，如陆路、水路、城镇的街巷衢弄胡同等；有交通工具民俗，如车（牛马车、独轮车、黄包车等）、船（如乌篷船、羊皮筏、木排、竹筏等）、轿（如官轿、民轿、花轿、皮笼、滑竿等）。

⑤ 器用民俗。传统生产工具和日常用品称器用，如文具"文房四宝"、算盘、筷子、扇子，以及民间工艺品如锈品、织锦、雕刻、画、编、瓷等等。

⑥ 娱乐民俗。指民间游乐（如踏青、赏桂和秧歌、舞龙、踩高跷等）、民间游戏（如捉迷藏、击鼓传花和猜谜、行口令等）、民间竞技（如金华斗牛、斗蟋蟀等）、民间百戏杂耍（如社戏、皮影戏和抓子等）。有一定的季节性和节日性的，季节性如春游赏梅、放风筝，初夏"斗百草"，秋天斗蟋蟀，重阳登高，冬季滑冰、抽陀螺等；节日性如春节舞龙灯、元宵赏花灯、端午赛龙舟，等等。

（3）人生礼仪民俗。是指为表敬意或表隆重而举行的一定仪式，如汉族的人生礼仪可以用"福、禄、寿、禧"4个字来概括。其主要类型有生礼民俗（如催生礼、诞生礼、满月酒等）、成年礼民俗（如古代男子20的"及冠"礼、女子16的"及笄"礼等）、寿礼民俗（如作周岁、做生日、祝寿礼仪等）、婚礼民俗（如"说媒"、订婚、娶亲、洞房等）、丧礼民俗（如丧葬、祭祀等）、交际民俗（如作揖、鞠躬、握手、接风、饯行以及会馆、同乡会等）。

（4）岁令时节民俗。传统节庆民俗是在特定的时间和空间范围内集中表现民俗风情美的最佳机缘。主要有农事节日（如24节气安排农业生产进程等）、祭祀及宗教节日（如祭奠祖先的清明节、冬至节民俗，农历二月十九的观音生日等）、纪念节日（如纪念历史人物的端午节民俗等）、庆贺节日（如春节民俗等）、社交游乐节日（如壮族男女青年自由交往的节日"三月三"、元宵节民俗等）。

（5）信仰禁忌民俗。指人们生活中偏重信仰观念和崇拜心理的风俗，如多神崇拜、崇奉祖先、尚红贵黄、吉祥观念及吉祥物、兆卜民俗以及禁忌民俗，等等。

8.1.2 民俗风情旅游的特征与类型

距离产生美。居住地和旅游目的地之间的空间距离分割着文化区域界限。一般来说，距离越远，界限就越明晰，文化"沟壑"就可能越深，反向激发的探究就可能越强烈。这是民俗风情旅游方兴未艾的缘由。民族风情旅游除了具备旅游的共性外，还具有自身的个性，由它们一同构成民俗风情旅游的特征。

1. 特征

（1）神秘性与审美性

对于游客来说，奇风异俗本身就是一种陌生、神秘的知识和力量。观赏、了解、领略、参与这些奇风异俗的过程，不仅可以满足人们的求新、求奇心理，激发人们的求知欲、探索欲，而且还可以在"谜底"被一层层揭开的过程中增加人们的知识，开阔人们的眼界。

旅游是一种寻找美、感受美的普遍动机。审美活动贯穿于旅游的全过程，并渗透到旅游的一切领域之中。民俗风景旅游，从主体旅游者来说，虽然各人选择的类型和方式有较大差异，但归根到底都是为了获得身心的愉悦，即获得最大的审美享受。从客体旅游资源看，民俗旅游资源是真善美的载体。如果说碧海金沙令人心旷神怡、流连忘返，那么，民俗风情则给人以真切、热情、多姿、绚丽的感受。

（2）乡土性与社会性

乡土性一方面指民俗风情旅游资源具有浓郁的地方、民族特色，另一方面形容民俗风情旅游环境更多地属于田园牧歌式，而民俗风情旅游者所获得的感受是朴实、自然的。假若，我们把海洋旅游看作是人与大自然的亲近，把宗教旅游看作是人与上帝的对话，把森林旅游看作是人对树木的访问，把探险旅游看作是人对生命的超越，那么，我们也可以把民俗风情旅游看成是人与人的亲近，人与人的对话，人对人的访问，人对生命的超越。事实上，在众多的旅游类型中，民俗风情旅游是与人交往最多、最富有人情味的一种。

（3）参与性与原则性

由于风土人情是一个地区或民族的儿女们生存环境、生活方式的一种反映和表现，民俗风情旅游资源基本上都保留在现实、具体的人们生活之中。人们创造了民俗风情又代表着民俗风情，人们掌握着大量的民俗风情旅游资源，其本身也是一种民俗风情旅游资源。因此，这就决定了民俗风情旅游可以观看、欣赏，但更需要参与、体验。一般来说，可供观看、欣赏的民俗风情旅游资源景观往往是些表层的、浅显的或经常发生的，而需要参与的民俗风情旅游内容则多为内在的、深刻的或间歇出现的。俗话说，入乡随俗。这不仅是民俗风情旅游者必须遵循的原则，而且也适用于其他类型的旅游者。民俗风情旅游，特别要求游客尊重旅游地区人们的风俗习惯。因为人们常常把游客对他们的风俗习惯的尊重看成是对他们本身的尊重，把游客对他们的习俗的轻蔑看成是对他们本身的轻蔑。

（4）苦乐性与发展性

不少旅游活动是艰苦或十分艰苦的。但也正因为不容易或十分困难，一些人才对自己的旅游经历记忆犹新、回味无穷。就观光而言，正如宋代王安石《游褒禅山记》所云："世之奇伟瑰怪非常之观，常在于险远，而人之所罕至焉。"故精彩的观光，需要付出艰辛。就民俗风情旅游而论，虽然大多数资源不在险要之处，然而，许多资源，特别是奇特、神秘的资源，或处于比较封闭的地理环境之中，或存在于人们的内部生活和精神世界之中。所以，无论是徒步，还是深入异乡，都可能较为艰苦，可能遇到困难。当旅游者历尽艰险克服困难而到达旅游目的地，观赏到渴望已久的神奇境界时，它们就会变成宝贵的财富。

我们的祖先与名山大川共处，赋予山水以美丽的传说，并用自己的历史业绩使原来的自然景观具有更加迷人的魅力。经过古代旅行者的发掘，和现代旅游业者对民俗旅游资源的发掘和发展，使许多旅游风光有了丰富的文化内涵，成为民俗旅游活动的黄金地点。

2．类型

（1）将传说、历史、现存民俗与山水风光相结合

① 传说与自然风光的结合。著名旅游风景区的各种神话、传说，一经整理，就成为很好的人文旅游资源，风光旅游就和民俗风情旅游结合起来了。如杭州西湖，原本是和钱塘江相连的一个海湾，由于泥沙淤积，逐渐和大海分割，成为一个湖泊。古代，人们传说天上的玉龙和金凤用玉石琢磨成一颗宝珠，结果被王母娘娘藏了起来。后王母娘娘过生日，捧出宝珠，玉龙金凤要想抢回宝珠，在争夺时宝珠滚落到人间，变成西湖。西湖秀丽的湖光山色与美丽的神话传说相结合更加迷人。旅游者在了解到所到之处的传说之后，眼前的山水好像都具有了生命，花草树木都充满了灵性，追寻传奇、古迹反倒成了旅游的主要目的。他们从中体会到民族悠久的传统，获得了审美情趣。

② 历史与自然风光的结合。中国的许多自然风光都和重大的历史事件联系在一起，成为极具吸引力的人文旅游景观。例如，泰山的"五大夫松"，记载着公元前219年，秦始皇登临泰山封禅，半途突遭大雨，于是站到这棵树下避雨。雨过天晴之后，秦始皇念松树护驾有功，特封其为"五大夫"，这在当时29等爵位中位于第九级，位置相当高了。树被封官，古今罕见。这个历史故事使松树具有了独特的文化魅力。又如，长江边上称作赤壁的地方很多，宋代诗人苏东坡作了《念奴娇·赤壁怀古》和前、后赤壁赋。诗人吟诗作赋之处是湖北黄州的赤壁，而三国时周瑜与诸葛亮用计，火烧赤壁，大破曹操号称80万大军的古战场是在湖北赤壁市境内，距离200多千米。但是，其中"大江东去浪淘尽，千古风流人物"的豪迈诗句，却将旅游者带到风云变换的历史岁月之中。游览长江的人往往喜欢到这里，发思古之幽情，通过历史理解现在，得到一种精神上的享受。

③ 现存民俗与山水相结合。在许多地区，独特的民俗为独特的山水风光增添了无穷的韵味。由于民俗是现成的，更给人以现实感。历史文化名城绍兴，素有"水乡泽国"之称。境内河湖港汊密布，古桥和小船成了绍兴风俗与山水相结合的一大景观。绍兴现存古桥3 000余座。特别是横卧鉴湖的纤道，长逾百余千米，桥上行人，桥下背纤，成为一大奇景。而河中荡着的乌篷船，有的还是用脚划的，它可以带旅游者到陆游与唐婉悲情绵绵的沈园，可以载着你在东湖悠哉悠哉地游仙桃洞，也可以送你到鲁迅的外婆家安桥头……旅游者在大自然与人类和谐相处的境界中，感受民俗旅游的乐趣。

（2）与民居和其他各式建筑相结合

中国的民居和其他各式建筑，无论在建造工艺、房屋式样，还是历史悠久、文化内涵丰富等方面，都在世界上首屈一指。它是中华文化的结晶，又是中华民俗的一个标志。由于民族众多，民居和其他各式建筑呈现出千差万别。从房屋样式上，可以分为汉族民居游、少数民族民居游、公共建筑游、寺院庙宇游，等等；从旅游方式上，可以分为走马观花游、居住体验游、研究考察游，等等。上述旅游有以下3个特点。

① 体现悠久的传统。建筑是艺术化了的传统，记载着一个国家和民族的历史。透过对民居和其他各式建筑的考察了解和亲身体验，可以直接感受到一种深厚的文化积淀。例如，北京的四合院是传统民居的一种代表。这种举世无双的民居建筑，不仅表现出中华民族的建筑技能，还反映他们的伦理观念、审美情趣和生活方式。四合院在建筑上讲究坐向和风水，方正对称，主次有序，体现了中国文化中不偏不倚、中庸方正的观念，长幼有序、内外有别的居住分配集中反映出中国人讲究孝道的传统。一扇影壁将院内世界封闭起来，但院内各屋又相对开放，正好是传统中国社会对外锁国封闭、对内个人隐私很少、彼此亲和开放传统风格的缩影。许多中外游客慕名而来，要到四合院去看看，去体验一下真正的、老百姓的北京。又如，地处闽南的漳州，以其生土楼名闻遐迩。生土楼造型奇特，有圆楼、半月楼、交椅楼、雨伞楼、八卦堡等。其中圆楼数量最多。普通圆楼直径50米左右，高三、四层，有房屋百余间，可居住30余户人家。大型圆楼高5层，直径70米以上，有400余个房间，可住700余人。交椅楼的前墙和整排房子较低，左右两边的墙和房子稍高，像座

椅的扶手，后墙和昂子最高，像座椅的靠背。这种造型在世界上绝无仅有。其中最有代表性的则是八卦楼，由 5 圈圆环组成，中心是完全的圆楼，外围建筑按八卦阵布局排列。在每一个土楼中，环行通道把各单元联系在一起，各单元又有各自出口和专用楼梯，成为一个网状的民居体系，体现当地居民和睦相处、互相关照又各自独立、互相尊重的民风，使到此一游的人叹为观止。

② 体现多彩的民族风情。每一民族的建筑都具有鲜明的特色，体现一方水土孕育一方风情。在少数民族聚居区，那里的建筑最具特色。例如，云南西双版纳居住着布依、哈尼、傣、布朗、基诺族，民居都是栏杆式建筑的竹楼，成为吸引游客的一道风景。傣家竹楼建盖在几十根木柱之上，巨大的人字形屋顶盖住了屋墙，正房宽敞凉爽，走廊和阳台相连，造型美观。又如基诺族，居住在云遮雾绕的基诺山上，以父系家庭为单位，几十个家庭成员共居一室，被称为大房。有的大房子分割为若干间，分别居住着一个大家族中的几个或十多个小家庭。这些民族村寨构成了一个绚丽多彩的"民俗博物馆"。

③ 体现社会风貌。民居之外的其他各式建筑同样蕴含着丰富的文化内容，反映出某个时期或地区的社会风貌。我国城镇乡村的许多公共建筑，传统的牌楼、城墙、祠堂、大厦、广场等，与当地的历史、民情紧密相连。例如西安，位于城中心的鼓楼给每个旅游者以一种厚重的历史感，那高高的城墙、宽阔的护城河以及数不清的古建筑，一起向人们昭示着自己昔日的辉煌。而上海外滩的异国风格建筑楼群，却记录着中国历史变迁的一页，给旅游者以浓重的历史沧桑感。

在中国的一些公共建筑，诸如土生土长的儒、道或外来的佛、基督、伊斯兰教庙宇，都带着明显的中外文化融合的色彩。而其中的文庙，即孔庙，几乎每一大城镇都有。旅游者来到山东曲阜，首先映入眼帘的是被称为"学海"的一汪池水。走到第一道牌坊前，左右两块下马碑把人们带入一种庄严肃穆的氛围之中。它是寺院建筑和民俗风情结合的一大景观。

(3) 与饮食文化相结合

中国的饮食文化，不仅饱口福，更包含着美学、养生学、文化学等内容。以饮食文化为线的旅游可分为：

① 以著名菜系而命名的饮食文化旅游活动，如历史悠久的"八大菜系"；

② 以酒文化为主题的旅游文化活动，如国酒茅台（"飞天"商标的传说）、绍兴的"女儿红"；

③ 以茶文化为主题的旅游文化活动，如北京茶馆说书、苏州茶楼评弹、杭州西湖茶乡表演茶道、广东喝茶谈生意等；

④ 风味小吃文化活动，如四川的"担担面"、兰州"拉面"、云南的"过桥米线"、苏州的"豆腐花"、上海的"南翔小笼"、杭州的"葱爆烩儿"等；

⑤ 与民族传统习惯联系紧密的饮食文化旅游活动，如：贵州清水江流域的苗族，每年农历 3 月 15 开始就要吃"姐妹饭"，这是一种将糯米染成红黄几种颜色的饭，届时，人们

吃着"姐妹饭",小伙子斗牛赛马,姑娘们赛歌跳舞;

⑥ 歌舞伴餐的旅游文化活动。许多民族以歌舞劝酒,当游客进餐时,盛装的青年男女按照传统的习惯载歌载舞,表示欢迎与祝福。

(4) 与礼仪、喜庆活动相结合

我国各种礼仪活动源远流长博大精深,从多侧面反映中国各民族的精神风貌,成为吸引海内外旅游者的一大因素。以礼仪活动为主线的民俗风情游有:大型的传统祭祀祖先活动。如黄帝是传说中的五帝之一,炎黄子孙的共同祖先。陕西省黄陵县城北的桥山建有黄帝陵和黄帝庙。这里古柏参天,内有一棵柏王相传为黄帝轩辕氏亲手栽植。早在汉武帝时代,这里就举行过祭奠仪式。近年来,这里每年都举行盛大的祭祖仪式。人们来到这里,缅怀祖先,重温历史,抒发振兴中华的情怀,吸引了大量海内外游客。又如,山东曲阜是孔子的故乡,也是中国传统文化的发祥地之一。每年一度的祭孔活动,带着浓厚的文化气息,大规模的仿古服装展示,乐舞表演,各种礼仪的演示,向游客展现一幅宏大的历史画卷,使人进入到一个永久悠长的时空隧道之中,从中体验中华文化的巨大震撼力。

与宗教信仰有关的风俗礼仪活动。如西藏一年一度的晒佛大典仪式,可以瞻仰佛像的光彩,祈盼得到祝福。旅游者观看这盛大的节庆场面,从中感受到宗教风情旅游的审美情趣。

此外,喜庆活动如北京等地的庙会、如云南大理"三月街"的民族节日等,吸引八方游客。

8.1.3 民俗风情旅游与审美

民俗风情旅游包括古镇风貌、民居街坊观光(如北京四合院及胡同、延安窑洞、安徽屯溪老街、歙县石牌坊群、上海石库门及弄堂、浙江南浔百间楼民居等),本土文化艺术品静态展示参观(如天津杨柳青画社、河北吴桥杂技大世界、湖北武汉编钟博物馆、四川凉山大邑庄园文化、苏州民俗博物馆、杭州胡庆余堂中药博物馆等),民俗村游览(如山东潍坊安丘石家庄民俗村、广西桂林民俗风情院、浙江缙云河阳民俗村、兰溪诸葛八卦村等),地域特色自然风光欣赏(如内蒙古呼伦贝尔草原、哈尔滨太阳岛、湖北赤壁等),地域性生活风貌动态体验(如甘肃敦煌夜市民俗、北京老舍茶馆龙潭庙会、南京秦淮河夫子庙、上海豫园城隍庙、浙江丽水景宁畲族风情夜、广西白裤瑶情人节赶夜圩等)。

从人类文化的物质、体制、心理三个层面来看,在民俗中都有相应的表现形式。

民俗物质文化包括:民俗工艺品和民族服饰(如蜡染服饰、手绢、坎肩等);民族特色居住环境(如蒙古包、湘西土家族吊脚楼、客家围屋、傣族竹楼等);民俗工艺品(可作为旅游纪念品的剪纸、刺绣、插花、竹雕、木雕、砖雕、捏面人等),以及古老的水车、纺车、石臼、石磨等。

民俗体制文化表现为稍纵即逝的时间意象,需要感同身受地沉浸到特定境界中去体验,具有"一次性"的审美体验方式。诸如傣族的泼水节、纳西族的火把节、湖南端午节的龙舟竞渡等。只有亲临现场，亲身感受在时间中流逝的与生命流程同行的情感韵味，才能感受真正意义上的民俗风情。旅游者可以去苗寨，一道道地喝"拦路酒"、"打油茶"、"交杯酒"感受苗家雄浑有力、旷达疏朗的性格；可以到壮乡，跟大伙一起穿上"同心板鞋"，潇洒走一回，领略齐心协力的群体文化底蕴；可以到陕西农家窑洞坐热炕，深切体会北方农村热诚纯朴的待客之礼；可以在正月十五提着灯笼"闹元宵"，沉浸在民间过年的欢乐氛围里。

民俗心理文化，是一种渗透浸润在民俗形象深处的看不见摸不着的文化现象。它通过感性文化形态和社会文化形态得到真实的流露。感性文化形态（如建筑、工艺品等）具有蕴于内而形诸外的特点，渗透在可闻可见的感性形象的深处。有着一定文化和审美修养的旅游者，能够通过由表及里，进而体验和领略其内在的韵味。如拉萨布达拉宫，每天的太阳首先在它直插云霄的宫顶冉起，它脚下生息繁衍的世俗欢乐沸腾。可是，它却终日在冷峻中度过它的春夏秋冬。透过对如此感性形象的悟性解析，富有文化审美眼光的人蓦然领会，红白相间的布达拉宫是"如此的古朴和冷峻，它漠视一切沸腾的热烈"（《阳光与荒原的诱惑》巴荒 著 东方出版中心 1997 年 4 月版第 9 页）。另一方面，旅游者可以通过社会文化活动，在参与地域文化的民俗活动中，在与当地民众直接接触中，体验人类心理文化的情味。例如进入新疆塔克拉玛干沙漠的克里雅人棚屋，那儿常为远道而来的探访者准备了家具行李，并不留人看管，任由你自行居住，不计较报酬。你可以生活在古朴氛围中，体验些许封闭文化状态下所维护着的淳朴可贵的信任和友情。

8.2 传统表演艺术与审美

表演艺术是指：最终通过表演（包括演奏、演唱）来实现的艺术类别，它包括戏剧、电影、音乐、舞蹈、杂技等。中国传统的表演艺术是指：我国自古有之、世代相传的各种表演艺术，主要有戏曲、曲艺、音乐、舞蹈、杂技、武术等。中国传统表演艺术源远流长。古往今来，人们无论是出于欣赏技艺或自我参与活动，还是出于愉悦性情或情感投射的愿望，观看或品味歌舞戏剧等表演艺术，一直是他们文化娱乐生活必不可少的组成部分。尽管如今的表演艺术已经发生了不小的变异，但是，流行于民间的许多表演艺术仍然相当完整地保留着古老形态，即使变化较大的表演艺术品种，也不可能脱尽历史的形貌和神韵。传统文化艺术不仅能产生不言而喻的娱乐功能，而且能生动地发挥文化信息的沟通、交流作用。传统表演艺术所具有的特殊审美价值，对猎奇探胜的旅游者有着特殊的诱惑力，在现代旅游活动中，观赏传统表演艺术几乎成为旅游日程中常见的重要内容。

8.2.1 传统表演艺术的民族特色与审美

1. 融合性

中国传统表演艺术在各自的形成和发展过程中,无一不是相互影响、相互吸纳的。诸如许多地方特色鲜明的民歌小调被戏曲改造成为唱腔,被曲艺采用为主要曲调,曲艺对戏曲的形成和走向成熟起过重要作用,而后来戏曲又反过来给曲艺以影响,使其发生重大变化,以至于演变为新的戏曲剧种。即使在各传统表演艺术自身不同的品种之间,也存在着诸多的渊源和联系。例如流行于东北的"二人转",除受当地民间歌舞影响外,与另一种曲艺形式"莲花落"也有很深的"血缘"关系。

以中国戏曲为例。它是现在世界上仍存在的最古老的戏剧文化,艺术传承久远,积淀丰厚。早在秦汉时期,表演艺术业已经相当兴盛,当时各种表演艺术统称为"百戏",包括歌舞、杂技、魔术、武术、摔跤等。宋元时代更出现了专供"百戏"集中表演的固定场所"勾栏"、"瓦肆",各种表演艺术聚集一处,争奇斗艳,为相互借鉴、吸取,提供了更大的方便。中国戏曲在将近 900 年从未间断的发展历程中,几乎将所有的传统表演艺术、甚至其他艺术荟萃熔于一炉,成为具有高度综合性和风貌独特的艺术品类。从文学方面看,戏曲的唱词采用我国传统诗歌方式,使之具备严格的韵律和浓重的抒情意味,而剧本大多取材于古典小说和说唱文学;从音乐方面看,戏曲唱腔来源广泛,常常是从非一时、非一地的多种声腔曲调演化而成的,伴奏器乐也是取自多方而为我所用;从舞台表演方面看,吸取通过音乐化、舞蹈化、技巧化的途径,把歌舞与生活动作、武术、杂技等糅合在一起,形成了独有的表演体系。

2. 程式性

程式,意为规程、法式。在表演艺术中,是指形式上符合一定标准和格式的那种比较固定的程式。我国传统表演艺术各自都不同程度地采用了一些规范化的创作和表演形式,并且表现出很强的规定性和约束力,从而形成了一个显著特点,即程式性。古老形态的戏曲(如送渊南戏、元杂剧等),在文学、音乐、表演、歌舞等方面已经明显呈现程式化的趋向,诸如脚本结果、角色行当、音乐谱式、化装服装等,都有很强的规定性。戏曲发展到近代,大多数剧种仍须严守音律,一些曲牌没有完全摒弃,而唱腔和板式均有极其严密的构成形式,伴奏有固定的牌子,打击乐锣鼓经;表演的动作和套路愈趋丰富,更加细腻,如"起霸"、"趟马"、"走边"、"整冠"、"抖袖"、"卧鱼"等等,不胜枚举。各种行当分工细密,各有各的表演程式,并且被泛用于不同的人物和剧目之中。例如,在化装上,脸谱中有一定的谱式,并代表着一定的人物性格:红色代表忠诚勇武,黑色代表粗率刚直,白色代表奸邪狡诈。在服装(行头)中,分盔、帽、蟒、靠、褶、帔、靴等,据人物身份、地位、性格穿用,并不专为某一剧中的某一人物而设计。

这种程式性的特点,其根源在于艺术形式上注重"法度"的古代美学思想。自古我国文艺创作无论是诗词歌赋，还是书画舞乐，无不讲求一定的法则和方法，并在不断地总结发展中日臻严密。大到全局的结构布置，小到字句笔画的设计运用，都追求"中规中矩"的形式完美。我国传统表演艺术的源头是"乐"。"乐"的兴起和发展与"礼"密不可分。不管是敬神还是娱人，在古代的礼仪中是具备严格的制度和程序的。"礼"的严密法度从根本上影响了我国传统的表演艺术。

我国传统表演艺术程式性的实现，主要通过 3 个途径：一是格律化。主要是用加强节奏来达到多样性的统一和整体上的和谐。如广泛使用各种打击乐以增强节奏，唱词与说白讲究音律感。二是规范化，即形成共同遵守的比较固定的常规和程式，约定俗成，造成艺术形式的规范性和严整性。如戏曲、歌舞形体表演上的许多基本定型的套路和动作，都是规范化的产物。三是象征性。通过夸张、变形、假设手段将生活中的自然形态升华为艺术形态。如戏曲中的骑马、乘船，在舞台上仅用一条马鞭、一支船桨来表示。而马鞭的不同颜色代表不同毛色的马匹，船桨上扎的红绸便表示船只豪华。民间歌舞中的旱船、竹马也与此相似。至于戏曲演出中以桌椅代大山高台、以四个龙套代千军万马，就更具典型性了。

当然，程式性也存在着灵活、变通、发展、出新的一面。其一，各种程式本身便是艺术创造的结果，并大多经过了积累性的创造过程，而这些创造的根本动因在于社会生活的变化和发展，这就注定了程式的固定性只能是相对的。如用传统表演艺术反映现代题材，倘若完全照搬老程式则格格不入。其二，程式即便已经定型，它仍然是艺术再创造的手段。不同程式之间可以有不同的组合，同样一个程式作用于不同的人物或场景，艺术家在表演中也是有差异的，因为其中蕴含着艺人们的情感体验。

3. 写意性

写意，本身指国画的一种技法，即用简练的笔墨描绘出物象的形神，以表达一种意境的作画方法。其不求形似，以神似唤起观赏者的联想和想像的美学特点，对我国传统表演艺术、尤其是戏曲艺术产生了直接的重大影响，并形成了一大民族特色鲜明的艺术特点。其表现在中国传统表演艺术中，主要有以下几个方面。

（1）注重抒情。从某中意义上讲，写意就是一种特殊的写意方式，笔墨纵放正是情感冲动的体现。表演艺术中，歌舞、音乐纯属抒情艺术，其他表演形式则仅仅把抒情作为一种辅助手段。例如戏曲的唱词，其首要任务便是抒情，它常常借用诗歌的各种修辞手法，或融情于景，或借事兴叹，或直抒胸臆，或婉吐心曲。戏曲音乐自古感情色彩鲜明，元曲之宫调，"正宫"惆怅雄壮，"南宫"感叹悲伤，"商调"凄怆哀怨。曲艺的唱词和音乐，与戏曲相近，只不过抒情感叹显得更为便捷。又如杂技，首重技巧，险、难、奇、巧具有极高的艺术造诣，为其最大的观赏价值所在。其突出的民族风格中有一点就是追求情韵之美，在整体上讲求流畅而富有节奏，张弛有致，产生出具有抒情意味的韵律感；在具体的表演动作上吸取、糅合舞蹈、雕塑等艺术的表现方法，刚柔相济，技巧中大大加重了艺术成分，同时也融合了舞蹈、雕塑艺术的抒情因素。

（2）营造意境。意境，指文艺创作中实现主体情感意趣与客体物象景况的交融结合。它是我国古典文学艺术普遍追求的审美境界，也是中国传统表演艺术所追求的境界。在艺术创造中，它们所追求的不是逼真地模仿和再现生活现实，而是通过以虚化实、以形传神的手段建构与生活现实相契合的"合情合理"。例如，历史上流传的伯牙鼓琴志在高山流水、司马相如抚琴奏《凤求凰》令卓文君动情等故事，都是音乐达到意境融彻的境界。琵琶大曲《十面埋伏》，四弦十指，挑抹扫滚，营造出何等丰富的意象，如战云密布、杀声四起的氛围，如铁马奔腾、金戈交击的激战景象，如英雄失势、走投无路的悲怆情怀，隐忍浮想联翩，情思翻涌。而《梅花三弄》则情韵悠然，为你铺展出梅花傲雪怒放、月下弄影、迎风飘落，最后迎来百花争艳的春天等一系列启人遐想的意境。

（3）虚实相生。探讨虚与实之间的关系，阐发二者的艺术效用，以虚代实、以虚化实，即为虚实相生。在传统表演艺术中，运用该手段来引发观众的联想和想像，营造超越生活自然形态的、更富有审美价值的意境。虚实相生包括 3 种方式：其一，时空虚拟。可根据需要随意伸缩时间和变换地点，如演员伏案片刻就算是度过了漫漫长夜、一串筋斗就可以表现腾云驾雾到了天宫。其二，场景虚拟。无须设置什么硬景软景，按照需要，舞台就可以是江面海底，或是山间岭上，或是金闺秀楼，或是破屋废窑；只要需要，台上可以或朝或暮，或寒或暑，或大雪纷飞，或风雨交加，等等。其三，动作虚拟。即通过形体表演（有时借助象征性的小道具）表现某一行为，如舞台上无门，却可以敲门、开门、关门；舞台上无梯，却可以上楼、下楼；舞台上无船，却可以越江渡河，等等。虚拟的假设性之所以能够为观众所接受，其一，在于它以生活为依据，假中见真，观众通过演员的表演能明白是怎么回事；其二，在于它美化了生活，通过演员的高超技巧，使虚拟之物象比生活原状显得夸张、凝练、鲜明、优美；其三，那些时间跳跃、地点转移，属于一种"省略手法"，这与观众急于想了解下面情节的心理相吻合。虚拟打破了舞台表演的种种局限，大大丰富了表现生活的可操作性，具有极大的美学价值。

以上的融合性、程式性和写意性，在我国传统表演艺术中是互相交织的一个有机整体。融合性一方面给程式性和写意性提供了形成的可能性，另一方面也是指以丰富程式、有益于营造意境为目的的融合。写意性则为融合性和程式性提供了美学依据，而程式性又是写意性的外在表现形式。

8.2.2 民俗游乐文化与审美

民俗游乐文化包括 3 个方面，主要是观赏性民俗游乐文化，其次是玩耍性民俗游乐文化以及竞技性民俗游乐文化。这里，主要介绍观赏性民俗游乐文化。

观赏性民俗游乐文化首推戏曲。戏曲可分为京剧、地方戏、少数民族戏曲和其他传统表演艺术。

1. 京剧

京剧是一种流行于全国的戏曲剧种，在距今 200 年前开始逐渐形成。京剧唱腔以"西皮"和"二黄"为主，旧时也称为"皮黄"。民国时北京称"北平"，京剧被称作"平剧"。它以湖北的汉调（也叫楚调）和安徽的徽调为基础，广泛吸收各种戏曲剧种的优势长处，演化发展而定型为一种新剧种。由于它博采众长，又经过推陈出新，因而取得体制完美、技艺超凡的优势，被推许为"国剧"。京剧采用上下场形式的分场制，即以人物登场为一场之始，以人物全部下场为一场之终，各场连贯构成全剧。在整体演出中，可分为整本戏、折子戏和清唱等 3 种形式。京剧表演达到了"唱（声乐演唱）、做（舞台表演）、念（念白，即唱词以外的道白）、打（武打表演）"的有机结合，是体现中国传统戏曲艺术体系的民族特色并最具观赏性的部分。京剧表演的艺术特点可以概括为：充分音乐化（强烈的节奏感，如举手投足、行走坐立无不具有节奏性；表情性，如紧锣密鼓配以花脸的蹉步表现焦躁慌乱之情，小锣缓敲伴着花旦的莲步产生平和轻松之感）、充分舞蹈化（如武将整装上阵，通过一连串的舞蹈动作，披挂整装被赋予了可观赏性）、充分技巧化（如唱腔从发声、气息、共鸣到行腔吐字都有独特的方法，如舞台形体表演中，书生手里的折扇、小姐衣裳的水袖、丫鬟手里的帕子、县官帽上的帽翘、武将冠上的翎子等都可以弄出令人难以置信的花样）。京剧在传统戏的基础上取材于历史故事，其中相当数量的剧目是移植其他剧种的。京剧的剧目非常丰富，传统剧目多达 1 300 多个，常演的也在三四百种以上。著名剧目如：取材于古代小说《杨家将演义》的《三岔口》、取材于明代白话小说的《玉堂春》，以及《霸王别姬》、《贵妃醉酒》、《群英会》、《空城计》、《闹天宫》、《打渔杀家》、《穆桂英挂帅》、"包公戏"《铡美案》，等等。

2. 地方戏

地方戏是流行于一定地域的戏曲剧种，包括少数民族戏剧。地方戏的最大特点是具有鲜明浓烈的地方乡土色彩，在语用方言、乐采乡音等艺术品质中明显融入了各自不同的民情风貌。

据统计，全国的地方戏多达 300 种以上，大致分属 5 大声腔系统。

（1）皮黄腔，如京剧、粤剧、汉剧、湘剧、徽剧、桂剧等。

（2）梆子腔，即我国北方地方戏曲中用木梆子作打击乐器以按节拍的剧种的统称，如：流行于陕西、甘肃、宁夏、青海、新疆等地的"秦腔"，流行于山西以及内蒙古、河北、陕西、甘肃、河南等地的"山西梆子"，流行于河北、东北三省、和山东部分地区的"河北梆子"，流行于山东荷泽、济宁、泰安、及河北、河南部分地区的"山东梆子"，流行于河南全境及周遍邻省的"豫剧"即"河南梆子"等。

（3）昆山腔，又称"昆剧"或"昆曲"，因初始流行于江苏昆山而得名。元末开始形成，至明中叶艺术臻于成熟，随后风靡全国，主导剧坛近 200 年之久。音乐上曲牌丰富，曲调舒缓悠扬，唱腔缠绵委婉，有"水磨调"之称。伴奏乐器用曲笛、萧、笙、琵琶及鼓、板、锣等，音乐优美和谐。北昆流行于北京，其艺术风格开朗、豪放，演出剧目有历史剧和武戏，如《麒麟阁》等。南昆流行于江南地区，以苏州、上海为中心。声腔基本保留了昆曲原来柔婉细腻的情味，剧目也多来自明清传奇的折子戏，如《牡丹亭》中的《游园》、《惊梦》、《叫画》，《长生殿》中的《惊变》、《弹词》、《埋玉》，以及名噪一时的《十五贯》等。

（4）高腔，出自于弋阳腔的声腔系统（弋阳腔起源于元代的弋阳，在昆腔兴起之前，流布最广）。其特点，一是只用打击乐器，不用管弦乐器伴奏；二是台前一人独唱，后台众人帮腔；三是唱法独特，音调高亢，富于朗诵意味；四是唱腔中常运用"滚唱"，即打破曲牌的固定格式，插入一些五言、七言的整齐对句，用更接近朗诵的唱法快节奏地唱出，以便更有力地表现激动、紧张、奔放的情绪。诸如流行于四川及云贵部分地区的"川剧"，包括外省传入的昆腔、高腔、胡琴腔、乱弹腔和本省的灯戏 5 种声腔艺术。其语言较有文采，且幽默风趣；其独特的技巧如"变脸"最为著名。现存剧目 2 000 多种。常演的剧目如《黄金印》、《单刀会》、《甘露寺》、《秋江》、《乔老爷上轿》等。此外，还有流行于浙江金华一带的婺剧（也称"金华戏"）和流行于江西东北部的赣剧等。

（5）民歌俗曲。其声腔系统是指流行于各地的民歌小调、俗曲以及曲艺曲调发展演化而成的戏曲剧种。它们大多历史不长，流布不广，但形式千姿百态，风格异彩纷呈，具有浓厚的乡土气息和更通俗的艺术风貌。其剧种有以下几种。

① 曲剧，流行于北京，从曲艺单弦发展而成，曲调活泼明快。常演剧目如《啼笑因缘》、《杨乃武与小白菜》等。

② 山西道情，或称"渔鼓戏"，流行于山西各地。从曲艺道情（因说唱道教故事而得名）演化而成，伴奏用简板、渔鼓、笛、二胡等，重要剧目如《李翠莲》等。

③ 评剧，从冀东"对口莲花落"演化而成，流行于北京、天津、华北、东北、内蒙古等地区。剧目如《秦香莲》、《刘巧儿》等。

④ 柳子戏，也叫"弦子戏"，流行于山东及江苏、河南部分地区，主奏乐器有三弦、笛、笙、琵琶等。剧目如《孙安动本》等。

⑤ 吉剧，流行于吉林省，以曲艺"二人传"为基础吸收东北民间艺术而形成。伴奏乐器以唢呐、板胡为主。剧目如《桃李梅》等。

⑥ 越剧，俗称"的笃班"、"绍兴戏"，流行于浙江、上海及江苏、江西、安徽等地区。起初形式简单，伴奏用檀板、笃鼓。后吸收绍剧唱腔和京剧表演技艺，成为名噪一时的地方剧种。剧目以爱情戏著称，如《红楼梦》、《梁山伯与祝英台》、《碧玉簪》、《白蛇转》、《柳毅传书》等。

⑦ 黄梅戏，流行于安徽及江西、湖北部分地区。起源于湖北黄梅一带的采茶歌。著名剧目如脍炙人口的《天仙配》等。

⑧ 湖南花鼓，流行于湖南境内各地的花鼓、灯戏之总称。传统剧目如《刘海砍樵》等。

⑨ 彩调，旧称"调子"或"采茶"，起源于民间歌舞说唱艺术，为广西独有的剧种。

其剧目《刘三姐》蜚声内外。

此外，还有起源于各地民间歌舞的采茶戏、花鼓戏、花灯戏、秧歌戏等，较多保留了载歌载舞、风趣快乐的古朴风格和浓郁的乡土气息，有其独特的观赏价值。

3. 少数民族戏曲

我国有 50 多个少数民族，其中有本民族戏曲的为数不多。少数民族戏曲特色鲜明，也具有一定影响。剧种主要有以下几种。

（1）藏戏。流行于西藏及青海、四川、甘肃、云南等藏族聚居地区。唱中用帮腔，伴奏以鼓、镲为主，舞蹈动作有 6 种固定程式，表现不同的情景。化装上，有的戴面具，洋剖的勾画脸谱。剧目有著名的 8 大名剧，以《文成公主》最具代表性。

（2）白剧。流行于云南西部白族聚居地区，唱腔按白族诗歌"山花体"句式，汉语与白族语夹杂使用；锣鼓齐备，但伴唱仅用唢呐，并且只吹奏过门。剧目有《杨家将》等。

（3）壮剧。流行于广西和云南文山自治州的富宁、广南等地。受汉族戏曲影响较深，文武戏并重，但音乐曲调民歌风味仍十足。剧目主要有《宝葫芦》等。

（4）傣剧。流行于云南傣族聚居区。最有特色的乐器是象脚鼓、葫芦笙和木叶。表演舞蹈性强。传统剧目很多，如《千瓣莲花》等。

（5）此外，还有侗剧及苗、彝、布依等少数民族的本民族戏曲剧种。

4. 其他传统表现艺术

（1）曲艺

我国传统说唱艺术的现代称呼。其特点，一是以说和唱为主；二是演员数量少，使用道具简单，演出场地小；三是表演灵活。曲种主要有以下几种。

① 京韵大鼓。流行于华北、东北地区，一人演唱，自操鼓板，腔调高亢厚重，曲目有《长板坡》等。

② 苏州评弹。演员可男可女，由一人或二人演唱，乐器用三弦、琵琶，自弹自唱。传统名篇有《玉蜻蜓》等。

③ 二人转。流行于东北三省和内蒙古部分地区，由一男一女表演，一般手拿扇子、手帕舞弄出种种花样，以唱为主，传统曲目有《杨八姐游春》等。

④ 山东快书。用金属片制成的梨花板击节，由一人演出，语言诙谐风趣，书目多为英雄传奇故事。

⑤ 广西文场。流行于广西桂林、柳州等桂北地区，伴奏乐器以扬琴为主，击节器常用酒盅、碟子，表演可一人立唱、二人走唱、或多人坐唱，传统长篇唱本有《西厢记》等。

⑥ 好来报，意即"连起来唱"。蒙古族传统说唱艺术，表演可一人自拉自唱、或二人对歌、或多人演唱，传统曲目有《燕丹公主》等。

（2）传统舞蹈

① 傩舞。一种用于驱鬼逐疫的祭祀仪式的舞蹈，渊源可追溯到原始的图腾崇拜，流行于江西、湖南、广西、贵重、山东、西藏等地的一些乡村。演员戴浓墨重彩的木制面具进行表演，风格古拙简朴。

② 秧歌。来源于农民插秧时所唱的歌曲，后来舞蹈化，情绪热烈欢快，动作舒缓劲健，节奏明快强烈，表演者手上挥舞长绸或彩扇、花伞等道具，踏着舞步穿插行走。

③ 花灯。流行于云南、贵州和四川等省的部分地区，源于古代"闹元宵"中的歌舞表演者提灯执扇，男女成对，组合为队，风格轻灵欢快。

④ 狮子舞。汉代即已流行，与远古图腾崇拜有渊源关系，吉祥驱邪。一般由二人合舞的大狮子和一人独舞的小狮子配合表演，舞中锣鼓节制节拍，营造气氛。

⑤ 蒙古安代舞。产生于明末清初，最初为祈求老天保佑拯救病人的一种仪式。表演者不论多少，舞者两手各执一巾，或撩起袍子大襟随节拍而甩动边歌边舞，热情奔放。

⑥ 藏族锅庄。"锅庄"藏语为"卓"，意为"圆圈舞"，流行于青海等藏族地区。舞时人数不限，男女各排成弧形相对而立，围成圆圈，随歌起舞，常以胡琴伴奏。

⑦ 维族萨玛舞。源于一种伊斯兰教苏非派的祭祀仪式。舞蹈动作模仿飞鸟的形态，表现飞鸟凌空翱翔，神形兼备。可自由参加表演，随意手舞足蹈。

（3）传统音乐

① 传统器乐。有独奏器乐：如琴（琴曲如《良宵》、《高山流水》）、琵琶（名曲如《将军令》、《十面埋伏》）及竹笛、二胡、唢呐、笙等；有合奏乐：如丝竹（以二胡、三弦、琵琶、扬琴等弦乐器和笛、笙等竹制管乐器为主要乐器，辅以板鼓而不用锣鼓，多为轻音乐。乐曲如《紫竹调》、《春江花月夜》）、吹打（以吹奏乐器笙、笛、管子和打击乐器打鼓为主，间或辅以铙、钹、铛以及弦乐器，旋律奔放，曲目如《满庭芳》等）、十番（又称"十番锣鼓"，吹打与丝竹相结合的器乐合奏，流行于福建、江浙。曲目如《秦楼月》等）、广东音乐（属丝竹类音乐，发祥于广东。乐曲柔美悠扬，意境幽远。名曲如《彩云追月》、《步步高》、《雨打芭蕉》）。

② 传统声乐。通常把声乐唱法分成3大类：民族、美声、通俗，其中民族唱法基本上是我国传统的声乐唱法。而一些独有的文化"土特产"民歌，对异地旅游者有着特殊的魅力。如：汉族民歌，（有号子、山歌、小调3类。号子是伴随集体性重体力劳动唱的民歌；山歌产生在野外劳动、生活中，多即兴而发，主要是情歌；小调是在休息、娱乐、节庆等场合演唱的民歌，常用独唱、对唱、齐唱等形式，在抒情中融入叙事成分。歌手包括职业或半职业化的民间艺人，曲调如《绣荷包》、《孟姜女》等）；有少数民族民歌。几乎每个少数民族都有自己洋溢着浓厚民族风情、色彩独特的民歌。

（4）传统杂技

中国杂技萌发于远古人类的生产劳动、宗教祭祀、娱乐游戏以及战争等的社会活动中。它表现出的美学特征，首先是高度的技巧化，其表演的传统节目，都是靠硬功夫，难中显奇，稳准见巧，全凭超凡的功力和过人的技能。例如"走钢丝"、"耍花坛"、"顶碗"、"咬花"等。第二个美学特征是充分的艺术化，对每一个动作都精雕细刻，调动舞蹈、武术、美术、音乐等艺术的一些手段，使其得到尽量的美化，赋予它浓烈的抒情意味和张弛有致的韵律感。广义的杂技还包括口技、魔术。

除了上面介绍的观赏性民俗游乐文化之外，还有玩耍性民俗游乐文化，玩耍性民俗游乐有两种：游乐和游戏。

民俗游乐。如：乐园、游艺品娱乐。乐园主要有 3 种类型：其一是室外的，以一般运动、活动和游览为主的主题公园，如深圳的"锦绣中华"，将中国最著名的游览胜地、历史古迹按原型作缩小模型安置在内，使游人花一天时间即可饱览、观赏到整个的中华锦绣。还有杭州的"宋城"、无锡的"三国城"、"唐城"等。其二是"农家乐"旅游，设在有村民居住的自然风景区，或在竹篱茅舍吃农家菜、在农家小院摇纺车、在小河边踩水车，或背着鱼篓在江边垂钓、到江中撑竹筏，或在山中采蘑菇、采茶叶、对山歌。如杭州富阳的"农家乐"旅游，除了让旅游者亲自挖野菜，烹饪、品尝野菜，还观赏、参与"造土纸"。其三是室内的，以演出、观赏、品尝为主的游艺，如上海的大型宾馆艺术剧《五千年风流》，将音乐、舞蹈、戏曲、杂技、书法、服装、美食等融于一体，其中推出的剧餐，与剧情发展联系在一起，如说到杨贵妃，台下观众就吃岭南荔枝；慈禧太后用膳时，台下吃清宫仿膳，等等。游艺品游乐，如：放风筝、点爆竹、放烟火、观彩灯冰灯、猜谜语、踢毽子、摸彩、套藤圈等。

民俗游戏。参与性较强，要求直接加入和参加，才能得到真正的快感。如捉迷藏、官兵捉强盗、老鹰抓小鸡等。

此外，还有竞技性民俗游乐文化，其特征在于它的运动量和刺激性。如赛龙舟、武术等。

8.3 国际文化视野与审美

8.3.1 现代国际旅游概说

1. 现代国际旅游的地域格局及特征

根据自然地理、区域与行政区划，兼顾主要为旅游服务的原则，世界旅游地理区域可划分为 7 个大区。

（1）欧洲旅游大区。其行政区划包括 3 个区。

① 北欧旅游地区：挪威、瑞典、芬兰、冰岛、丹麦 5 国及其属地。

② 原苏联东欧旅游地区：原苏联、匈牙利、捷克、斯洛伐克、波兰、保加利亚、罗马

尼亚。

③ 西欧旅游地区：除上述国家外的所有欧洲国家。

其地理区域从东部的白令海滨向西一直延伸到大西洋沿岸，是沿纬线方向延伸距离最长的旅游大区。纬度位置较高，东、南、西三面多山地、高原，内部是平原和低地，以温带森林和亚热带常绿阔叶林、灌丛为主的自然景观。本大区属西方文化区，绝大多数居民为欧罗巴人种（白种人），操印欧语系的日耳曼语、拉丁语和斯拉夫语，信仰天主教和基督教。本大区是资本主义经济的发祥地，人文旅游资源异常丰富，是世界旅游业最发达之区，有"旅游王国"之称的西班牙、"欧洲文明古国"希腊和意大利、"世界公园"瑞士，旅游业发展较早的英国、法国等都在本区。地中海沿岸是世界开发最早、最发达的海滨旅游地。

（2）美洲旅游大区。其行政区划包括以下3个区。

① 北美旅游地区：美国、加拿大。

② 中美旅游地区：中美洲及西印度群岛的所有国家。

③ 南美旅游地区：南美洲所有国家。

其地理区域跨南北两半球，从北冰洋沿岸向南一直延伸到德克雷海峡，南北跨距15 000千米左右，是世界沿经线方向延伸距离最长的旅游大区。地形上可分为南北纵列的三大单元：西部科迪勒拉山系纵贯南北，东部由高原、山地和大洋中的弧形群岛所组成，中部则是大平原和陆间海。气候类型齐全，自然景观多种多样。本大区属西方文化区，民族构成复杂，既有原住居民印第安人和爱斯基摩人（因纽特人），又有后来移入的白种人、黑种人和各种族相互通婚后的混血种人，反映了移民大陆的特点。操日耳曼语和拉丁语，信仰天主教和基督教。美洲是仅次于欧洲的世界旅游业发达区，既有资本主义大国现代科技文化，又有印第安人创造的古代文明。这里是世界著名的古玛雅文化、印加文化的发源地。加勒比海沿岸是世界上继地中海之后新兴的海滨旅游地。

（3）东部亚洲、大洋洲大区。其行政区划包括以下3个区。

① 东亚旅游地区：中国、日本、韩国、朝鲜、蒙古。

② 东南亚旅游地区：中南半岛和马来群岛的所有国家。

③ 大洋洲旅游地区：澳大利亚、新西兰及大洋洲其他国家。

其地理区域地跨南北两半球，沿经线延伸的旅游区域。最突出的特点表现在：这里是世界上旅游业增长速度最快的旅游大区。随着世界经济重心的东移，亚澳（澳大利亚）陆间海（包括我国沿海）将成为继地中海、加勒比海之后，新崛起的世界著名海滨旅游地。

在地理环境、文化景观等方面，内部有3个旅游地区差异较大。

① 东亚旅游地区位于亚洲大陆东岸，以温带、亚热带季风气候为主，以温带、亚热带森林景观占优势。属于东亚文化区，是世界上人口最多的文化区，主要讲汉语、日语和朝鲜语。宗教以佛教影响较大。此外，中国的儒家思想和文字对日本、朝鲜影响颇大。中国的黄河流域是世界古文明发祥地之一。

② 东南亚旅游地区在自然地理上位于亚洲和大洋洲、太平洋和印度洋的十字路口，以

热带季风气候和热带雨林气候为主,以热带森林景观占优势。属东南亚文化区,绝大多数居民为黄种人。中南半岛居民多属汉藏语系,信仰佛教。马来半岛及马来群岛居民多属马来波利尼西亚语系,除菲律宾居民多信仰天主教外,大多信仰伊斯兰教。华侨约有1 600多万,对东南亚的开发做出了巨大贡献。

③ 大洋洲旅游地区由澳大利亚大陆和广布于太平洋上的美拉尼西亚、密克罗尼西亚、波利尼西亚3大群岛组成,岛屿极多且分布零散,总计有2万多个岛屿,人口密度小,平均每平方千米10多人(三大群岛18万多 km²,总人12 300万多一点)。这里是联系各大洲海空航线和海底电缆通往各国的经由之地,在旅游交通与通信上具有重要意义。大洋洲多火山岛和珊瑚岛,以热带、亚热带海岛风光和"活化石博物馆"(古老奇特的动植物)而著称于世。属西方文化区,澳大利亚和新西兰的居民绝大部分是欧洲移民及其后裔,通用英语,其他国家和地区的居民以当地人为主体,属巴布亚语和马来波利尼西亚语系。全洲约有80%人口信仰基督教。

(4) 南亚旅游大区。其行政区划包括南亚所有国家。

其地理区域特征:高耸的喜马拉雅山脉位居本大区北部,地形上分为北部山地、中部印度河–恒河平原、南部德干高原3部分。典型的热带季风气候及热带季风林景观。属印度文化区,是世界上人口最多最稠密地区之一,平均每平方千米300多人(南亚437万 km²,人口13亿多),居民兼有三大人种的血缘,多以白种人和黑种人的混合型为主。语言分属印欧和达罗毗荼两大语系,本大区是婆罗门教后演化为印度教。印度–恒河流域是世界古文明发祥地之一。

(5) 西亚旅游大区。其行政区划包括:除埃及以外的中东地区所有国家和阿富汗。

该大区是联系三大洲、沟通两大洋的世界海陆空交通要地,有"三洲五海之地"的美称,古代由中国通往西方的著名的"丝绸之路"横贯西亚。地形以高原为主,气候炎热、干燥,属于荒漠、半荒漠景观。是世界石油宝库。属伊斯兰文化区,民族构成较复杂,阿拉伯人占多数。居民的宗教信仰也相当复杂,这里是伊斯兰教、基督教和犹太教等世界宗教的发源地,目前以伊斯兰教徒人数最多。主要使用阿拉伯语,少数使用闪米特语。幼发拉底河与底格里斯河流域是世界古文明中心之一,当地人民在文学、数学、天文、历法、医学等许多方面对人类做出了重大贡献。

(6) 非洲旅游大区。其行政区划包括非洲所有国家。

该大区是以高原为主的热带干燥大陆,自然景观以赤道为中轴南北对称分布,此外,东非大裂谷是非洲自然地理上的一大特色。非洲有世界上面积最大、最典型的热带稀树草原和热带荒漠、半荒漠,热带雨林范围也不小,多天然动物园,使非洲有"世界自然资源博览会"之称。属非洲文化区,居民的构成复杂,兼有世界上黑、白、黄三大人种的成分,其中大多数属于黑种人——尼格罗人种,为世界黑种人的故乡。语言复杂,以尼日尔–刚果语系和科伊桑语系为主,宗教多样化,信仰伊斯兰教和基督教的各约1亿人,信仰原始宗教的约有2万人。尼罗河流域是世界文明的发祥地之一,闻名世界的金字塔显示了古埃及人民惊人的创造力。非洲是一个发展中国家,许多旅游资源有待于进一步开发。

(7) 南极洲旅游大区。其行政区划包括南极大陆及其所属岛屿。

该大区是地球上最南的大洲,也是世界最孤立的一洲。但这里却是联系南半球各大洲间的空中交通捷径。南极洲是一片冰雪世界,具有地势最高峻、气候最严寒、风暴最强烈、景色最单调的自然地理特征,几个世纪以来,它一直吸引着人们的好奇心和探险兴趣。本大区陆生生物贫乏,但海洋生物却十分丰富。同时,南极洲也是地球留给人类最后一块未开发的宝地,是进行科学研究和探索宇宙奥秘的天然实验场地。目前已有17个国家在南极洲建立了39个常年科学站和几十个临时考察站,每年有2千多人到南极地区进行各种考察活动。

2. 国外民俗风情旅游的主要类型

(1) 以历史古迹为基础的民俗风情游

许多国家都十分珍惜自己的历史,对各种古迹进行精心保护,努力使已成为过去的场景再现,使人们能重温过去,更好地理解传统的源流,在此基础上开展民俗风情旅游。例如,位于英国首都伦敦泰晤士河北岸的伦敦塔,是这个城市的标志之一,它和世界上其他许多宫殿一样有名,但更多的是和法国的巴士底监狱一样给人以恐怖之感。这座建筑物始建于11世纪诺曼底公爵时代,曾一度成为正式的王宫。但在长达几百年的漫长岁月中,伦敦塔是一座关押犯人的监狱,城堡的大门被称为"叛逆者之门",要塞内的一块草坪就是当年处决犯人的刑场,亨利八世的妻子安妮王后,著名的空想主义者托马斯·莫尔,贵族沃特·雷利等,都曾被长期囚禁于此,并在这里被处死。悠久的历史以及各种关于伦敦塔的传说,使它一对公众开放就吸引了大批游客。不过,在今天诱使游客前来的,不仅是那高耸的白塔,阴森的房间,而且还保持着英国王权象征的皇冠和权杖的马丁塔楼以及被称为神鸟的渡鸦伦敦塔的人文景观更令游客神往,那里,驻守的50名卫兵完全按传统的都铎王朝式王宫卫队装备,头戴高高的熊皮帽,衣穿猩红色制服或荷枪肃立,或来回巡逻,对每一个过往的人大喝一声"口令!"使人好像回到了几百年前的历史场景。另外,"雷利显形"也吸引了大量游客。在每天的同一时刻,一位扮演者身着雷利当年穿过的黑色天鹅绒大衣,头戴花边帽,出现在一座平台上,向游客招手,接受大家的欢呼致意。伦敦塔的这些特殊节目,使游客在重温历史的同时,也体验到英格兰人庄重、严守传统性格中的某个侧面。

在一些具有灿烂古代文明的发展中国家,古迹遗址令各国游客趋之若鹜。例如,印度首都新德里老城中心,耸立着一座气势宏大的城堡——红堡,这是几百年前莫卧尔帝国的宫廷建筑群之一。那儿,除了观赏高超的建筑工艺,还能在红堡城墙上观看墙脚草坪上的耍蛇表演。在幽幽的笛声中,眼镜蛇在竹兜中翩翩起舞,使游客深深感受到这个古老国度的神秘和奇妙。红堡对面是一个大广场,又是一个大集市,出售各种民间产品,从早到晚人声鼎沸。身置其中,令人真切体验到了这个国家民间文化的多姿多彩。

再如埃及建于公元前13世纪的拉莫西斯二世神庙,不仅以其石像的高大威严闻名于世,更以每年2月21日和10月21日旭日正好照到石室中的拉莫西斯二世像身上(这两天是这位古埃及战功赫赫的法老的生日和加冕之日）的现象，被称为建筑上的奇观，成为无数游人注目的焦点，游客可以在这特定的日子观赏太阳光与法老石像"拥抱"的奇观。当地人还从头一天起载歌载舞，重现当年古埃及帝国强盛的场景，旅游活动也变成了一次盛大的节日。

（2）以生活方式为主线的民俗风情游

近年来，越来越多的游客把体验不同的文化和生活方式当作旅游的重要目的。日常生活中的衣食住行，许多国家都喜欢在这方面展示自己民族的审美和生活习惯。

① 在衣着方面。例如：日本的和服至今已有600年历史，在正式场合特别是在传统节日和喜庆时刻，和服仍被人们所喜爱，成为一道耀眼的民俗风景线。游客们特别是女客，在别人的帮助下系上精致的宽腰带，在背上打一个类似背包的装饰结，穿上木屐，再打着美丽的花伞，那将是一种美好的经历。又如墨西哥的斗篷、苏格兰的花格裙、夏威夷和太平洋诸岛土著居民的草裙花环……这些或普通、或特殊、或原始的服装，倍受旅游者的好奇和青睐。

② 在饮食方面。世界上每一个地方都会从自己的物产出发，创造出各具风味的食品。因此，民俗风情旅游中的食品，带上了浓重的文化色彩。例如：北美的墨西哥盛产玉米，每日的食谱中都离不开玉米，诸如玉米粥、玉米汤、玉米冰淇淋、玉米三明治等，真是琳琅满目。再如瑞士盛产洋葱，每年11月的最后一个星期一，瑞士的伯尔尼都要举行洋葱节。这一天大街小巷张灯结彩，人们都拥到这里。农民们出售自己的产品，商贩们展示自己用洋葱制作食品的手艺。早上7点，时政官骑着骏马，宣布洋葱节开始并按传统把核桃撒向人们表示祝贺。整个节日直到晚上才结束。又如，德国人可以不吃饭，但没有啤酒万万不行。2003年9月22日，这年的慕尼黑啤酒节正式开张，人们穿上传统古装，在慕尼黑市市长及酒厂老板乘坐的马车引领下，浩浩荡荡地涌向黛丽丝广场。中午12时，12声礼炮轰响。啤酒女郎们用单耳大酒杯把新鲜啤酒送到迫不及待的饮客面前。身穿巴伐利亚鹿皮短裤和背心的人们，手举啤酒杯穿行在大街上，逢人便高喊"干杯"。此时，慕尼黑已有微微的秋凉，因啤酒而聚集的游客背靠背坐着，一边开怀畅饮，以便在乐曲伴奏下即兴地唱着跳着，跳着跳着就上了桌子。此外，还有法国的香槟节、新加坡的食品节，等等。

③ 在住的方面。俗话说，一方水土一方人。特殊的自然环境使世界各地的人们建造出风格特异的民居。例如：秘鲁的首都利马有"无雨之都"之称。由于终年无雨，许多居民竟然连屋顶也省略了，有些房子的墙用硬纸板建造。这种奇特的房子往往使每个游客驻足细看。而建在泰国水网地带的民居，不仅屋顶遮得严严实实，而且还要用木桩将整座房子抬高3尺，免受水灾之患。此外，诸如荷兰的风车、吉卜赛民族"移动的安乐窝"——大棚车，等等。

④ 在行的方面。在现代化交通工具为主流的世界各地，一些传统的交通工具仍带着浓重的文化色彩。例如：意大利威尼斯河面上的交通工具"贡都拉"，是一种带有中世纪造型风格的小艇，航行在两边房屋鳞次栉比的河道上。倘若夜晚乘坐，灯光映水面，乐声阵阵入耳，给游客以人间仙境之感。此外，诸如沙漠上的骆驼、山区的毛驴、城镇的人力车，

等等。

（3）与特定专题相结合的民俗风情游

在这方面，最有代表性的是体育与民俗、探险与民俗、生态保护与民俗等。

① 体育与民俗。例如：西班牙的斗牛，充满激情。斗牛士面对巨大的生命威胁，表现出潇洒自如的神态和动作，使游客感受到这个民族特有的一种精神风貌。而最后那致命的一剑，既使人们感到一种人定胜天的气概，也多少营造出一种悲壮的气氛，令人感慨万千。又如日本的相扑，比赛开始前，相扑首要用水漱口，表示洗涤肉体和心灵，再向周围洒盐，祈求神灵佐助，最后互相施礼表示承让，接着比赛开始。此外，诸如赛马、荡秋千、掷球、等等。

② 探险与民俗。例如位于喜马拉雅山的尼泊尔被称为登山者的乐园。每当来自世界各地的登山探险者来到这里时，总会得到当地廓尔人的热情帮助。他们吃苦耐劳、忠于职守、忠于朋友的精神给每一个旅游者留下深刻的印象。在他们的帮助下，一些毫无登山经历的旅游者包括老人和儿童也登上了白雪覆盖的高峰。又如北极探险旅游，独特的动物和极地风光，生活在北极圈附近的因纽特人的民俗习惯——冰筑的房子、狗拉的雪橇、凿冰捕鱼、踏雪打猎，都给旅游者留下难忘的印象。

③ 生态保护与民俗。许多旅游者在旅游活动时，都有一种回归自然的目的，去寻求一方清净和谐的环境。例如西太平洋诸岛的密克罗尼西亚人十分注意对自然环境的保护，不过度砍伐和狩猎。来到这里的旅游者在陶醉于美丽的自然风光之中的同时，也会深切认识到人与自然和谐相处的重要意义。又如，以色列的改造沙漠工程，在原来寸草不生的荒漠种植树木，变得郁郁葱葱，旅游者不仅去那里朝拜宗教圣城，游览奇异的死海，而且对那里的沙漠变绿洲的工程产生浓厚的兴趣。

④ 此外，还有与节庆相结合的民俗风情游，如：澳大利亚每年9月举行的狂欢节；斯威士兰每年8月底9月初的一个吉日举行的芦苇节，国王挑选新妃的"选妃"传统；马来西亚吉隆坡的国际风筝节，等等。

8.3.2 外国人的审美文化习惯

1. 亚洲人的审美文化习惯

以日本、韩国、泰国、新加坡为例。

日本，是中国的主要旅游客源国之一。日本民族善于学习，对于东西方文化、风俗、哲学、科技等等，通常采用一种拿来主义为我所用的方法，在学习、模仿消化和改造过程中将自己喜欢的东西融合到自己的文化之中，最终发展成为带有日本色彩的东西。日本人一般不崇洋媚外，比较热衷于文化与整装上的国际化。传统的日本人信奉"没有不幸就是幸福"的生活观，追求悠闲、共处的理想境界。在社交方面，讲礼貌、好寒暄，但有时是

"外热内冷"，崇尚"和"，讲团结，故标举集团主义，尊重国家与组织的权威，服从命令，听从指挥，具有"献身热情"。另外比较好面子，表里不一。因此，当面征求日本游客意见，一般总是赞扬声一片，但随后旅行社可能收到对方的投诉信。在文化娱乐方面，日本人喜欢看电影、电视，喜欢听音乐、唱歌，尤其是酒后放歌；喜欢模仿自己崇拜的歌星影星。他们也喜欢游乐园或公园。在饮食方面，一方面喜欢新鲜的配料和色彩美观的食品，另一方面重视精美的器皿，至于味道如何并不重要。

日本的文学艺术最早受中国的影响，随后又受西方的影响。在不断的贯通、磨合中，融汇了自己的理解与改造，从而形成了比较独到的日本特色。例如，日本有起源于古代历史和神话的神道，有从中国传入的佛教和从西方传入的基督教等。不少日本人认为，信奉神道可以尽情享受人生，不受什么约束；信奉佛教可以在死后进入西方极乐世界，使自己的灵魂有安顿之处。因此，在一般家庭里，神龛与佛坛并列。在祭祀活动中，他们既去神坛，也去寺院或教堂。结婚仪式大多按神道仪式在神社举行，而葬礼则几乎采用佛教仪式。

日本人的审美意识明显地表现出与宗教和道德相结合的性格。在社交场合，其见面礼节归结为"鞠躬成自然，见面递名片"，信条是"不给别人添麻烦"。日本的审美文化有如下特点。

（1）喜欢清明洁白的美。古代日本人的色彩感，关系到日本人审美意识的根本。白色象征深远意味总是同生命、希望、素雅、清净、纯洁、愉快等等联系在一起的对樱花无比厚爱。国石是水晶，国鸟是绿雉。

（2）追求形式上的小巧凝练，崇尚"闲寂"等心理上的神韵重视一元的、非理性的不平衡的美。很爱给人送小礼物。

（3）喜欢兼容并蓄的美，既尊重传统的审美意识和格调，又不忘现代的时尚。

（4）大部分年轻人受美国大众文化的影响，对快节奏、通俗化、戏剧化、有刺激性、视觉形象多变的东西越来越感兴趣，而对节奏缓慢、动作优雅的传统歌舞形式则敬而远之。

韩国，其正式国名是大韩民国。其主要宗教信仰是佛教。也有一些人信封儒教、天主教。韩国人在社交中，常规礼仪既保留了自己的民族特点，又受到西方文化和中国儒家文化的双重影响。其审美文化有以下特点。

（1）在正规的交际场合保留民族特点。他们以握手作为见面礼，妇女一般不与男子行握手礼，而往往代以鞠躬或者点头致意。与外人初次打交道，韩国人非常讲究预先约定、遵守时间。

（2）非常看重自己留给交往对象的印象如何。如他们十分在意自己的穿衣打扮，讲究朴素整洁，庄重保守。不能光脚穿鞋子，进屋之前需脱鞋，放置鞋子时，不准将鞋尖对准房门，否则会令对方极度不满。

（3）饮食比较清淡，切讲究环保。他们以辣、酸为主，一般不吃过腻、过油的食物。餐馆向用餐者提供的是环保型的铁筷子。

（4）珍爱白色，对熊和虎十分崇拜。人们喜爱木槿花，尊其为国花，松树为国树，喜鹊为国鸟,老虎为国兽。

(5) 反对崇洋媚外,倡导使用国货。如:在外国,一身外国名牌的人往往被人看不起。在向韩国人馈赠礼品时,宜选择鲜花、酒类、工艺品,但切忌日本产的。

(6) 民间仍讲究"男尊女卑"。如:进入房间前,女人不可走在男人前面,进入房间后,女人须帮男人脱下外套。女子不得在男子面前高声谈笑。

泰国,其国名是泰王国,为多民族国家。历史上曾被称为"暹罗"。泰国人有时自称"孟泰",意即"自由的国家"。有"佛教之国""大象之邦"等称呼。首都是有着"东方威尼斯"之称的曼谷。民众信奉佛教。其审美文化特点如下。

(1) 在交际应酬中深受佛教影响。如不喜欢与人握手,而以浓厚佛门色彩的"合十礼"为见面礼。跟外人打交道时颇有修养,一贯讲究"温良恭俭让"。交谈时,面含微笑,低声细语。又如:不管是站是坐,都不要让鞋底露出来。

(2) 服饰喜用鲜艳之色。他们在正式场合讲究穿着自己本民族的传统服饰,并以此为荣。他们还有用不同色彩表示不同日期的讲究。如:从周一到周日,分别以黄色、粉色、绿色、橙色、淡蓝色、紫色、红色等表示。

(3) 饮食喜清淡。他们不爱吃过咸或过甜的食物,也不吃红烧的菜肴。总体上喜食辛辣、鲜嫩食物。用餐时,爱往菜肴中加入辣酱、鱼露等。

(4) 礼仪特色。在民间,泰国人习惯围着低矮的圆桌跪膝而坐,以右手抓取食物享用,人们认为"左手不洁"。在聚会时,官方举行活动时,参加者通常为双数,私人举行活动时则通常为单数。

新加坡,"新加"在马来语里的意思是"狮子"。故有"狮城"之称。它是除中国以外惟一一个以华人为主的国家。除华人外,人口较多的民族是马来人和印度人。首都新加坡,是一个集国家、首都、城市、岛屿为一体的城市型岛国。一年四季鲜花盛开,清洁美丽,有"花园之国"的美称。新加坡的主要宗教是伊斯兰教,此外有佛教、印度教和基督教。其审美文化特点如下。

(1) 礼仪习俗多元化。政府注重保护各民族的传统,因此,在与人打交道时"遇人而问俗"。政府专门编制《礼貌手册》。如:在待人接物方面,特别强调笑脸迎人,彬彬有礼。又如:用餐时,印度人和马来人惯于用右手抓取食物,忌用左手取用食物。华人迎客以茶相待,通常在清茶中加入橄榄,称之为"元宝茶",可以令人"财运亨通"。

(2) 着装打扮各具民族特色。除了在国家庆典或其他隆重场合穿自己的国服(一种以胡姬花为图案的服装)外,在日常生活中,不同民族的新加坡人着装打扮各具民族特色,如华人多为长衫、长裤、连衣裙或旗袍,马来人爱穿纱笼,锡客人则男子缠头,女子身披纱丽。

(3) 饮食口味喜欢清淡。他们偏爱甜食,讲究营养,平日爱吃米饭和生猛海鲜,不太喜欢面食。

(4) 华人乡土观念极强。喜用家乡话交谈。最受欢迎的话题是旅游、运动、传统文化以及有关经济建设方面的成就。

（5）喜欢红色和白色。他们认为，艳丽夺目的红色是庄严、热烈、喜庆、幸福的象征，而白色是纯洁与美德的象征。国旗就是由红、白两种色彩构成的。

2. 美洲人的审美文化习惯

以加拿大、美国、巴西等国为例。

加拿大，其国名出自当地土著居民的语言，有着"移民之国"、"枫叶之国"、"万湖之国"等多种美称。土著居民是印第安人和因纽特人。从16世纪起沦为英、法殖民地。1867年建立加拿大联邦，是英联邦成员国之一。主要宗教是天主教和基督教。基本国情是地广人稀。加拿大人性格开朗热情，待人朴实而友好。其审美文化特征如下。

（1）在交际应酬中，既讲究礼貌，又无拘无束。如人们相遇时，都会主动向对方打招呼。他们十分容易接近，相处起来不存在任何麻烦。

（2）讲究着装规格。如在日常生活里着装以欧式为主，上班时间着西服、套裙，社交时穿礼服或时装，且要认真进行自我修饰。休闲时则自由着装。节假日或民族传统节日，各民族穿自己的传统民族服装。

（3）饮食偏爱法式菜肴。口味喜清淡，爱吃酸、甜的食物。烹制菜肴时极少直接加入调料，而是将调味品放在餐桌上，听任各取所需。爱吃烤制食品。请客时较常采用自助餐。

（4）枫叶被视为加拿大的象征，且成为国旗、国徽上的主体图案。枫叶被视为国花，枫树被视为国树。

（5）白雪在加拿大人的心目中有着崇高的地位，并被视为吉祥的象征和辟邪之物。

美国，是一个移民国家，是一座兼容并蓄多种文化传统与价值观念的"大熔炉"。比较而言，影响美国大众意识形态的主要是宗教信仰和实用主义哲学思想。美国绝大多数人信仰基督教，多种教义和教派并存，只是人们信教的程度与方式有一定差别。意识形态也呈现多元化倾向，但讲究实际又不乏幻想、追求民主自由和个性但又具有强烈的国家意识与自豪感。在社会生活领域，美国人待人处世比较豁达大度，容易交往，他们一般认为人生应该是快乐的，应该尽情享受人生快乐，绝不能自寻烦恼。在价值观上，重视个人的价值与发展，喜欢独立进取，争取个人成就，推崇个人奋斗。在许多场合，大多喜欢标新立异，轻视从众心理，惯于表现自己的独立性和个性，强调个人的权利与自由。从整体来看，美国人喜欢标举"创造性思维与开拓性精神"。他们惯于把休闲活动当作发挥和发展个人兴趣与才能的机会。他们喜欢体育活动，特别是参与型的群众性体育、文化娱乐活动，希望从中得到精神享受、社交乐趣和某种实际效益。其娱乐方式，大都喜欢有明显组合的、描写英雄救美人之类的具有浪漫色彩和戏剧性的影视节目，也喜欢音乐与舞蹈等艺术形式。在日常情况下，则喜欢光顾酒吧、舞厅或夜总会等公共娱乐场所。当然，美国人因居住的地区不同，形成的性格与生活习惯也有一定的差异（如东部的比较保守而追求物质享受、西部的追求刺激且喜欢探险、中西部的淳朴实在办事稳重、南部的追求豪华享受并富有探险和征服精神)。

一般来讲,美国人的审美文化特征如下。

(1) 追新猎奇,不拘一格,通常喜欢那些富有新鲜感、娱乐性和刺激性的东西,例如迪斯尼、冒险乐园之类的游乐场。

(2) 讲究场面与视觉感受。美国主要的文体娱乐活动与电影歌剧通常以大场面取胜。

(3) 偏爱壮美,喜欢快节奏,坦率、轻松、自如、诙谐、幽默的表演方式如西部牛仔片与百老汇经典歌剧。

(4) 厚今薄古,喜欢科幻题材,如《外星人》、《星球大战》等。

(5) 习俗上,美国人最喜爱的色彩是白色,蓝宝石是国石,非常偏爱山楂花和玫瑰花,最爱的飞禽是秃鹰,最喜欢的宠物是白猫,普遍养狗,驴代表坚强、稳重。

巴西,其正式名称是巴西联邦共和国。巴西作为国家之名,源于当地一种树木的名称,在葡萄牙语里,"巴西"意即"红木"。世界上,巴西有"足球王国"、"咖啡王国"之称。巴西的主要宗教是天主教。官方语言是葡萄牙语,是拉丁美洲惟一一个以葡萄牙语作为官方语言的国家。民族由白种人、黑种人、黄种人、土著人以及混血种人组成。主流社会深受天主教教规和葡萄牙文化的影响。其审美文化特征如下。

(1) 浓郁民族特色的社交习俗。巴西人在人际交往中喜欢直来直去,大都活泼好动,能说会道,幽默风趣。民间流传着握拳礼、贴面礼等礼节。

(2) 穿戴打扮十分讲究。主张在不同场合着装应有所不同。妇女着装更时髦,爱戴首饰,爱穿色彩鲜艳的时装。在一般情况下,妇女都喜欢赤脚穿鞋。在纳简斯第地区,妇女们以所戴帽子的方式表示情感:帽子偏左表示"未婚",偏右表示"已婚",扣在前额表示"别理我、别烦我"。

(3) 饮食以欧式西餐为主。因畜牧业发达,所吃食物之中,肉类所占比重较大,尤其爱吃烤牛肉。最爱吃的菜肴是杂豆,即用黑豆、红豆等加上猪肉香肠、烟熏肉、甘蓝菜、橘子片,用砂锅煮制而成。

(4) 喜欢卡特兰花(兰花的一种)。该花被视为国花。巴西人还十分偏爱蝴蝶,视之为吉祥物。

3. 欧洲人的审美文化习惯

以俄罗斯、英、法、德、意大利等国为例。

俄罗斯,正式名称是俄罗斯联邦。由俄罗斯人、鞑靼人、乌克兰人、楚瓦什人等130多个民族所构成。主要宗教是东正教。俄罗斯人素来以热情、豪放、勇敢、耿直而著称于世。其审美文化特征如下。

(1) 社交习惯。和初次见面的人行握手礼,对熟悉的人或再别重逢时,则大多要与对方热情拥抱。迎接贵宾时,通常会献上"面包和盐",作为极高的礼遇。

(2) 讲究仪表,注重服饰。外出上班和参加社交时都会衣冠楚楚。在城里多穿西装和套裙，妇女爱穿连衣裙。在民间，已婚妇女必须戴头巾，并以白色为主，未婚姑娘则戴帽子。

（3）饮食讲究量大实惠，油大味厚。他们以面食为主，喜欢酸、辣、咸味，偏爱炸、煎、炒的食物。在制作上较为粗糙。

（4）习俗。向日葵被视为"光明象征"，被定为国花。普遍喜欢红色，视其为美丽的化身。非常崇拜盐和马，盐具有驱邪避灾的力量，马则会给人们带来好运。

英国，总体而言，英国人讲究绅士风度，尊重女性，遇事保守克制，忍耐从容，认为明显流露出烦躁情绪或恼怒发火是缺乏教养、修养的表现。英国人主要受宗教信仰与经验主义哲学思想的影响。在社交方面，由于传统等级观念比较强，一般对王公贵族还有根深蒂固的敬重心理，其积极效果使英国人比较遵守纪律，办事讲究秩序，与人交往讲究礼貌礼节。在价值判断方面，显得不那么急功近利，而是有点重名轻利。喜欢悠然自得、清静平和的生活方式，独善其身，讲究尊重个人天地。休闲时喜欢与家人同行，到乡间别墅、公园过周末或度假，不欢迎外人介入。由于英国的哲学、美学与文学艺术源远流长，其文化成就必然影响到英国人的大众审美心理或习惯，因此，喜爱文学艺术与自然美景几乎成为英国人生活中的重要组成部分。其审美文化有以下特征。

（1）欣赏庄严凝重之美。如女王服饰、出行、宗教活动等。

（2）推崇华丽均衡之美。如莎士比亚戏剧等皆以华丽辞章、对仗押韵而闻名于世。

（3）喜欢含而不露、文雅机智的幽默。

（4）习惯于重行轻言的表达方式。如信奉"善辩是银，沉默是金"的格言。

（5）酷爱自然美。不仅喜爱山水，而且喜爱乡野。不仅喜爱花草，而且喜爱动物，尤其是猫、犬之类的宠物。

法国，法国国名"法兰西"由拉丁文 Francia 演变而来，意即"勇敢、自由的国家"。在意识形态领域，由于受法国启蒙运动与法国大革命的影响，"自由、平等、博爱"等人权主义观念在法国民众中根深蒂固。许多法国人富有理想色彩和唯心主义色彩，他们十分重视个人价值，喜欢与众不同。在政治方面，喜欢自由浪漫，甚至有些无政府主义倾向。在文化方面，普遍有一种优越感，对自己丰富的文学艺术遗产赞不绝口。在社交方面，显得热情、大方、开朗，交往中既浪漫又不失文雅，既幽默又不落俗套。与法国人交往，送礼是友好的表示或友谊的象征。礼物不一定要贵重，但要讲究包装。其审美文化特点如下。

（1）追求独特不凡的风格，为此，他们往往会不惜工本，独辟蹊径，不怕流言，甘冒风险。如时装美学。

（2）注重浪漫情调和印象之美。他们通常喜欢飘逸潇洒的艺术形式。

（3）艺术模仿自然，但又高于自然，认为艺术不仅是反映现实的一面镜子，而且是人们行为举止的典范。

（4）尊重传统与融合现代趣味和科技。如国庆之夜，在巴黎主要景点，用现代放音设备播放贝多芬的《欢乐颂》乐曲与燃放在夜空的礼花巧妙地融合在一起。

（5）艺术品位虽高，但一般不认为地区分高雅与通俗的文化艺术。只要作品吸引人、感动人，具有审美价值，就是好作品。

（6）把烹饪美食视为艺术。认为个人饮食应当符合自身的教养和社会地位。

德国，素有"音乐与工程师之乡"之称。德国文化主要以古希腊和基督教文化为源泉，在意大利文艺复兴的影响下，不断酝酿、发展。在意识形态领域，德国人一方面受基督教、天主教宗教信仰的影响，另一方面，也受康德、黑格尔、尼采等人的理想主义哲学、美学思想影响。在社会政治方面，他们对国家和社会的权威有一种理智而实际的服从精神，对法规纪律有着一丝不苟但又能审时度势的务实态度。在价值取向方面，他们能够正视现实，善于抱有理想，既追求物质财富，又重视精神财富，重视个人健康的生活方式。德国的审美文化主要特征如下。

（1）把美视为生活中的重要组成部分。注重整洁，钟爱黑白两色。喜欢布置居室，尤其喜欢装饰自家的窗户。

（2）珍视文化传统，注重理性分析。对古典音乐的热情和理解超出常人。如柏林爱乐交响乐团在国际上享有盛誉。

（3）庄重、简洁、流畅与实用趋于一体的艺术表现方式。在大众文化娱乐中，把抽象玄妙的音乐与具体的现代技术相结合，显示出一种凝重但又轻松、精巧且流行的特点。

意大利，在意大利语里，意即"小牛生长的乐园"。在世界上，意大利有"欧洲花园"、"航海之国"、"旅游之国"等美称。意大利人的宗教观念极强，作为国教，天主教在意大利的影响极其巨大，各种大主教机构遍布于全国。仅在首都罗马，就有300多座教堂和7所教会学校。而全世界天主教中心——教皇及其教廷，就位于罗马老城西北的梵蒂冈。受教规影响，意大利的宗教性节日很多，不但有圣诞节、复活节，而且还有圣母节、降灵节、耶稣升天日、狂欢节等等。意大利的审美文化特征如下。

（1）身份观念极强。在人际交往中，他们对别人的地位等级十分重视。对于来自家学渊源、历史悠久家族的人士，往往会刮目相看。

（2）时间观念奇特。在外人眼里，他们似乎来去匆匆，却又不很守时，至少在社交活动中是这样。一般来说，在与别人约会时晚到几分钟，他们认为这既是一种礼节，也是一种风度。

（3）交往应酬中，对自己"古已有之"的礼节非常重视。他们极力主张以本民族优秀的传统来净化社会空气。与他人初次见面时，礼数周全，极其客气。

（4）对服装打扮非常讲究。他们普遍认为，每个人的衣着既体现着他的修养与见识，又反映了他为人处世的态度。他们在着装打扮上，衣着极其考究，不仅讲究品牌、做工，而且连整体搭配的每一个细节都会做得无可挑剔。衣着非常时髦，讲究每天衣着不一样，一件时装不在社交场合穿第二次。衣着很讲个性，讲究标新立异。而在商务、政务活动中非穿西装套装或套裙不可。

（5）对于饮食非常在乎。平时喜欢吃面食、通心粉、炒米，并发明创造了比萨饼。在口味上接近法式菜肴。喜爱喝葡萄酒。

（6）民族习俗。国花是雏菊，国石是珊瑚，意大利人喜爱的色彩是绿色、灰色，喜欢猫和狗，更喜爱鸟。

4. 非洲人的审美文化习俗

以埃及、南非为例。

埃及，正式国名为阿拉伯埃及共和国。埃及之名来自英语，在阿拉伯语里，它的涵义是"辽阔的国家"。在世界上，埃及有着"文明古国"、"金字塔之国"、"棉花之国"等美称。阿拉伯人作为主民族，伊斯兰教为国教。其审美文化特点如下。

（1）热情好客。贵客临门会令其十分愉快，但要事先预约。穆斯林家中的女性是不待客的。就座之后切勿将脚底朝外。

（2）普通百姓着装依然保守，主要是长衣、长裤、长裙。城市平民及乡村中的农民着传统的长袍，戴头巾或罩面纱，乡村妇女还讲究佩戴脚镯。

（3）饮食遵循伊斯兰教规，忌喝酒、忌食猪肉，用餐多用右手取食。口味清淡，喜欢吃甜点。

（4）习俗。埃及人最喜欢绿色（吉祥之色）和红色（快乐之色）。喜爱莲花，定为国花。橄榄石为国石。猫为国兽，也是幸运的吉祥物。他们还喜欢美丽华贵的仙鹤，认为它充满着喜庆和长寿。

南非，正式名称是南非共和国，其作为国家之名，得名于它所处的地理位置。由于南非盛产钻石，成为举世闻名的"钻石王国"。南非人可分为黑人、白人、有色人和亚洲人（印度人和华人）等4个种族，其中黑人是南非的主体。南非的主要宗教是基督教。南非的审美文化特点如下。

（1）社交特点"黑白分明"、"英式为主"。前者指：由于受到各自种族、宗教、习俗的制约，南非的黑人与白人所遵循的礼仪，往往差别很大。后者指：因为在过去很长的一段历史时期内，白人掌握南非政权，推行种族歧视政策，久而久之，白人的社交礼仪，特别是英国式的社交礼仪便广泛流行于南非社会。

（2）服饰基本西方化。他们讲究端庄、严谨，而在日常生活中大多爱穿休闲装。黑人通常还穿着本民族的传统服装，如：有的喜欢用兽皮做成斗篷，有的则喜欢赤裸上身，仅在腰间围一块腰布，有的部族妇女的门牙必须拔掉，以此为美。

（3）饮食"黑白分明"。当地白人平日以吃西餐为主，而南非黑人的主食是玉米、薯类、豆类及牛肉、羊肉。南非最著名的饮料是"南非国饮"如宝茶，在英语里是"健康美容的饮料"，与钻石、黄金一起被称为"南非三宝"。

（4）乡村里的黑人大都信仰本部族的原始宗教。他们相信自然界存在着一种神秘的力量，支配着人世间的一切。部族里的妇女地位比较低下，那些被视为神圣宝地的地方，诸如火堆、牲口棚等处，是禁止妇女接近的。

5. 大洋洲人的审美文化习俗

以澳大利亚、新西兰为例。

澳大利亚，正式名称是澳大利亚联邦。是英联邦成员国之一。作为国家名称，来自于拉丁文，它的涵义是"南方之地"。由于澳大利亚犹如一座大岛，故有"岛大陆"之称。因为畜牧业发达、矿产丰富而被称为"牧羊之国"、"骑在羊背上的国家"、"淘金圣地"、"坐在矿车上的国家"。澳大利亚的主要宗教是基督教。大部分为英国移民的后裔。土著居民仅占少数。澳大利亚人崇尚人道主义和博爱精神，在社会生活中乐于保护弱者，包括保护私生子的合法地位。其审美文化特征如下。

（1）社交"亦英亦美"、"以英为主"。兼容并包，多姿多彩。各民族在一定程度上保留了本民族的传统礼仪习俗。

（2）待人接物方面人情味十足。由于地广人稀，他们普遍乐于同他人进行交往，并且表现得很质朴、开朗、热情，爱请别人到自己家里作客。在讲英语的国家中，可能是最无拘无束的。

（3）着装自成一体。除了在极为正式场合穿西装、套裙之外，平时大都着T恤、短裤、牛仔装、夹克衫等。由于阳光强烈，出门时喜欢戴一顶棒球帽来遮荫。土著居民则习惯于赤身露体，至多在腰上轧上一块围布遮羞而已。

（4）饮食习惯多种多样。主流社会喜欢英式西餐，口味清淡，不喜油腻，忌食辛辣，大部分人爱吃牛羊肉。土著居民靠渔猎为生，并且经常采食野果，有时生食，进食时惯于以手抓食。

（5）金合欢和桉树是澳大利亚人最喜欢的植物，被视为澳大利亚的象征。他们最喜爱的动物是袋鼠和琴尾鸟。蛋白石是他们最珍爱的宝石。

新西兰，国家名称来自于荷兰语，意即"新的海中陆地"。由于新西兰距离其他大洲路途遥远，并且环境十分优美，加上畜牧业发达，故有"世界边缘的国家"、"绿色花园之国"、"白云之乡"、"畜牧之国"、"牧羊之国"等美称。主要宗教是基督教和天主教。社会中，英国移民的后裔占人口的绝大多数。新西兰人做人比较严肃寡言，并且很讲绅士风度，在男女交往方面较为拘谨保守，并且有种种清规戒律。其审美文化特点如下。

（1）人际交往具有鲜明的欧洲特色，尤其是英国特色。奉行"平等主义"，在交际场合非常反对讲身份、摆架子。各行各业的人都会对自己的职业引以为荣。

（2）日常生活里以穿欧式服装为主。服饰看重质量，讲究庄重，偏爱舒适，强调场合。而土著毛利人的服装是手工用亚麻编织而成的。

（3）通常习惯于吃英式的西餐，口味清淡。爱吃瘦肉，爱喝浓汤；毛利人都爱吃一种叫"夯吉"的食物，即利用地热蒸熟的牛羊肉和土豆一类的东西，最高档次的大菜叫"烧石烤饭"。

（4）最偏爱的植物是银厥和四翅槐，视为国家的象征。最爱吃的水果是几维果（即猕猴桃)。最喜爱的动物是几维鸟和狗。

(5) 大都喜欢户外运动,最喜爱的运动项目是赛马和橄榄球。

8.3.3 中外节俗民情审美比较

中西节俗一般可分为 4 大类:基于宗教仪式或图腾的日子,季节转换或植物成熟的日子,历史事件的纪念日,民族或国家英雄的诞辰或忌日。相对而言,西方宗教节日多,中国季节节日多;西方娱乐性节日多,中国伦理性节日多;西方动植物名目节日多,中国政治性节日多。下面比较几组性质较为接近的中西节俗。

1. 春节与圣诞节、感恩节

春节是中国最大、最隆重、庆祝时间最长的节日,有 3~15 天。西方则是圣诞节,12 天左右。从整体上看,中国和西方都将这两个节日当作是欢乐、团聚、走亲访友、互赠礼物、畅享口福的时刻。无论大人小孩、官方民间,在这两个节日里,一般都放下了平日紧张、繁忙的公务而兴奋、悠闲地投入到节日的各项活动中去。但它们有着各自的特点,具体如下。

(1) 宗教崇拜与农节认识。春节和圣诞节的民俗观念,都有着宗教与图腾的因素,侧重敬"神"弄"鬼"。中国的春节停止劳作、祭祀祖先、谢神降福,西方的圣诞节是个纪念耶稣诞生的宗教节日。这两个节日的时间虽然相距一个月左右,但节日期间又同时与仲冬的农节(农作时节)相叠合,所以,其习俗又或多或少与仲冬农节有关。

(2) 神秘的巫术气息。由于宗教原因和民俗的神秘心理,这两个节日洋溢着某种巫术气息。不同的是中国人讲福气,西方人讲运气。

(3) 回归观念。在这两个节日里,千家万户住在各处的人,都以父母家为中心,想方设法要在除夕前赶到一起,过个"团圆年",吃顿团圆的年夜饭。

2. 元宵节与狂欢节

中国的元宵节主要是赏玩彩灯的娱乐节日。西方的狂欢节,其内容和方式与中国截然不同,人们狂放不羁、尽情尽兴地娱乐,他们的观念是忘掉忧愁与烦恼,忘掉紧张与疲劳,只要欢乐与享受。

3. 端午节与英雄节

中国端午节的来历,一般来讲,老百姓将它看作是纪念屈原的节日。在这一天,人们裹粽子、赛龙舟、饮雄黄酒、门口挂艾蒿等。但除了裹粽子还隐藏着有纪念屈原的意味,其他的一些民情习俗只是娱乐性质和从巫术到健身的意味,纪念屈原的内容大大减弱。西方则不同,一些英雄纪念日,往往成为一种民俗性隆重节日,例如:每年 12 月 13 日瑞典的露西雅节,即迎光节,缘于基督徒露西雅被仇视基督徒的人刺瞎了双眼,仍然追求光明,终于,她得以重见天日,被人们尊为"圣女"。这天,家庭主妇都要充当露西雅的"圣女",在烛光下拿出早餐给家人享用。这个节日虽然也有宗教和娱乐性质,但内在的对顽强不屈的英雄崇敬的心理并没有改变。

4. 时气节与生物节

中西方在一般小型节日上,体现更多的是按时令季节转换与生物成熟类型的区别。中国多的是前者,如春节、清明节、中秋节、重阳节等等。这是中国人多时令节气的习俗表现。相反,在西方,以农作物名称或动植物名称命名的节日却较多,如瑞士的葡萄节、保加利亚的玫瑰节、慕尼黑的啤酒节、丹麦的捕鲸节、澳大利亚的羊节、加拿大的狗节等等。其根源在于西方崇尚分工、执着于具体事物自然生长与种类繁殖、收获等,有着某种局限,因而有了对某一具体庄稼、动植物的兴趣和种植、收割、捕获的特长。而中国农作物和家养动物综合发展,再加上祈求"五谷丰登,六畜兴旺"的愿望,因而没有发展成某一特定的生物或动物的节日。

综上所述,无论是中国还是西方,旅游文化审美都有一个较为相同的发展过程,那就是从最初的对劳动本身和实用生产产品的欣赏,过渡到以美的眼光审视一切自然景物和劳动产品。为什么要开展旅游活动,从审美的角度来分析,中国与西方存在着差别。

第一,是寻"仙"和劳累。以表现一种追求虚幻美、超脱现实生活的所谓仙境的情趣,与另一种较紧密地将实际、借景寄情结合在一起,构成了中国(主要是文人、士大夫,以后又影响到普通百姓)的审美习惯。而西方的旅游文化渗透的是与这种淡淡的哀愁和眷恋所不同的情调,其旅游的目的为了拓展视野,了解异国文化及其风土人情,或祈求暂时"逃避"受人摆布的日子和单调的生活,挑战困苦,追求冒险,或寻求"无所事事",悠闲地散步,把皮肤晒得黝黑发亮。当前,中国的一些年轻人(如"驴友"们)与之也有些相似。总体上说,中国人不愿做辛苦的"拉练"却是西方人所竭力寻求的,由此引发出不同的审美感受和心理。

第二,生命体验的不同方式和内容。旅游作为一种体验文化,相对而言,中国偏重于将精神性体验与物质性体验结合在一起,在旅游审美中强调人生、艺术和自然三者完全融合而产生的一种情景交融的境界。西方则不同,他们往往将物质性与精神性截然分开,一类是人工气十足的公园,另一类是纯自然的森林公园。其建筑,宫殿和博物馆或纯精神审美性的绘画和雕塑,或物质性较强的精美工艺,较少将它们混放在一起。正因为有了这样不同的旅游审美对象,因此也就造就了不同素养、不同心态的审美者。

尽管生命体验方式和内涵如何不同,旅游的文化精神本质是不会改变的,不管是中国还是西方都一样。当前,中西方文化在互相交流、撞击和融合,必然也会影响到中西方的旅游审美视野。

8.4 思考题

1. 中国民俗风情审美的基本特征是什么？
2. 中国民俗风情包括哪些内容？试举例说明。
3. 中国民俗风情旅游的特征是什么？有哪些类型？
4. 我国传统表演艺术有何独特的审美价值？
5. 你的家乡有哪些地方特色显著的传统表演艺术？
6. 中国传统戏曲有何特色？试举例说明。
7. 地方戏可分为哪几个系统？试举例说明。
8. 现代国际旅游的地域格局怎样分布？有何特征？
9. 外国人的审美文化习惯的基本特征是什么？
10. 以中外节俗为例，对中西旅游文化审美进行比较。

第 9 章　旅游管理与审美艺术

【本章导读】
　　了解自然景观和人文景观的审美价值。学习并掌握旅游资源开发中的美学原则，了解旅游资源可持续发展的审美前景。了解旅游饭店环境设施的审美标准，学习、培养旅游接待人员的审美修养和服务艺术。了解中国旅游饮食文化的审美意义。

9.1　旅游资源与美学原则

9.1.1　旅游景观与审美

　　旅游景观，泛指为旅游者观赏的所有对象或旅游活动中的所有审美对象，或指具有美感的自然旅游资源和人文旅游资源在一定区域范围内的综合观赏实体。

　　1. 自然景观与审美

　　所谓自然景观，主要以自然山水为基础，辅之以光照、植被、动物、风云或雨雪等基本要素，能够表现自然美不同形态的空间综合体。其内容一般包括山景（如苍山翠岭、幽谷奇峰）、水景（如浩荡江河、流泉飞瀑）、海景（如碧海金沙、岛屿风光）、地景（如水乡田园、草原大漠）、云景（如云霞变幻、太虚万象）、洞景（如洞天福地、钟乳奇石）、花景（如奇花异草）、林景（如珍禽异兽）等等。从具体景点看，自然景观以名山（如"五岳"）胜水（如长江黄河）为主体，遍及乡野、边区与沿海，形态各异，自成格局。

　　自然景观有 3 种比较典型的存在形态：其一是未经人类触动的纯天然的原始景物，诸如人迹罕至的原始森林、蛮荒山野、飞禽走兽等；其二是直接作为人类劳动生产场所的田园风光，诸如江湖渔区、草原牧场等；其三是经过艺术加工的自然景观，它们以原有的自然景观为背景，融合着一定的人文景观内容以及社会文化内涵，主要作为观赏对象而注重对人的情感陶冶等精神作用，诸如"五岳"、黄山、西湖等。当然，这 3 种存在形态在有些方面都是相互关联的。

　　自然景观在审美价值中，主要表现在形式美，以及动态美和象征美。
　　(1) 形式美，是指构成事物外在的属性（如色、声、形、味）及其组合关系（如对称、比例、均衡、节奏、多样统一等）所显示出来的审美特性。自然景观的形式美可以从形态美、色彩美、听觉美和嗅觉美等4个方面来讲。

① 景观的形态美，泛指地象、天象之总体形态与空间形式的综合美，其中包括主体在审美观照过程中所产生的生理和心理感受。它是人从事物的形态、空间物象中抽象出来的形式属性，由点、线、面、体构成。古今的文人墨客、旅行家、山水理论家或景观地理学家们，凭借在相对意义上的共同审美标准与审美意识，对名山大川的审美形态做了传承式的审美评价，可以概括为"雄、奇、险、秀、奥、旷、野"等几种典型的风格特征。

- 雄，指雄伟、雄奇，形象高大，气势磅礴。如"五岳"之尊的泰山，山势陡峭，凌驾于齐鲁大地之上，具有通天拔地之势，壁立霄汉之态，给人以高大雄浑之态。杜甫诗句"会当凌绝顶，一览众山小"形象地道出了泰山雄伟壮观的审美形象。此外，借助古代封禅祭祀活动和相关人文因素的渲染于烘托，在强化世人心理感受的同时，也极大地凸现了泰山以雄为美的审美价值。

- 奇，指形态光怪陆离，奇异多变，非同寻常。如黄山，有"五岳归来不看山，黄山归来不看岳"之说。黄山奇美，主要源于峰奇、石奇、松奇、云奇。这"四奇"之中，峰、石、松三者一般处于相对静态，唯云海处于变幻不定之中，茫茫忽忽，荡胸涤怀，奇态万化，意趣生动。浮云飘雾之际，峰、石、松景也似乎摇动飘忽，幻化出动态美和朦胧美的审美情趣。

- 险，指形状陡峭，气势险峻，坡度特别大，山脊高而窄。如西岳华山，削成而四方，其高五千仞，素有"天下险"之称。若想登上华山顶峰的"太虚幻境"，站在手可摩天的"摘星台"上领略"西岳峥嵘何壮哉，黄河如丝天际来"的险峻景象，就须攀登30里，历险数十处。其中千尺幢、擦耳崖、苍龙岭等险道令人望而生畏，不寒而栗。特别是苍龙岭，长约1里，岭脊宽仅1米左右，光滑圆溜，行如龙背鱼脊，岭西壁落深渊700米，岭东绝壑悬崖万丈垂，可谓险峻摄魂。

- 秀，指有良好的植被覆盖地表，山石土壤很少裸露，山水交融，草木葱茏，生机盎然。其形态别致丰满，轮廓线条柔美。如四川峨眉山"云鬟凝翠，鬓黛遥妆，真如螓首娥眉细而长，美而艳也"。其植被葱翠，水草丰茂，色彩雅丽，四季常青，植物花草种类繁多，素有"植物王国"之称。

- 幽，指以崇山幽谷、山间盆地或山麓地带为地形基础，辅以铺天盖地的高大乔木，构成封闭或半封闭的空间环境。比较而言，这类景观视域狭窄，光量少，空气清净，景深而层次多，具有迂回曲折之妙趣，无一览无余之直观。如深藏于岷江峡谷之中的青城山，诸峰环绕，状若城郭，古木参天，空间隐蔽，浓荫藏寺，曲径通幽，有"青城天下幽"之称。

- 奥，指空间结构上更为复杂隐深，封闭迷离。四周崖壁环立，通道如隙，深奥如井，幽深莫测，扑朔迷离。如武陵山区，植被覆盖率高达90%以上，峰密峦叠，遮天蔽日，溶洞棋布，迷离神奇，对探幽访奥者有极大的吸引力。

> 旷，指视野开阔宽广，形态坦荡旷远。其景观因观赏位置和心理感应不同，故有平旷与高旷之分。临江海湖泊而远眺，人与景亲近不隔，视域平面散开，得平旷之景，如登岳阳楼远眺，800 里洞庭，奔流眼底，"衔远山，吞长江，浩浩汤汤，横无际涯；朝晖夕阳，气象万千"，令人心旷神怡。而登香炉峰顶看长江，则"江水细如绳，溢域小于掌"，给人以超拔伟壮的审美感受。

> 野，指属于原始自然或"第一自然"的产物，纯真古朴，富有野趣，一般未受人类干扰、雕饰或破坏。如开发不久的九寨沟、张家界和神农架等景区，其山、水、石、林、洞等仍处于原始状态，保持着洪荒自然的风貌，给人一种远离尘嚣的野趣之美或神秘之感。

② 景观的色彩美，构成要素繁多，究其本质，起主导作用的则是光线。没有光，就无所谓色。我们平时感受到的阳光，是由红、橙、黄、绿、青、蓝、紫等 7 种光谱复合而成的。当日光透过大气层时，由于各种光谱的波长和穿透力不同，照射到地面的各种光谱成分也发生变化。而物体固有的对光的吸收和折射光线的属性不同，也决定了物体的固有色。世间万物绚丽多彩的颜色，就是由这些因素决定的。因此，一切景物，于朝暮阴晴或春夏秋冬时看，其形态各有不同。如长白山的春天，万木抽芽，翠烟弥漫，令人享受到《春之声》的舒缓而蓬勃的美感；夏天，枝繁叶茂，碧海无涯，犹如欣赏一幅热烈而奔放的油画；秋天，艳丽典雅，热烈而又宁静，仿佛看到了一片丰收的景象；冬天，银装素裹，沉寂神秘，令人想到了瑞雪纷飞的圣诞之夜。

③ 景观的听觉美，主要是鸟语、风声、水声和钟声。在幽谷林莽间，鸟语虫鸣会使自然景观产生一种对比和反衬的审美效应，如"蝉噪林愈静，鸟鸣山更幽"；以风声构成的景观不胜枚举，如张家界的林涛声、承德避暑山庄的"万壑松风"，犹如浑厚沉浊、古朴苍劲的乐章；而水声，如黄果树飞瀑轰然、西湖九溪十八涧清泉幽咽、钱塘江秋潮咆哮、江南水乡小桥下流水潺潺，给人以不同的审美情趣；至于钟声，如寺院的梵音，那晨钟暮鼓给人以神秘意味的听觉美感，诱发旅游者顺着钟声去探奇览胜。

④ 景观的嗅觉美，主要指自然景区的芳草香、花香、新鲜空气。当旅游者进入山林、原野，那儿的清新空气、山花野草的芬芳幽香，甚至干草耐人寻味的香味，会令人情绪轻快，精神振奋，身心愉快，神思飞扬，充分领略到大自然陶冶情操、洗涤心胸的美妙。

（2）动态美，一是水流、云雾、时间、季节、光照和植被等自然因素，二是景物传说等人文因素。

自然因素的动态作用，指水的流动、跌宕、声响，打破山谷的沉积，改变山谷的形态，同时还给植物鸟兽提供滋养，给人一种生机勃勃的审美感受。汹涌奔腾的江河、给人以惊心动魄之感；飞流直下的瀑布充满活力，给人以洗涤胸襟之感。又如流云飘雾，隐隐绰绰，产生"横看成岭侧成峰"的奇幻之感。而无形的风，乃是构成动态美的动力，风儿驱赶着云雾，扬起波澜，摇曳垂柳，牵动松涛，使山水灵动，景物生趣。另一方面，一切景物，在不同时间、季节、光度和植被等因素的影响下，其形态也随之变化，呈现出不同的观赏价值。如春山草木吐绿，百花争艳；夏山郁郁葱葱，浓绿欲滴；秋山枫叶飘丹，层林尽染；冬山寂林叶落，肃静凄然。

至于景物传说的动态作用，指以自然山水为时空背景的神话传说与其特殊的人文氛围。如长江三峡的巫山神女、云南石林的阿诗玛、镇江金山寺的白娘子盗仙草等等。这些典故是神话传说的一部分，是附隶于山水景物的，大多运用想像、幻想与神化的表现手法，侧重于描写自然的奥秘和叙述景物产生及其名称的由来，令人回味起大自然原始的神秘力量，从而构成动态的、富有文化、情感和精神内涵的景物形象，使相关的景物活了，丰富了。

（3）象征美，即以有形的代表无形的，或以现实的代表非现实的，以具体的代表抽象的。凭借一些具体可感的形象或符号，以比喻的方法来传达或体现某些概括性的思想观念、情感意趣、志向抱负或抽象哲理，这样便会产生一种审美价值，即所谓的象征美。其基本特点是象征的形象与被象征的内容之间只有表面的类似联系，而无必然的内在联系。在古典美学思想中，便有了托物咏志、触景生情之学说，例如孔子"智者乐水，仁者乐山"的"比德"之说。这种乐山悦水的方式，已经蕴含着哲学思考的契机和伦理功利的意趣，是追求道德完美的过程中给外在的自然山水赋予了人的品格德性。又如，因荷花"出淤泥而不染"，故象征高洁；兰花不与芜草为伍，色洁香纯，故象征清雅；竹子修直不弯，故象征高风亮节；松柏不畏严寒，傲霜斗雪，四季常青，故象征坚忍不拔的品质……究其本质，自然景观的象征之美，可以说是"人化"的产物。

2. 人文景观与审美

所谓人文景观，主要以人类劳动成果与历史文化内容为基础，辅之以必要的旅行游览设施，比较集中到体现艺术美、社会美和生活美的观赏对象。其内容一般包括建筑园林、寺观佛窟、帝陵古墓、城市风光、摩崖石刻、文物艺术、人造景点、民俗风情、美味佳肴、神话传奇以及各种工艺品和博物馆等等。从具体景点看，人文景观以历史文化名城（如古都北京、南京、西安）为中心，品类繁胜，体系完整，能够满足旅游者不同层次的需求。

在人文景观诸要素中的历史名胜与文化古迹，它们所包含的丰厚的文化信息、审美意味、历史舞台效果与时间的立体性，能在满足旅游者的审美需求的同时，还能激起思旧怀古之情，其审美价值表现在工艺美、风情美和意境美。

（1）工艺美，指人文景观的宏伟、典雅、精巧的造型美。其应用法则包括反复与整齐、对称与均衡、调和与对比、尺度与比例、节奏与韵律、多样与统一等。

① 反复与整齐，即要求事物形式中相同或相似部分有规律地重复出现，组成整体结构上的整齐规律形态，给人以秩序感、条理感与节奏感，同时还会造成一种特定的气氛，给人以稳定感和庄重感，如佛塔顶上层递的拱门与叠檐、拱桥中连串的小拱与桥孔等。

② 对称与均衡。对称，即要求物体或图形相对两边的各个部分在大小形状及其排列上对应相当，如北京故宫里的门洞、路基、台阶、大殿的立柱、左右的开间等；均衡，则是对称的某些变形，要求物体或图形左右上下在形、量、力甚至色彩等方面大体接近，如故

宫的午门，其造型通过大小、轻重、高低上的变化，既保持了稳定而牢固的重心，又表现了庄重与严肃的气氛。

③ 调和与对比。调和，指两个相接近的东西并列在一起，给人一种融洽、平安、安定与自然之感。对比，是将两个极不相同的东西并列在一起，以追求一种比较或对照的明显反差效果，给人一种鲜明、醒目、活泼或华艳之感。如天坛的祈年殿，在圆形的回音壁中看到圆形的大小基座、叠檐与皇穹宇。这种在形体上由曲线所构成的调和现象，具有浑然一体和融洽适宜的特点；而汉白玉护栏、镏金宝顶、蓝色琉璃瓦与火红的立柱等，因彼此色彩对比强烈，在外观上具有显赫、宏丽、跃动和超拔的意趣。

④ 尺度与比例。尺度，即以一定的量来表示和说明质的某种标准。比例，则指同一事物的整体与局部，或局部与局部之间的尺寸大小所构成的结构关系。如四川乐山大佛，高达 71 米，整尊佛像竟能保持匀称的体态与适当的比例，就在于其结构的精密和比例的适度。

⑤ 节奏与韵律。节奏指有秩序、有规律的连续变化和运动，如建筑结构的有序组合、层叠排列。韵律是在节奏基础上，内容和形式在更深层次上有规律的变化统一，如故宫太和门，沿垂直和水平向反复巧妙展开，逐渐变化，令观赏者的心律和视线平和地跃动起伏，回环往复，使原本静止的空间形象活转过来。

⑥ 多样与统一。多样，指不同事物个性间的千差万别；统一，是多种事物共性的有机结合。如风姿秀逸的颐和园玉带桥、"初月出云，长虹饮涧"的河北赵州桥，在系列组合、空间安排、比例尺度和风格样式诸方面，均体现了调和、整齐、对称、均衡、节奏、韵律和多样统一的形式美，构成了巨大空灵、稳固坚韧、寓秀逸于雄伟之中的形态美。

（2）风情美，指民俗民风、生活方式、传统礼仪、社会人文环境等因素彼此协调而构成的一种综合性的景观。如内蒙古大草原上的蒙古包、矫健的骏马、马头琴、夜晚的篝火等，组成了草原特有的风土人情景观。又如傣族的泼水节，傣家人把水与幸福、吉祥紧密联系在一起，用鲜花、树枝洒水祝福，甚至用瓢泼、盆泼、桶泼，表示祝福，表示友好、爱慕、欢迎等丰富的情感。每个人都愿意在这一天里多多为别人泼水祝福，也希望自己能得到许多人的泼水祝福。

（3）意境美，即在有限、生动、鲜明的外在形象或景物中，暗示出无限、丰富、含蓄的深远内容或意味来。以追求诗情画意的苏州园林景观，由建筑、山水、花木等组合而成，它妙在含蓄，以小见大，通过分隔、变化、曲幽和因借，在有限的面积与有形的景物中创造出空灵玄远的意境和无限的空间感。如拙政园的远香堂，是以堂前荷花为题，其意境隐含洁身自好、不求虚名之德。

9.1.2　旅游资源开发中的美学原则

旅游资源，包括自然旅游资源（如桂林山水）、社会旅游资源（如云南傣族泼水节）和人文旅游资源（如武汉黄鹤楼）。它是通过规划、设计和管理形成旅游目的地的基础。

旅游资源必须按照美的规律进行开发，才能最终形成富有审美召唤力的旅游产品。其开发的主要前提，就是深入认识、准确把握资源内在的审美特性，从而在对资源对象客观规律的认识基础上，进行规划构思，以显现规划设计者的自由创造性。

旅游资源的本质在于它是一种"边际文化信息"，它构成了风景资源的审美价值以及与之相关的开发价值。空间、地理环境的边际，如钱塘秋潮处于江与海的交界处，海滨沙滩处于海陆交界处；时间季节的边际，如日出处于白天与黑夜的交界处，西湖"苏堤春晓"，处于冬与春的交界处……在对旅游资源"尺度"的认识和把握的基础之上，资源开发和设计人员的创意得到高度展示。

通常，我们在对旅游资源进行开发规划之前，总要根据旅游市场调研结果进行分析定位。但这种做法采取的原则是单纯的"适应"市场。有时，如此方式所造成的结果是放弃创造市场、引导时尚的努力。因此，按照"美的规律"进行资源开发，设计规划者就必须依照具有战略发展眼光的前瞻性构想预测，抓住具有潜在可能的旅游客源市场，在适应基础之上进行消费诱导。我们的旅游目的地的建设，不仅要满足旅游者的表象需要，而且应当担负起创造流行、领导新潮流的责任。关键在于项目的策划、营销要有创意，要有运筹帷幄、高瞻远瞩的胆略和雄心。例如，当年深圳的人造景观"锦绣中华"红透半边天，就是因为突破传统旅游目的地模式的窠臼，敢为天下先，从而取得令人瞩目的成功。

旅游究竟是有利于环境保护，还是相反，将对环境造成无可挽回的破坏？这不仅关系到旅游资源开发的成败，而且涉及到旅游资源开发的审美价值。倘若脱离旅游生态学的视窗，单纯从经济角度着眼，单纯从一己方便考虑，毫无生态意识，盲目开发，旅游的发达程度将与环境质量的下降成正比。例如，那些超越旅游区客源容量的许可毫无节制地采取"杀鸡取卵"的旅游开发模式，其结果只能缩短旅游产品的生命周期，造成旅游可持续发展机缘的丧失。

关注生态，创造人与环境和谐共存的局面，是当代旅游业的美学抉择。因为，新生态旅游业所导向的是美的世界。如此美学指向符合最大多数人的利益，符合富于爱心的人类所向往的有序的稳定的规律的生活境界，因此也就能赢得游客的高度信任和欢迎，从而产生可观的经济效益。

人与环境是一种彼此相生的互动关系。人创造环境，环境同时也影响人。有着美学追求的旅游业，为保护生态地球而努力，如此洋溢着自然之爱的言行举止及其促成的环境氛围，反过来会对游客产生潜移默化的熏陶，这就是旅游资源开发的美学原则。

9.1.3　旅游业可持续发展的审美情景

旅游业可持续发展的理论，其中心在于社会物质生产发展长久稳定状态的延续性。当代人在进行经济发展战略思考和实践时，要为子孙后代留下宽阔的进一步发展的空间，这就要求我们杜绝"涸泽而渔"式的开发，给被消耗的自然资源以充分的补偿，当前的发展不应损害未来时代发展所要求的自然资源基础。因此,有必要建立绿色生态经济;改进能源的来源与转化途径;大力保护环境,同时对解决过去被忽略的问题(如"三废"治理)负有责任;变废为宝,综合利用等等。

旅游,一向被认为是"无烟工业"。以旅游社会生态学为依据进行旅游项目的规划和设计,旨在创造一片使人如痴如醉、心驰神往的绿色产业。它的意义在于:符合可持续发展理论的要求;与联合国所认可的《可持续旅游发展宪章》精神紧密结合在一起。虽说,在实用性的功利意义上,新的总比旧的好,常态心理是"推陈出新",但从审美的层面上考虑,旧,却意味着一种特别的情思和韵味;旧,意味着消逝的历史,意味着无可弥补的过去,意味着凝固着往日无怨无悔却回味不已的故事,也许这故事是属于自己的,或根源于自己祖辈的。例如,看似锈迹斑斑苍苔满目的古董,其所唤起的是个人难以言尽、蕴藉缠绵的广义的"故乡情结"。

可持续发展理论和旅游资源的开发、利用的密切关系,先以名胜古迹的修缮和旅游目的地及旅游设施建设中的技术运用为例。要使名胜古迹持续发挥吸引游人的旅游魅力,就必须进行适时的维修护理工作。整旧如旧或整旧如初,是古迹修缮中必须遵循的美学原则。正是这一原则,能够有助于绵延千年的历史性纪念继续为我们的子孙提供取之不尽的精神养分。再如,展示工业文明崇高特征的上海大都市,相对来说,高科技有余而深厚感情不足。技术似乎已经把偌大一个上海"武装"到了牙齿。从气贯长虹的东方明珠到游龙翻江般的黄浦江隧道,从金碧辉煌的豪华大酒店到当代"神行太保"巨型空中磁悬浮列车……但是,惟有高科技是不够的,必须把高科技的崇高和传统文化的优美结合起来,把技术文明的魔力和田园文明的诗意结合起来,从而营造出一个既有现代气派又温馨休闲的刚柔相济的极富吸引力的大都市旅游区。

9.2 宾馆餐厅与审美

9.2.1 环境设施与审美

旅游饭店是旅游业赖以生存和发展的物质基础,被认为是旅游业三要素之一(其他二要素是交通和服务),它常常是一个国家、地区旅游业发展水平和接待能力的重要标志。现代旅游饭店,不仅需要高舒适度、高效能的服务设施,而且还要求有高度审美效果的室内外环境,渲染出一种意境、一种氛围,能动地陶冶人们的情感,获取审美愉悦,以满足旅游者日益增长的物质生活和精神生活的需求。

1. 宾馆建筑与环境

（1）要利用自然环境的美。作为自然环境，主要指自然形态的客观世界，即大地山川、江河湖海、洞穴沟壑、草木树林、日月云霞等。充分利用自然环境的美，选择在优美的自然环境中建造宾馆，是最理想的境界。

从古到今，人们在建筑房舍宾馆时，十分重视选择和利用周围的自然环境。从唐代名楼滕王阁"襟三江而带五湖，控蛮荆而引瓯越"，到宋代贬官王禹偁在黄州新建小竹楼"远吞山光，平挹江濑"；从承德避暑山庄到杭州西湖的刘庄（西湖国宾馆）、香格里拉饭店，都选择在风景优美的山野林、江湖畔。置身其中，可以就近游山玩水，愉悦性情。

（2）体现与环境的和谐统一。山水的自然美与旅游饭店建筑物的人工美，如果两者处理不当，将会损坏风景，破坏自然美。为了取得与环境和谐统一的美学效果，必须充分体现当地自然景观的美学特征，调动一切艺术手段，创造出浑然一体的旅游环境来。如四川峨眉山的饭店建筑，可以从苍郁雄秀上着眼，以增峨眉之神韵。而厦门鼓浪屿的宾馆建筑，则可从浪漫秀丽着眼，以衬托海上明珠的休闲优雅。至于森林度假村、海滨度假村，其建筑审美也应有所则重。前者置身于葱郁的密林之中，让旅游者品味"明月松间照，清泉石上流"的情韵；后者则背靠椰林，面临大海，旅游者可以体味"天高任鸟飞，海阔凭鱼跃"的豪情。

总之，无论是风景区，还是城市中的旅游饭店，都要重视保护当地的环境视觉形象，尽量为旅游者享受自然美创造条件。

（3）注重地方特色、乡土美。旅游饭店还应充分表现当地风土环境的特征。所谓风土旅游建筑，即具有民族特色及鲜明的地方色彩的民间建筑或其他建筑，它受着一定民族和地域的历史文化传统、社会民俗、生产生活、感情气质和审美观念的制约。旅游饭店建筑的乡土味，能使饭店蒙上神秘、天真、质朴、浪漫的情调，充满无限迷人的魅力。这种乡土美，对于追求异域情调，改换生活环境的旅游者更具有吸引力。例如，浙江富春江边"农家乐"式的乡村旅馆，给向往田园生活的旅游者提供"男耕女织"、垂钓泛舟的野趣；江苏同里的庭院式民居客栈，则让旅游者享受传统人情味的温情；而云南大理的傣族竹楼式宾馆，依山傍水，绿荫环绕，歇山式屋面，竹木花窗，使旅游者领略难得的傣乡风韵。

植根于风土环境的民居式旅游饭店，风采独特，其审美价值在于自然质朴，不事雕琢，清新拙雅，往往符合旅游者返朴归真的心理追求。

2. 饭店建筑造型与美学

饭店建筑造型及装修，应妥善处理自然美与人工美、实用与审美，以及个性与共性的关系。

（1）要正视现实的需要。要认真研究某一地区客观存在的具体条件，适应旅游业发展的需要，为旅游者提供休憩场所。倘若一味追求功利性，在风景区滥施开发，或盲目建造高档宾馆，或违章搭建简易棚屋，往往造成破坏自然景观、污染生态环境，也就根本谈不上什么审美情趣了。

（2）对饭店的选址要十分慎重。饭店建筑既然是旅游业发展的物质基础，是各种层次游客住宿与休憩的场所，就应考虑实用与经济效益和审美问题。在市中心区选址，在注意保护环境的视觉形象的前提下，一般说是很理想的。因为那里交通便利、高级零售商场集中，可以使游客在零星时间里上街购物、观光、游览，同时也可为城市增添新的景观。如南京的金陵饭店、上海的锦江饭店、广州的东方宾馆等。另一方面，在城市街坊边缘造旅游饭店，相对来说，那里具有环境僻静、空气清新的特点，可以利用当地的丘陵、湖泊、江河、绿地等自然条件，况且离市中心不太远，交通、信息、经济活动不受影响，而环境的美学价值较高。但是要尽量远离古塔、古寺等古建筑，注意在视觉上不要去干涉附近的名胜古迹，要尽量保护历史文化名城的文化氛围。

（3）人工美与自然美相结合。风景区的自然美与旅游饭店人工美的完美结合，这是风景区美学的基本原则。风景区的大饭店，一般应建在风景点外。如果有必要建在景区内，也应适当偏离景色最好的地段。景区小型别墅式宾馆，可考虑设在风景区内环境较为僻静地段。若能藏而不露，若隐若现更妙。

（4）个性与共性相结合。千篇一律的饭店建筑造型不适合现代旅游者的审美心理需求。用特殊方式所组合的线条和色彩、某些形与形之间的关系，能激发旅游者的情感。标新立异、出奇制胜是现代旅游饭店建筑造型的美学特征之一。旅游饭店的建筑造型，应该是天南地北、风姿各异，切忌丧失个性。它的基本原则是因地制宜，可以高层，也可以低层；可以宫廷式，也可以民间式；可以现代式，也可以庭院式，充分发扬地方和民族特色，融合传统，推陈出新，给旅游者以全新的感觉。

3. 饭店室内环境美

饭店室内环境与一般生活空间不同，它具有多功能、综合性的特殊气氛等因素的美感作用。

（1）整体美。美存在于整体和谐之中。旅游饭店环境设计要特别注意室内空间格调的设计，可以是中式的，也可以是西式的；可以是宫廷式的，也可以是民间式的；可以是豪华的，也可以是简朴的。即使在同一座饭店的某一室内空间，也可以用不同流派的独特风格以避免单调，但必须注意某一局部整体空间格调的统一。对建筑平面、地面装修用料、做法、家具设计及布置平面、照明方式、灯具及照度、色光、壁面装饰艺术品、色调与图案等方面，都必须进行整体的艺术构思和统一设计，必须把室内环境看作一个整体。不论采用哪种装饰风格，都要符合形式美的规律，讲究相地布局，依境置物；置阵布势，量体合度；层次穿插，烘托有序；虚实掩映，变化有致；高低错落，彼此呼应；华素适宜，繁简有度；光影交织，疏朗风韵。务求基调清晰，主从分明，重点突出，点缀贴切。

（2）空间造型美。室内空间造型是室内设计的灵魂。它给人的感觉是第一性的。旅游饭店必须寻求物质与精神合一的境界。空间合理化，空间构图、空间形象的新颖化，能给旅游者以美的享受，这是饭店建筑室内空间美的主导因素。要实现饭店的室内空间美，必须正确处理好虚与实的关系。一般来说，旅游饭店的大厅是空间序列高潮，其形态雄伟壮丽，是社交和公共活动的中心，在于给人们精神上的自由感。反之，客房小空间亲切宜人，功能单一，属于旅客的私密空间，适宜封闭式。餐厅是一个富有个性的空间，可以考虑不同结构形式、多种风格，选择不同材料装饰。

此外，运用我国传统的"借景"手法，可以沟通室内外空间，使空间延伸扩大，打破封闭感，开拓视野，引进室外自然美，丰富室内的精神生活。如杭州的汪庄西子国宾馆、天津海河之滨的凯悦大饭店等。

（3）色彩色调美。色彩是组成环境美的最基本的因素之一。色彩是具有感情象征的，例如：红色表示兴奋、热烈、温暖、喜庆、吉祥，黄色给人以明朗、崇高、神秘、华贵，绿色是和平、安静、稳定……将色彩在物理、生理、心理上具有的种种特殊性质，应用于旅游饭店室内的设计，就可以产生出各种赏心悦目、意味无穷的室内环境氛围和情调。

色彩美也就是色调美。色彩必须组成色调，才能产生动人的魅力和美感，给人以强烈的感染力，不但影响人们的精神状态，也会对人的行为和健康起作用。色调，即统一的色彩倾向，有冷暖、明暗以及红绿之分。要充分利用色彩的色相、明度、彩度和寒暖等性能，创造出各种丰富的色调，以适应现代旅游饭店环境的各种需求。例如，饭店的客房应结合朝向选用色调，北向的缺乏阳光，尽量少用冷色调；西向或南向的阳光充足，不一定用暖色调。会议厅、宴会厅，宜用低彩度的色调。总服务台、办公室等处照度水平要求较高的室内环境，周围界面也应用高明度的色彩。反之，酒吧、咖啡座宜用明度较低的色彩，营造幽静的氛围。

（4）材质美。室内空间形象给人的视觉和触觉很大程度上取决于装修材料的选择与运用。材质选用不在于繁多，而在于精巧。运用得当，即使传统的清水砖墙、混凝土也可以取得良好的艺术效果。那种在建材上全部依靠进口、滥用现代高科技、一味追求浮华靡艳的装饰效果，其做法未必有多么高明。

充分利用材质的自然特性，诸如质感、纹路、色泽等，结合地方条件和民族习惯，是最易体现民族形式和地方风格的。例如，福建武夷山庄休息厅以毛竹筒制作灯具，墙面采用地方特产"崇安横纹竹筒席"为饰面，片石砌筑壁炉，很有山居情趣。

（5）人文意境美。人文，即把文化融入环境艺术之中。意，是艺术家情感、理想的主观创造；境，是生活现象的客观反映。意境是主观和客观结合的产物。旅游饭店室内环境，通过楹联上词句、匾额上标题、园名及题咏、铭刻等，寄托人的感情志向，加深意境表现。现代旅游饭店的餐厅、宴会厅等，采用传统命题突出的手法，使室内环境的格调更具有个性。例如，上海宾馆宴会厅"嘉会堂"，主墙面以巨幅仿汉画像风格的迎宾壁画，表现了华堂春暖、宾至如归的气氛。"望海楼"餐厅则以一联"八百里河山知是何年画图；十万家灯火尽归此处楼台"的楹联，构成清新典雅的格调，突出主题，加深意境，产生独特的魅力。

旅游饭店室内环境的意境探求，是一种有意识的造型活动。室内环境的有无意境，决定了室内环境艺术品位的高低之别。广州的白天鹅宾馆中庭设计，将自然的、民间的、文学艺术的素材进行剪裁提炼和强化，建立起新的、富有诗意和表现力的空间景象。主景"故乡水"，取材于民间谚语"美不美，家乡水"，情寓于境，颇能勾起海外华人眷恋故国之情。

4. 饭店室内装饰陈设与审美

旅游饭店室内环境美化，往往通过装饰和陈设的艺术手段，来创造合理、完美的室内环境，以丰富旅客的审美需求。

装饰艺术的任务是对室内各建筑局部和构件的造型、纹样、色彩、质感等的处理。陈设是指室内可以移动、可以更换的实用物品或观赏品的设计和布置，主要是指室内家具、帷幔、地毯和观赏艺术品在室内环境所起的美化作用。饭店室内装饰陈设应以"少而精"和"画龙点睛"为原则。例如，饭店的家具，应控制它的数量与尺度，舒适、美观，便于管理，家具的色彩要从墙面、地面、窗帘、地毯等室内装饰整体色调来考虑。地毯，取决于它和家具、陈设物之间色彩、纹样的调配与谐调，一般不宜太花太杂，但要根据不同对象而定；窗帘，一般内层配质地较薄的纱窗，外层配质地较厚的布帘。窗帘的式样视建筑风格而定，色彩图案宜简朴；灯具，灯光有形有色，可渲染环境气氛，大厅、餐厅可选用花饰吊灯，而客房则宜简洁、素雅为佳；工艺品，有实用类（陶器、瓷器、玻璃器皿等）和观赏类（书画、挂盘、牙雕、石雕、漆器、工艺陶瓷、唐三彩、仿古青铜器等）。陈设工艺品，不仅能美化空间，供人欣赏玩味，而且可以使游客消除旅途寂寞，增加情趣。

饭店设计中，尽可能把室外的自然、庭园景色，诸如花卉、草木、假山、石笋石柱、溪流、水池等引入饭店的内庭院和中庭，以美化、软化环境。最常见的是直接在室内养花栽草，把大自然的风采浓缩在室内小小的空间，寄托人们的高尚情操。豪华宾馆客房内还可以采用插花、盆花形式。这将给旅客以闲适、爽朗的亲切感，还能调节气温、湿度、减少噪音、净化空气的作用，有助于消除人们在室内长久活动的疲劳。高层旅游饭店利用群房屋顶高低错落层次，开拓人造花园，形成空中绿化。利用建筑立面广植攀藤植物的垂直绿化，也能美化饭店建筑形象。

9.2.2 接待人员的审美修养

旅游者作为旅游企业的客人，他们在与旅游服务人员的交往中，希望得到什么呢？客人不仅期待着旅游服务人员帮助他们解决种种实际问题，而且还期待着旅游服务人员成为他们的"知心人"：帮助他们消除种种不愉快的感受，获得各种愉快的感受，留下可以"长期享用"的美好回忆。所以，旅游工作者一方面要为客人提供优质的功能服务，另一方面还要为客人提供优质的的心理服务。我国著名美学家宗白华说："没有眼睛能看见日光，假使它不是日光性的。没有心灵能看见美，假使他自己不是美的。你若想观照神与美，先要你似神而美。"（宗白华《美学散步》上海人民出版社 1981 年版 第 204 页）这就是说，你要想欣赏美或美的事物，你自己必须具有发现美的眼睛或者相应的审美判断能力，即审美修养。作为旅游工作者，是旅游者的直接审美对象，担负着接待服务工作和满足旅游者审美需求的任务。其审美修养的基本内涵包括仪表、风度和心灵等 3 个方面。

1. 仪表

仪表即人的外表，一般包括人的容貌、服饰和姿态等方面。它标志着一个人的道德素养、性格爱好和审美情趣等内在精神特质。

旅游者在审美活动过程中，总是由点到面、由个性到共性、由个人到团体、有局部到全局，逐次认识到国家或地区的整个社会风物之美。旅游服务人员作为旅游审美主体直接体察的最初对象，其良好的个人职业仪表展现的形象风采和精神面貌，能满足旅游者知觉美方面的需要，使他们感受到优质美好的服务，自己的身份地位得到应有的承认，求尊的心理也会得到满足。

就仪表而言，即人的形体美，它如同色彩一样，是最大众化的审美形式。古往今来的造型艺术家和美学家，就是抓住了人们对形体美的普遍兴趣，以不同的方式对形体美的奥秘进行了长久不断的探讨。在不同的时代，根据不同民族的审美要求，对表现形体美的各种经验进行了总结。

旅游服务人员的职业仪表基本归结为仪容和服饰。

（1）仪容

仪容是指个人的容貌，由发型、面容以及所有暴露在外的肌肤（如手、颈）构成，它在个人仪表中起着举足轻重的作用。人的仪容多为遗传所致，具有先天性。当然，借助于有关科学、艺术的方法使一个人的容貌更具美感也是可能的。结合旅游服务的特点，大致可以归结为面容、体形、发式、体味等方面。

① 面容，是人的容貌之首，是人体暴露在外时间最长的部位，也是最能使人为之动容之处。旅游服务人员不仅应做到悦己宜人，而且更应体现个人良好的精神风貌。清洁、美观、自然、大方是面容的基本要求。例如，男士应养成岗前修面剃须的良好习惯，蓄须上岗不仅有损于个人形象，而且还易产生对人不敬之感，理应杜绝；女士则要求淡妆上岗，化妆淡雅、清新、自然为宜，切忌浓妆艳抹。

② 体形，指骨骼发育正常，关节不显得粗大凸出；肌肉发达匀称，皮下脂肪适当；五官端正，与头部配合协调；双肩对称，男性要求宽阔，女性要求圆润；脊柱正视垂直，侧视曲度正常；胸部隆起，男性正面与反面看去略呈 V 型，女性乳部丰满而不下垂，侧视应有明显的曲线；腰细而结实，微呈圆柱型，腹部扁平，男性有腹肌垒块隐现；臀部圆满适度，富有弹性；腿部要长，大腿线条柔和，小腿腓部突出，足弓要高；双手视性别而言，男性的手以浑厚有力见称，女性的手以纤细结实为宜。无论男女，留长指甲、涂抹有色指甲油是旅游服务人员手部修饰的两大禁忌，对此不应漠视。人体美通常表现出人的健康状

况或身体素质。例如，旅游者对导游的形体要求突出表现在健康美——富有活力的生命感的美，这关系到整个旅游审美活动的正常进行与成果效应。

③ 发式，指头发整洁、发型大方，不能有碍工作。发型作为一门多彩多姿的造型艺术，是体现人的审美需求和性格情趣的直观形式，是自然美与修饰美的有机结合，同时也反映着人们的物质、文化、生活水平和时代的精神风貌。发型也像服饰一样，具有装扮或美化的积极价值。人们通常所说的"光环效应"或第一印象，也总是从"头"论起。一个人如果具有动人的容貌和漂亮的服饰，而没有相称的发型，就显得失之和谐，不够完美。就发型的种类而言，一般可分为时尚型和个性化两大类。但个性化的发型似乎成为一种总的指导思想。它是根据个人的身材、脸型、头型、发质乃至年龄、职业来设计的。例如，颈子较长，身材修长的女士，配上长发的发型，就会显得飘逸大方，婀娜多姿；而颈子较短的，则不太适宜。对于旅游服务人员来说，具体要求为：男士发式侧不过耳，后不过领；女士发式则应前不过眉，后不过肩。女士若长发，工作时间应将长发梳扎成束，不可随意散于肩背，这主要基于方便工作考虑。整洁、美观、大方的发式易体现旅游工作者的朝气与活力，能给公众以视觉的愉悦。

④ 体味，即由身体散发出来的气味，它会使人产生一定的嗅觉反映。由于旅游服务人员与各类公众交往多为直接面对面近距离进行的，因此服务人员养成良好的个人卫生习惯、勤于清洁身体是工作之必须。相对于纯洁的空气而言，过于浓烈的香味同样可视作一种污染。同时，应注意口腔卫生。在许多情况下，旅游服务活动必须借助于有声语言才能完成，并且与公众又是近距离直接交往接触，这就要求自觉保持口腔清洁，注意口腔卫生，使口腔无异味。上岗前应禁吃易留异味的食物（如葱、蒜、韭菜等），以防因此而产生交往障碍。

（2）服饰

服饰的美，不仅反映出人的品格与审美趣味，而且对人的形体起到"扬美""抑丑"的功能。所谓"佛要金装，人要衣装"，如果对服饰加以科学而巧妙的运用，借助服饰的款式、色调和面料，就会使其与人体构成和谐的美。例如，肤色白净的女士，服装的色调明快鲜亮一点。若长着两条匀称漂亮的长腿，夏季穿裙子不妨适当地向上收一些，以便起到扬美的作用，但不宜过短，以免破坏整体的均匀。肩宽体健的男士，在服装选择上尽量求其合体、大方，便可显示出自然的英武雄强之美。

服饰是服装与饰物的统称，它是一个人姿体的外延，是外在形象的艺术造型。凡衣、裤、裙、帽、鞋、袜、手套和各类饰件等一切能够遮羞掩体、保暖御寒且又具有一定美化功能之物均属饰物范畴。从文化角度看，服饰是一种无声语言，它传递着穿着者的个性、涵养、品位等内在本质，正如莎士比亚所言："服饰往往可以表现人格"。在旅游活动中，旅游服务人员服饰的穿戴一定要与其职业角色相吻合。职业服饰更强调服饰本身的社会功能。首先，对穿戴者本身而言，职业服饰起着强化角色意识的作用，有利于自觉约束个人的职业行为；其次，对交往对象而言，职业服饰起着角色识别作用，便于交往对象对穿着者工作性质和角色地位的辨认；最后，对组织管理者而言，职业服饰还有助于组织对工作者职业行为的监督。

职业服饰的这些社会功能和旅游工作者的特殊性，决定了旅游活动中职业服饰穿戴的一些具体规定和要求，总体上应力求端庄、典雅、规范、整洁且便于行动。具体应注意：穿戴应与穿戴者所处的时空环境（时间、地点、场合、气氛）相协调；穿戴应与个人资质（发型、肤色、性格、年龄、气质、身份等）相吻合；穿戴的服饰色彩、款色、质地等应相协调；佩戴的饰件应少而精，不宜过于鲜亮，饰件少戴为佳，色彩宁暗勿亮。

显而易见，旅游服务人员作为直观的审美对象，由仪容、体形、发式、服饰等因素集合而成的仪表美，如同一幅肖像画或一尊塑像，直接影响着旅游主体的审美知觉。良好的仪表美，会给整个旅游审美活动造成一种积极而欢快的前奏。

2. 风度

通俗地说，风度是指人的言行举止，例如站立、就坐、行走的样子以及各种手势、面部表情等。它是在漫长的社会生活实践中和不同形态的历史文化氛围中逐渐形成的。它是个人行为举止的综合，是社交中的无声语言，特别是个人性格、品质、情趣、素养、精神世界和生活习惯的外在表现，通常所说的"风姿"、"风采"、"风韵"等，基本上是指风度的具体表现。现实生活中，由于个人差异（修养、职业、审美追求、价值体系等），风度往往呈现出多姿多彩的形态。政治家有政治家的风度，军人有军人的风度，医生有医生的风度，艺术家有艺术家的风度……旅游服务人员也不例外。一位温文尔雅、活泼潇洒、风度翩翩的旅游服务人员，在一颦一笑和举手投足之间，会给旅游者以直观的愉悦感，给旅游审美活动注入积极的活力。英国哲学家培根曾说过："相貌美高于色泽美，而秀雅合适的动作美又高于相貌美，这是美的精华。"（转引自《旅游美学》乔修业主编 南开大学出版社 2000年10月第二版 第189页）旅游服务人员的风度可以概括为体态、表情、手势和举止等4个方面。

（1）体态

这是个人形象构成的一个重要方面，是一个人由于肢体和躯体的运动而呈现出的一系列姿体造型的总称，是内心世界的大写真。他包括站姿、坐姿、步态等。

① 站姿，是一个人体的静态造型，是其他人体动态造型的基础和起点。旅游服务人员的站姿应该能够传示自己的自信、恭敬和亲切感，以充分体现对旅游者的尊敬、友好与真诚。正确的站姿应为：抬头挺胸，重心保持在两腿之间，双膝并拢，收腹收臀，人体有向上的感觉；平肩、目光平视前方、收颌、正头；两臂自然下垂，双手搭放于小腹位或后腰际。男士站立时，双脚也可以自然开与肩同宽。男女站立时，要谨防身体东倒西歪，重心不稳，更不得倚墙靠壁，随意抖动不停；也不宜出现双手叉腰、双臂抱膝或其他一些失礼表现。

② 坐姿。端庄、优雅的坐姿能给人以一种美的享受。旅游服务人员良好的坐姿从入座就应开始有所规范：入座动作应轻而缓，入座后上体自然正直，背距椅背约一拳。男士双

腿可以分开与肩同宽，双脚平踏于地，双手分别置于左右两腿之上；女士双腿须并拢且斜放后侧，双手轻握置于腿面。这叫正坐。此外，也可以侧坐。侧坐时上身直立，臀部偏向一侧，两腿并拢或一脚在后，但脚底不得抬起示众。随意抖腿、双手交叉于脑后而仰坐等均会被视为对他人的不敬；耷拉含肩膀、含胸驼背，会给人萎靡不振的印象。还须注意，若有人前来询问，服务人员应起立接待，以示尊重，切不可原状待客。

③ 步态，即行走的姿态，它是人体的动态造型。正确的步态总是洋溢着人体的动态之美。旅游服务人员的工作步态要求步履轻盈、快捷，上体基本保持平稳，抬头、含颔、目光平视前方，双臂前后自然摆动，摆幅适中；双脚跟交替前进在一条直线上，两脚尖略向外展（距直线距离5厘米）。行走过程中，超越他人应先致歉后致谢。两人以上不得并排行走。在工作场所，无故不得随意奔跑，否则极失风雅，且易给公众造成心理紧张，甚至发生混乱。

总之，旅游服务人员的体态比有声语言更富有表现力。良好的体态有助于个人形象魅力的塑造。

（2）表情

表情是人内心情感在面部的外化。这种外化主要通过人的面部肌肉的运动加以实现。现实生活中，最为常见的7种表情就是喜、怒、哀、乐、厌、恨、愁。它是一种无国界的通用语言，不同肤色、年龄、性别、民族、职业的人，在表达同一种心情时，其面部表情有着极大的相似性甚至一致性。表情包括微笑和目光。

① 微笑。这是为了给旅游者营造一个亲切、温暖、轻松、自如的交往氛围，使之真正获得精神上的愉悦。俗话说，"微笑是成功路上的通行证。"真诚的微笑被全世界公认为是人类最美好的语言，它不仅是口头语言沟通的"润滑剂"，而且还是一种无声的世界性交际语言，无需翻译，世人皆通。旅游服务人员在工作表情的处理上应以喜、乐为主调，在与旅游者交往时应面带微笑。这种微笑，应是真诚、友善等人类美好情感的自然流露，传递着友好、亲善、尊重的信息，给人以如沐春风之感。

② 目光。这在人际交往中具有传神的功效。人际交往的真正基础是：交往双方双眼对视、目光相接。在工作中，旅游服务人员的目光总体要求亲切、温和、大方。应特别注意三点：一是在交往中，学会正视宾客，采取公务正视与社交正视相结合的方法，将视线经常停留于交往对象的前额到嘴部的三角形区域之间，与对方经常保持目光接触，不得左顾右盼。正确的正视能够使旅游者体会出旅游服务人员的自信和坦诚。这不仅向旅游者传递了尊重、友好之情，而且也使对方倍感信赖与欢欣。二是要对旅游者的目光做出积极的反应。在交往过程中，应注意察言观色。这是旅游服务人员具有高度工作责任性的表现，体现了工作的主动性，也反映了为旅游者服务的一片诚意。三是尽量与旅游者目光保持同一水平面高度。以避免可能出现的沟通障碍。尽量避免对交往旅游者俯视或斜视，以满足对方求平等、求尊重的心理，缩短彼此间的心理距离。

（3）手势

手势，即通过手指、手掌、手腕的动作变化而形成的各种造型。作为一种无声的信息传递方式，手势常伴随着有声语言的交流而出现，它能增添表情达意的情感色彩，使有声语言更具感染力。规范得体的手势可为双方之间的沟通锦上添花。但手势滥用，动作幅度过大，则会产生画蛇添足的负面影响，而且还会给人以轻佻之感。旅游服务人员工作手势的运用力求做到少而准，动作幅度适中，优雅自然，符合交往对象的表现习俗。倘若手势过多，幅度过大、生硬、呆板或与交往对象的认知背景相悖，均无法起到应有的积极作用，也无益于旅游服务人员自身良好形象的维护。

（4）举止

举止是一个人性格、气质、文化水平、道德素养的外化，是人的内在精神世界的一面镜子，所谓"见微而知著"。由于成长环境、家庭教育、文化学识等因素的不同，人的举止表现也会有所不同。作为旅游服务人员，其工作性质决定了工作举止的规范、统一，必须照章行事、步调一致。具体表现为以下几点。

① 落落大方。从表面上看，这是一个人行为举止自然潇洒的一种表现。但事实上它正体现了旅游服务人员的自尊、自爱和自信的人格魅力。因为，良好的举止行为必须以一个人丰富的精神内涵作为支撑。倘若缺乏相应的内涵，只能徒有其表。

② 不卑不亢。这要求旅游服务人员必须以正确的心态投入工作，既不自认卑贱，也不傲慢自大。俗话说："尊人者自尊，侮人者自侮。"尽管旅游服务人员与旅游者的角色地位不同，然而这并不否定两者同作为社会成员在人格上平等的客观事实。就本质而言，造成这种地位不同的主要原因是社会分工的不同，这种地位上的不同是暂时的、表面的，而彼此精神上的平等却是永远的、内在的。通过个人的工作表现，旅游服务人员给予旅游者受人尊重的需要，同时也意味着维护了自己应有的人格尊严。

③ 一视同仁。旅游服务人员每天都在与形形色色的旅游者打着不同的交道。虽然各类旅游者的利益、要求不同，但他们求平等、求尊重的心理需求都是完全一致的。满足这种需求，是旅游服务人员与旅游者成功交往的先决条件。一视同仁，要求旅游服务人员在工作中对所有客人都必须一律同等看待，不厚此薄彼。这样做，并不排斥对不同客人在具体工作方法、手段上可以有所区别，而负责方法和手段的灵活运用，正是为了更好地满足客人的需要。

④ 举止禁忌。这通常被人称之为"小节"的行为表现。这在工作中往往有损于个人形象，或有碍于他人活动，甚至有悖于旅游服务礼仪规范与准则，最终影响旅游组织的整体形象。为此，必须做到以下几点。

➢ 与客人交往时，身体不宜发出各种异样的声音。如咳嗽、打喷嚏、打哈欠等均应侧身掩面而为之。

➢ 公众场合不得有私密性较强的不雅动作，诸如抓耳挠腮、挖耳鼻揉眼、随意剔牙、修剪指甲、梳理头发、化妆补妆、整理衣物等。若身体不适非做不可，则最好能私

> 下处理。
> - 身患感冒或其他传染性疾病时,应回避各种公众活动,以免将病毒传染给他人,影响他人的健康。
> - 不得随意对他人进行评头论足。对别人的长相、穿着、缺陷等说三道四是极缺乏修养的一种表现,应予杜绝。
> - 工作场所不得聚众闲聊说笑。在公众场合做私下交谈音量不得过高,声音大小应以不引起他人注意为宜。
> - 未经对方允许不得擅自进出属于他人的空间,不得擅自翻阅他人物品。这体现着对他人私密权的尊重。
> - 未经对方允许不得过分主动地帮助他人提携物件,因为尊重他人比帮助他人更为重要。
> - 为此,旅游服务人员应该正确认识自己在组织中的地位和作用,重视个人的礼仪修养,进而提升自己的审美品位,使客人感受到"宾至如归"的亲切、温暖,给客人留下一个美好的印象。

3. 心灵

心灵美是人的其他美的真正依托,是人的思想、情感、意志和行为之美的综合表现。通常,人们习惯于把仪表美和风度美归于"表层"的美,而把心灵美称为"深层"的美。把这两者和谐的统一,就是一种完整的美。

心灵美的核心是善。在哲学、美学、文学史上,学者们常有"美即善"的种种说法。如孔子曾提倡"尽美矣,也尽善也";"文质彬彬,然后君子";"君子成人之美,不成人之恶。小人反是";"君子惠而不费,劳而不怨,欲而不贪,泰而不骄,威而不猛"等 5 种仁善行为。(转引自《旅游美学》乔修业主编南开大学出版社 2000 年 10 月第二版 第 190 页)就善而言,它是社会生活中人与人、人与社会的行为道德规范。一个人的思想行为如果符合这种道德规范,那就是善和美,否则就是恶和丑。

旅游服务人员的心灵美主要体现在其所提供的优质服务上。例如,国际旅行社系统提出了"五要五不要"。"五要"即:要和颜悦色,热情服务;要主动翻译导游,积极介绍情况;要耐心解答客人的问题,保守国家机密;要满足客人的购物和其他合理要求;要关心客人的安全和健康。"五不"即:不要收小费和索要物品;不要倒换外币;不要收取回扣;不要利用工作之便与客人拉关系,谋求私利;不要做任何有损国格人格的事情。从表面上看,这是对旅游服务人员的规范要求,而实质上是旅游服务人员心灵美进行了高度而集中的概括。

心灵美尽管与道德伦理有着最直接密切关系,但不能把二者完全等同起来。因为心灵美作为美的一种特殊形态,具有一切美的共同特征——直观性。也就是说,"深层"或内在的心灵美往往是通过"表层"或外在的其他美显示出来的。俄国小说家契诃夫说过:"人的一切都应该是美丽的：面貌、衣裳、心灵、思想。"柏拉图也曾指出："身体美和心灵美的和谐一致，是最美的境界。"（转引同上）对于旅游服务人员来说，"最美的境界"是个人审美化的终极目标；对于旅游者来说，"最美的境界"才具有至高的审美价值。例如，在2004年12月26日印度洋海啸发生的那一刻，正在现场的杭州旅游系统的几位导游员临危不惧，发扬了人道主义精神，以高度的责任心和大智大勇的胆略，使游客化险为夷。这一幕"最美的境界"，闪耀着心灵美的光芒，使旅游者获得了至高的审美价值。

综上所述，旅游服务人员作为旅游者的直接审美对象，要"诚于中而形于外"，做到内秀与外美的和谐统一。

9.2.3 提高审美修养的途径

旅游服务人员能否顺利完成自己的工作使命，主要取决于其自身审美修养的广度和深度。为此，有针对性举办专题美学美育讲座，组织旅游服务人员阅读相关美学美育书籍，普及一些有关色彩美、形式美、体态美、服饰美、语言美、行为美、心灵美等方面的基本知识，开展艺术教育与实践，讲究服务语言艺术，组织姿态与形体训练，推广简易的美容知识，从而注意培养自我审美意识，研究旅游者的审美需求与动机，尊重旅游者的审美习惯，灵活运用旅游观赏原理，以期达到美化旅游者的生活，使其在优雅舒适的环境中获得物质、审美乃至精神生活的享受。

1. 培养自我审美意识

旅游服务人员应从不同角度来培养自己的审美意识，使自己的仪表、风度、心灵、语言、知识和技艺符合"美的规律"，达到审美化的程度。

就仪表而言，旅游服务人员应该深刻意识到自己的职业特点，即一出场就会给旅游者留下"第一印象"，这对整个旅游活动的顺利进行至关重要。因此，旅游服务人员首先应根据主客观的自然条件（身材、性别、年龄、季节）和社会条件（职业、时尚、团队类型），要穿着得体。例如，第一次与团队队员见面时，男士应着衬衣、西装、打领带；女士应穿外衣或套装。穿着得体能表现出趣味的高雅和风度的含蓄。其次，应遵照和谐的总原则，使自己的体态、服饰、发型构成一种多样统一、相互映衬、符合大众审美习惯的整体美。

在旅游活动中，随着主客之间交往的增多，旅游者的注意焦点会从旅游服务人员的仪表转向风度。因此，旅游服务人员要在社会生活实践中自觉地观察和体味其他社会成员（特别是本行业中的同事）的优雅姿态（如坐姿、站姿、行态等），从中选取与己相宜的参照模式，然后加以综合，并在反复的模仿演练中使其个性化、自然化，积极主动地发挥自己的潜力，创造性地从形象、姿态、举止风度等方面培养和塑造自己。对于自身心灵美的培养，关键要看其是否具有人道主义精神或助人为乐的情操。在旅游活动过程中，一般通过具体的行为（周到服务、文明接待、为旅游者排忧解难等）和有声语言（利用富有节奏美和声调美的语言传递富有价值的旅游审美信息）表现出来的。

2. 研究旅游者的审美需求和动机

由于审美心理的差异，旅游者的审美需求是多种多样的，其审美动机也有所不同，诸如自然审美型、社会审美型、艺术审美型和生活审美型等等。因此，要想使旅游者得到审美满足，旅游服务人员必须根据团队的构成与线路的安排，实现搞清其主要审美趋向，然后有针对性地做好准备工作。例如对于游安徽黄山的自然审美型游客，可以玉屏楼迎客松为主要对象，在导游讲解中多提供有关迎客松的审美信息，以便在游客的审美心理中构成注意焦点，激发起他们的审美想像与期待心理，最终使其亲临其境的直接观赏中，获得最深切的审美感受。对于生活审美型的"美食之旅"，也应突出重点。每次宴席，要以风格独特的名点名菜为讲解对象。例如在品尝杭州楼外楼的西湖醋鱼时，介绍这家餐馆及名菜的历史典故，并从"色、香、味、形、意"等方面讲述中国烹饪艺术的基本特征，使其饶有兴趣地在一饱口福、感受生理快感的同时，也能不同程度地获得某中精神或审美上的愉悦。

在导游讲解中，要参照游客的审美个性差异，选择他们可能最感兴趣和最愿意接受的东西，搜集具有代表性的资料，在实地游览中加以形象生动地讲解，引起观赏者的共鸣。同时，运用虚实结合的手法，化景物为情思。例如苏州古镇木渎，那条傍街而过的香溪，看似没有什么起眼的地方，若穿插其悠久的来历：传说 2 500 年前，身在吴国的越国美女西施在馆娃宫，其沐浴之水流入此河，日久留脂不退，满河生香……于是，这条普通小河就会在游客面前变幻为另一种意象，积淀于其中的历史文化底蕴会在观赏者心里激起无限的追忆和遐想。借景抒情，不仅涉及虚实结合的方法问题，而且要求旅游服务人员具有丰厚的审美修养，能够从浩繁的历史典故、民间传奇、神话故事以及古典诗文中提炼出比较纯净的旅游审美信息，能够在讲解过程中借景抒情，揭示出景物中隐含的审美价值，以此来引发旅游者的审美心理活动，促使其进入情景交融的美感境界。

3. 尊重旅游者的审美习惯

人的审美习惯是其审美个性与固有审美经验相互融合的产物。旅游者由于生活阅历、文化修养、情态意趣、职业、年龄、宗教信仰以及社会环境的不同，其审美习惯往往具有一定的差异性与多样性。例如，从职业特点分析，记者、宗教活动家一般习惯于透过事物表象去探究异域的精神状态、心理素质、民族特性、生活方式和宗教信仰，进而发掘其社会生活美与内在心灵美；美食家一般习惯于品尝异域的各种美味佳肴。从年龄角度分析，青年男子习惯于追新猎奇，喜好在异域进行探险旅游，寻求强度刺激或激越之美；妙龄少女却习惯于通过异域风光，寻找和享受各种风格的服饰美与色彩缤纷的形式美；老年人则习惯于透过人际关系来窥察体验人情美与伦理美……旅游服务人员有必要对客源所在国家或地区的政情民风、历史背景、文化艺术、生活习性、兴趣爱好、审美习惯等方面进行深入研究，并在旅游活动过程中细心体察。

旅游者的审美习惯还表现出另一特点——他们总是习惯于从本民族的文化意识出发，来评判和审视旅游所在地的人文景观。例如，西方旅游者游"江南六大水乡"周庄、同里、角直、乌镇、南浔、西塘，那儿的小桥流水人家，如能将其同意大利威尼斯水城做简要比较，也必然会激发起游客的审美联想。又如，采用对比的方式，把中国的万里长城同埃及的金字塔联系起来讲解，使国际游人产生强烈的共鸣。获得深刻的美感体验。总之，旅游服务人员要因势利导，灵活运用中西文化比较的讲解方式，尽可能地帮助游客缩短或超越民族文化距离，诱发其审美的主动性。

4. 灵活运用旅游观赏原理

在旅游审美活动中，一定的观赏原理对调节旅游审美行为及其效果具有十分重要的作用。因为形态各异的景观只有借助于不同的观赏方法才会显示出其内在的魅力，才会与人的审美心理相契合。例如，游长江三峡涉及动态观赏，游苏州园林宜静态欣赏，登泰山看日出需抓住观赏时机，拜谒四川乐山佛则应掌握适当的视角距离……所以，要想充分展现出旅游景观的美，要想使旅游者获得审美满足，旅游服务人员必须在旅游活动过程中，学会因地制宜地运用观赏原理，把握好旅游审美活动中动态与静态、移情与距离、时机与位置、节奏与重点等方法原理。

为此，旅游服务人员首先应从审美角度了解景观对象的周围环境（天时、地理）、内部结构（布局、形式）、文化内涵（史实、传奇、神话）以及美的形态（阴柔婉约、阳刚壮美）。其次，要学习有关美学论说的基本概念，多读一些山水诗和游记散文，在实地考察和自身体验的基础上，从美学角度去分析景观的审美特质，描述主体的审美心理，同时掌握一定的生理学和心理学知识，以便把握观赏节奏，在旅游活动过程中调节旅游者的审美心理，丰富和深化他们的审美感受。

9.2.4 服务艺术

"服务"一词来源于英语 Service。国际旅游界有关人士用构成"服务"这个词的每一个英文字母所代表的涵义来解释"服务"，其中每一个字母的涵义实际上都是对服务人员行为、语言的一种要求。第一个字母 S，即 Smile（微笑），向宾客提供微笑服务。第二个字母 E，即 Excellent（出色），应将每一程序、每一次微小的服务工作都做得很出色。第三个字母 R，即 Ready（准备），应随时准备好为宾客服务。第四个字母 V，即 Viewing（看待），应该把每一位宾客都看成是需要提供优质服务的宾客，一视同仁。第五个字母 I，即 Inviting（邀请），在每一次接待服务结束时，都应该显示出诚意和敬意，主动邀请宾客再次光临。第六个字母 C，即 Creating（创造），应该想方设法精心创造出使客人能够享受其热情服务的氛围。第七个字母 E，即 Eye（眼光），始终应该以热情友好的眼光关注宾客，适应宾客心理，预测宾客要求，及时提供有效服务，使宾客时刻感受到服务员关心自己。

旅游服务人员之美的主要表现在服务艺术上。第一，以人所特有的自觉，在上班时间内恪尽职守。优质服务本身也是产品，其所无形地凝固着人所特有的导向于"善"的目的性，主动热情地从事高质量的服务。第二，以人所特有的自由，在熟练掌握特定服务技巧的基础上，练就巧夺天工的一手绝活，从而进入"游刃有余"的自由境界。根据实践经验及其客观效果，旅游接待艺术可以归纳为热情、礼貌、周到、规范、舒适与安全等几大服务要领。服务人员在与客人的交往中，用自己恭敬的态度、敏锐的观察力、有效地运用"有声语言"与"无声语言"，在旅游者心目中树立一个富有人情味的、和蔼可亲的形象。

1. 谦恭

谦恭是一种良好的行为方式，是指对客人的感受非常灵敏，避免行为上的冒犯。在对客人的服务中，任何一点细微的失误都可能导致客人对整个饭店服务质量的否定，不能奢求补救措施会带来最初的效果，那只是多少给客人的一点安慰而已。在岗位上，要准备喜欢每一个来到前台的客人；眼睛能够正视客人；脸带微笑；眼带微笑；通过眼神向客人表达自己的谢意；说话清晰而柔和；直立，不能在客人面前显出无精打采的样子；预知客人的需要；带手表以便随时告诉客人准确的时间；若需要等一个小时，则绝不说只须十分钟；在提供信息与方向时，一定要清楚明确；合适的场合握手一定要紧握；即使客人错了，也一定要保持态度和蔼；必要时帮助一下老年人和残疾人；身带纸笔随时准备借给客人；合适场合赞扬客人的服饰、发型；当客人抱怨时，一定要设身处地去为客人着想。例如，询问客人时，不要简单地问："什么？你说什么来着？"而应该这样问话："请原谅，您能重复一遍吗？"或者："请您再说一遍，行吗？""我能为您做点什么吗？"

2. 语言表达能力

语言，指"有声语言"和"无声语言"。

旅游服务人员必须要有一定的"表现能力"善于以自己的言语、表情和行动表现出对客人的一片好心。

要讲究措辞，"请"字当头，常用"我能为您效劳吗？""谢谢！""非常抱歉！""您好！欢迎光临。""谢谢惠顾，欢迎再次光临！"要注意说话的方式、速度、语调及词句的选择，使客人觉得你和蔼可亲。一般情况下，用肯定的语气说话比用否定的语气说话会使人感到柔和一些。在表达否定型意见时，要尽可能采用那些"柔性"的、委婉的、让客人听起来觉得"顺耳"的表达方式。通常服务常用语有：欢迎语、称呼语、问候语、征询语、应答语、致歉语、致谢语、祝福语、安慰语、推托语、道别语等。

还要善于运用"无声语言"，即体态语言，如眼神、表情、体态、姿势等。当服务人员与客人交谈时，就应该面向客人并且正视客人，而且通过目光让对方感觉到你在认真倾听。但不能死盯着对方。微笑，作为旅游服务程序灵魂的十把金钥匙之一，是各国客人都能理解和欢迎的"世界语言"。真诚的、热情的、发自内心的微笑，最能使客人觉得你和蔼可亲，是赢得客人满意的最有效手段。例如，希尔顿国际旅馆公司的董事长每天至少与一家饭店的服务员接触。他问得最多的一句话是："你今天对客人微笑了吗？"他曾面带微笑地告诉员工："假如我是客人，我宁愿住进那只有旧地毯、却处处见到微笑的饭店，也不愿走进虽然有一流设施却见不到微笑、在精神上受折磨的地方。"在日本，服务员是否笑脸待客，是他（她）能否保住饭碗的关键一环。良好的姿势和动作能给客人留下好的印象，形成友善的关系。凡是在为客人服务的地方，无论有什么理由也不允许跑步。在客人面前，不要随意地摸自己的脸和头发，不要用手指点客人。

3. 洞察力

服务人员必须善于洞察客人的情绪变化，及时做出恰当的反应。这主要通过观察客人的面部表情来洞察其内心感情变化。服务人员始终应该以热情友好的眼光关注宾客，适应宾客心理，预测宾客要求，及时提供有效服务，使宾客感受到服务员在关心自己。例如，在餐厅服务中，一家饭店中餐厅，午餐时来了一位客人，入座后，服务员热情地为客人端茶、递餐巾，在上菜时，主动为客人介绍菜肴特点及烹饪方法。当看到客人愁眉不展似有心事时，服务员便轻声询问能帮助做些什么，原来这位客人要去拜访一位朋友，具体地址和联系电话却不慎丢失，只记得大概方位，服务员凭借平时注意积累的常识，进行重点提示，结果使客人想起了朋友的地址。对于服务员这种非本职工作范围的热情服务，客人非常满意，连声称谢。再如，在一次导游服务中，某导游小姐正带团在一个著名的景区游览，她在给游客讲解的同时，也没有忘记用眼睛的余光观察游客，她突然看到一位男士丝毫不被眼前的秀丽景色所动，而是面带一脸的难受东张西望，经验告诉她，这位男士在闹肚子，但又不好意思求助于她，这时，导游小姐就大大方方地走到这位男士面前，告诉他厕所地所在，解决了燃眉之急的男士对导游小姐的细心赞不绝口。又如，在商场服务中，对于随便闲逛商场的客人，要给其充分的浏览、欣赏商品的时间。当客人对某种商品表现出兴趣时，服务员才可上前与客人答话，侧重于从审美的角度，从商品的造型、色泽、典故或识别真假商品的鉴别方法等着手，进一步引发客人的兴趣。由此可见，服务员在服务过程中，要用心去观察客人的衣着打扮、言谈举止，从中判断出客人的身份、爱好、习惯、情绪、需求等，以便最大程度地为客人提供舒适完美地服务。

4. "镜子"的魅力

服务人员在为客人提供服务时，必须考虑到自己就是客人的一面"镜子"。客人要从我们这面"镜子"中看到他们的自我形象。例如，在迎宾服务中，帮客人打开车门，并用手挡住上方，防客人碰头。如果是宗教界人士，切忌用手在客人的头上做遮挡状，因为这会被视为挡住了他们的佛光。在现实生活中，修养层次低的客人是客观存在的，当发现客人错的时候，对客人不能简单地说教，要学会放弃自我，以真诚的服务行为去感化客人。当客人随地吐痰、弹烟灰时，不能对客人说"请不要……"，而应把痰迹及时擦去，送去烟缸。

因为在文明世界里，会形成一种文明氛围，对不文明的人会有一种压力，久而久之会改变其不文明的行为。又如，在保安部服务中，对客人要以理服人，不以任何形式嘲讽、侮辱客人的人格。以优良的服务感化客人，避免与客人争论。客人是你服务的对象，在任何情况下都不和其发生争论。

为了维护客人的尊严，服务人员应该做客人的一面"好镜子"，即以恰当的方式发扬客人的长处，隐藏客人的短处。例如，某饭店有位客人在离店时把房内的一条浴巾放在提箱内欲带走，被服务员发现后报告了大堂副理。根据饭店规定，当时一条浴巾丢失需向客人索赔50元。然而，明明是客人错了，饭店却依然将"对"让给了客人，大堂副理在总台收银处找到刚结账的客人，礼貌地请他到一处不引人注意的地方，说："先生，服务员在做房时发现您的房间少了一条浴巾，请您回忆一下，是否有您的亲戚来过，顺便带走了？"客人面色紧张，说："我住宿期间根本没有亲朋好友来拜访。"于是，大堂副理给他一个暗示，再给他一个台阶，说："从前我们也有过一些客人，说浴巾不见了，但后来他们回忆起来是放在床上，毯子遮住了。您是否能上楼看看，浴巾可能压在什么地方被忽略了。"这个客人理解了，他拎着提箱上楼，不一会儿，从楼上下来，故做生气状地说："你们服务员检查太不仔细了，浴巾明明在沙发后面。"大堂副理心里很高兴，但不露声色，很有礼貌地说："对不起，先生，打扰您了，谢谢您的合作。"为了使客人尽快从羞愧中解脱出来，大堂副理真诚地说："您下次来北京，欢迎您再度光临我们饭店。"

大堂副理为了维护客人的尊严，巧妙地给客人下台阶的机会，终于使客人理解了饭店的诚意和大堂副理的好意，而最终将浴巾放回了客房，体面地离开了饭店，同时，又避免了饭店的损失，真正体现了"客人永远是对的"服务意识。

总之，旅游服务人员只有注重自身的职业道德与美学修养，发扬成人之美的优秀品德，熟练掌握和运用旅游服务艺术，才会在创造自我形象、实现自我价值的同时，有效地传递旅游审美信息，协调旅游审美行为，在旅游者与旅游活动之间构筑起沟通审美机缘的桥梁。

9.3 旅游美食与审美

旅游者在旅游活动过程中，还有最基本的生理需要——饮食。他们对于饮食，往往并非仅仅满足于吃饱肚子，还希望能通过吃，领略游览之地的风味小吃、特色菜肴、名土特产，进而深入了解该地的饮食习俗、风土人情和文化特征。旅游饮食便是融物质与精神为一体的一种特殊文化现象。

9.3.1 中国饮食文化概说

1. 饮食文化发展简述

我国是一个古老而又文明的国家。早在170万年之前,我们的祖先已经生活在这块土地上了。当时,茹毛吮血。后来人们发明了用火,从此便由生食向熟食进化。再后来发明了陶器,它可以"煮海为盐",同时,又发现了另外一些调味品,于是告别了野蛮的饮食生活,进入了文明的烹调时代。

夏、商、周时代,社会生产力有了提高,除了农业,还有畜牧业,人类食物原料也广泛了,不仅肉类,还有水产类、瓜果类、蔬菜类。这一时期的青铜制造技术已达到较高水平,烹调炊具得到了改良。烹调已逐渐成为一项专门技术,当时的所谓"庖丁",也就是专门从事烹调工作的厨师。从当时的文字记载"陈馈八簋,味列九鼎"来看,当时的菜肴食品已经相当丰富了。

秦汉至隋唐,是我国烹饪飞速发展的阶段,主要表现在原料扩充。自产原料有了新的发掘,如蝙蝠、蜂房、象鼻、蚂蚁、老鼠、江珧(贝类)均被用作菜肴原料。汉代淮南王发明了豆腐,随后便产生了一系列豆制品。汉、唐由于对外经济文化的交流和航海事业的发展,又增加了不少外来的原料,如黄瓜、胡萝卜、胡椒、菠菜以及各种海鲜。秦以后铁器的使用取代了铜器,它比铜器更坚硬耐用而有利于烹调技术的发展。这一时期,有关烹调理论方面的书籍众多,除西晋何曾的《安平食单》和唐代韦巨源的《食谱》外,还有南齐虞琮的《食珍录》、南北朝王微的《服食方》等专门著作。古代一些文人才士在他们的诗文中也有饮食的记载。两宋至明清,人们的饮食习惯发生了根本性的转变,不仅讲究口味,还讲究审美,注重博食、烹调的原料和调味品更加丰富多彩;还注重雅食、美食,出现了雕刻、瓜盅、瓜灯,丰富了我国饮食文化的内容。

厨师们继承了我国古代烹调的成果,古为今用,使"烹饪王国"名扬四海。旅游饮食也由物质型向文化型转化。例如,苏州的餐饮业,融合浓郁的水乡文化,将苏式名菜、蜜饯、炒货、酱菜等组合成特色系列。杭州楼外楼餐馆结合西湖民间传说和风情,研制出"宋嫂鱼羹""龙井虾仁"。古都南京的餐饮业还研究设计出"红楼梦"系列饮食品。

2. 饮食文化的特点

(1) 菜系多

我国幅员辽阔,自然环境复杂,各地作为饮食原料的物产不尽相同,各地区各民族的生活习惯也不同,因此形成了很多菜系。从地域来分,有所谓四大菜系(粤菜、川菜、淮扬、山东菜)和八大菜系(川菜、粤菜、苏菜、鲁菜、湘菜、浙菜、闽菜、徽菜),从其来源分,有所谓地方菜、官府菜、宫廷菜、少数民族菜、寺院菜(斋菜)。它们选料、刀工、制作、火炭、烹饪、调味、调汤、拼盘、搭配、上菜等各个方面,都各自有一套办法。此外,各地还有不少风味小吃,体现了中国饮食文化的丰富多彩。

（2）讲究色香味形

中国菜肴不仅具有"清、鲜、滑、嫩、爽"的口味特点，而且还有"色、香、味、形"皆妙的特点。菜点的色彩美主要来源于原料的本色美，如蛋白之白、蛋黄之黄、青菜之绿、樱桃之红、茄子之紫、水发木耳之黑，使人在感觉色彩之美的同时，更感觉到食品本身的鲜美可口、清洁卫生，刺激食欲。凡人工色彩往往会给人以不卫生的感觉，以至降低食欲。厨师对菜点美的创造主要在于对原料本身的色彩进行烹饪加工组合，使之成为赏心悦目的菜点色彩。香气成为评品中国菜点的重要标准之一。这种香气的程度和类型是千变万化的，不仅因菜点的品种而有鱼、肉、青菜、豆腐香，还因香气的程度不同而有清香、浓香、余香，更有各种复合香气调动人们的审美冲动。味的美感是中国菜点审美的主要部分，因其浓淡厚薄而有程度的变化，因其品类的不同而酸甜苦辣咸鲜的变化，因其原料的不同而有鱼味、肉味、海味、山味等等，更因多味交叉复合乃至奇味、怪味，并因此构成了味的无限丰富和多样性。菜点的造型，刀工的运用和火候的掌握，可使菜点的形色俱美刺激食欲，启发品味。中国菜点还运用文学手段命名菜点形成耐人寻味的意趣，如东坡肉、端午粽、万山蹄、霸王别姬、猪八戒捧绣球等等。

3. 饮食宴乐中的审美因素

中国烹饪在满足人们直接饮食需要的同时，能给人以多方面的享受。此外，舒适优雅的饮食环境、造型别致的饮食器具、轻松悦耳的音乐配置，也会给人一种综合性的审美体验。

（1）饮食环境的装饰美

饮食环境的洁净、舒适、优雅，有益于松弛机体，解除疲劳，进而惬意悠然地品尝美味佳肴；同时，也希望饮食环境优美雅致，有益于在赏心悦目之中诱发轻松欢悦的情趣，营造刺激食欲和令人陶醉的氛围。因此，菜馆、酒楼往往注重艺术装修，使其内外环境优雅舒适，以便丰富饮食活动的审美内容。

饮食的外部环境主要包括饭店或酒楼的建筑外观与周围的自然或人文景观。目前流行的样式主要有园林式、民族式、西洋式和综合式。园林式主要采用斗拱、飞檐、漏窗等古典建筑形式，并配以亭台、水榭、长廊、假山、悬泉、鱼池、花木、修竹等，构成曲径通幽浑然一体、富有诗情画意的优美环境，如杭州西湖玉泉"山外山"餐馆。民族式是指狭义上的各民族的特殊建筑，如富有伊斯兰建筑韵味的清真餐馆。西洋式以线条纵横、块面平直的集合形体为基本特征，以象征性的表现手法和宏大挺拔的空间构景给人以赫然亢奋之感，如广州白天鹅宾馆。综合式是一种融园林式、民族式、西洋式为一体的混合建筑形式，以不同的建筑风格形成鲜明对比，交相辉映，如广西桂林的榕城饭店。

内部环境是由诸多装饰因素融会而成，例如：墙面装饰（如壁画、挂毯、字画之类）、天花板上的吊灯、窗帘上的图案、地毯上的花纹、屏风上的浮雕彩绘、风格多样的家具、形态古雅的陈设（如仿古文物、字画、盆景、工艺品之类）、柔和的光照和悦目的色彩等。

(2) 饮食器具的造型美

旅游餐厅的饮食器具（如餐具、酒具、茶具、咖啡具等），在讲究实用适用的同时，也应当讲究造型美观、装饰雅致、赏心悦目，有益于增进美食之情趣、美饮之逸兴。这些器具的尺寸大小、造型图案、质地高低，通常要视菜肴档次和宴席规格而定，以便取得相辅相成的整体效果。餐具要求清洁卫生、成龙配套、形体完整、质地优良、装饰简明、色彩淡雅，给人以整洁雅致之感。

(3) 饮食宴乐配置

现代旅游饭店在饮食活动中，音乐是必不可少的内容之一。以轻松悦耳为原则，播放旋律典雅欢畅、节奏明朗轻快、音量控制适当的音乐。一般选用古典乐、轻音乐、圆舞曲以及某些描写田园风光的乡村音乐等，以营造一种宜人惬意的宴会气氛，调节宾主的心理情绪。

音乐的配置要依据宴会的主题与程序而定。如大型宴会要求庄重而热烈，入席时播放《迎宾曲》或《欢迎曲》等，欢畅明朗，烘托气氛。上菜时，可伴以轻音乐，给人以轻快流动之感。至于朋友聚会，则配上《友谊地久天长》或《祝酒歌》等，以引发对往事的快乐回忆。在品尝中国宫廷风味时，宜用中国古典乐曲，如《春江花月夜》等，让人们享受一种思旧怀古之情。

9.3.2 旅游饮食文化与审美

1. 中国的菜系

中国菜系，有不同的叫法，诸如八大菜系（鲁、川、苏、浙、粤、闽、湘、徽），四大菜系（四川、齐鲁、淮扬、粤闽）。各种菜系风格多样，各有特色。例如五大菜系：华南的粤菜，以猛兽异禽为原料，烹饪华丽奇特，风格热烈明丽；江南的扬菜，以水鲜果蔬为原料，烹饪清淡平和，风格温婉清雅；西南的川菜，以山珍土产为原料，烹饪灵巧多样，风格新巧灵秀；中原的鲁菜，以海味家畜为原料，烹饪壮观排场，风格浑厚深沉；北方的蒙古菜，以牛马羊驼为原料，烹饪质朴浓烈，风格坦荡粗犷。具体以八大菜系为例。

(1) 川菜。主要由成都和重庆两大风味组成。其特点是选料广泛注重调味，有"百菜百味"之说。调味品有麻、辣、酸、香、咸、甜、苦多种，而尤以麻、辣著称。制法重于煎、炒、烧、煸等。著名菜肴"宫保鸡丁"、"麻婆豆腐"、"鱼香肉丝"、"怪味鸡"、"毛肚火锅"、"锅巴肉片"等。

(2) 鲁菜。主要有济南、济宁、胶东三大风味。其特点是选料讲究，海味尤佳。调味以鲜纯、清香为主，突出原汁原味。制法重于爆、炒、烧、溜、焖等。著名菜肴有"清蒸加吉鱼"、"奶汤鸡脯"、"炸蛎黄"、"德州扒鸡"、"糟溜肉片"、"油爆大蛤"等。

(3) 苏菜。主要有金陵、淮扬、苏锡三大风味。其特点是选料严谨，制作精致，因材施艺，四季有别。调味主要重汤，风味清鲜，咸中带甜。制法重于炖、焖、煨、烹、烧等。

著名菜肴有"松鼠桂鱼"、"水晶肴蹄"、"响油鳝糊"、"碧螺虾仁"、"白汁圆菜"、"鲃鱼汤"等。

（4）粤菜。主要有广州、潮州、东江、海南四大风味。其特点是取料广泛，天上、地下、水生动物，几乎都能上席。故有"鸟兽虫蛇，无不食之"之说。制法重于煸、烤、蒸等，尤以刀工精巧、利用火候及油温见长。著名菜肴有"烤乳猪"、"龙虎斗"、"潮州冻肉"、"炸脆皮鸡"、"蚝油牛肉"等。

（5）闽菜。主要有福州、闽南、闽西三大风味。其特点是滋味清鲜，略带甜味，讲究调汤，善用红糟，尤以烹制海鲜见长。制法重于清汤、干炸、爆、炒、烧、溜、糟等。著名菜肴有"佛跳墙"、"醉糟鸡"、"炒菜焖鸭块"、"太极明虾"、"百炒鲜竹蛏"等。

（6）浙菜。主要有杭州、宁波、绍兴三大风味。其特点是取料丰富，品种繁多，菜式小巧玲珑、脆软清爽，善制河鲜。制法重干爆、炒、烩、焖、烤等。著名菜肴有"东坡肉"、"西湖醋鱼"、"虾爆鳝"、"干菜焖肉"、"大汤黄鱼"、"目鱼大烤"等。

（7）徽菜。主要有皖南、沿江、沿淮三大菜系。其特点是讲究火工，重视刀技，善用糖调味，具有茨大油肥、原汁原味的特点。制法重于炖、烤、熏、烧、卤煮、白汁等。著名菜肴有"无为熏鸭"、"火腿炖甲鱼"、"符离集烧鸡"、"红烧果子狸"、"毛峰熏鲥鱼"、"金奶蹄鸡"等。

（8）湘菜。主要有湘江流域、洞庭湖区、湘西山区三大风味。其特点是用料广泛，制作考究，油重色浓，以烹河鲜、山珍见长。制法重于炖、煨、腊、焖、煎等。著名菜肴有"腊味合蒸"、"麻辣子鸡"、"红烧全狗"、"红煨全鱼"、"冰糖湘莲"、"腊肉焖鳝片"等。

以上八种菜系，又以川、苏、鲁、粤四大菜系影响最大。此外，还有一些地方色彩较浓的菜系，如京菜、沪菜、鄂菜、秦菜等，以及一些风味菜如宫廷菜、素斋、官府菜、清真菜等，形成了中国饮食的丰富内涵。

2. 美味佳肴的审美属性

中国烹饪是一个包容各种风味或菜系的整体性艺术，讲究色、香、味、形和意趣，而且风格各异，菜系多样。从审美角度看，以艺术特征主要表现在材料美、技术美、形态美、味道美和意趣美。

（1）材料美，泛指食品原料之美，通常包括色泽美、质地美和原形美。就色泽美而言，食品的原料固有的色彩与光泽，经充分而合理地利用或加工，会构成菜点的形式美。如红色原料（樱桃、胡萝卜、西红柿、山楂、红辣椒等）明艳夺目，具有点缀作用；绿色原料（菠菜、芹菜、油菜、黄瓜等）生气勃勃，给人以清爽明媚舒适之感；白色原料（豆腐、莲子、山药、干贝、鸡胸脯等），给人以晶莹软嫩之感；黑色原料（海参、黑木耳、紫菜等）若与白色和绿色原料搭配使用，亦可产生调和色，显示特殊魅力。当然，原料经烹饪加工之后，原色会发生变化，需要厨师掌握规律，综合利用；同时，充分利用食品原料的优良质地构成菜肴的精美造型，利用食品原料的固有形状调节饮食情绪。

（2）技术美，即烹饪艺术要求刀工与火候技巧有机统一。食品造型务必依赖刀工，将原料切削成块、片、丁、丝和各种其他花样，随后在盘中加以形式上的组合，从而构成不同图案。娴熟的刀工，可将一只猪耳朵切成23片之多，再将其切成细丝。著名的水磨丝就是典型的刀工菜。关于火候，如北京烤鸭素以外脆里嫩、色泽鲜艳著称，全靠火候所为。有的高级厨师在掌握火候、温度和颠翻技术方面达到了出神入化的境界，常用"飞火"炒菜，使白者更白，绿者更绿，色泽更艳，味道更美。

（3）形态美，指菜肴的艺术拼盘灵秀精巧，造型优美，具有很高的观赏价值。食品形态美除自然形态外，还有几何形态和象形形态。前者属于有规律的组合排列，根据餐盘与菜点的形状和色泽采取均衡或点缀等表现手法，拼成方、圆、梯、扇、椭圆、半圆等多种形式，呈现出一定的序列、节奏与图案之美；后者则以模拟手法为主，附之以绘画构图和雕刻装饰手法，拼成各种动物、花卉、风景、吉祥物等，美观、大方、吉祥、夸张和天趣，有意于创造宴会的欢快气氛和文化品位。

（4）味道美，是诉诸于味觉的、关乎食品内容之美的要素，具有"五味"俱全的多样性调合特征。按照味美四原则（本味、调味、适口、合时），品尝美味佳肴，不仅可以"娱肠"，而且可以"和神"，即调谐人的精神情绪，使人感到舒畅愉快，愉悦身心，甚至产生一种审美的联想。如吃武昌鱼，会使人联想起毛泽东同志的诗句"才饮长沙水，又食武昌鱼"。

（5）意趣美，即饮食所追求的艺术境界，突出表现和包容在菜肴形态美与命名美的交互作用之中。如饮食名称的形神意，充满诗情画意，形神兼备，意蕴无穷。有取其形色的，如"掌上明珠"、"千树梨花"；有状其美味的，如"夏赏荷香"；有注重雅致的，如"琵琶鸣春"、"二龙戏珠"；有风趣俏皮的，如"麻婆豆腐"、"佛跳墙"、"叫化鸡"、"李鸿章杂烩"、"狗不理包子"等等。即使很平常的菜点，也会命之以极雅的名称，如菠菜被称之为"红嘴绿鹦哥"，蛇和猫被称为"龙虎斗"，普通挂面被称为"阳春面"。又如菜肴造型的意境，运用古典诗意，如一棵菠菜中有两只蛋黄，蛋白切成条、排成行，其意境为杜甫诗句"两个黄鹂鸣翠柳，一行白鹭上青天。"有的运用有意境的拼盘艺术和雕刻手法，在瓜果、蔬菜上精雕细刻，将冬瓜、萝卜、南瓜、黄瓜等雕刻成凤凰、孔雀、鸽子、神仙、飞天、熊猫等，色彩鲜艳，晶莹滑润，放在布置成树林、竹子、鲜果等的菜肴中，构成了美妙悦人的意境，凡此种种，均显示出中国烹饪艺术的独特审美风貌。

9.3.3 中国茶文化酒文化与审美

1. 中国的茶文化

研究茶的历史、茶与民风民俗、茶与传统礼仪等，名之曰茶文化。

茶作为饮料，始于2 000多年前的西汉。公元前59年西汉著名辞赋家王褒的《僮约》中就提到家僮煮茶的事。三国两晋时期饮茶成风，史书上记载东吴皇帝孙皓宴会时，要大臣韦曜以茶代酒的事。南北朝时期佛教盛行，和尚坐禅破睡，饮茶发挥了很大的作用，各寺院开始种茶饮茶，时人称为"茶佛一味"。唐时饮茶的习惯也在文士中间盛行，因为茶能活跃思维能力，有助于吟诗作赋。我国历史上第一部茶史专著陆羽的《茶经》就是在这时问世的。书中对茶的起源、历史、栽培、采制、著茶、用水、品茶等都作了精湛的论述。茶叶的种植地区原以浙江、华南、中南地区为主，江淮地区是茶叶的生产和集散地。边区少数民族喜食肉类，茶叶有帮助消化的功能，更被视为不可缺少的饮料。宋元明清时期，茶叶已成为人们应酬、交际、送礼的必备品，是人们所谓"开门七件事"中的一件。中国的茶叶很早以前就传到国外，畅销国际市场达数百年之久。

茶叶按其制作方法，可分为红茶（发酵茶，如祁门红茶、英德红茶、云南红茶等）、绿茶（不发酵茶，如龙井、碧螺春、毛峰等）、花茶（用浓郁芳香的鲜花和上等绿茶窨制而成，如茉莉花茶、玉兰花茶、珠兰花茶、玳玳花茶、柚子花茶等）、乌龙茶（半发酵茶，如武夷山茶）、白茶（既不发酵也不揉捻的特种茶，如银针白毛、白牡丹）、紧压茶（为了长途运输方便压缩成扎砖块形，如六堡茶、普洱茶）。

我国的名茶种类繁多，其品质臻于上乘的有西湖龙井、太湖碧螺春、四川蒙顶茶、庐山云雾茶、武夷乌龙茶、黄山毛峰、君山银针、信阳毛尖、六安瓜片、太平猴魁茶、西双版纳普洱茶、祁门红茶、长兴紫笋茶等。

茶的历史悠久，至少在唐代已经有饮茶习惯了。宋以后用水烹茶而饮，直至现在。一般南方人喜饮绿茶和红茶，北方人爱饮花茶，华南地区多饮乌龙茶，西南地区饮沱茶，蒙、满、哈萨克等族饮奶茶（由羊奶、奶油、盐、茶熬制而成），藏族饮酥油茶（由酥油、糌粑、盐和熬好的茶冲调而成）。

饮茶讲究茶、水、具，其中的习俗奥妙无穷，各地的饮茶风情各有奇趣。杭州西湖有"龙井茶叶虎跑水"之说。闽、粤商饮功夫茶（大茶盘上置一茶壶、数只茶杯，壶小如拳，杯小如核桃）。广东人喜坐茶楼品"一盅两件"（一盅茶加两道点心），一日三市，以喝早茶尤甚。江南水乡的茶馆还有说书、评弹说唱艺人。在一些旅游风景区，还有茶道表演。

2. 中国的酒文化

研究酒的历史、酒与民风民俗、酒与传统礼仪等，名之曰酒文化。

我国已有 5 000 年的酿酒历史，传说酒为杜康所造。酒是粮食或水果发酵制成的饮料，有很多别称，如：杜康、欢伯、美禄、黄汤、杯中物、琼浆玉液等。在古代，酒有好多品类，如汁滓混合的称醪，薄而甜的称醴，浓酒称醇，薄酒称醨，香酒称鬯。

酒作为一种文化，由来已久。春秋越王勾践出师伐吴之日，百姓担酒敬献预祝凯旋，越王将酒倒入河里，命将士舀河中酒而饮，以激励士气，该河遂命名为"投醪河"。四面楚歌中的项羽，"夜起，饮帐中……慷慨悲歌"。曹操赋诗"对酒当歌"。唐朝有"太白醉酒"、"贵妃醉酒"。苏东坡高歌"明月几时有，把酒问青天"……中国人四时八节，红白喜事，来往应酬，无酒不动。饮酒名目五花八门，如生孩子要吃"三灶酒"，结婚要吃喜酒，端午要吃雄黄酒等等。饮酒习俗中，还形成了各种酒令，有雅俗之分。雅令流行于文人雅士间，如属对令、诗句令；俗令即世俗通行的酒令，最为普遍的是划拳（一点恭喜、两厢好、三元及第、四季发财、梅花开、六六顺、七巧渡、八仙寿、九魁首、全家福）。我国少数民族一般都嗜酒，以酒为礼，用于迎宾、送行、庆典等。

我国的名酒也很多，诸如国酒茅台酒以及五粮液、剑南春、绍兴加饭酒、青岛啤酒。金奖白兰地曾在1915年美国三藩市（今旧金山）举行的巴拿马国际商品赛会上获金质奖章。

在旅游风景城市，酒吧成了一道可饮可赏的风景线。例如杭州西湖柳浪闻莺一带的梦之湖酒吧、卡卡酒吧、火知了酒吧、西部小镇酒吧，曙光路的玛雅酒吧、金色海滩酒吧、燃情岁月酒吧、旅行者酒吧、男孩女孩酒吧……读着这些名字，如诗如画，充满着异国情调，洋溢着青春浪漫的气息，令人陶醉。又如浙江绍兴鲁迅故居旅游景区，借用鲁迅小说《孔乙己》中的典故，开设了一系列"咸亨酒店"。游客们在店内就着茴香豆，品尝绍兴老酒；有的还戴上乌毡帽，体味鲁迅小说中的氛围。

不同场合，人们饮酒的情绪随氛围不同而不同。宴饮中，宾主交杯，觥筹交错；在民间酒楼，猜拳喝令，开怀畅饮；在烛光音乐酒吧，絮语小酌，情谊切切……

在酒吧间，服务人员还要讲究服务礼仪。诸如热情迎宾，引领入座，恭送酒单，微笑等待客人点酒。轻盈地为客人提供送酒服务，用托盘端送，先宾后主，先女后男，先老后少；或由主宾开始，按顺时针方向依次进行，以示尊重和礼貌。送酒时手指不能触摸杯口，拿着杯的下半部或杯脚。放酒杯时，不宜拿得过高，要站在客人的右侧从低处慢慢送到客人面前；对背相坐的客人，上酒水时要提醒客人注意，以免将酒水洒到客人身上等等。

综上所述，在旅游餐饮业，中国的茶文化、酒文化有着丰富的内涵，不仅是"饮"，而且还要讲究格调、品位，提升美学情趣。

9.4 思考题

1. 什么是自然景观？它有哪几种典型的存在形态？
2. 什么是自然景观的形式美？举例说明。
3. 什么是人文景观？人文景观的审美价值表现在哪些方面？
4. 旅游资源开发中的美学原则是什么？
5. 旅游资源可持续发展的审美情景是什么？
6. 旅游饭店设施的审美标准是什么？
7. 旅游接待人员的审美修养是什么？
8. 提高接待人员审美修养的途径是什么？
9. 中国旅游饮食文化的审美元素有哪些？试举例说明。

参 考 文 献

1. 乔修业. 旅游美学. 第2版. 天津：南开大学出版社，2000
2. 沈祖祥. 旅游与中国文化. 第2版. 北京：旅游教育出版社，2002
3. 高曾伟，卢晓. 旅游资源学. 上海：上海交通大学出版社，2002
4. 韩杰. 旅游地理学. 大连：东北财经大学出版社，2002
5. 陈水云. 中国山水文化. 武汉：武汉大学出版社，2001
6. 钱智. 旅游形象设计. 合肥：安徽教育出版社，2002
7. 沈福煦. 中国古代建筑文化史. 上海：上海古籍出版社，2001
8. 吴胜明. 中国地书. 济南：山东画报出版社，2005
9. 梁思成. 拙匠随笔. 天津：百花文艺出版社，2005
10. 王柯平. 旅游美学新编. 北京：旅游教育出版社，2000
11. 庄志民. 旅游美学. 上海：上海三联书店，1999
12. 田里. 旅游学概论. 天津：南开大学出版社，1998
13. 吕勤. 旅游心理学. 北京：中国人民大学出版社，2001
14. 邓永进，薛勤慧，赵伯乐. 民俗风情旅游. 昆明：云南大学出版社，1997
15. 王明煊，胡定鹏. 中国旅游文化. 杭州：浙江大学出版社，1998
16. 崔凤军. 风景旅游区的保护与管理. 北京：中国旅游出版社，2001
17. 薛建红. 旅游服务礼仪. 郑州：郑州大学出版社，2002
18. 朱希祥. 中西旅游文化审美比较. 上海：华东师范大学出版社，1998
19. 胡世建，张敦仁. 华夏旅游史话. 北京：旅游出版社，1989
20. 王朝闻. 美学概论. 北京：人民出版社，1981 第1版
21. 李泽厚. 中国古代思想史论. 合肥：安徽文艺出版社，1994
22. 李泽厚. 华夏美学. 北京：中外文化出版公司，1989
23. 姜文清. 佛教影响与中日审美意识. 日本学刊：1997 第4期
24. 陈从周. 说园. 上海：上海同济大学出版社，1985
25. 陈从周. 园林谈丛. 上海：上海文化出版社，1980
26. 彭一刚. 中国古典园林分析. 北京：中国建筑工业出版社，2002
27. 金宁. 中华文化研修教程. 北京：人民教育出版社，2004
28. 徐邦达. 中国绘画史图录. 上海：上海人民美术出版社
29. 王伯敏. 中国绘画史. 上海：上海人民美术出版社

30. 潘伯鹰. 中国书法简史.
31. 郑诵先. 各种书体源流简说.
32. 陆维钊. 书法述要.
33. 沈尹默. 书法从轮.
34. 孙过庭. 书谱（明）.